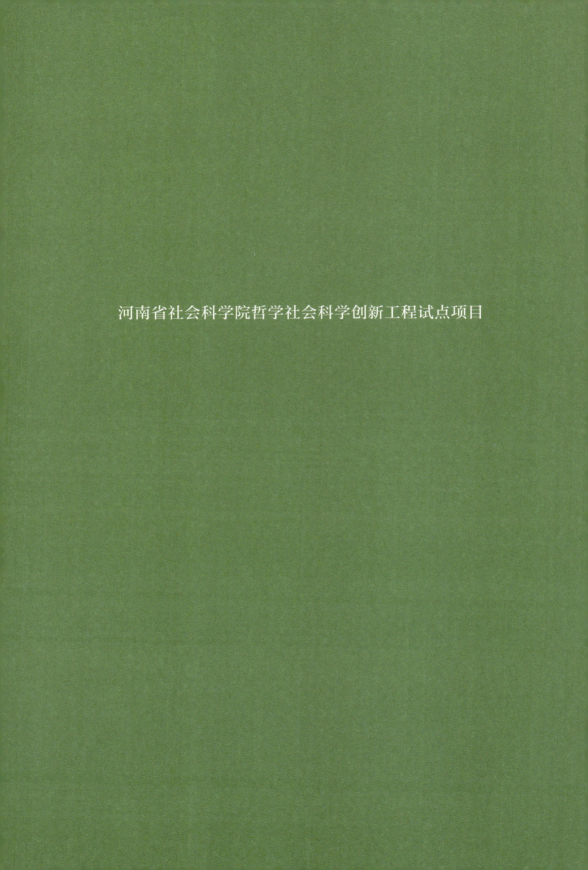

河南省社会科学院哲学社会科学创新工程试点项目

中原学术文库·青年丛书

王道与霸道：
涩泽荣一对华态度与交往研究

THE KINGLY WAY AND DESPOTISM:
A STUDY OF SHIBUSAWA EIICHI'S ATTITUDE TOWARDS CHINA
AND HIS ASSOCIATION WITH CHINA

金　东／著

社会科学文献出版社
SOCIAL SCIENCES ACADEMIC PRESS (CHINA)

目　录

绪　论

一　研究的缘起

中日之间有着源远流长的交流历史。据有关研究所示，早在远古时代，亚洲大陆东部和日本群岛之间就有着某种文化上的关联。从有文字记载的历史来看，《山海经》已经有"盖国在钜燕南，倭北，倭属燕"的记载。[①]从汉魏时期开始，日本屡派使者来华请求册封。《后汉书》曾有记载："（公元 57 年）倭奴国奉贡朝贺，使人自称大夫，倭国之极南界也。光武赐以印绶。"[②] 到魏晋南北朝时期，从公元 413 年到公元 502 年，日本先后 13 次向东晋、宋、梁各朝遣使朝贡。中日文化通好使中国文化不断流入日本，对后来飞鸟文化的形成具有很大的影响。在隋唐时期，日本开始大举遣使学习中国文化，从公元 630 年到公元 894 年，共任命遣唐使 19 次，其中成行并到达长安的达 13 次之多。而到宋时，中日之间的经贸往来变得突出起来。公元 1072 年，成寻及其弟子七人搭乘宋商船来华，到天台山国清寺巡拜，并得到宋神宗的接见。宋明以后，从中国东南沿海到日本长崎等地贸易的商船更是逐渐频繁起来。应该说，在古代的中日交往中，虽然出现过几次军事上的争斗，[③] 但大体上还是保持了以文化交流，而且更多的是以日本吸取中国文化为主的总体特征。

到了近代，随着鸦片战争的爆发和 1853 年的美军叩关，中日两国都面

---

①　《山海经》卷 12《海内北经》。

②　《后汉书·东夷传》。

③　中日古代关系史上的军事战争包括如下几次：唐朝时期中国联合新罗军队的对日白江口海战，以日本告负；元朝时期元军两次侵日战争，最后以失败告终；明嘉靖时期的抗倭战争以及明时抗击丰臣秀吉侵略朝鲜半岛的明日战争。

临着西方文明的严重挑战。只是在应对这种挑战的时候，中国迟迟未能取得成功，而日本在明治维新之后则摆脱了沦为殖民地或半殖民地的危险，并进一步跻身强国之列，甚至谋求对外扩张和侵略。日本的资本主义经济在国内有了初步的发展之后，很快便发现自身受到资源匮乏、资本不足等方面的约束，为了进一步拓宽发展空间，势必要向外寻求资源和原料供应以及商品销售市场。这种路径选择其实也和西方强国的发展历程大体一致。在日本国内，虽然早在明治政府初期就有木户孝允、小松带刀、柳原前光以及西乡隆盛等人所主张的"征韩论"的出现，但后来主张应首先致力于国内经济发展的一派占了上风。在此后保持了若干年的基本和平的环境里，日本在大规模引进西方工业文明的同时，在对外关系方面也逐渐废除了同西方列强签署的不平等条约，同时开始了向中国及朝鲜扩展经济势力的尝试。而在甲午战争和日俄战争之后，日本的经济势力开始大规模地进入中国，尤其是到了"一战"之际以及在此之后的一段时间里，日本在华投资额呈现飞速增长的态势。根据杜恂诚的估算，1914 年日本在华投资额占各国在华投资总额的 22.2%，仅次于英国（34.2%）而居第二位，而到了1931 年，日本对华投资额在各国对华投资总额中占到 50.9%，远远高于位于第二位的英国（27.7%）。[1]

近代中日关系史的特征之一就是日本的对华扩张往往是军事侵略和经济"进出"相辅相成地交织在一起。日本在甲午战争和日俄战争期间受到来自本国财界的大力支持，而战争也促进了日本的经济发展，增强了日本经济在东亚的影响力。尽管日本的大陆政策和军国主义倾向有一个逐渐明晰和强化的过程，不过总体来看，在"九一八事变"之前，日本的军事势力客观上还是扮演着辅助日本经济对华扩张的角色，而在"九一八事变"乃至中日全面战争爆发之后，日本对华力量中的军国主义势力彻底走向前台，中国的对日政策也转变为以抗击日本侵略为主。

基于以上的这些粗略梳理，如果对中日关系的总体特征做出大体概括的话，古代的中日交往应该说是以文化为主的。而在对近代中日关系的描述方面，日本旅美学者入江昭曾按照时间段将近百年的中日关系依次分为"军事"（1894～1914）、"文化"（1914～1945）、"经济"（1945～1989）三

---

[1] 杜恂诚：《日本在旧中国的投资》，上海社会科学院出版社，1986，第 7、9 页。

个时段。① 本书则认为，近代中日关系的主流是军事和经济交织在一起的日本对华侵略和扩张，只是在"九一八事变"之前，经济扩张的特征明显一些，而在此之后则是军事行为占据主要地位。事实上，学术界对中日关系史的研究也大致是以古代时的文化交流、近代的军事经济侵略为重心的。需要注意的是，在这样一个文化—经济—军事的脉络中，似乎更应该将这三者有意识地联系起来加以考察，辨析其间的内在关联。在关注近代中日关系史研究时，尤其不能单单侧重于中日之间军事侵略与反侵略的一面，也应该从不同的视角具体分析和考察两国之间的经济和文化联系。因此，如果选取一个将这三者联系起来的历史事实作为研究对象的话，将会进入一个很有学术和现实意义的探讨空间，而中日近代史上一些人物的相关思想和行动就可以在一定程度上反映上述三个领域的一些侧面。

中日近代关系史上的相关人物林林总总，分散于不同的领域，有着不同的立场，也扮演着不同的角色。在已有的研究中，学术界对一些知识分子、大陆浪人和政治人物的对华思想和行动的关注比较多，而在论述近代中日经济关系时似乎还很少从人物层面做专门探讨。有鉴于此，本书拟选取被称为"日本资本主义之父"的涩泽荣一作为研究个案，就近代中日关系史研究从人物史的角度做出一些尝试。

将涩泽荣一纳入考察视野的具体原因包括以下几点。第一，在日本走向近代化、学习西方文明的过程中，与福泽谕吉的"脱亚入欧"论和批判儒学思想的观念不同，涩泽荣一主张吸取儒家思想中的合理成分并将之发扬光大。这两种思想倾向都不同程度地影响了日本的现代化进程和对外扩张思想。探讨涩泽的儒学思想及其与中国的关系有助于加深对日本现代化史以及近代中日关系的理解。第二，日本的对华交涉主体并非一元化的，其中，日本财界起到的作用就不容忽视。在日本对华的种种经济扩张活动中，作为财界领袖的涩泽荣一也不可避免地参与进去。通过对涩泽对中国市场的认识和在各种对华企业的设立过程中起到的作用的考察，也会使人们更好地认识近代中日两国的总体经济关系。第三，除了经济领域之外，借助于其个人的影响力和在政界、财界的广泛人脉，涩泽荣一还涉足教育、慈善、民间外交等领域，而且在这些方面都或多或少地与中国存在着关联。

① 入江昭：《日中関係　この百年》，岩波书店，1995。

探讨这些方面的内容不仅有助于推进对涩泽荣一本人的研究，也将对深入考察中日关系史中的一些侧面起到抛砖引玉的作用，进而引发人们对这段历史的更进一步思考。也许是一种巧合，涩泽荣一的生卒年份分别是1840年和1931年，这两年无论是对于中国近代史还是对于中日关系史而言都有着非同寻常的意义，它也为本书的时间范围天然地做了限定，当然，在论述具体问题的时候，本书也不完全囿于这个范围之内。

本书的题目定为"王道与霸道：涩泽荣一对华态度与交往研究"。其中的"王道"和"霸道"是中国传统文化中的两个概念，也为近代日本人所借用。就字面意义而言，王道有两层意思。第一是指先王之道。《周书》谓："无偏无党，王道荡荡；无党无偏，王道平平；无反无侧，王道正直。"① 第二意为儒家的"以仁义治天下"。如孟子所言："养生丧死无憾，王道之始也。"② 与其相对应的是以武力、刑法、权势治天下的霸道思想。《史记》中有商鞅对秦孝公说的一段话："吾说公以王道而未入也；吾说公以霸道，其欲用之耳。"③ 围绕王、霸之间的关系，史上曾有"王霸之辩"：战国时期商鞅在秦国实行霸道；孟子则主张王道，认为"以德行仁者王"，④ 称美三王之世而贬三代之后之霸道；同为儒家思想的代表人物，荀子却在重视王道的同时也不反对霸道，认为王霸只是程度不同，主张"隆礼尊贤而王，重法爱民而霸"。⑤ 作为不同的统治之术，历代统治者大多主张王霸并用。

在论述近代中日关系的时候，也有人借用这两个词语。孙中山在其著名的《大亚洲主义》演说中就曾说过，欧洲的文化注重功利和武力，是霸道的文化，而亚洲的文化是充满仁义道德的王道文化，"用这种仁义道德的文化，是感化人，不是压迫人，是要人怀德，不要人畏威"。⑥ 在演讲的最后部分，他向日本人提出警示："日本民族既得到了欧洲霸道的文化，又有亚洲王道的本质。从今以后对于世界前途的文化，是为西方霸道的鹰犬，或是为东方王

---

① 《尚书·洪范第六》。
② 《孟子·梁惠王上》。
③ 《史记·商君列传》。
④ 《孟子·公孙丑上》。
⑤ 《荀子·天论》。
⑥ 广东省社会科学院历史研究所编《孙中山全集》第11卷，中华书局，1986，第404页。

道的干城，就在你们日本人去详审慎择！"① 孙中山将亚洲与"王道"结合起来而与西方相区别。正如有学者所指出的，他这里的亚洲概念"不是一个儒教主义的亚洲概念，即不是一个以同质性的文化为核心的亚洲，而是一个由平等的民族国家组成的亚洲"。② 然而，日本人用"王道""霸道"两词诠释中日关系时却与孙中山的理解不一样，其中最具有代表性的是"以王道之名行霸道之实"的观点。如西原龟三就认为，欲排斥列强在华利益，完全控制中国，若仍继续醉心于"霸道主义"，将必然引起中国人民的反对，这是不明智的；日本对华政策应由"霸道主义"转为"王道主义"，"这样他们就会一致讴歌帝国，举国一致地主动听命于帝国……"③ "满铁"的头号人物后藤新平也将其在台湾的殖民经验总结为实行"文装的武备"，即是"以王道之旗，行霸道之术，这是当代的殖民政策"。④ 而日本到了全面侵华之时，更将自己的侵略行为美化为"王道"甚至是"皇道"了。

在对待中日关系问题上，涩泽荣一也有过类似的表述。他曾就列强在华势力范围问题答记者曰："势力范围之类云云，素与孔子所教相悖，所谓在一国之内限定势力圈是王道所不能认可之事。"⑤ 另外，他也向日本人表明："若欧美之人行之以非道，而吾人以王道处之，最终（在华）胜利者必是吾人。"⑥ 他在这里所说的王道也是意为以仁义道德作为对华交往的基本原则，并有意与西方国家的"非道"，也即是霸道区别开来。一般来说，王霸之论其实就是一种统治之术，中国古代处理王朝内部事务时会交替或同时使用，在对待外部民族问题时也会用到。但是这种王朝时代下的话语用于描述近代民族国家之间的关系时就存在有失平等的危险。日本在使用这

---

① 广东省社会科学院历史研究所编《孙中山全集》第 11 卷，第 409 页。

② 汪晖：《亚洲想象的谱系：亚洲、帝国与民族国家》，载罗岗主编《思想文选 2004》，广西师范大学出版社，2004，第 427 页。

③ 章伯锋：《皖系军阀与日本帝国主义的关系》，http://jds. cass. cn/Article/20090526135613. asp，2009 年 9 月 10 日。

④ 东北沦陷十四年史总编室：《东北沦陷十四年史研究》第 2 辑，辽宁人民出版社，1991，第 71 页。

⑤ 渋沢青淵記念財団竜門社：《渋沢栄一伝記資料》第 32 卷，渋沢栄一伝記資料刊行会，1960，第 538 页。该资料除每卷的出版年代有所不同外，其他出版信息完全一样。本文在以后的引用中将略去编纂者、出版者，仅列出资料名称、卷数、出版年份（仅第一次出现时标注）及页码。

⑥ 《渋沢栄一伝記資料》第 32 卷，第 532 页。

个词的时候本身就将自己置于居高临下的位置，只是借助于仁义道德加以掩饰而已，直至发展到为侵略中国做辩护的军国主义理论。事实上，涩泽荣一在对待中日关系问题上也是以视日本为东洋盟主为前提的，这一点就和前文孙中山演说中所包含的民族平等思想并不一致，① 然而需要指出的是，涩泽的认识也与日本这种赤裸裸的侵略主义思想不尽相同。从涩泽历来尤其是晚年的言论来看，他更多的是以一种商人的眼光看待中国，并一再地批评日本的对华外交仅限于恩威而缺乏情爱和尊重，主张在同中国特别是中国民众做好沟通的同时，以"己所不欲，勿施于人"的原则处理对华事务。这样的表述与其说是策略，毋宁说也包括几分本意。问题在于，他的这些言论通常是在中国存在反日情绪或反日运动的情况下说出的，当中日双方的矛盾难以调和之时，他又将做出怎样的选择？更重要的是，他的一系列对华和涉华活动究竟是否与其言论相一致？通常在这些活动的过程中会有多方力量（包括日本财界、政界乃至中方人士）参与进来，涩泽如何处理同这些力量的关系？他又能扮演一个什么样的角色？这些都是本书需要做出回答的问题。

本书以"王道"与"霸道"作为关键词，就是意在通过这两个儒家文化中的词语来诠释涩泽的对华思想和行动。② 在由它们所搭建的一个简约的分析框架之内，我们将详细考察涩泽具有"王道"特征的对华思想背景和内涵，探析其间或隐或现的"霸道"因素，并进一步论述他在实际行动中如何处理王霸之间的关系。当然，具体的研究是置于当时的时代环境中进行的，这也将折射出中日关系史中的一些侧面图景。

二　研究现状及存在问题

由于涩泽荣一在日本社会有着巨大的影响力，在其尚在世时，就有人

---

① 据研究，孙中山在很长一段时间内抱有视日本为东洋民族盟主的思想，但晚年时对之做了清算，将其内涵表述为"舍去步武欧洲帝国主义之后尘"，改变"追随列国之政策"，以扶助亚洲弱小兄弟国家为志的亚洲民族的骨干国家。参见赵军《"吾人之大亚洲主义"辩——再论孙中山和大亚洲主义》，载中华书局编辑部编《辛亥革命与近代中国——纪念辛亥革命80周年国际学术讨论会文集》（下），中华书局，1983。

② "王道"一词隶属儒家思想当无异议，而"霸道"虽然出自法家，但在长期的历史演化中也逐渐被纳入儒家的话语体系之中，故而此处姑且皆以儒家词语视之。

为其立传。如大泷鞍马于 1925 年出版的《子爵涩泽荣一》，应该说是研究涩泽的最早传记，[①] 而在涩泽去世当年即 1931 年，当时的学者土屋乔雄就出版了一本正式的涩泽荣一研究著作——《涩泽荣一传》。[②] 此后，从各个角度对涩泽荣一进行研究的论著陆续问世。因为涩泽的活动比较庞杂，受到的关注多，所以相应的研究成果也非常多，甚至达到了汗牛充栋的地步。从有关涩泽的综合性研究来看，仅以"涩泽荣一"四字冠名或作为主标题的著作就达数十种之多。

值得注意的是，对于涩泽的研究不单单是个体性的行为，还有专门的组织在推动着这项事业的不断前进，此即龙门社及后来的涩泽荣一纪念财团。龙门社肇始于 1886 年，当时寄宿于涩泽门下的一群青年创立了一个名为学习会的团体，后来更名为龙门社，并办有《龙门杂志》（现在《青渊》杂志的前身）。龙门社在后来不断扩大，于 1924 年成为财团法人，1946 年其正式名称改为"涩泽青渊纪念财团龙门社"。在关于涩泽荣一的研究方面，龙门社早在 1900 年就刊行了两卷本的《青渊先生六十年史——一名近世实业发达史》，为庆祝涩泽的七十寿诞，又于 1911 年刊行《青渊涩泽先生七十寿祝贺会纪念帖》，而最为显著的还是编辑出版《涩泽荣一传记资料》一事。在 1937 年时，该组织就酝酿编撰一部有关涩泽荣一的大型传记资料，并制定了编撰方针，计划由身为龙门社理事的东京大学教授土屋乔雄来主持完成这项工作。土屋等人于 1944 年时曾经出版了第一卷涩泽的传记资料，但后来因故中断，直到 1955 年才开始重新编写。从 1955 年一直到 1972 年，这套多达六十八卷的《涩泽荣一传记资料》最终出版完毕。它不仅囊括了几乎所有的涩泽荣一的书信、日记、演讲等资料，而且对相应的背景资料也尽可能全面地加以吸收，因此，无论对于研究涩泽荣一本身还是他那个时代来说，这套资料都具有十分宝贵的学术价值。1990 年，为了纪念涩泽诞辰一百五十周年，由来自日本各界的学者组成了涩泽研究会，研究涩泽荣一的专门学术刊物《涩泽研究》也于同年创刊。

从 2003 年起，龙门社更名为"财团法人涩泽荣一纪念财团"。该组织

---

① 大滝鞍馬：《子爵渋沢栄一》，渋沢子爵伝記刊行会，1925。
② 土屋喬雄：《渋沢栄一伝》，改造社，1931。

为推动涩泽荣一的国际化研究而主办或参办了若干次学术活动，如 2004 年度的"比较视野中的社会公益事业"、2005 年度的"中日近代企业家的文化事业与社会事业——张謇与涩泽荣一的比较研究"、2006 年度的"跨越太平洋——美国与东亚儒教圈的相会与交流"等研讨会，并催生了《近代东亚的经济伦理与实践——以涩泽荣一和张謇为中心》① 《东亚公益思想的变迁——从近世到近代》② 等论著的问世。

就中国方面的研究而言，最早关注涩泽荣一的应该是罗振玉。据罗的日记记载，1901 年在日本时，他读过《青渊先生六十年史》，认为"涩泽氏为东邦实业大家，凡银行、铁路、刷印、电车、邮船、电线、电话等，一切实业之发达，皆先生为之启发。经营三十余年间，而国家致今日之隆盛，洵伟人也。异日当摘译为小册，以劝我邦之实业家"。③ 只可惜后来并没有见到该书的中译本。其次是郑学稼在 1936 年出版的《日本财阀史论》中曾经专辟一章论述了涩泽荣一的生平、对日本资本主义的贡献以及涩泽财阀的资本网络。④ 不过在此后几十年的时间里，中国方面并没有什么专门研究涩泽的成果出现。

直至 20 世纪 80 年代以后，中国学者才开始对涩泽荣一重视起来。首先是出现了大量从不同角度介绍涩泽荣一的论文和著作。如台湾方面蔡茂丰编译的《每日座右铭》中有涩泽荣一的"嗜好与谨慎"一节；大陆方面的则更多，例如杨海军主编的《世界著名商人传》中就有"日本近代第一大政商——涩泽荣一"、朱庭光主编的《外国历史名人传》有"涩泽财阀的创始人——涩泽荣一"、杨光华的《企业道德建设论纲》中有"涩泽荣一的经营策略"、张跃的《致富论——中国古代义利思想的历史发展及其对日本义利观的影响》中有"明治时期涩泽荣一的'义利合一'说"、禹蓝等编的《人生心语》中提到涩泽的处事接物之道及处世经验等，还有学者专门撰文

---

① 陶德民、姜克實、見城悌治等編《近代東アジアの経済倫理とその実践——渋沢栄一と張謇を中心に》，日本経済評論社，2009。
② 陶德民、姜克實、見城悌治等編《東アジアにおける公益思想の変容——近世から近代へ》，日本経済評論社，2009。
③ 罗振玉：《雪堂自述》，江苏人民出版社，1999，第 65 页。
④ 郑学稼：《日本财阀史论》，生活书店，1936。

介绍过涩泽的生平和活动①。幸田露伴的《涩泽荣一传》也被译成中文介绍到中国。而两岸对于涩泽最有名的著作《〈论语〉与算盘》的翻译更是不遗余力。在中国台湾方面先后有两个翻译版本，大陆方面则多达四个版本，先后有五家出版社出版。其次是对涩泽荣一经济思想和活动的专门研究。如张建立对涩泽荣一经济思想的考察、② 周见的一系列相关著述、③ 于臣的围绕"义利观"的论述、④ 王敦琴就"企业与社会"思想将涩泽与张謇所做的比较、⑤ 钱健就张謇与涩泽两人在文化事业方面的成就所做的比较、⑥ 马敏从"士商"的角度对涩泽与张謇所做的比较、⑦ 蔡耀德的硕士学位论文

---

① 如《财经界（管理学家）》2008 年第 4 期就登载了周见的 4 篇介绍性文章《从倒幕攘夷到师夷维新：涩泽荣一的成长经历》《涩泽荣一与日本近代银行业》《涩泽荣一与株式会社》《涩泽荣一与日本近代经济团体》。

② 张建立：《涩泽荣一经济思想述评》，载南开大学日本研究院编《日本研究论集 2004》，天津人民出版社，2004。

③ 在著作方面有《近代中日两国企业家比较研究——张謇与涩泽荣一》，中国社会科学出版社，2004；《渋沢栄一と＜義利＞思想——近代東アジアの実業と教育》，ぺりかん社，2008。论文方面则包括：《中日两国股份制企业形成过程的比较研究》，《现代日本经济》2003 年第 1 期；《涩泽荣一的实业思想与日本资本主义精神》，《日本研究》2003 年第 4 期；《渋沢栄一と張謇の実業思想についての比較》，载陶德民、姜克實、見城悌治等编《近代東アジアの経済倫理とその実践——渋沢栄一と張謇を中心に》。

④ 于臣：《渋沢栄一の少、青年期についての一考察》，《東京大学大学院教育学研究科紀要》第 43 卷，2003 年；《「実業」とは何か——日中両国の実業家の観点を中心に》，《北東アジア研究》第 12 卷，2007 年 2 月；《渋沢栄一の「義利」観と商業教育理念——張謇との比較を通じて》，《日中社会学研究》第 15 卷，2007 年 10 月；《日中両国近代実業家の儒学観——渋沢栄一と張謇の例を中心に》，载王敏编《日中文化の交差点》，三和書籍，2008；《近代日中両国の「経営ナショナリズム」についての一考察》，载陶德民、姜克實、見城悌治等编《近代東アジアの経済倫理とその実践——渋沢栄一と張謇を中心に》。

⑤ 王敦琴：《企业的利润追求与企业家的价值取向——张謇、涩泽荣一"企业与社会"思想比较研究》，《江南大学学报》（人文社会科学版）2006 年第 2 期。

⑥ 钱健：《中日両国の近代文化事業における張謇と渋沢栄一の意義》，载陶德民、姜克實、見城悌治等编《近代東アジアの経済倫理とその実践——渋沢栄一と張謇を中心に》。另外，在其著作《东方乌托邦——近代南通》（人民出版社，2007）中，作者也有意识地将涩泽与张謇做了比较。

⑦ 马敏的文章《中国和日本的近代"士商"——张謇与涩泽荣一之比较观》，起初发表于《近代史研究》1996 年第 1 期，随后被《高等学校文科学报文摘》（1996 年第 3 期）转载，1999 年被收入《马敏自选集》（华中理工大学出版社，1999），还在做了修改的基础上更名为《张謇的经营理念（上）——张謇的士商气质及其与涩泽荣一的比较》，作为单独一章被收入《商人精神的嬗变——近代中国商人观念研究》（华中师范大学出版社，2001）一书之中。另外，《近代東アジアの経済倫理とその実践——渋沢栄一と張謇を中心に》一书也收入了马敏的《東アジア的価値観を有する近代産業の指導者》一文。

《涩泽荣一之研究》[①] 等。当然，讨论得比较多的还是涩泽荣一的"《论语》与算盘"的思想，这一点已经无须再作介绍。最后，由于涩泽曾经主持参与过与孙中山共建中国兴业公司之事，所以国内在研究孙中山的时候也会论及涩泽荣一。迄今为止，学术界对于此事的研究还是比较细致的。如李廷江的《日本财界与辛亥革命》就在查阅大量资料尤其是日方资料的基础上，对孙中山赴日以及商谈建立中国兴业公司一事做了较为详尽的考察[②]。另外还有俞辛焞的两本专著《孙中山与日本关系研究》和《辛亥革命时期中日外交史》，以及李吉奎《孙中山与日本》一书也对中国兴业公司成立一事进行了特别论述。[③] 而在专门考察涩泽荣一与中国的交往方面，李廷江用力颇多，不仅在《日本财界与辛亥革命》及后来的日文版《日本财界与近代中国——以辛亥革命为中心》中考察涩泽荣一的对华经济思想和活动，而且还有数篇与之相关的文章问世。[④]

除中国以外，虽然其他国家也有一些研究成果，但总体来看，对涩泽荣一的研究还是以日本学者居多。下面围绕涩泽的经济思想、经济活动、公益活动以及民间外交等几个方面再对涩泽荣一研究的整体状况进行梳理。

1. 关于涩泽的儒家经济思想

最早对涩泽荣一的经济思想从学理层次进行专门探讨的是土屋乔雄。他在 1950 年发表的《关于涩泽荣一的经济思想》一文中认为，涩泽的经济思想是由儒教的厚生经济思想、自由主义和民主主义经济思想、民族主义

① 蔡耀德：《涩泽荣一之研究》，中国文化大学硕士学位论文，1990。
② 李廷江：《日本财界与辛亥革命》，中国社会科学出版社，1994。
③ 俞辛焞：《孙中山与日本关系研究》，人民出版社，1996；《辛亥革命时期中日外交史》，天津人民出版社，2000。李吉奎：《孙中山与日本》，广东人民出版社，1996。
④ 李廷江：《日本財界と近代中国——辛亥革命を中心に》（第二版），お茶の水書房，2003；《近代における財界と財界人——対外関係を中心にして》，《亜細亜大学国際関係紀要》第 4 巻第 2 号，1995 年 3 月；《民国期における日本財界と中国——中国興業公司設立の考察》，《亜細亜大学国際関係紀要》第 6 巻第 1 号，1996 年 9 月；《辛亥革命期における日本財界と中国——中央銀行設立案の形成過程》，《亜細亜大学国際関係紀要》第 6 巻第 2 号，1997 年 3 月；《日本財界と近代中国——阪谷芳郎と渋沢栄一を中心に》，《亜細亜大学国際関係紀要》第 1 巻第 1 号，1991 年 11 月；《渋沢栄一と近代中国——大正初期を中心に》，載陶徳民、藤田高夫主編《近代日中関係人物史研究の新しい地平》，雄松堂，2008；《大正初期の渋沢栄一と中国》，載王建朗、栾景河主編《近代中国、東亜与世界》（上册），社会科学文献出版社，2008。

的富国强兵思想以及保护主义思想等四个方面组成的混合体。① 小野健知的著作《涩泽荣一与人伦思想》从思想史的角度考察了涩泽国家意识的形成、创业思想、公益思想、教育思想，等等。② 此外，小松章也对涩泽荣一的实业思想做了专门考察。他认为涩泽的出发点是为了国家利益，也是一种经济决定论的思考。③ 大体来看，学者们对于涩泽的道德经济合一思想实现了传统儒学与现代资本主义的衔接以及该思想对日本近代化的积极意义是存在共识的，不过在具体的论述中也各有侧重，甚至评价也不一样。

不少学者从比较的眼光来审视涩泽的经济思想。在与福泽谕吉的比较方面，周见认为两人对待儒学的态度截然相反、在国家利益和私人利益的关系问题上，涩泽强调先国家后个人，福泽认为必须提倡自立和个人进取精神，但是两人目标一致都是为了富国强兵。多田显分析了涩泽和福泽对待儒学态度迥异的原因，认为两人的学习、理解的方法不同，特别是学习背景的差异是根本的原因。④ 越南学者 VINH Sinh 也考察了福泽谕吉和涩泽荣一对待儒学的态度的异同，只是作者更侧重于涩泽荣一的经济理念对当代越南经济发展的启迪。⑤ 在与韦伯的比较上，袁方指出，韦伯认为欧洲资本主义是"目的合理性行动"，说到底还是完全出自个人的利益目的，而在涩泽看来，日本资本主义由一系列公共性"职分"构成。⑥ 在周见看来，韦伯认为新教伦理的天职意识是资本主义形成和发展的推动力量，而涩泽主张的经济道德、公益私利、义利三者统一的思想则是日本型的资本主义精神。徐水生则认为涩泽身上体现的儒家思想的近代转化驳斥了韦伯的儒家伦理不适用于近代工业文明的诞生的论断。⑦ 中岛哲也在对涩泽的公益主义和道德经济合一主义进行考察的同时，也将其与韦伯的天职观念做了比较，

① 土屋乔雄：《渋沢栄一の経済思想について》，《社會經濟史學》第 16 卷第 2 号，1950 年 6 月。

② 小野健知：《渋沢栄一と人倫思想》，大明堂，1997。

③ 小松章：《渋沢栄一の実業思想——「青淵百話」にみる》，《一橋論叢》第 108 卷第 5 期，1992 年 11 月。

④ 多田顯：《福沢諭吉と渋沢栄一の思想について——特に儒教を巡って》，《千葉大学教養部研究報告》，1979 年 12 月。

⑤ VINH Sinh, "Shibusawa Ei'ichi's Role in the Modernization Movement in East Asia," 《渋沢研究》第 13 号，2000 年 10 月。

⑥ 袁方：《明治儒学的实用性：从涩泽荣一看明治时代的经济与儒学》，载刘岳兵主编《明治儒学与近代日本》，上海古籍出版社，2005。

⑦ 徐水生：《近代日本の知識人と中国哲学》，東方書店，2008。

以探讨涩泽的"共同体伦理"的有效性。① 坂本慎一没有直接比较两人的异同，而是受韦伯的启发，对前近代的儒教与涩泽的儒教理解的差异进行考察，进而揭示出日本资本主义精神的特征和涩泽儒家思想的内涵。② 也有学者将张謇作为比较的对象。马敏通过对张謇和涩泽荣一的比较，勾勒出近代东亚特有的士商经济伦理观，认为儒家伦理只有与市场法则和现代经济观念相结合才能发挥功效。③ 周见的研究表明，张謇的实业主张是以儒家的民本主义思想为出发点和核心，而涩泽的侧重点在于忠君报国。④ 于臣认为张謇身上有强烈的宗族意识，而涩泽的国家观念似乎更为明显，这一差异出现的原因之一是二人幼时的成长经历不同。⑤ 此外，还有中井英基对涩泽与元田永孚的儒教思想的比较、⑥ 纸矢健治对孙中山和涩泽的经济理念的比较、⑦ 袁方对涩泽和斯密的比较等。⑧

　　就涩泽儒学经济思想的渊源来看，学术界虽然都认为他取自古代中国以及日本的儒学论点，但在具体细节上还未形成广泛共识。黄俊杰认为涩泽强调《论语》的日常性和实用性，实与德川时代以来日本思想界的实学传统一脉相承，也承继了一些德川儒者对朱子以"理"为中心所建构的形上思想的排斥态度。⑨ 松川健二认为不管涩泽有没有意识到，他的"《论语》算盘说"与儒学史上的功利思想是一脉相承的。⑩ 海老田辉己在《涩泽荣一

---

① 中島哲也：《渋沢栄一の職分思想——日本資本主義創成期のエート》，《法政大学大学院紀要》第 60 号，2008 年 3 月。
② 坂本慎一：《ヴェーバー理論から見た渋沢栄一の近代資本主義の精神》，《経済学雑誌》第 100 巻第 4 号，2000 年 3 月。
③ 马敏：《中国和日本的近代"士商"——张謇与涩泽荣一之比较观》，《近代史研究》1996 年第 1 期。
④ 周见：《近代中日两国企业家比较研究——张謇与涩泽荣一》，第 230 页。
⑤ 于臣：《日中两国近代实业家の儒学観——渋沢栄一と張謇の例を中心に》。
⑥ 作者认为两者的不同在于涩泽与大正民主并存的具有开明性的思想，而元田始终没能超越汉学的界限，也就不能接受民主主义。中井英基：《儒教文化圏における企業者精神と近代化——張謇と渋沢栄一の比較研究》，平成元年度科学研究費補助金（重点領域研究2）研究成果報告書，1990。
⑦ 纸矢健治：《孙中山与涩泽荣一的经济理念：以产业政策与儒家思想为中心》，台湾中山大学硕士学位论文，1993。
⑧ 袁方：《明治儒学的实用性：从涩泽荣一看明治时代的经济与儒学》。
⑨ 黄俊杰：《涩泽荣一解释〈论语〉的两个切入点》。
⑩ 松川健二：《行動の指針としての「論語」——義と利の間》，载渋沢研究会编《公益の追求者・渋沢栄一》，山川出版社，1999。

与阳明学》一文中指出，涩泽乃是以王阳明以及阳明学的知行合一为基点，借助于阳明学说诠释《论语》。[①] 但坂本慎一则认为，涩泽的儒学思想既非朱子学也非阳明学，而是与水户学和徂徕学比较接近。[②] 梅津顺一也指出，涩泽的实业思想与日本的传统文化有着密切联系，其中包含武士的俭约、忍耐、果敢等日本传统的武士道精神。[③]

在对涩泽荣一的儒学经济思想评价上，大部分学者是持肯定态度的，认为从涩泽身上所体现出来的儒家思想不仅促进了日本的近代经济发展，也是儒学自身转化的一个标尺，对今天的社会进步也有借鉴作用。冲田行司就认为涩泽所倡导的商业道德和经济伦理超越了国家的界限而具有国际主义性质，只是它没有成为日本道德教育的主流。[④] 然而也有一些学者指出其间的某些不足。森川英正指出，涩泽的"道德经济合一"说在思想内涵上很肤浅，他对公益和私利的论述存在着显而易见的矛盾和混乱。[⑤] 王家骅也认为涩泽关于义利乖离思想之形成的历史陈述以及对中国义利之辩的理解未必准确。[⑥] 在米田佐代子看来，涩泽打破官尊民卑的思想是后来才提出来的，其提出的动因仅仅是官僚内部的倾轧。[⑦] 见城悌治在肯定"《论语》算盘说"有一定积极效果的同时，也认为它带有旧式的道德训诫的成分。[⑧] 宫本又郎则一方面肯定涩泽的思想对企业经营具有积极借鉴作用，另一方面也认为这容易造成日本的工商业轻易屈服于战争中的极端民族主义。[⑨] 张建立进一步指出，涩泽荣一受到皇国史观的深刻影响，其经济思想的理论基础是日本型国家主义，经济思想的核心是道德经济合一，但这种道德经

---

① 海老田辉己：《涩泽荣一与阳明学》，载陈祖武主编《明清浙东学术文化研究》，中国社会科学出版社、宁波出版社，2004。
② 坂本慎一：《渋沢栄一の経世済民思想》，日本経済評論社，2002。
③ 梅津顺一：《渋沢栄一における武士道と実業道——「実験論語」の人物評論を通して》，《青山學院女子短期大學紀要》第 48 卷，1994 年 12 月。
④ 冲田行司：《渋沢栄一の経済倫理構想と徳育問題》，载陶德民、姜克實、见城悌治等编《近代東アジアの経済倫理とその実践——渋沢栄一と張謇を中心に》。
⑤ 森川英正：《渋沢栄一——日本株式会社の創立者》，载宫本右次、中川敬一郎《日本の企業と国家》（日本経営史講座 第 4 卷），日本経済新聞社，1976。
⑥ 王家骅：《儒家思想与日本的近代化》，浙江人民出版社，1995。
⑦ 米田佐代子：《日本資本主義の成立期における「指導者」の役割——渋沢栄一の意識と行動について》，《人文学報》第 41 号，1964 年 3 月。
⑧ 见城悌治：《渋沢栄一：「道徳」と経済のあいだ》，日本経済評論社，2008。
⑨ 宫本又郎：《日本の近代 11 企業家たちの挑戦》，中央公論新社，1999。

济合一主义仅限于日本国内，而没有顾及其他国家的利益。①

2. 关于涩泽荣一的经济活动

在关于涩泽荣一的论著中，绝大部分都会涉及他所参与的实业活动。这里仅对在这方面论述较多或较为深入的研究成果进行梳理和介绍。

森川英正、高田あづみ等人专门撰文探讨了涩泽荣一的近代企业创立活动。② 浅野俊光和周见则从企业家的角度论述了涩泽创办近代企业的活动及其理念。③ 石井正司也从商业教育的角度对涩泽参与或主持设立的若干企业做了考察。④ 植松忠博通过对涩泽的 "《论语》算盘说" 思想、合本主义以及商业教育活动的考察，意在揭示其儒教思想与实业之间的内在联系。⑤他还在另一篇文章中指出，涩泽的实业活动有利于打破官尊民卑的官僚统制，也没有视自由竞争主义为金科玉律。⑥ 虽然很多学者都认为涩泽在日本近代企业的设立和运营上功不可没，但也有些不同声音。如见城悌治就在肯定涩泽引入公司制度、设立近代银行和各种企业等方面贡献的同时，也提到涩泽退出实业界跟当时财界的一件丑闻有某种程度的关联。⑦

也有一些学者就涩泽在某一区域或某一行业的实业活动做了论述。如就涩泽的家乡埼玉县而言，松本和明就考察了涩泽对当地炼瓦制造、银行、电灯、电力等产业的贡献，进而揭示出涩泽在地域振兴和产业育成方面所起到的作用。⑧ 加藤隆也考察了涩泽在埼玉县设立银行的活动。⑨ 小山胜以

① 张建立：《涩泽荣一经济思想述评》，载南开大学日本研究院编《日本研究论集 2004》，天津人民出版社，2004。
② 森川英正：《渋沢栄一——日本株式会社の創立者》；高田あづみ：《明治前期会社組織の充実と渋沢栄一》，《渋沢研究》第 13 号，2000 年 10 月。
③ 浅野俊光：《日本の近代化と経営理念》，日本経済評論社，1991。周见：《近代中日两国企业家比较研究——张謇与涩泽荣一》。
④ 石井正司：《商業教育の指導者 渋沢栄一研究》（上），《教育学雑誌》第 19 号，1985；《商業教育の指導者 渋沢栄一研究》（下），《教育学雑誌》第 20 号，1986。
⑤ 植松忠博：《渋沢栄一と近代的企業家の出現》，《國民經濟雑誌》第 168 巻第 6 号，1993 年 12 月。
⑥ 植松忠博：《渋沢栄一の「市場と国家」論》，载平井俊彦編《再構築する近代——その矛盾と運動》，全国日本学士会，1998。
⑦ 見城悌治：《渋沢栄一：「道徳」と経済のあいだ》。
⑧ 松本和明：《地域振興と産業育成——埼玉県の事例》，载渋沢研究会編《公益の追求者・渋沢栄一》。
⑨ 加藤隆：《渋沢栄一の銀行企業活動——埼玉県における場合》，《政経論叢》第 64 巻第 3・4 号，1996。

涩泽 1902 年的欧美旅行为中心，论述了他与西方国家关于筹集外资修建铁路的交涉活动。[①] 打越孝明的研究表明，日本理化学研究的建立离不开涩泽在资金募集方面的热心帮助。[②] 佐佐木聪撰文探讨了涩泽荣一与静冈商法会议所的关系。[③] 田村俊夫和安彦正一则专门考察了涩泽和日本近代早期银行组织择善会的关系，认为涩泽无论在择善会的成立还是运作上都付出了大量心血。[④]

在探讨涩泽与其关联的企业的具体关系方面，岛田昌和的一系列研究应该说是比较突出的。在《涩泽荣一的企业者活动与关系会社》和《对涩泽荣一的会社发起和创立参与的考察》两篇文章中，岛田详细考察了涩泽在诸多企业中的活动和业绩。[⑤] 进一步，他还曾探讨过涩泽在股东大会上的作用、对相关企业的运营手法、向企业提供资金和信用的供给、在考察近代日本企业管理中的信息传递方式，等等。在甲午战后，涩泽不仅关注个别企业的设立，更关注财界的总体走向和日本的经济政策。岛田也对涩泽对经济政策的意见做了探讨，认为此时的涩泽修正了以前自由主义的思想倾向，转而支持保护国内产业和强化本国企业的国际竞争力。[⑥] 上述这些文章大都编入岛田于 2007 年出版的《涩泽荣一的企业家活动的研究——战前企业体系的创出和出资者经营者的角色》一书中。[⑦] 另外，在对涩泽在众多企业中的角色分析上，冈崎幸司也做出了出色探讨。[⑧]

---

① 小山勝:《渋沢栄一の鉄道会社外資募集交渉——1902 年の欧米旅行》，《渋沢研究》第 9 号，1996 年 10 月。
② 打越孝明:《理化学研究所の設立と渋沢栄一》，《早稲田大学学術研究（教育・社会教育・教育心理・体育学編）》第 40 号，1991 年 12 月。
③ 佐々木聡:《渋沢栄一と静岡商法会所》，《渋沢研究》第 7 号，1994 年 10 月。
④ 田村俊夫:《渋沢栄一と択善会》，近代セールス社，1964。安彦正一:《銀行業と財界の形成——択善会を中心にして》，載渋沢研究会編《公益の追求者・渋沢栄一》。
⑤ 島田昌和:《渋沢栄一の企業者活動と関係会社》，載由井常彦、橋本寿郎編《革新の経営史》，有斐閣，1995;《渋沢栄一による会社発起と創立関与の一考察》，《渋沢研究》第 17 号，2004 年 10 月。
⑥ 島田昌和:《日清戦争後期の経済観——経済政策への意見と行動》，載渋沢研究会編《公益の追求者・渋沢栄一》。
⑦ 島田昌和:《渋沢栄一の企業者活動の研究——戦前期企業システムの創出と出資者経営者の役割》，日本経済評論社，2007。
⑧ 岡崎幸司:《株式会社の機関と相談役・顧問制度——渋沢栄一にみる相談役・顧問制度の役割》，《静岡大学経済研究》第 5 巻第 3 号，2000 年 11 月。

　　值得注意的还有对涩泽和张謇在实业方面的比较研究。周见在《近代中日两国企业家比较研究——张謇和涩泽荣一》一书中考察和对比了涩泽和张謇实业思想的经营理念、企业活动的内容和方式，探寻两国近代化过程存在的诸多差异以及产生这些差异的主客观原因。中井英基从企业家在近代化中的角色和功能的角度对涩泽和张謇做了比较，认为两者在出身、思想经历、倡导实业等方面有惊人的相似，最大的差别在于涩泽只需专注经济的近代化，而张謇还要兼顾政治近代化的重任。① 于臣进一步提出两人不同的背景在于近代以后日本向统一的国家迈进，中国的政治权力却日益地方化。与涩泽的工商业立国主义相比较，中国未能摆脱产生于农业经济体制的思想观念的束缚。②

　　也有一些学者曾论及涩泽荣一与中国在实业上的关联。黄荣光在《近代日中贸易成立史论》一书中有一节内容论述第一国立银行与清政府借款的来龙去脉，其间也谈到了涩泽对此事的看法。③ 片山邦雄在考察明治时期日本航运业的在华业务时，谈到日本内部在农商工会议上围绕长江航路的争论，认为涩泽等人之所以认为调查长江流域的航路为时尚早，是由于他站在日本邮船会社的立场，不愿意看到受政府支持的大阪商船在中国市场抢先一步。④ 桑原哲也在谈到东华纺绩会社的设立计划时也曾提到涩泽对该计划的态度。⑤ 而在对由涩泽一手参与创办的东亚兴业、中日实业两个对华投资公司的研究上，除中国方面的李廷江、俞辛焞等人外，日本学者坂本雅子、柳泽游、须永德武等人也都有专门论述。⑥

---

①　中井英基：《張謇と渋沢栄一——日中近代企业者比較論》，《一橋論叢》第98卷，第6号，1987。
②　于臣：《渋沢栄一と＜義利＞思想——近代東アジアの实业と教育》。
③　黄荣光：《近代日中貿易成立史論》，比較文化研究所，2008。
④　片山邦雄：《明治期日本海運と長江——農商工高等会議の議論を中心として》，《経済論叢》第155卷第1号，1995年1月。
⑤　桑原哲也：《企业国際化の史的分析》，森山書店，1990；《戦前における日本紡績业の海外市場戦略——東洋紡績会社の事例》，《経済論叢》第17卷第3号，1982年12月。
⑥　坂本雅子：《对中国投资机関の特质——東亜興业、中日实业の活动を中心として》，载国家资本輸出研究会編《日本の资本輸出》，多賀出版，1986。柳沢遊：《中日实业会社の設立過程とその活动——1910年代日本帝国主义时代中国進出の一考察》，《経友論集》第17号，1979年9月。須永德武：《中国への资本輸出と借款投资会社の活动——中日实业会社を中心として》，《経済集志》第60卷第2号，1990。

3. 关于涩泽的社会公益活动

在近代日本的教育问题上，涩泽既呼吁加强商业教育，也颇为重视对女子的教育。在这些方面给予较多关注的是影山礼子，她既在教育思想层面将涩泽与日本近代教育家成濑仁藏进行比较，也通过涩泽在高等商业学校的讲话和修身讲义来考察涩泽的道德教育思想。[①] 在考察涩泽的女子教育思想及实践活动时，影山礼子总结其思想特点在于三个方面。一是认为女性应该追求儒教中包含的"贞操""顺从""忍耐"等针对女性的东洋美德；二是认为对女子的教育程度要因个人能力和身份而异；三是他的思想也在发生着变化，到后来就认为女子应该在政治上拥有更多的权利。[②] 顺便需要提及的是，不少论著在提及涩泽实业教育事业时，一般都会谈到他对建立商业学校尤其是东京高等商业学校的积极倡导和参与。此外，三好信浩总结了涩泽在日本近代商业教育的启蒙、调整和伦理化运动中做出的贡献。[③] 冲田行司则透过对涩泽对基督教的态度、与新岛襄和同志社大学的关系，考察了涩泽的国际主义教育思想。[④]

实际上，教育和慈善救济在有些地方是叠在一起的。金泽贵之就通过东京养育院的残疾儿童教育考察了涩泽荣一的教育观和救济思想。[⑤] 在探讨涩泽荣一的慈善思想方面，长沼友兄在考察涩泽对养育院等社会事业的财政运营的同时，认为涩泽早年的法国之行对其社会福利思想有很大影响。[⑥] 姜克实认为，在涩泽的慈善思想中，比起宗教性的"慈悲""爱"等情感，儒家思想中的经世论色彩更加鲜明。[⑦] 山名敦子揭示了涩泽面对的日本经济

---

① 影山礼子：《成瀬仁蔵と渋沢栄一——その交流と教育思想における接点》，《渋沢研究》第 2 号，1990 年 10 月；《渋沢栄一と道徳教育——高等商業学校における講話・修身講義からの考察》，《渋沢研究》第 16 号，2003 年 10 月。

② 影山礼子：《男性と共に社会を担う女性の育成へ》，载渋沢研究会编《公益の追求者・渋沢栄一》。

③ 三好信浩：《陽炎の商業教育を支えた人》，载渋沢研究会编《公益の追求者・渋沢栄一》。

④ 冲田行司：《国際交流を推進する平和主義教育構想》，载渋沢研究会编《公益の追求者・渋沢栄一》。

⑤ 金沢貴之：《障害児教育——東京養育院を事例として》，载渋沢研究会编《公益の追求者・渋沢栄一》。

⑥ 長沼友兄：《異文化体験と近代社会福祉事業の形成》，载渋沢研究会编《公益の追求者・渋沢栄一》。

⑦ 姜克実：《渋沢栄一の慈善思想の特徴——治国平天下の儒学倫理》，《岡山大学文学部紀要》第 46 巻，2006 年 12 月。

发展和贫困问题并存的紧张关系以及他想借助于慈善事业推进近代化的思想。① 中国台湾学者陈玮芬还对张謇、熊希龄和涩泽的公益思想做了横向比较。② 在涩泽的慈善活动层面，松田诚考察了东京慈惠会的设立及其与涩泽的关系，认为在慈惠医院的运营中有涩泽荣一的参与，而且慈惠医院的指导思想也受到涩泽荣一的很大影响。③ 长沼友兄也专门撰文论述了涩泽荣一在东京养育院感化部的设立过程中所起到的作用。④ 而对涩泽的对外公益活动的研究还比较少见。就笔者浅见所及，大谷诚考察过涩泽的关于英国贫困救济相关活动。⑤ 在涉华活动方面，有些学者曾提及涩泽对中国1931年水灾的救济，但尚未出现深入全面的论述。此外，孙颖在其博士学位论文中有部分内容论及涩泽对中国留学生的态度以及他与"支那留学生同情会"和日华学会的关系。⑥

有学者对涩泽的社会公益活动给予了积极评价。日本研究财团史的学者山冈义典就将涩泽视为"近代公益事业的先驱"，认为他最为特别的贡献在于将"合本主义"（股份募集制度）引入到公益事业。⑦ 另一日本学者平井雄一郎也持类似的看法。⑧

4. 涩泽的对外交往

涩泽荣一在其对外活动中打交道最多的是美国。学者们在研究其对外交往时也在这方面着力颇多。涩泽雅英的《太平洋上架起的桥梁》、木村昌人的《涩泽荣一：民间外交的创始者》及《作为民间经济外交指导者的涩

① 山名敦子：《渋沢栄一にみる公益という名の慈善——東京養育院関わる》，载陶德民、姜克實、見城悌治等編《東アジアにおける公益思想の変容——近世から近代へ》。
② 陳瑋芬：《張謇・熊希齢にみる近代社会公益思想の展開——渋沢栄一との比較を通して》，载陶德民、姜克實、見城悌治等編《東アジアにおける公益思想の変容——近世から近代へ》。
③ 松田誠：《東京慈惠会と渋沢栄一》，2007，http://ir.jikei.ac.jp/dspace/bitstream/10328/3457/3/TK_igaku_787.pdf。
④ 長沼友兄：《東京市養育院感化部の成立と渋沢たち》，《渋沢研究》第7号，1994年10月。
⑤ 大谷まこと：《英国救貧防貧事業の、調査、紹介、導入、展開に対する渋沢栄一の貢献》，《渋沢研究》第12号，1999年10月。
⑥ 孙颖：《二十世纪上半叶日本的"对支文化事业"研究——基于"东方文化事业总委员会"与"日华学会"的考察》，东北师范大学博士学位论文，2008。
⑦ 林雄二郎、山岡義典：《日本の財団——その系譜と展望》，中央公社論，1984年。
⑧ 平井雄一郎：《慈善の実践と思想》，载渋沢研究会編《公益の追求者・渋沢栄一》。

泽荣一》专门探讨涩泽的民间外交活动，而涩泽与美国的交往即是考察的重点。① 在《财界网络与日美外交》一书中，木村还将涩泽对美交往置于20世纪前半期的日美关系中加以论述，有意凸显了涩泽在20世纪10至20年代的日美中三方经济关系中起到的作用。② 另外，他也考察了涩泽借助于商业会议所以及同外国人的交流所构建的广泛的人际网络。③ 除木村外，还有些学者围绕美国排日问题或以之为背景探讨了涩泽的对美外交活动。片桐庸夫曾撰文探讨涩泽为美国排斥日本移民而进行的国民外交活动。④ 是泽博昭对涩泽所主持的日美之间的玩偶交流活动进行了论述，认为在《移民法》改正运动失败之后，涩泽意在借此沟通两国之间的文化交流，缩小文化差距。⑤ 松村正义考察了涩泽等人设立国际通信社的努力，认为该社的设立动机即在于准确报道美国排斥日本侨民问题，尽管这项努力未能如意，但作者仍给予积极评价。⑥ 岛田法子认为，由奥村多喜卫发起的排日预防启发运动正是受到涩泽荣一的大力支持才在20世纪20年代取得了明显成效。⑦ 是泽博昭在一篇考察世界儿童亲善会的文章中认为，一方面，涩泽荣一所提倡的民间交流开创了有别于政府间交流的外交途径，但这种方法在日本未被广为接受；另一方面，日本把从美国学来的所谓"玩偶"交流变成了对朝鲜和中国东北进行文化侵略的一种形式。⑧

　　在与其他西方国家的交流方面，除上文提到的涩泽对英国贫困救济的

① 渋沢雅英：《太平洋にかける橋》，読売新聞社，1970。木村昌人：《渋沢栄一：民間経済外交の創始者》，中央公論社，1991；《民間経済外交指導者としての渋沢栄一》（1），《渋沢研究》創刊号，1990年3月；《民間経済外交指導者としての渋沢栄一》（2），《渋沢研究》第2号，1990年10月。

② 木村昌人：《財界ネットワークと日米外交》，山川出版社，1997。

③ 木村昌人：《人的ネットワークの形成——企業を取りまく国際環境の創出》，載渋沢研究会編《公益の追求者・渋沢栄一》。

④ 片桐庸夫：《渋沢栄一と国民外交——米国に於ける日本人移民排斥問題への対応を中心として》，《渋沢研究》創刊号，1990年3月。

⑤ 是沢博昭：《日米文化交流——日米人形交流を中心として》，載渋沢研究会編《公益の追求者・渋沢栄一》。

⑥ 松村正義：《「国際通信社」の創始者》，載渋沢研究会編《公益の追求者・渋沢栄一》。

⑦ 島田法子：《奥村多喜衛と渋沢栄一：日米関係からみたハワイにおける排日予防啓発運動》，《日本女子大学紀要・文学部》第43期，1993年。

⑧ 是沢博昭：《渋沢栄一・国民外交の行方——日本における「世界児童親善会」への認識とその後の展開》，《渋沢研究》第6号，1993年10月。

参与之外，也有学者考察了他所受到的来自法国的影响以及与法国各界工商业者的交流。① 还有学者探讨了作为民间国际组织的太平洋问题调查会以及涩泽在其间的作用。②

在日本财界对朝鲜进行经济扩张的过程中，涩泽荣一发挥了重要的开拓和引导作用。在对涩泽的对朝活动的总体评价上，土屋乔雄视其为日本资本主义朝鲜进出的先导者。不过见城悌治则认为，从现在的眼光来看，这应该是一个需要进行批判性探讨的问题。而米田佐代子进一步进行了正面批判，认为涩泽对朝鲜最关心的就是经济掠夺。在她看来，涩泽将获取殖民地、扩大市场这种资本主义者的身份置换成朝鲜文明开化的开拓者，事业发达的使命感在现实中变成民族压抑和掠夺合理化的手段。③ 片桐庸夫的观点却比较温和，认为涩泽意在扶植朝鲜走向近代化并将其纳入日本的利益圈之内，早期主张维持朝鲜的独立，而在朝鲜被吞并之后也只能当"事后的追认者"。④ 在岛田昌和看来，涩泽所主持的第一银行的朝鲜进出使得该银行几乎成了朝鲜事实上的中央银行，涩泽对朝鲜的认识与一般日本人一样持日鲜同祖论，在面对朝鲜时抱有身为近代国家的先进意识，而且在明治中期以后，更认为朝鲜是日本经济圈中不可或缺的一部分，忽视和掩盖近代性的国家框架而偏向于强调个人的道德意识。⑤

迄今为止，专门撰文对涩泽与中国的关系做过考察的当数李廷江和片桐庸夫等人。李廷江在其一系列著述中有不少内容论及或专门考察涩泽荣一与中国的关系。在他看来，涩泽荣一的中国观经历了"中国东洋盟主论"

① 鹿島茂：《近代日本の建設とフランス──渋沢栄一》，载三浦信孝編《近代日本と仏蘭西：10人のフランス体験》，大修館書店，2004。原輝史：《日仏経済交流──フランスの銀行家たちとの接触》，载渋沢研究会編《公益の追求者・渋沢栄一》；《渋沢栄一のフランス訪問──1902年を中心に》，《渋沢研究》13号，2000年10月。
② 山岡道男：《太平洋問題調査会における活動》，载渋沢研究会編《公益の追求者・渋沢栄一》。
③ 米田佐代子：《日本資本主義の成立期における「指導者」の役割──渋沢栄一の意識と行動について》。
④ 片桐庸夫：《渋沢栄一と朝鮮──その対朝鮮姿勢を中心に》，载慶応義塾大学法学部編纂《慶応の政治学　国際政治──慶応義塾創立一五　年記念法学部論文集》，慶応義塾大学出版社，2008。
⑤ 島田昌和：《渋沢栄一の企業者活動の研究──戦前期企業システムの創出と出資者経営者の役割》；《経済立国日本の経済学──渋沢栄一とアジア》，载山口昭男編《「帝国」の経済学》（岩波講座《「帝国」の学知》第2巻），岩波書店，2006。

"支那保全论""日本东洋盟主论"三个阶段。在具体事务上，李重点考察了涩泽在日本对华经济扩张中扮演的角色，尤其是围绕设立对华投资公司、与孙中山的交往、中国中央银行设立计划、20 世纪初期的中日民间经济外交等问题展开一系列讨论，还曾提到过他与中国儒学的关系。在对涩泽与中国关系的总体评价上，他早期曾视其为在日本帝国主义对外侵略及经济扩张中扮演的一个极为重要的角色，与其他日本人相比，在对外侵略的实质上没有什么原则区别。到了后期，李又修正了自己的看法，虽然还认为"涩泽的中国观仍然有相当的部分与同时代日本人的对华认识相近"（即是指轻视乃至具有侵略倾向的对华态度），但更倾向于强调涩泽在近代中日关系中所发挥的积极作用。

片桐的《涩泽荣一与中国——以其对中态度为中心》在《涩泽研究》上分两次发表。该文把涩泽与中国的关系置于国际视角之下，重点探讨了东亚兴业会社和中国兴业公司（中日实业公司）以及日华实业协会。通过对这些与涩泽有密切关系的公司和团体的考察，作者认为，涩泽主要是想与中国在"《论语》算盘一致说"的基础上构筑共存共荣的关系。他的中国认识包括两个方面，一个是拥有悠久历史、孔子的诞生地以及具有同文同种关系的邻国，另一个是在西力东渐时代需要共同连携，且拥有丰富资源和巨大市场的国度，从而日本的实业界应该更为积极地对中国进行经济进出，但是日中关系并没有向着自己所设想的那样发展下去。①

此外，见城悌治在《涩泽荣一："道德"与经济之间》一书中认为，涩泽虽然不能左右日本外交政策，但在日美民间外交和日中经济交流上都在为实现自己的理想而努力，特别是对于中国，倾注了十二分的精力。

从以上的研究可以看出，学术界对涩泽荣一的探讨早已从单纯的立传作记转变为对其思想和活动各个层面的深入探讨，有关涩泽的研究成果也颇为宏富。尽管如此，这并不代表对于涩泽的研究已经臻于完善。笔者单从他与中国关系的角度来看，认为至少在以下几个方面还需要做进一步的探讨。

---

① 片桐庸夫：《渋沢栄一と中国——その対中姿勢を中心として——（一）》，《渋沢研究》第 15 号，2002 年；《渋沢栄一と中国——その対中姿勢を中心として——（二）》，《渋沢研究》第 17 号，2004 年。

首先是研究的广度问题。在已有的研究中，有相当一部分关注的是涩泽思想层面尤其是他的经济伦理观念。有关涩泽的经济外交的研究虽然构成了涩泽研究的一个重要领域，但人们往往将视线投向他与美国的往来活动。论及他与其他西方国家交往的研究还比较有限。事实上，在涩泽关注较多的国家中除了美国外就是朝鲜和中国了。而关于涉华问题研究的整体不足本身就显示了加强在这方面研究的必要，况且现有的研究在论及涩泽的涉华思想和活动时，往往局限于他的儒学思想与中国文化的关联以及设立投资公司等个别事项上面，而通览涩泽荣一的有关资料就不难发现，除了这些之外，在教育、慈善、人员往来、对华思想等方面都存在着进一步讨论的空间。

其次是资料问题。在这些为数不多的关于涩泽涉华的研究成果中，学者们更多是通过对日语文本的解读而得出结论的。然而，我们也不能忽视中国方面的资料。它们至少可以对涩泽荣一的一些活动从史料上进行印证和补充。由于涩泽同不少中国人士存在或多或少的往来，在他们留下的日记、电报、信件等资料中也可以寻到涩泽的一些踪迹。而涩泽的某些对华活动曾引起过中国公众的注意，中国近代报刊中也存在一些与其有关的零散言论。如果研究者没有将这些史料纳入考察的视野，将会在很大程度上影响到对涩泽与中国关系的准确理解。

最后是视角问题。这一问题可以从三个层面来理解。第一，涩泽与中国的关系在横向上涉及不少领域，从纵向观察的话也会看到，从涩泽幼时研习儒家经典到他离世前夕呼吁救助长江水灾，中国因素几乎在他一生的时光里都直接或间接地存在着。如果将这些或隐或现的因素有机地串接起来，我们将会看到一个新的视角下的涩泽荣一，更能体察到近代中日关系史的另一侧面。遗憾的是，在迄今为止的研究中，从这个角度入手的还极为少见，绝大多数研究仅仅揭示了其中的某些片段。第二，从实业或思想上将涩泽与其他人（如张謇）做比较的情况比较多见，但却鲜有学者在对华思想和行动层面上比较涩泽与其他人（如日本其他实业家、政客乃至中国人士）的异同。此外，片桐庸夫和木村昌人虽然有意识地将涩泽与中国的关系置于国际视野下加以考察，但前者仅限于比较涩泽对华和对其他国家的观感，后者的论述重点则放在了日美关系上。因此，还有必要把涩泽的对华交往在国际关系背景下进行重新审视。第三，即使是对涩泽与中国的关系做单向探究，也仍然不能忽视客观存在的一个信息传达和反馈的互动过程。也即是说，涩泽的一系列对华活动不单单是时间维度上的承接关系，也存在一种基于认识或逻辑的连续性，而这种连续性就是依靠双方的交涉和对话展现出来的。涩泽的某一次对华行为，很可能就是在中国方面对他上一次行为做出反馈之后的重新调整。有鉴于此，探讨中国各界对涩泽的一系列对华行为的反应和应对就显得十分必要，而这正是以往的研究者没有充分注意的地方。

三　研究方法和篇章构成

本书的研究方法，大抵因袭人物史研究中通行的文本解读法、比较法、背景分析法等等，只是在具体运用的时候力图有所创见。在文本方面，本书将主要采用中日资料相对照的方式，在将《涩泽荣一传记资料》作为主要立论依据的同时，也会顾及其他日文乃至英文资料，并在大量的中文文献中发掘与本书主题有关的内容，以求借助于多方资料探求一些细节性史实。一如前文综述中的若干研究那样，本书也会有意识地采用历史比较研究方法，通过涩泽与其他人物、涩泽所代表的财界与其他日本集团就对华态度和活动的比较，以及涩泽的中国交往与同其他国家交往的比较，以期文章的主题在宏观的背景下有较好的展现。此外，考虑到涩泽对华交往的多样性，本书打算舍弃以时间为顺序的叙述方式，从横向上考察涩泽的对华思想及相应的经济和社会活动。

除绪论外，本书拟分为八章展开。

第一章主要论述涩泽荣一的生平以及他的儒学经济思想。涩泽荣一生于日本的一个富农之家，年幼的他在接受儒学启蒙的同时，也在这样一个农商兼营的家庭中受到了商业的熏陶。之后作为一桥家的家臣协助打理各种事务，又曾远赴欧洲游历。这既造就了他良好的办事能力，也让其大开眼界。他回国之后就仕于明治政府，在参与日本诸多近代经济政策的酝酿和颁行的同时，也结识了不少政界人士。这为涩泽辞官之后大刀阔斧地主持和参与日本近代企业制度的建立创造了良好的基础。涩泽参与创建的企业多达 500 家左右，他还在多个经济团体中任职，在日本经济界有着举足轻重的地位。除了经济事务之外，他还在教育、慈善、民间外交等领域有诸多建树，与其有关的社会事业多达 600 余项。不过涩泽为人所熟知的更在于他的"《论语》算盘说"。涩泽认为仁义道德与生产殖利并非相互对立和互不相容的，不存在脱离经济的道德，而背离道德的经济也不能为社会带来真正的好处。可以说，他的"《论语》算盘说"已经构成了近代日本的资本主义精神。

第二章的内容将以涩泽荣一的 1877 年中国之行为中心，考察涩泽荣一等人与中国方面所进行的中日西征借款谈判、招商局借款谈判以及第一银行和三井物产随后推行的对华经营尝试等。1877 年的中国行是涩泽荣一第二次踏上中国的土地，此前赴欧途中路过上海让他切身感觉到了中国的衰落，而这次的中国之行却是一次商务之旅。尽管中日西征借款谈判、招商局借款谈判最终都没能达成一致，但这却是近代早期中日之间鲜为人知的交流行为，也开启了涩泽荣一对华经济实践的先河。他随后与益田孝等人对华经营的初步尝试虽然没能持续下去，然而这并不意味着涩泽荣一不再关注中国市场。当然，此时的日本羽翼未丰，还谈不上对中国有什么扩张行为，涩泽荣一进行的尝试也只是一般性的商贸活动。

第三章将集中考察甲午战争之后涩泽荣一的对华经济思想以及他所参与的一系列对华经济调查活动和对华实业公司、金融机构的设立和运营情况。随着日本逐步走向近代化以及两国实力的消长，日本对中国的感知已不再如前时那般神圣，同时，不断推进的近代化进程也促使日本向中国等地拓展市场乃至进行各种形式的侵略。甲午战争让日本对中国的看法为之一变。日本开始将中国视为一个国力衰弱却拥有丰富资源和庞大市场的国度。涩泽荣一此时的对华经济思想也以鼓吹日本加大对华经济扩张为特征。从起初的犹豫和谨慎逐渐转变为为日本经济扩张摇旗呐喊，涩泽在参与多项对华经济调查活动的同时，也参与了湖南汽船会社、日清汽船会社、东华纺绩会社、日清银行、东亚兴业会社等多家实业公司和金融、投资机构的酝酿及成立事宜。此时的日本已经出现"脱亚入欧""东亚盟主论"等论调，整个社会弥漫着藐视中国的气氛，涩泽荣一的对华关系也以霸道式的经济扩张为特征。

第四章和第五章将主要探讨涩泽荣一合作开发中国论的提出及其实践。进入 20 世纪以后，中国的民族主义意识日益觉醒，逐渐有意识地维护本国权益，抵制列强在经济、政治、军事等领域的扩张行为。日本的对华扩张进程也因为中国方面的抵制情绪、与其他列强的激烈竞争以及自身实力有限等原因而面临着困境。在这种情形之下，涩泽荣一提出了合作开发中国富源的构想。他在 1914 年访华之际对"利权"一词的解释很大程度上也与这种论点相呼应。为了将其付诸实践，他在孙中山与袁世凯之间积极斡旋，最终促成了中国兴业公司以及后来的中日实业公司的成立，并为落实中日实业公司具体业务而专门赴北京与中国方面协商。为了避开中国的抵日锋芒以及缓和日美间的紧张关系，涩泽还向美国提出了日美联合开发中国的建议，并且尝试与美国合办一家对华银行。合作开发中国论并非涩泽一人的创建，这种观点在当时的日本颇受欢迎，日本也确实在中国设立了不少合办企业。然而就涩泽的实践结果来看，他付出很大精力的中日实业公司在以后的经营过程中并非一帆风顺，与美国合办银行的计划也不了了之。"合办"虽然不失为日本对华经济扩张的一种变通，但仍然要面对来自各个方面的质疑。涩泽所声称的合作开发似乎符合他提出的"己所不欲，勿施于人"的王道思想，但这背后却明显存在着追求日本国家经济利益的企图，也引起了中国民众的高度警觉，更何况他在谋划日美联合开发之时，几乎没有考虑到中国方面的利益诉求。

第六章和第七章考察涩泽荣一提出的对华外交理念以及日华实业协会的成立和运作。面对日益紧张的中日关系，涩泽荣一对日本的对华外交进行了认真反思。他认为日本的对华外交主体多元、主张不一、前后有别，且往往对中国采取一种恩威相加的策略，容易招致中国方面的不满和反抗。为此，涩泽提出以"忠恕""敬爱"之道与中国相交的外交思想，并利用自己在财界的领袖地位，积极推动对华民间外交，试图将其外交理念付诸实际，有效缓和两国关系以及为日本的进一步对华经济扩张扫清障碍。由他所担任会长的日华实业协会就是在这一背景下应运而生的。涩泽荣一以该协会为平台，与中国方面的孙中山、蒋介石、张謇、虞洽卿等政商界要人有过数度往来，甚至可以说形成了一种私人交情。然而我们通过考察两国在废除不平等条约、关税改订、抵日运动等问题上的交锋就会发现，日华实业协会还是扮演了一个日本工商界代言人的角色，在以维护和拓展日本既得利益为前提的情况下，并不能有效处理好两国间的纷争，也难以完整地体现出涩泽本人所倡导的对华外交理念。

最后一章将探讨三个主题，即涩泽荣一的对华灾害救助、对华慈善教育，以及他关于日本对华军事扩张的言行。从"丁戊奇荒"到 1931 年长江水灾，涩泽荣一曾经数次发起或者参与对华灾害救助的行动，他也对中国赴日留学生给予过不同形式的帮助和接济，并通过日华实业协会等机构，先后酝酿设立青岛商科大学和对中华学艺社创办的学艺大学提供资金上的支持。从表面上看，这些无疑都应归于慈善活动之列，也是涩泽荣一王道思想的典型体现，然而我们若进一步探究就会发现，上述这些林林总总的活动背后仍然存在一些现实利益的考量，例如为日本产品打开销路、博取中国民众的好感、培养中国亲日力量等等。当然，这些活动中所包含的友善和道义的一面是不应受到忽视的。然而，涩泽荣一在日本历次的对华军事侵略行为中却大都采取支持和赞成的态度。如果将慈善归于王道、武力归于霸道的话，那么本章所考察的这三个主题就形成一个鲜明的对比。不过在这个对比的背后也存在一些共性的因素，其中就包括涩泽对于日本经济利益的追求。灾害救济和慈善教育在客观上会对日本的在华经济利益起到保护和促进的作用，而他无论是支持战争还是反对扩军，也多是出于经济方面的考量。

第一章　涩泽荣一的生平及其儒学思想

涩泽荣一所生活的年代，正是日本从幕末的闭关锁国到明治维新，再到逐渐强大并走向对外扩张道路的时期。在这个时代，日本人也经历了一个从对外界知之甚少、推崇尊王攘夷到全面接触并重新认识西方文明，再对本国进行重新定位的过程。也许是某种巧合，涩泽荣一的经历也恰好反映了日本人的这个心理变迁历程。在那个大动荡、大变革的时期，他先是参加倒幕攘夷运动，在看到盲目攘夷于国无益后，遂改弦更张投入德川幕府门下，此后又得以周游欧洲，眼界大开。涩泽回国之后，日本业已开始明治维新，他不久即毅然加入维新政府，成为制定经济政策的高级官员。在日本资本主义逐渐萌发及殖产兴业运动开始展开之际，他又辞去了在大藏省担任的官职，重入商海，大展宏图，终成一代巨商。尽管涩泽对于人生、社会、国家、世界的看法不能完全代表所有日本人的思想，但也是其中的典型之一，况且他对于日本资本主义发展的贡献更是不容小视的。对他的生平、思想以及与日本财界关系的考察和介绍既有助于我们对其本人有一个概略性的认识，也是为下文对他的对华思想和行动的探讨做一个铺垫。

一　涩泽荣一的生平

涩泽荣一生于 1840 年（天保十一年）2 月 13 日，卒于 1931 年（昭和 6 年）11 月 11 日，出身武藏国榛泽郡血洗岛村（今埼玉县深谷市）的一个富农之家，幼名市三郎，别名荣一郎、笃太夫、笃太郎，号青渊。涩泽家主要从事蓝玉的制造和贩卖，兼营养蚕和其他一般性的农业活动。涩泽从 5 岁左右起便按照其父的教导学习汉学，7 岁时，拜邻村的亲戚尾高惇忠，开始接受系统性的教育，还专门拜人为师学习剑道。与此同时，由于涩泽在这样一个半农、半工、半商的家庭中长大，自幼饱受钻营谋利的家风熏染，14岁时学做米麦、蚕丝、蓝靛等生意，16岁时，代其父每年外出四次，在信浓、上野、秩父等北关东地方兜售蓝靛等货物，逐渐具有经商才干。这种经商实践与汉学学习兼而有之的经历，可以说是为他日后提出"《论语》算盘说"奠定了一个坚实的基础。另外，其母是一位慈悲的女性，经常给予周围的人热情帮助，这在一定程度上也会使涩泽耳濡目染。从涩泽日后热心从事的诸多慈善事业中也隐约可以看到其母的影响。

涩泽家虽靠经商而致富，但因不是武士身份，社会地位低下，经常遭受前来收捐派款的领主代官的勒索和辱骂。这给青年时代的涩泽荣一留下了深刻印象，不仅使其产生"为了享有同等人的待遇，必须当武士"的强烈愿望，更让他开始有了强烈的反叛和革新精神。22岁时，涩泽为了继续修汉学和习剑，不顾父亲的劝阻，只身来到江户。当时正值幕末的动乱时期，他在江户结识了尊王攘夷派的志士，积极地参与到倒幕运动之中。1863年，一心要成为武士的涩泽荣一与堂兄涩泽喜作联络中村三平、尾高新五郎等豪农出身的志同道合者，组成以宣示"天朝"威势和驱逐洋夷为宗旨的草莽志士队"天朝组"，准备与相乐总三、桃井仪八的"慷慨组"以及楠音次郎、三浦带刀的"真忠组"采取联合行动，在关东地区举行攘夷暴动。"天朝组"的攻击目标是攻占高崎城，而后直捣横滨，烧毁那里的外国商馆。涩泽看到尊攘派在1863年的"八一八"政变后失势，草莽志士的"天诛组"在大和举兵失败，形势十分不利，但他也不愿意与农民起义和市民暴动为伍，因此中途放弃进攻计划而逃往京都。颇具戏剧性的是，涩泽的同伴在京都被幕府逮捕，而他本人却受到一桥家（德川三卿之一）谋臣平冈圆四郎的赏识转而投到一桥庆喜的门下，并设法救出了被捕同伴。在此期间，涩泽以其善于理财的特长，亲自跑到一桥家领地征召农兵，改革军制，并振兴大米、白木棉（用楮树皮纤维做的白布）的专卖，协助一桥庆喜推行财政、税制改革。两年之后，一桥庆喜被任命为德川第十五代将军，涩泽也自然而然地成为幕府的官员。由倒幕转为为幕府效劳，这有违涩泽的初衷，也给他思想上带来了极大的矛盾。正当他为此烦恼不已之时，一个好机会降临了。由于涩泽在一桥家表现出了非凡的理财能力，他被选为德川昭武的随从出席在法国巴黎举办的万国博览会。在近两年（1967年1月到次年11月）的欧洲之行期间，他随访问团到过法国、瑞士、荷兰、比利时、意大利、英国等国家。旅欧期间，涩泽详细考察了近代资本主义大生产的组织和经营方式，对股份公司尤其感兴趣，痛感必须在日本打破官尊民卑的落后观念，大力推行合股经营。欧洲先进的工业文明和经济制度给他的思想带来了强烈冲击。这次宝贵的西洋经历也为他日后引进并推行资本主义的生产管理和企业经营奠定了基础。

涩泽回国之后所见到的是日本政局的巨大变化，倒幕运动取得了决定性的胜利，德川庆喜也已经交出政权，退居静冈。为报答德川庆喜的知遇之恩，涩泽也暂时栖身于庆喜左右。当时，静冈藩寄养着大批佐幕派武士，丧失政权的庆喜拿不出更多的钱来维持昔日部下的生活，财政上入不敷出使下台的庆喜坐卧不安。涩泽在此时再一次表现出了他杰出的理财能力，力主将藩内财力物力投入经济活动中，以补救举步维艰的局面。他利用维新政府发行太政官札之机，在静冈创办了日本第一家合股组织"商法会所"（即股份公司的前身），筹集股金、经商赚钱，为庆喜广开生财之路，在很大程度上缓解了静冈藩的财政困难。如果他就这样一直将商法会所经营下去的话，或许它将成为在静冈乃至日本赫赫有名的股份制企业。然而，对于当时的日本而言，一个良好的现代企业必须是以一个成熟的社会环境为前提的，但日本国家层面上的诸多基础性设施尚未及完善。从这个角度来说，制定一套完善的现代国家经济制度，改变传统的鄙视商业的观念显得更为迫切。对于涩泽个人的发展来说，囿于静冈一地也非长久之计。恰好在此时，他因宝贵的出洋经历和出色的理财能力而受到明治政府的赏识。作为前幕府高官的涩泽，在感情上对新政府心存疑虑，起初拒绝与新政府合作。在屡召不应的情况下，明治政府派大藏省大辅大隈重信亲自出面，劝说涩泽为"国家天下计"出仕新政府。经过一番激烈的思想斗争之后，涩泽最终表示同意并出任民部省租税正（当时大藏省和民部省实际上是统一的，后来因大藏省和民部省分离，他又转而成为大藏省管辖下的租税正，相当于今天日本的主税局长）一职。

大藏省是明治政府领导国家经济建设的最高机构之一。当时社会局势尚不稳定，国家的政治与经济也正处于动荡阶段，如何对封建制度下的农工商秩序进行改造，建立殖产兴业的新秩序，新政府中很多人心里并没有底。挑选涩泽荣一这样一个既有出国考察经历，又有实际经济工作经验的人才进大藏省，确实是一个必要之举，而涩泽日后的一系列工作成就也证明了这一点。涩泽在 1869 年 11 月入仕政府之时，鉴于大藏省所辖事务混乱，即向大隈建议设立一个名为"改正挂"的机构，专门调查和整顿部内的相关事务。涩泽荣一在担任租税正的同时，也兼任这一机构的"挂长"。在任职于明治政府期间，涩泽先后参与了有关度量衡、税租制度、货币和俸禄制度、公债发行、邮政制度的改革，以及铁路修筑方案、《国立银行条例》、《会计法》和各官厅事务章程等制度的制定和废藩置县的实施等等，在整顿明治初期的财政制度、引进西方资本主义经营方针和规划等方面开始崭露头角。在这一时期，尤其值得一提的是他在 1871 年写成的《立会略则》。这部著作是涩泽根据自己海外考察股份公司的心得体会而写成，向日本各界介绍了设立股份公司（株式会社）的宗旨、要领和规则。日本长期以来就普遍存在轻视商人和商业的现象，涩泽在经商的过程中也遇到许多蔑视商人的事例，对政府动辄运用强权法令侵犯商人利益有切肤之痛。他在《立会略则》中强调"财产私有权归个人所有，乃是天下通行之公理，他人不得侵犯"，"通商之道不应受政府权威的强制，也不应受法制的束缚"，"若实业家的地位势力尚不能打动政治家，则无法期待真正的发展"。①由于涩泽在民部省和大藏省的不俗的组织才能和高效的办事能力，他颇受同在大藏省为官的井上馨的赏识。在涩泽任租税正时，其上司正是时任大藏少辅的井上，而当井上升任大藏大辅的时候，也将涩泽提拔为大藏少辅（相当于现在的次官）。1873 年，围绕增加军费和财政预算问题，涩泽和大藏卿大久保利通发生冲突，最后随同井上馨一起辞职。对于涩泽荣一而言，在民部省、大藏省为官的四年经历所带给他的最大财富便是与伊藤博文、大久保利通、大隈重信、木户孝允、西乡隆盛等明治元勋的交往，这成为其日后从商时在政商两界如鱼得水的一个重要资本。

退出政界的涩泽荣一决心投身于实业界，为发展日本近代工商业和提高商人地位而竭尽全力。1873 年，在井上馨等官僚的支持之下，涩泽与三井、小野两家合股兴办第一国立银行。这是参照美国《国立银行法》，并以涩泽在大藏省任职时亲自起草的《国立银行条例》为基础，在日本创立的第一家官商合营银行。该银行的创立，为明治初期在日本推广近代化金融信贷制度首开先例。涩泽在辞官后不久，即就任第一国立银行头取（行

---

① 杨海军主编《世界著名商人传》，河南人民出版社，2000，第 163 页。

长），并担任该职务直至宣布退出实业界。以此为基点，他在1877年出面组织成立了一个名为"择善会"的银行业团体（择善会于1880年在增加成员行的基础上改名为东京银行集会所），并出任会长。进一步地，他还参与创设票据交易所和新开正金银行、日本银行，还为日本政府修改《国立银行条例》以及整顿不兑换纸币和汇兑制度。凡此种种，在金融界都起到了举足轻重的作用。然而，涩泽荣一并不满足于银行业的发达，他所追求的是"合本事业"（即股份制企业）在国民经济各个领域的普遍发展以使得日本能够与西方列强相竞争。在他看来，其他产业的全面振兴也能反过来带动银行业的进一步发展，两者是相辅相成的关系，从而最终促进日本资本主义经济的整体发展。基于这样的想法，他在日本实业经济的诸多领域都有建树。纺织业方面，涩泽在1882年募集华族、政商和棉纺资本家的资金25万日元，开办了大阪纺绩会社。该公司拥有10500支纱锭，采用以蒸汽为动力的大机器和电灯照明设备，是当时日本规模最大、设备最先进的纺织工厂。此后，他在组织成立日本纺绩联合会、促进印度的棉花输入、撤废棉丝输出关税和棉花输入关税等方面，都发挥了不可忽视的作用。在海运业，当时岩崎弥太郎领导下的三菱汽船会社借助于日本出兵台湾、西南战争等迅速壮大，独霸日本海运业。本着"贯彻合本主义，应当分配财富而避免独占"的精神，涩泽在1880年创办了东京风帆船会社，不久又与品川弥二郎等人于1882年7月成立共同运输会社，同三菱展开了激烈的价格竞争。后来为了避免出现两败俱伤的局面，两家企业才在政府的调停之下于1885年合并为日本邮船会社，涩泽则为该会社的董事。此外，为了振兴日本的海运事业，涩泽所在的第一银行还向日本的平野造船所提供融资，其本人还担任过东京石川岛造船所株式会社（由平野造船所演变而来）的社长。在铁路方面，涩泽荣一在1873年就任东京铁道株式会社的顾问。此后，他大力推动日本私营铁道业的发展，在日本1886年至1899年所设立的43家私立铁道会社中，与涩泽有关系的就有19家。而在对朝鲜半岛和中国尤其是中国东北的铁路铺设方面，涩泽荣一也有积极的参与。另外，他还主持和参与设立了东京海上保险会社、东京抄纸会社（即后来的王子制纸会社）、札幌麦酒株式会社、东京人造肥料株式会社等企业。总体来看，涩泽创立或予以援助的企业涵盖了制绒、织物、制麻、制帽、制糖、酱油酿造、酿酒、制油、蓝靛制造、制冰、印刷、陶器制造、玻璃制造、制砖、制铁、制钢、造船、船坞、汽车制造、火车制造、瓦斯、水泥、电气、土木、建筑、地产、交易所、仓库、酒店、贸易、矿山、制药、农业、畜牧、养蚕、林业、水产、信托、电话、汽车运销、航空等数十种行业，与其有关的企业也多达 500 余家。

涩泽涉足的这些产业和企业，并非他本人或其家族独自出资所为，而是通过股份募集的方式聚少成多建立的，涩泽荣一多是起到了组织、牵头或者是积极响应和支持的作用。他所主张的"合本主义"在日本经济的诸多领域开花结果，在这个意义上，说涩泽荣一是"日本资本主义之父"并不过分。而1915年涩泽同族株式会社的设立则标志着以第一银行为核心的涩泽财团的最终形成。从财团的资本总额来看，涩泽财团的数额并不是很高，与三井、三菱相比，可能只有其二十分之一到三十分之一。按照当时的币值计算，三井十一家家族共拥有股份 36280 万日元，岩崎五家家族拥有的仅三菱本社的股份就有 24000 万日元，占公司总资本的 46%，而涩泽家族拥有的资本只有 1000 万日元。① 涩泽财团虽然也跻身于日本大财团之列，但与三井、三菱、住友等巨头相比，充其量只能算个二流财团。关于这一点，我们并不能将其归于涩泽经营能力不足或是没有扩展势力的机会，而更应该与他的"谋求公益而不追求私利"的思想倾向联系起来。如果把他与另一个财界领导人进行比较的话，或许更能说明"莫以资产论英雄"的道理。与涩泽荣一齐名的大阪经济界近代化的先驱者五代友厚，曾经涉足银行、矿业、纺织、染料、铁道、轮船、贸易等领域，并创立大阪股票交易所、大阪商法会议所、大阪商法讲习所等等，为大阪经济界的近代化做出卓越贡献。然而令人惊讶的是，当五代去世后，人们发现他不仅没有留下一分遗产，反倒还欠下数百万元的债务。

涩泽被称为"日本资本主义之父"的原因更多还是在于他所主张的儒家资本主义思想（这一点将在后文详细论述）、广泛的人脉以及对经济社会事务的积极参与。涩泽在为官之际就带有商人特有的精明，辞官之后，虽然标榜不再涉足政治，但与政治人物却保有十分密切的关系，再加上善于言谈和交际，最终得以在财界和政界编织出一张巨大的关系网。日本学者森川英正曾以涩泽荣一 1899 年的日记为依据，对其与一些政要的交往活动

---

① 李廷江：《日本财界与辛亥革命》，第 90、103 页。

做了考察。如果以天数为单位计算，他见到过井上馨 33 天、首相山县有朋 13 天、藏相松方正义 11 天、伊藤博文 10 天，其中还不包括访问时人不在或日记中漏掉的例子。[①] 利用这些人脉，他不仅能够在日本的诸多经济事业中呼风唤雨，甚至还反过来影响或插手政府的财政和金融政策。例如，1908 年，涩泽出席第二次组阁的桂太郎首相官邸恳谈会，就政府整顿外债问题出谋献策。1911 年西园寺公望内阁对财政困难束手无策时，涩泽主动与益田孝等起草建议书，提出整顿税制、紧缩开支、均衡贸易等七条意见，成为西园寺内阁制定财政政策的指导思想。在经济团体方面，涩泽曾帮助森有礼创办商法讲习所（一桥大学的前身），自己也担任过东京商工会议所和后来的东京商法会议所的会头，还在东京股票交易所、东京银行集会所、东京票据交换所、东京兴信所等财界团体的成立和运营方面发挥着不可忽视的影响力。在不少情况下，涩泽在政府、企业和财界团体之间充当着媒介的角色———一方面为企业向政府代言陈情，另一方面又将后者的要求传达给前者，从而于两者之间进行沟通以化解矛盾。

除了这些经济事业之外，涩泽荣一还在慈善、教育和民间外交等领域颇有建树。据称他所担任的与各种社会公共事业有关的职务多达 600 种左右。[②]

在慈善事业方面，涩泽荣一最为人所熟知的就是他长期担任院长的东京养育院。涩泽荣一与这个养育院的关联也是一种巧合。当时的东京府曾从江户时代的町会所继承了一笔可观的积蓄，涩泽在被问及这笔资金的处理方法时，便主张将其一部分用于设立一家收容流浪人员的慈善机构。在这种情况下，东京养育院便于 1872 年成立了。涩泽本人起初任该院的事务长，后又成为第一任院长，并长期担任此职务直至逝世。涩泽荣一虽然起初是因一个偶然性的因素而投身于慈善事业，但是客观而言，他的慈善活动也与其大力参与的经济事业形成一种互补。日本在走向近代资本主义的初始阶段必然也会遇到诸如失业、贫富差距之类的社会问题，涩泽所从事的一些慈善救济活动，在某种意义上也是对日本近代经济发展的一种修补

---

① 森川英正：《渋沢栄一———日本株式会社の創立者》，载宫本右次、中川敬一郎編《日本の企業と国家》（日本経営史講座 第 4 卷）。

② 土屋喬雄：《渋沢栄一》，第 258 頁。

和完善。事实上，无论是从经济发展、社会进步还是从人道主义考虑，他本人都逐渐意识到发展慈善事业的必要性。除了东京养育院外，他还在中央社会事业协会、东京府社会事业协会、四恩瓜生协会、福田会、泷野川学园、东京感化院、慈惠会、济生会、全生病院、回春病院、救世军病院、癞预防协会等机构和团体中担任会长或者顾问等职务，参与过 40 余次捐款募集和赞助活动。尤其值得一提的是，在 1923 年东京大地震之际，他名义上虽然只是大震灾善后会的副会长，实际上却起到了相当于会长的作用，对东京的震后复兴贡献颇大。

与慈善事业一样，涩泽荣一与教育事业的结缘也始于一个偶然的机会。1873 年，时任驻美国外交官的森有礼和富田铁之助等人目睹了美国商业学校的纷纷成立后，也有了在日本模仿设立商法学校的想法，并向日本政府提出了这一要求。明治政府当时虽然已经开始推行殖产兴业的政策，但仍将重心放在工业和农业上面，虽然也有诸如札幌农学校之类的官立学校的设立，但却仍然存在轻视商业的倾向，因而也拒绝了森和富田二人的申请。森有礼不得不转而寻求设立私立形式的商法讲习所，但他不久后又作为外交官被派往中国，遂将筹备中的学校转给了刚刚由涩泽荣一担任会长的东京商业会议所。涩泽荣一素来就痛感有必要纠正官尊民卑的传统认识和提高商人的地位，而这样的学校正是创造了一个提高商人的能力和素质、推动商业走向近代化的平台。为了在整个日本社会营造一种重视商人、重视实业的氛围，涩泽荣一通过发表演讲、财力支援等形式大力推动日本的商业教育事业。除了东京高等商业学校之外，他还对大仓高等商业学校、高千穗商业学校、东京高等蚕丝学校、岩仓铁道学校等给予了种种形式的援助。现在的神户大学、大阪市立大学、一桥大学等都不同程度地由涩泽当年所倡导设立或给予援助的商科学校演化而来。另外，他对于教育事业的贡献还表现在女学教育方面。涩泽对于女子教育的关注并不能完全说是基于一种非常进步的立场。他所信奉的主要还是传统儒学中的"唯小人与女子为难养也"的思想，对女子的教育也是依据这种儒家伦理，以培养贤妻良母型的人为目的，例如曾经由他担任馆长的东京女学馆对学生的教育就是围绕着如何成为合格的人妻、主妇和母亲而进行的。另外涩泽对于女子教育的重视也与他的国家主义思想有关。在他看来，日本既然要与欧美等国相比肩，就要在各个领域向后者看齐。既然日本的女子教育落后于西方，就要在这一方面取得突破，所以东京女学馆才会声称"本馆以使日本妇人与欧美之妇人享有同等之教育及家庭的训练为目的"，而女子教育的结果，也是在于"如果男女若能合同协力相互帮助，必将实现国家真正的隆盛"，①最终仍将落脚点置于国家的富强层面上。当然，他关于女子教育的看法也并非一成不变，通过与日本女子大学的创立者成濑仁藏以及对女子教育持开放态度的森村市左卫门等人的交往，以及在美国等地对当地女子教育的观察，他后来也表现出主张提高日本女子社会地位的倾向，然而总体而言，这种态度并不明朗，晚年时还称"对于女子高等教育之事，处于半信半疑的状态"。②尽管如此，涩泽荣一还是从事了不少女子教育方面的活动，尤其是利用自己广泛的人际网络，为私立女子教育机构的经营而积极募集资金予以援助。他对推动近代日本女子教育的发展所起的作用还是不容否定的。

在对外关系上，涩泽荣一的一项为人瞩目的工作是大力推动民间外交活动。随着国力的不断增强，日本在政治、经济、军事、文化等领域的对外扩张的倾向日益明朗，这也对大洋彼岸的美国的利益构成了威胁。尤其是在日俄战争以后，美国方面感到日本对自己的威胁更为紧迫，双方在修建"满洲"铁路、排斥日本移民等问题上的矛盾也日益尖锐。在这种背景之下，时任日本外交大臣的小村寿太郎建议涩泽荣一出面推动对美国民外交。而涩泽荣一也认为国民舆论逐渐在国家外交中占据了一个非常重要的位置，外交不仅仅是政府与政府之间的交往，民间的一些国际性团体和个人也可以发挥一定的作用，而且美国在日本废除不平等条约之际也抱有同情的态度，两国在经济上的关系更是不容忽视，所以他极为愿意通过各种渠道改善同美国的关系。涩泽一生当中四次到访美国，第一次是在缔结日英同盟的1902年，曾经以东京商业会议所会长的身份在外游之际途经美国；第二次是在1905年以渡美实业团团长的身份率领约50名团员对美国各地进行了长达3个月的访问；第三次是在1915～1916年，在出席纪念巴拿马运河的万国博览会之际对旧金山进行了访问；第四次是在华盛顿会议召开之时，又在美国各地逗留了约3个月的时间。在这四次当中，至少有三次是为

---

① 見城悌治：《渋沢栄一：「道徳」と経済のあいだ》，第128頁。
② 見城悌治：《渋沢栄一：「道徳」と経済のあいだ》，第130頁。

了缓和两国矛盾、弥补双方关系而前往美国的。除此之外，他还亲自组织或参与了日美同志会、日美关系委员会、日美有志协议会等组织的成立和运作，促成和接待美国实业代表团的访日等，并与美国各界人士形成了良好的私人关系。他在沟通两国感情、增进相互交往与合作方面做了大量工作，然而并没能阻止美国最终通过排日移民法，日美两国的关系也因各种问题而矛盾丛生。尽管如此，涩泽荣一在日美民间外交方面的贡献仍然不容忽视，有学者就认为，涩泽荣一的功绩之一就是推动了日本民间外交的组织化。① 不仅仅是美国，他也同其他国家的不少人士有着广泛的交往，担任过日俄协会、日印协会、日法协会、国际联盟协会的正副会长或顾问，频繁出席外国各界要人的访日招待会，甚至还是 1926 年和 1927 年度诺贝尔和平奖的候补人选。当然，涩泽在推动与中国的民间交往方面也用力颇多，对他而言，对华外交重要性几乎与对美外交旗鼓相当，这些留待后文进行详细考察。

涩泽在对外关系上的作为不仅仅是推动民间外交，更在于大力配合日本的对外扩张政策，在对外经济"进出"方面表现得尤为积极，尤其是对朝鲜的经济扩张。1876 年，日本强迫朝鲜开港，涩泽荣一不失时机地于 1878 年 6 月在釜山开设了第一国立银行的分行，进而逐步控制了朝鲜的关税、财政、货币等。1905 年日俄战争之后，日本独霸朝鲜，第一国立银行也随之垄断了朝鲜的金融，其所发行的票面印有涩泽荣一肖像的银行券被定为法定货币。该银行还取得了办理朝鲜国库、整理朝鲜财政等特权，实际上已经成为朝鲜的中央银行。在铁路方面，他于 1898 年 6 月发起创立了京釜铁道会社以专门负责釜山至汉城的铁道铺设，还插手了仁川至汉城间的铁路建设事宜，在釜山港的建设中也有献力，被称为"对半岛的铁道有元勋式的功劳"。② 此外，从 1909 年开始，在朝鲜总督府的协助之下，他主持并购了独占朝鲜有轨电车、电力、电话等事业的韩美电气公司，又陆续设立了日韩瓦斯、朝鲜兴业、朝鲜制糖、朝鲜轻便铁道、朝鲜森林铁道等企业。总体而言，在日本对朝鲜的资源开发和经济控制的过程中，涩泽荣一功不可没。为此，大藏大臣桂太郎、朝鲜第二任统监曾祢荒助还向涩泽

---

① 木村昌人：《渋沢栄一：民間経済外交の創始者》，中央公論社，1991，第 154 页。
② 渋沢研究会：《公益の追求者・渋沢栄一》，第 20 页。

赠送了"感谢状"。

涩泽荣一在 1905 年时接受小村寿太郎的劝告而开始民间外交活动，到 1909 年时，宣布辞去除在第一银行之外的其他一切企业的职务，退出实业界。大致以这一时期为界限，他在此之前主要致力于日本实业的发展，此后则更多地从事社会公益、教育、民间外交等事业。然而无论是在此前还是之后，他与中国的关系都相当密切。涩泽早年利用自己广泛的人脉资源以及在财界的地位和影响，经常在日本的对华经济事业中发挥不同程度的影响，即便是在宣布退出实业界之后，他也继续在东亚兴业会社、中日实业公司等企业的建立和运营上起到非常重要的作用。而他晚年所关注的民间外交更是将中国囊括进去。为了践行其声称的"敬爱""忠恕"等外交理念，涩泽特意担任日华实业协会的会长，代表日本实业界与中国进行种种交涉和沟通，另外还在对华教育、灾害救济等方面也有相应的行动。可以说，如果将涩泽荣一一生的事业分为实业、教育、民间外交、慈善等若干方面的话，那么他与中国的关系几乎在所有这些方面都有体现。

二　"《论语》算盘说"

在多数情况下，当谈到涩泽荣一时，人们首先想到的往往就是他的"《论语》算盘说"或者"道德经济合一"的经济伦理思想。涩泽荣一对于儒家思想特别是《论语》的推崇深刻地影响了他的一系列社会实践活动。当我们在考察他与近代中国的关系之时，同样也绕不开他的"《论语》算盘说"。其实，许多学者已经就他的这一思想做了详细考察，笔者无意于简单地移植，拟结合全书的主题，在顾及他的"《论语》算盘说"思想内容的基础上，对这一思想的形成及其地位，以及它在涩泽荣一诸多实践活动中的影响和作用进行简要探讨。

德川幕府时代的日本教育以汉学为主。在当时的武士阶层中，通常所学的就是以"四书"为主的儒学书籍。在对幼儿进行启蒙之时，一般都是教授诸如《蒙求》《小学》《孝经》之类的入门读物，到十岁以后才逐渐开始授以"四书五经"等书。涩泽荣一的家庭虽非武士之家，但其父市郎右卫门早年也曾以成为武士为志向，对"四书五经"之类也有接触。涩泽荣一幼年最初所接受的儒学教育即是缘于其父的启蒙，他"从六岁起随父亲学习古文。当时的教材是文言文的书信函件。幼年的荣一强记硬背、反复诵读这些古文，并随父练习毛笔字。从八岁起荣一又开始随父亲学习《论语》。① 此时涩泽所接触的古文除了《论语》之外，还包括《三字经》《大学》《中庸》等，尽管所接受的教育方式与正统的武士教育有所不同，但也可以说是受到了良好的启蒙。当涩泽七八岁学到《论语》中的《里仁》篇时，市郎右卫门鉴于自己平日繁忙，无暇顾及涩泽的学业，遂将其托于涩泽的表兄尾高惇忠继续教育。这件事虽然并不起眼，然而却给涩泽荣一带来了巨大影响。涩泽后来曾经如是描述他与尾高的关系："吾之与公生于同乡，又有亲族血缘关系。论年龄公为兄长；论学问公为吾师辈。吾之学业进步、成长无不受公之熏陶。故余之深切敬爱公，始终如一，全管鲍之交，是非偶然。"② 尾高惇忠曾经受业于一位名为菊地菊城的儒者，但主要是自学成才。据《埼玉人物事典》所载，他对水户学很感兴趣，尊奉阳明学的"知行合一"说，并持攘夷论的观点。涩泽荣一青年时期一度成为一个热情的攘夷论者，大概即缘于尾高的影响，更重要的是，他的学业基础和日后的思想雏形，也可以说是得益于尾高的教育和指导。在学习方法上，尾高惇忠不是让涩泽荣一去刻板地死记硬背，而是主张举一反三、灵活运用。涩泽在十二三岁时曾通过伯父涩泽宗助之子新三郎借来《通俗三国志》阅读。尾高获悉后不仅不表示反对，而且还表示赞同，称只要有利于培养阅读能力，各种书籍都可以看。从此，记载着关东地区趣事的《里见八犬传》等都纳入了涩泽课外阅读的必读书目。另外，他在尾高家中还借阅了《日本外史》《十八史略》《唐宋八大家》《文选》等，从一个名为中野谦齐的儒者那里听了《史记》《文选》的讲解，后来又从来到血洗岛村的江户名儒藤森天山那里听了《孟子》的讲学，还广交信浓的木内芳轩、太田玄龄、掠木花邨，萨摩的鲛岛云城等当时的名流，或请教经义，或谈论诗文，等等。③ 涩泽后来在回忆尾高的教学方法时也承认，尾高的方法与一般的反复朗读和背诵不同，他强调的是通过通读大量的书籍来形成自己的思考。④ 涩泽后来又结合自身的体会，在博览群书的基础上，再选择其中精要者反复

---

① 幸田露伴著，余炳跃译《涩泽荣一传》，学林出版社，1992，第 4~5 页。
② 幸田露伴著，余炳跃译《涩泽荣一传》，第 5 页。
③ 幸田露伴著，余炳跃译《涩泽荣一传》，第 8~9 页。
④ 于臣：《渋沢栄一と <義利> 思想——近代東アジアの実業と教育》，第 43 頁。

研读，形成一个从泛读到精读的读书方法。特别需要指出的是，这个方法也被他用在了《论语》的读解上面。自从父亲市郎右卫门那学到一个开头后，涩泽便跟随尾高学完了《论语》的其他部分。在学习的过程中，涩泽荣一先后研读和比较了《论语》的各个版本。起初从父亲那里初学《论语》之际，他以后藤点的版本为教材，当他从尾高、菊地那里学习《论语》时（涩泽虽然以尾高为主要老师，但也曾有几次听过菊地菊城讲授《论语》），虽然并不能确切知道具体版本，但据推断是属于阳明学系统的注释本。到了后来，涩泽荣一在口述《〈论语〉讲义》之际，就有意识地利用了多个版本的《论语》，包括皇侃、朱熹、伊藤仁斋、荻生徂徕、太宰春台等人的注释本，共计超过 50 余种。而据涩泽本人所言，在关东大地震前夕，他所拥有的各个版本的《论语》已多达 600 种左右。① 这些种类繁多的《论语》注释不仅使他了解到各个派别对《论语》的不同解读，也促使他在阅读的过程中进行比较和思考，从而形成自己的"道德经济合一"思想。

　　青年时代的涩泽荣一由于参加攘夷暴动、游历欧洲、任职于明治政府等因，并没有回过头来仔细思考儒学思想在当时日本社会中的地位和作用。他后来称自己从离家外出闯荡到任职于大藏省的十五年间，"几乎是无意义地空费，现在想起来也痛恨不堪"，因为在他看来，从十五六岁开始就应该立志投身于商工业，青年时代要充分积累有关工商业方面的素养。② 当然，他说这话的用意在于敦促人们去重视和正视工商业的发展。实际上，他自己在这个所谓"无意义"的时期所做的工作对其后来在实业上的成功是有重要帮助的，更何况他也铭记着父亲"处世须以忠实为旨，不可以欺骗人，别人的恩惠决不能忘记"的告诫，这一告诫也正是基于《论语》而提出的。③ 不过涩泽认真地将儒家思想尤其是《论语》作为为人处世的准则，确实是在辞官经商之后。他辞官经商的一个重要原因就是感到"多数人都受到士农工商等级思想的影响，认为政府职员高人一等，而工商业者则自觉低贱"，"若人才皆集中于官界，而平庸之辈散于民间的话，何能指望一国之健全、进步与发展"?④ 他的目的是"使民间企业里大批涌现出品德方正、

　① 于臣:《渋沢栄一と＜義利＞思想——近代東アジアの実業と教育》，第 46 頁。
　② 見城悌治:《渋沢栄一:「道徳」と経済のあいだ》，第 211 頁。
　③ 《渋沢栄一伝記資料》第四十一卷，1963，第 373 頁。
　④ 幸田露伴著，余炳跃译《涩泽荣一传》，第 4 页。

知行合一的工商业者，并且皆致力于民间企业经营这一目标"。依照"半部《论语》治天下"的说法，他声称："我虽然没有从事工商业工作的经验，但是有决心将《论语》一卷作为处世之座右铭，以图工商业的发展。"① 事实上，当踏入实业界之后，涩泽也切身感到《论语》的重要意义。他后来曾回忆说："我明治六年辞官进入本来就向往的实业界之后，我和《论语》就有了特别的关系。这就是我刚成为商人时，心里有所不安，想到今后要在锱铢必较中度过一生，应该有怎样的操守呢？此时我想起以前学过的《论语》。《论语》里说的修己交人的日用之教，我可以按照《论语》的教谕经商谋利。"② 以此来看，涩泽投身实业界时以《论语》为处世待人的准则，既是意在借此扭转人们对于商人阶层的传统看法，提醒人们正视工商业及工商业者在社会中的地位和作用，也是将其作为自身日后经商的价值纲领和处世法则。

由于涩泽荣一自幼即接受儒学思想的熏陶，他将儒学思想奉为圭臬似乎也无可厚非，③ 需要注意的一个问题是，在众多儒学著作当中，即便是"遵奉孔夫子之教"，他为何唯独钟情于《论语》而非《大学》《中庸》之类的著作？对此，涩泽荣一后来也给予了解答。在他看来，《大学》所声称的"古之欲明明德于天下者，先治其国"之类乃是着眼于修身齐家治国平天下之道，主要是关于政治方面的说教，而《中庸》所说的"致中和，天地位焉，万物育焉"及"鸢飞戾天，鱼跃于渊"等又显得过于哲学化，唯有《论语》全是有关可以用于日常处世的内容，"说些朝闻之夕可直接实行之道。特别是《乡党》篇之类，从睡觉到起床，从饮食衣服到坐作进退，几乎毫无遗漏"。④ 他也正是以《论语》为基础，通过对《论语》的重新阐释而形成了自己的"道德经济合一"思想。

在很多情况下，涩泽荣一之所以强调《论语》与道德的一致性是为了

---

① 幸田露伴著，余炳跃译《涩泽荣一传》，第 4~5 页。
② 刘岳兵主编《明治儒学与近代日本》，上海古籍出版社，2005，第 109 页。
③ 也许有人会认为，不是所有幼年学习了儒学的日本人后来都推崇儒学，如福泽谕吉、森有礼等人后来就成为典型的"脱亚入欧论"或"西化论"者。有学者曾专门对此进行了比较研究，如多田显就认为涩泽与福泽两人在儒教的学习方法、接受方式尤其是初学时的差异构成双方对待儒学态度迥异的根本原因（详见多田显《福沢諭吉と渋沢栄一の思想について——特に儒教を巡って》，《千葉大学教養部研究報告》1979 年 12 月）。
④ 《渋沢栄一伝記資料》第四十一卷，1963，第 382 頁。

破除人们的贱商思想。他认为："欲强国必富国，欲富国必隆盛商工业"，
"国家之基础在于商工业。政府之官吏凡庸无妨，商人必为贤才。商人贤，
则可保国家之繁荣。古来日本人尊武士，认为做政府官吏为无上光荣，做
商人为耻辱。此乃本末倒置。我国现在之急务，是努力使一般人心拂去谬
见，并提高商人品位，驱使人才投向商业界，务使商业社会位于社会最上
流，以达至商人即德义之标本，德义之标本即商人之域。"① 在涩泽看来，
日本的武士道与生产殖利之道之所以相背驰，是受中国宋代儒家偏于说性
论理影响的结果，而这种将道德和经济分开的倾向必然给国家带来危害。
涩泽提到，宋代的学者"由于他们倡导仁义道德的时候，没有考虑按照这
种顺序（即经由仁义道德追求进步的顺序，笔者注）去发展，完全陷入了
空论，认为利欲之心是可以去掉的。可是发展到顶点，就使个人消沉，国
家也因而衰弱。结果到宋的末年受到元的进攻，祸乱不断，最终被元所取
代，这是宋的悲剧。由此可知，仅仅是空理论的仁义，也挫伤了国家元气，
减弱了物质生产力，最后走向了亡国。因此，必须认识到，仁义道德搞不
好也会导致亡国"。② 其实，不仅是涩泽荣一，日本的一些启蒙思想家也在
致力于批判贱商意识，如福泽谕吉就曾以商品经济的观点，把过去的武士
和当今官员取得俸禄或月薪，等同于工商业者获得利润，认为他们之间无
高低贵贱之分。③ 这固然是道出了一种事实，然而对于一向自负并具有社会
使命感的武士后代们来说，这种说法将他们降低到了以谋取利润为生活目
的的水准，毕竟难以接受。而更加有效的方法，或许就是利用他们原有的
儒学知识，并对其重新解释，以寻找传统伦理观与近代资本主义伦理观的
结合点。涩泽荣一宣扬的观点恰好就是如此。

　　后儒大多将《论语》中所说的"仁义道德"与"货殖富贵"看成是水
火不容的两个东西，富贵者无仁义王道之心，要成为仁者就得舍弃富贵的
念头。然而涩泽将这种误解归之于中国宋代理学所代表的旧儒学所造成的
弊病，认为它不仅严重与经济脱离，也同民众的实际生活格格不入。他说：
"及于宋朝，周濂溪、张横渠、程明道、程伊川陆续出世，他们（将'道

---

①　王家骅：《儒家思想与日本的现代化》，浙江人民出版社，1995，第 163 页。

②　涩泽荣一编著，王中江译《〈论语〉与算盘——人生·道德·财富》，江西人民出版社，
　　2007，第 57、58 页。

③　王家骅：《儒家思想与日本文化》，浙江人民出版社，1990，第 176 页。

德'与'经济'）皆作两物看待。由日常处事之法至于说性论理，道德论一转为伦理哲学，与人间切实生活，概无关系。此弊至朱子而达极点。实际活用之理论一变为'纯粹'的理论。"不仅如此，涩泽还将批判的矛头指向日本的儒学。他在回顾日本学术发展史时说道："京都有伊藤仁斋的古学派，而朱子学的势力则波及将军膝下的江户城乃至各藩学。徂徕的仁义道德之说认为此说对参与国家政事的士大夫以上的人们是必要的，而如农工商不参与政道之辈，则无须学习。如此，富乃为士大夫以下者所追求之物，仁义道德成为士大夫以上者必修之物。如此倾向产生的结果，仁与富，义与利，相互隔离之弊风起，人视为两物。"① 为了改变这种弊端，将儒学精神向庶民尤其是向商人阶层普及，寻求"仁"与"富"的结合之道，他才对《论语》中的财富观念做了重新解读。涩泽坚称，孔子对理财、生财做过一些论述，但这是从某一侧面立论的，后儒不能由此来了解全局，结果向社会传播了错误的观念。《论语》中有一句话说："富与贵，是人之所欲也，不以其道得之，不处。贫与贱，是人之所恶也，不以其道得之，不去也。"人们一般认为这句话就是轻视富贵的意思，但涩泽却不这么认为。他对此解释道："孔子要说的是，如果不是合乎道义的富贵，则宁可贫贱；但如果是沿着正道而求得的富贵，则可泰然处之。以此观之，哪有鄙视富贵强调贫贱之处呢？对于这句话，要做出正确的解释，关键是要好好注意'不以其道得之'这句话。"② 又如，《论语》中言："富而可求也，虽执鞭之士，吾亦为之。如不可求，从吾所好。"此说通常也被解释为鄙视富贵之语。而涩泽则如是认为："富而可求，虽然卑贱的执鞭之人也可以干，说的是只要从正道以求富。也就是说，必须注意到，这句话里面包含着'走正道'的内容。而下半句是说，不以正当的方法致富，则永远不与富结缘，与其用奸恶的手段去积累财富，不如甘于贫贱而行正道。……总结这两句的意思，就是由正道而致富，虽当执鞭之士亦无妨。但是，如果采取不正当的手段，则宁可贫贱。"③ 通过这样的诠释，他将商人追求财富的行为提升到道德修养和国家发展的高度，使工商业的发展从朱子学的束缚中解放

① 盛邦和：《东亚：走向近代的精神历程——近三百年中日史学与儒学传统》，浙江人民出版社，1995，第377~378页。
② 涩泽荣一编著，王中江译《〈论语〉与算盘——人生·道德·财富》，第60~61页。
③ 涩泽荣一编著，王中江译《〈论语〉与算盘——人生·道德·财富》，第61页。

了出来，进一步促使更多的日本人投身于经济事业。

　　然而过犹不及，在敦促人们正视工商业的发展以及合理追逐利润的同时，涩泽还要防止人们对于经济的态度从一个极端走向另一个极端，即是要树立起一种新的经济伦理来避免一味地寻求一己之利而置道德于不顾的趋向。实际上，当日本明治维新进行到一定程度的时候，涩泽已经注意到日本社会当时普遍存在的经济道德缺失的问题。涩泽忧心地看到："我从明治六年左右开始，就倾注全力来促进物质文明的发展，尽管力量很微弱，但到今天，在全国强大的实业家已到处可见，国家的财富也大大增加了。但是，人格同维新前相比却倒退了。不，不只是倒退而已。我担心是否已经消失。"① 他甚至还由孔子向子路所感叹的"由，知德者鲜矣"之语联想到："如果孔子现在在东京的话，必定会说：涩泽，知德者鲜矣。"② 在他看来，造成日本经济社会中利己主义盛行的原因，一方面在于日本在吸收西方文明的时候只取其功利性方面的东西而舍弃道德观念，另一方面，人们长期以来"误解孔孟教义的结果，使得从事生产事业的实业家们的精神几乎都变成了利己主义"。为了改变这种状况，他提出："此时，我们的工作，就是极力采取依靠仁义道德来推进生产，务必确立义利合一的信念。"③此即所谓"义利合一论"。对于"义"的界定，涩泽引用韩愈的《原道》称"博爱之谓仁，行而宜之谓义"，认为"仁"为"道德之大本"，从事实业也应以"仁"为本，在工商业活动中实行"仁"道即是"义"。④ 而"利"则有两层意思，一为狭义的私利，一为公共利益。涩泽所看重的乃是后者，他曾指出，"我所说的利是指符合无私之真理的利"，具体地说就是"超越私利私欲观念，出于为国家社会尽力之诚意而得之利，可谓真利"。⑤ 这样，在涩泽荣一的理论架构中，"公益"即国家社会之利益，既是"利"又是"义"，以"公益"为桥梁将"义"和"利"统一了起来。从这种论说出发，涩泽就对《论语》的"君子喻于义，小人喻于利"进行了再解释。他声称："我经营事业时不喻于利而喻于义，于国家有必要的事业，其利益如

① 涩泽荣一编著，王中江译《〈论语〉与算盘——人生・道德・财富》，第 27 页。
② 《涩泽荣一伝記資料》别卷第七，談話三，1969，第 614 页。
③ 涩泽荣一编著，王中江译《〈论语〉与算盘——人生・道德・财富》，第 69 页。
④ 王家骅：《儒家思想与日本文化》，第 166 页。
⑤ 王家骅：《儒家思想与日本文化》，第 166 页。

何是第二位的，于义上讲应兴办的事业则兴办之，拥有其股份，而且为使其获利而努力经营其事业。"① 另外，"义"与"利"的合一不仅表现为以国家利益为共同取向，还表现为私利与公益的统一。涩泽并不反对人们追求私利的正当性，只是认为个人利益是在创造国家利益时所带来的结果，"谋求社会利益，使国家富强，终究会给个人带来利益"，并认为这其中的道理是不难理解的，"譬如通过火车站的检票口，如果人人认为只要自己先通过那狭隘的出入口就好，那么结果谁也挤不过去，大家会同样陷入困境"。②

从他关于经济与道德、"义"与"利"的论述中可以发现，涩泽荣一更多是以服务于国家财富的增长和国家实力的强大为旨归，是抱有明显的国家主义倾向的。有学者还进一步将涩泽的国家主义界定为"日本型"国家主义。这种独特的国家主义表现在两个方面。第一，它并无黑格尔国家主义学说所具有的哲学理论色彩，涩泽没有将国家说成"客观精神""绝对自在自为的理性东西"，只是把国家看成一个人类的集合体，认为"父母子女夫妇合而为家，集家而成部落，集部落而组成一大团体。这一切都源于人类欲相依相扶以保全生存的自然要求。国家即是此团体中最发达的东西"。第二，涩泽接受了日本当时流行的家族制国家观，把日本说成是一个既以天皇为君，又以天皇为家长、族父的大家族，"我日本国之君臣异于万邦。一君之子孙繁殖而为臣民，而君主由同类之中选立。即君臣同时有父子之亲，国家同时亦有一家之观"，由于这一点，"忠君"与"爱国"就是一致的。③ 还有学者认为涩泽提倡以"富国"为目的而兴"实业"，不仅含有世俗意义，也颇具超越精神。④ 换句话说，他的这种超越，就是为了使商人的营利事业变得和政治家致力于政治、军人舍命于战场一样高尚，都是在"以国家观念为基础，抱着爱国之念"而向国家尽忠。⑤ 他也由此呼吁人们要"恪守道德，超越私利私欲的观念，以向国家社会尽力而得到的利才是

---

① 王家骅：《儒家思想与日本文化》，第 166 页。
② 周见：《近代中日两国企业家比较研究——张謇与涩泽荣一》，第 196 页。
③ 张建立：《涩泽荣一经济思想述评》，载南开大学日本研究院编《日本研究论集 2004》，天津人民出版社，2004，第 343～344 页。
④ 王家骅：《儒家思想与日本文化》，第 163 页。
⑤ 見城悌治：《渋沢栄一：「道徳」と経済のあいだ》，第 209 頁。

真利"。① 涩泽更是这样来要求其本人的，声称："我对待事业的观念，向来是将自己的利益放在第二位，而首先考虑国家社会之利益……可以说，我的主义不是利己主义，而是公益主义。"②

涩泽荣一在《〈论语〉讲义》中如是说："把算盘而求富，绝非坏事。问题在于置算盘之基础于仁义之上。余从事实业五十年，丝毫未离却此信念。恰如穆罕默德所言：一手持剑，一手持经文而临世界。及至今日，当一手持《论语》，一手持算盘。"③ 此即对他的"道德经济合一"说的形象概括。而综合以上来看，这种论说一直试图在经济与道德之间追求某种平衡——当实业的发展受制于传统观念的束缚之时，涩泽就从《论语》入手对经济伦理进行重新塑造；而在利己主义横行之际，他又反过来呼吁人们重视道德的作用。不过从根本上说，他仍然是以国家为中心的，为了日本的富强而想方设法地诠释经济发展的合理性，也是为了日本的国家利益而强调所谓"公益"的重要。

在涩泽"道德经济合一"说的影响下，明治时代有不少出身于武士阶级的人，抛弃官尊民卑与贱商意识，成长为"士魂商才"型的企业家。如经营石油贸易的玉手弘通、贸易会社森村组的村井保固、第四银行的八木朋直、第一百银行的经理原六郎等皆是此类人物。④ 时至今日，日本企业界人士中仍有不少人对涩泽荣一的"《论语》算盘说"推崇备至。除了经济事业以外，涩泽本人在晚年从事诸多的教育和慈善救济事业之时，也每每以《论语》的教条为实践的准则。需要指出的是，涩泽荣一不仅仅将他对《论语》的理解应用于日本国内的经济发展和国民道德的培养，在国际关系尤其是日本对华关系问题上，涩泽荣一也以中国的儒家思想为主要思想源泉，提出一些比较独到的观点。我们如果将这些观点同他上述的"道德经济合一"说进行对照的话，也会发现其中的某些一致之处。

涩泽在批评日本国内道德水准低落的同时，也指出了国际道德的退步。在他看来，本来精神文明应当是与物质文明并举发展的，然而事实却是后

---

① 《渋沢栄一伝記資料》别卷第七，談話三，第406页。
② 张建立：《涩泽荣一经济思想述评》，载南开大学日本研究院编《日本研究论集2004》，天津人民出版社，2004，第347页。
③ 盛邦和：《东亚：走向近代的精神历程——近三百年中日史学与儒学传统》，第376页。
④ 王家骅：《儒家思想与日本文化》，第170页。

者取得了长足的进步，而前者却在倒退。他以中国古代的禅让制为参照对象，认为现在的一些侵占主权、动辄发动战争的行为是旁若无人的武士道之举，"与今天相比的话，三千年前的中国大陆反倒可以说能够遵守国际道德"，而国际道德的退步反过来又会影响到个人道德，"不管人与人之间的道德如何进步，如果国与国之间的道德没有相应得到进步的话，还是会影响到个人道德，阻碍其发达"。① 他承认"权利主义多压制道德而弱肉强食之事不断乃国际古今之通患"，② 而以武力达成和平也绝非解决之道。他反对赤裸裸的武装吞并，认为"通过生产殖利而实现国家繁荣，再以其富扩张武力，靠它压迫并吞并他国之事，乃是无视国际道德的野蛮行为"，真正的国际关系准则就应该是孔孟所说的"王者之道"，③ 而欲提高国际道德水准，就须从提高个人的道德觉悟做起，将东方"己所不欲，勿施于人"的消极主义教诲与西方的"奉己所欲施于人"的积极主义信条相结合进行教化。④ 基于这样的认识，涩泽也提醒日本在处理对外关系之时要讲求道义，谨慎行事。他以德国片面追求武力的强大而因"不道德"最终在"一战"中落败为例，认为日本"战后涵养国家之富力为当然必要之大事，与此同时，国民道德的提升和进步则是更为紧急之事"，⑤ 提醒日本在处理外交事务之时，不能简单地以暴制暴，而应该反求诸己，在反思自己的行为之后再去敦促对方改正态度。⑥

本着这种观点，涩泽荣一在中日关系问题上的主张也相对比较温和。例如，如同后文将会提到的那样，涩泽一再地强调日本对待中国要抱着"敬爱""忠恕"的态度，舍弃恩威并行的传统政策，实现两国的共同获利。在日本对华经济扩张的过程中，他也提醒日本的工商业者须放弃一味追求私利的利己主义思想，设法使中国人感受到日本不仅仅只是在谋求自己的利益。当然，他的这种主张在客观上存在着规避中国民众抵制日本的考虑，但在很大程度上还是与他的"道德经济合一"说存在着内在一致性。更

---

① 《渋沢栄一伝記資料》别卷第七，谈话三，第152页。
② 《渋沢栄一伝記資料》别卷第七，谈话三，第215页。
③ 《渋沢栄一伝記資料》别卷第七，谈话三，第154页。
④ 《渋沢栄一伝記資料》别卷第七，谈话三，第365页。
⑤ 《渋沢栄一伝記資料》别卷第七，谈话三，第332页。
⑥ 《渋沢栄一伝記資料》别卷第七，谈话三，第452页。

何况爱屋及乌，他对于中国文化尤其是孔子思想的景仰也会潜移默化地使
其对中国抱有某种程度的好感。涩泽不仅是推崇《论语》中的内容，也致
力于弘扬《论语》的思想和积极参与有关孔子的纪念活动。他关于《论语》
的谈话、讲演和著述就先后以《〈论语〉讲义》《〈论语〉与算盘》《涩泽子
爵活〈论语〉》《实验〈论语〉处世谈》等为名公之于世。为了普及《论
语》，他还大力支持有关《论语》的学术研究，如曾在 1916 年嘱托林泰辅
编纂完成《〈论语〉年谱》、捐资复刻龟井南冥的《〈论语〉语由》、翻刻宋
本《论语》寄赠至各大学及图书馆等等。此外，他还与孔子祭典会、阳明
学会、斯文会、圣堂复兴期成会等儒学组织有着紧密的关系。1914 年来华
访问之际，涩泽荣一亦曾宣称他的一个重要目的就是赴曲阜拜谒孔庙。后
来由于身体状况欠佳而中途回国，但他仍然将其作为一个未了的夙愿。在
1928 年 3 月斯文会理事盐谷温赴华游历并前往曲阜之际，涩泽特意手书祭
文，委托其代为到孔庙宣读拜谒，并转赠自己手写的《论语》《孝经》及其
他书籍数本。由于这层关系，他对于中国自然就会产生一种亲切感。涩泽
曾就此说过："每一想到余常崇敬之孔孟列圣为中国之人，余对中国的感情
便会倍加亲切。这恰如基督教徒对于基督的出生地以色列的敬慕之情一样，
并无二致。故而余衷心期望日中亲善，愿为之不吝努力。"①

　　然而必须看到的是，涩泽的儒学思想之中包含着明显的国家主义色彩，
它不仅反映在涩泽荣一对日本内部的经济与道德关系的认识上，也会在对
外关系方面显现出来，对中国也不例外。在日本的对华经济扩张过程中，
涩泽荣一的主要动机就是为了谋取日本的国家利益。以他积极倡导建立的
中日实业公司为例，在成立这家公司之际，涩泽很清楚它在短期内并不是
一项盈利的事业，但他坚持认为，这家公司对于日本的国家利益而言是非
常必要的，"我对于事业是喻于义而非喻于利，对国家有必要的事业，利益
如何是放在第二位的"。② 很显然，他所看重的是中日实业公司能够通过与
中国方面的合办而扫除前进的障碍，可以广泛投资于中国经济的各个领域，
开发中国的富源，增强日本对中国经济的影响力和控制力。他一再强调日
本应当顾及中国方面的利益，实现互利双赢，但这个前提就是日本的利益

---

① 《渋沢栄一伝記資料》別卷第七，談話三，第 400 頁。
② 《渋沢栄一伝記資料》別卷第七，談話三，第 87 頁。

不致受到威胁或损害，不能够让"我国的优越权与东亚盟主权的体面"受到侵害。① 客观地说，涩泽荣一并非那种狂热的军国主义者，在多数情况下，他是主张国家间应当和平相处、互利共赢的。这样的态度在很大程度上也得益于他自幼所受到的儒学教育以及后来对儒学尤其是《论语》的推崇。但他却又存在一条明显的底线，即是要千方百计地维护和拓展日本的国家利益。问题在于，日本追求其国家利益的过程同时也是一个逐步推行对外侵略扩张的过程，涩泽荣一希望在本国利益和他国利益之间实现某种平衡，他所提出的"合作开发""互利双赢"等方案相对而言也确实比较有建设性，然而在多数情况下，日本的扩张是以牺牲他国的利益为代价的，中日间的关系也因此而冲突不断。

通过对涩泽荣一的生平和其思想的考察可以看出，尽管做过官，也退出过实业界，但他说到底还是一名商人，只是这位商人不是普通的小商小贩，也不是权倾一时的超级财阀，而是一个怀有儒家经济思想和强烈的国家认同，并且活动范围非常广泛、社会关系非常复杂的特殊人物。在处理对华关系问题上，涩泽既要维护和追求本国的利益，又要避免两国矛盾的激化。在某种程度上可以说，他与近代中国的关系史，实际上是一部不断地产生这种矛盾、而后又去寻求解决的历史。在这个过程中，涩泽荣一经常会做出主张"王道"、反对"霸道"的姿态。这里的"王道"大体是与互利共赢、敬爱忠恕相对应的，霸道则象征着武力、强权以及恩威并举的高高在上的姿态。两者看似泾渭分明，实际界限却相当模糊，而且涩泽眼中的"王道"内涵还有待进一步推敲。尽管他借用了中国文化中的词汇来表述其国际交往思想，但在实际交往过程中究竟如何还很难说。

---

① 《渋沢栄一伝記資料》别卷第七，談話三，第184頁。

第二章 早期的接触与尝试：1877 年上海行

在 1868 年时，涩泽荣一曾在赶赴欧洲时途经上海。他后来曾将对上海的直观感受记录于《航西日记》一书中，这是涩泽对中国的初次实地接触，也使他有了一个不同于书本描述的中国印象。在此之后，1877 年 1 月下旬至 2 月上旬，涩泽又一次来到中国。他此行的目的主要是受大隈重信之托与中国进行借款谈判。在这次贷款活动中，中国方面的代表人物是许厚如，所打出的贷款缘由是为左宗棠平定新疆提供饷银，而日本方面一直认为许厚如借款的原因确系源于西北战事。因此，正如后文将要提到的，尽管事情真相与借款缘起有所出入，但此次借款毕竟与左宗棠的西征关系密切，为便于行文，姑且将这起借款称为中日之间的西征借款。① 除此之外，涩泽荣一一行还与轮船招商局的朱其诏有过接洽，双方曾就轮船招商局向日本借款一事进行了几次会谈。虽然此次西征借款和招商局借款都没能付诸实施，但涩泽荣一通过此行也看到中国市场存在的巨大商机，因而随后又有了在上海乃至香港设立第一银行支店的计划。所以若贯穿起来考察，他的 1877 年中国之行就分别涉及西征借款、招商局借款和设立中国支店计划这三个方面。就研究前史而言，以笔者浅见所及，唯有中国学者黄荣光曾做出出色的研究，② 他在相关著述中尤其是对西征借款的来龙去脉有着独到的

---

① 通常所说的西征借款是指 1867~1881 年间左宗棠委托胡雪岩与丽如银行、怡和洋行、汇丰银行及其他上海洋商签订的六笔贷款。因中日之间的借款并没有付诸实施，所以长期被史学界所忽视，不过此项借款无论从时间还是背景来看，都应该视为西征借款的一部分，本书姑且将其称为 "中日西征借款"。

② 黄荣光对于此事的研究最初出现在其东京大学的博士学位论文之中，该论文曾经以中文和日文两种语言出版，中文版名为《日本近代初期对中国的贸易——以广业商会为中心》（香港中国新时代出版社，2006），日文版名为《近代日中贸易成立史論》（比較文化研究所，2008）。除此之外，他还以《近代中日经济关系初探——1877 年日本第一国立银行对华贷款详述》为题对此事做过专门探讨（文章载于由徐一平和竹内信夫主编的《日本学研究》第 14 期，学苑出版社，2004）。

分析，然而却忽视了招商局借款一事，甚至错误地认为《第一银行五十年史稿》中对招商局借款的记载是对西征借款的误解。① 由于招商局借款在很大程度上只是一种私人性的接洽而没有签约，而作为中方代表的朱其诏本人传之后世的文献又比较有限，所以关于此事的资料少之又少，但也不是《第一银行五十年史稿》这一孤证。涩泽荣一的个人传记《青渊先生六十年史》及《青渊先生传稿》亦论及此事，而且考诸其所记内容也没有与当时的历史背景存在互相矛盾之处。因此，探讨这一招商局借款不仅在于更正黄氏之误判，也能收到弥补招商局史之空白之效。再回头来看，尽管黄氏在占有丰富资料的基础上已经对西征借款一事做了比较详尽的叙述，但若换个角度再对其进行梳理也未为不可。笔者就认为，在对涩泽荣一的早期对华观感进行概略性描述的基础上，有必要在借鉴和参考黄氏成果的同时着重突出涩泽荣一及第一银行在其间所起的作用，并仔细探究中国方面关于此事的反应，而这也正是黄氏用力欠足之处。另外，涩泽荣一在这次中国行之后谋划向中国拓展第一银行业务的行为也向未引起研究者的注意，通过对这一计划的考察也可以见证早年涩泽荣一力图向包括中国在内的海外市场积极开拓的企图。

一　涩泽荣一的早期对华观感

（一）途经上海时的观感

涩泽荣一第一次踏上中国的土地是在 1868 年 1 月，也就是日本"千岁丸"来华的 6 年之后。当时，涩泽来华的机缘是随幕府将军的弟弟德川昭武远赴法国参加万国博览会而途经上海。虽然只是路过，但是涩泽一行也在上海逗留了一周左右的时间。在这一短暂的驻留期间，涩泽荣一首次对中国有了初步而又比较全面的感受。

长期以来，绝大多数日本人对中国的了解是从书本或道听途说而来，

---

① 黄荣光在其论文《近代中日经济关系初探——1877 年日本第一国立银行对华贷款详述》的注释中谈及此点，认为"《第一银行五十年史稿》中却将此次贷款（即本文所说的西征借款，笔者注）错误地解释为清国招商局的船舶购买资金"。

通过这些途径得到的中国认识是一种经过改造的印象，所以他们才普遍认为中国是具有高度文明的王道乐土。这显然与当时真实的中国状况存在一定差别。随着中国封建社会的逐渐没落和西方势力对中国的入侵，这一差别开始变得越来越明显。尽管有些日本人认识到这种差别的存在，但当零距离地感受中国社会方方面面的时候，仍然会深切地惊叹这一落差的巨大。涩泽荣一也不例外。深受中国文化影响的涩泽之前只是通过书本了解中国，而这次得以切身地观察中国。然而，结果却令原本对中国怀有崇敬之情的涩泽大为震惊和失望。他所看到的是一个街道狭窄、环境肮脏、素质低下的中国社会。"露天商贩把食物、器物、玩具等摆在道路旁叫卖。市内道路狭窄，商店虽然是两层建筑，但屋檐底下，入口狭小。各色广告牌横挂于道路上方。由于牛、猪、鸡、鸭等食品置于店前煮卖，种种臭气混入其间，刺鼻难忍。街道虽然铺上石头，路两旁污水却流淌不断，脏乱不堪。商人、轿夫、乞丐等人声音此起彼伏，行于其中即生厌恶之感。……富裕居民多乘轿出行，贫苦之人则衣着脏臭。"[①]

早在涩泽来华前的 1862 年，日本就曾派出一支 51 人的使团乘"千岁丸"到达上海，以图调查中国情况，扩大日中贸易。这些成员包括沼间平六郎、深川长右卫门（之后曾同涩泽荣一一道赴巴黎参加万国博览会）、高杉晋作、五代友厚等人，他们不仅将在中国的观感详细记录并带回日本，而且多数成员也投身于幕末和明治的维新运动中去，其中的高杉和五代等还成为力挽狂澜的著名历史人物。如果将这些人的中国观察与涩泽荣一对中国的描述加以比较，就会发现两者之间在很多地方并无二致。例如，涩泽看到上海街道的拥挤和狭窄，而作为使团成员的名仓予何人曾对上海县城的街市景观做了如是描述："城门狭窄，仅容双骄并行。入门，街衢纵横通达。但街间之路虽窄，比之城外则各户结构更为壮丽。路幅不过八九尺，店铺亦窄，每店约有 2 步或 1 步半。其繁华杂沓与本朝江户无异。"[②] 在城市卫生的描述方面，上海街道的糟糕环境给了涩泽深刻的印象，而使团成员峰源藏在其《清国上海见闻录》中谈及上海华界的市政建设状况时也指

---

① 《渋沢栄一伝記資料》第一卷，1955，第 464 页。
② 冯天瑜：《"千岁丸"上海行：日本人 1862 年的中国观察》，商务印书馆，2001，第 104 页。

出："粪芥满路，泥土埋足，臭气穿鼻，其污秽不可言状。"① 同行的纳富介次郎也有类似的记述："上海市坊道路之脏无法形容。特别是中小街道的通道，到处是垃圾粪堆，无插足之地，人们也不清扫。"②

不仅仅是这些市景表象，中国民众与外国人之间的关系也让涩泽感到分外惊讶。他所看到的是欧洲人对待本地人如同牛马，动辄施以棍棒，态度十分粗暴。而当行于街市之中时，他发现这些被欧美人视为奴隶的本地人看他像看稀有之物一样围观喧哗，时而被英法士兵驱散，随即又会聚集起来。其实，像聚众围观这样的情形并不少见，乘"千岁丸"来到上海的日本使团对此多有记载，而20世纪二三十年代上海滩上演的"围观文化"也曾出现于鲁迅笔下。这是中国人的一种观奇心理，也是传统中国迟钝于外部世界的一种反映。包括涩泽在内的众多日本人都感到相当惊奇和失望，而更让涩泽感受深刻的还在于透过中国人与外国人的不平等关系所表现出来的中国的落后和贫弱。他曾就此不无感叹地指出："虽然已可称为老树，却迟于文明开化。将本国视为世界第一这样的尊大想法，同我们一样也存在着。没有确立打开国门和改正昔日缺点的战略，仅仅是担心无法抵抗外国军队、无法理解外国人，而没有改变古老的政治，这样会逐渐贫弱下去，真是多么可惜的事！"③

1862年的"千岁丸"上海行开启了自17世纪30年代江户幕府厉行海禁以来日本人踏访中国之先河。在直面一个真实的中国社会的时候，他们的心情是复杂的，一面是素来景仰的王朝圣土，一面又是衰退低迷的破败景象；一面是欧美之人的咄咄相逼，一面却是中国民众的愚昧软弱。这种情境正如冯天瑜先生所指出的那样，"经过两个世纪锁国后，首次亲历中国社会的幕末日本人，看到的是一个内忧外患交迫、民生凋敝的老迈国家，这与往昔从书本中获得的'天朝'印象当然形成巨大反差。此时的日本尚处在与中国相类似的境况中，所以藩士们对中国更多地抱着同情心、痛惜感"。④ 这种痛惜和同情当然是对与中国几乎处于同样处境的日本的一种警示和鞭策，也改变了日本人历来对中国的看法。幕末明治时期日本人的中

---

① 冯天瑜：《"千岁丸"上海行：日本人1862年的中国观察》，第105页。
② 冯天瑜：《"千岁丸"上海行：日本人1862年的中国观察》，第106页。
③ 《涩泽荣一伝记资料》第一卷，第465页。
④ 冯天瑜：《"千岁丸"上海行：日本人1862年的中国观察》，第299页。

国观由崇仰到鄙薄的转变正是以此为转折点的。这种转变最终导致出现以
"脱亚论"和"兴亚论"为代表的对华两极认识。不过这只是一种概略性的
描述，整个日本社会对华态度的转变不可能在顷刻之间就能完成。若从一
个个体来看，涩泽荣一就是在他亲自踏上中国的土地之后才感受到了这样
的强烈震撼，有了切身体会。从上面的比较可以看到，涩泽基本上就是在
复制着六年前日本使团的那次体验。在以后的岁月中，涩泽虽然也在通过
各种途径了解中国，知晓中国的贫穷和落后，但是崇尚中国文化尤其是儒
家文化的他没有像不少日本人那样对中国怀有鄙夷之情，他在很多情况下
还是抱着理解和同情的态度。然而必须指出的是，中国人观念落后、素质
低下这样一个基本的印象在他那里从此被不断强化，这也是涩泽论述和践
行对华经济政策的一个重要基石。他长期所抱持的日本东洋盟主论这种亚
洲认识，其潜在意识即是日本要高于中国、日本人比之中国人大概也胜上
一筹。这种认识在当时的日本社会普遍流行，涩泽荣一受到影响固然无可
厚非，而 1868 年的上海之行给他带来的感受无疑助长了这一认识的形成。
此后，从他的对华经济策略中包含的"中日合办论"和"日美共同开发中
国论"中也可以看出类似的影子。不过当时涩泽的主要任务是作为幕府将
军之弟德川昭武的随行远赴欧洲，他更加期待的是领略西洋文明的面貌，
还没有来得及思考日本与中国的商业贸易之事，也就没有从商业立场过多
地关注中国的市场乃至资源状况。

（二）1877 年的上海商况调查

在涩泽荣一驻留欧洲期间，日本国内政局发生了重大变化。他回国之
后看到的已经是一个进入明治时代的新日本。涩泽也积极地参与到明治维
新的过程之中，不仅在大藏省参与不少明治政府重大改革措施的制定和颁
行，在退官之后更是以第一银行为基点参与创设了日本的一系列近代企业；
不仅大力发展日本国内产业，也试图开拓国外市场。如果说涩泽荣一 1868
年的上海观感主要是作为一名普通旅行者的表象性和概略性的感受，那么
他 1877 年的二赴上海则更多的是以一名商人的身份而来，对上海的认识也
是一种商业性的观察。1877 年 1 月至 2 月，涩泽荣一受时任大藏卿大隈重
信之托，与益田孝、岩崎小二郎等人赴上海与中国方面商谈借款之事（后
文将予以详述）。虽然所商谈的借款一案最终未能付诸实施，但涩泽一行并

未空手而归，他不仅通过与招商局的谈判而对中国的航运事业尤其是轮船招商局的设立初衷有了初步的了解，还与益田孝和岩崎小二郎一起向日本政府提交了一份关于上海商情的报告书。

在这份报告书中，涩泽等人看到的不仅是"清国市街的隘杂污秽"，更认识到上海作为一个大型贸易港口的重要地位。他们眼中的上海是"清国各开港地中最大的码头"，"濒临吴淞江开设之码头，虽直接大洋，但江水颇深，可停泊巨舰，外国船只的进出口亦颇多，加之清国小船的停泊而常常帆樯林立，且由于河海之便而以邮船往返于清国各港之行旅之多和物货之殷也着实惊人"。由于涩泽本人的银行家身份，此次中国之行也因借款而来，再加上日本欲图在货币和金融领域与国际市场与中国建立更为紧密的联系，涩泽一行自然对上海的金融市场颇为关注。他们注意到，"在上海，外国银行以丽如、汇丰、有利三店居其首，而清国人之开店如银行者（应该是钱庄，笔者注）也以五康、寿康、升吉三店亦颇繁昌"。① 该项报告还援引一则既有的资料，对上海市场上通用的规元、墨西哥银元、海关银、金块、银块以及铜钱都予以介绍。

除此之外，引起涩泽等人关注的还有上海的贸易状况。在他们看来，上海的贸易商品"在输出方面以茶和生丝为最，而输入则以鸦片尤为突出，其价额相当于茶与生丝之和"。② 而通过对中日之间产品贸易的叙述，我们也可以看出涩泽等人在拓展对华贸易方面的积极意向。"自日本输出之海产是清国人民的上等食料，多运往直隶、山东两省。我广业商会之支店专门从事该贩卖，已渐就其绪。"③ 在煤炭方面，他们误以为中国缺少煤矿，"眼下清国使用之煤多产自台湾基隆，而福州虽然也有小煤矿，但未有充分开采"。④ 因而，他们极力主张，若讲求商业之术，充分利用运输之便，以日本九州的煤炭供应中国的招商局及各地制造局，必有很大发展空间。在制茶方面，该项报告中提到，因欧美等国喜好中国制茶，如果将九州所产的山茶模仿中国的制造技术，雇用中国的职工，并以中国的售卖方式买卖，也可以实现一些输出。报告书还进一步主张将这些制茶和贩茶之法编成计

---

① 《涩泽荣一伝记资料》第四卷，1955，第337页。
② 《涩泽荣一伝记资料》第四卷，第338页。
③ 《涩泽荣一伝记资料》第四卷，第338页。
④ 《涩泽荣一伝记资料》第四卷，第338页。

划书，从当年开始付诸试验。在木材方面，"要渐次知晓其使用之方法而不间断输出以应其需用，必得大量贩卖。盖清国沿海地区木材尤其匮乏，必达充分数额之售价"。[①] 此外，该报告书还涉及对米谷和铜铁等物的贸易情形，"清国凶歉之际尤其以粮食之输送为紧务，常以我产之中下等米送至彼国供其使用，亦有助供于不时之需。铜运至天津以北，价格随印度之市价而定，为了销售之便而比我横滨更为便宜"。[②] 值得一提的是，涩泽等人还注意到上海的投机商人和买办群体。报告书中虽然没有明确指出他们的具体身份，但仍然指出这一群体的存在，认为他们不同于一般的银行和商会，"所买卖物品因市价而定，或应外方之请而从其间徒收几分差益，故本年买卖此物而来岁买卖彼品之类颇多。而清国商贾巧于小利，加之贪婪狡猾，贸易之险恶堪比我之横滨"。[③]

这份报告书虽然是三人共同署名，未必为涩泽亲笔所写，但至少也代表了涩泽荣一的观点和立场。报告书的篇幅不长，却覆盖了上海的港口地位、货币状况、金融机构、中日贸易以及商人群体等诸多方面，而且也表露出报告书作者意图推进日本对外贸易的意愿。因此可以认为，涩泽此行的观感已经与第一次的上海之行有所不同，虽然是因商谈借款而来，却也是一次商贸调查之旅。报告略显简略，也有欠精准（如对中国煤炭资源的了解），从一个侧面可以表明涩泽的中国认识仍然有待进一步细化和提高。事实上，当时的涩泽主要致力于第一银行的国内和朝鲜业务，以及日本国内近代产业的筹划和建立，还没有过多关注中国市场。不过总体来看，涩泽荣一的这两次上海之行都在不同程度和不同角度上获取了信息，了解了中国。这也是涩泽荣一对华经济思想形成中的一个必经阶段。

二　中日西征借款

明治维新前后，日本与中国之间的贸易就已经达到了一定规模。据中国海关报告，1865 年日本对沪输出额为 225.8 万海关两，由上海输日的为

---

① 《渋沢栄一伝記資料》第四卷，第 339 页。
② 《渋沢栄一伝記資料》第四卷，第 339 页。
③ 《渋沢栄一伝記資料》第四卷，第 339 页。

22.4 万海关两，日产的陶器、海货、五金、杂粮在中国广为人知。① 到 1868 年时，中日贸易额增至 316 万海关两。不过比起其他国家的对华贸易规模，日本并不起眼。在 1870 年的中国对外贸易总额中，日本所占比例仅为 3.16%，其中，在中国进口总额中，日本也只有 2.2%。② 维新之后的明治政府在敞开国门迎接西方文明的同时，也试图进一步加强和扩大中日之间的经济联系，在 1871 年同中国签订《中日修好条规》之后，又于次年在上海设立代办处，随即连续将其升格为日本公馆和日本领事馆。该领事馆首任领事品川忠道，很快便连同日本内务省和大藏省聘用的英国人皮特曼一起在上海搜集中国市场的情报，也正是他们于 1876 年七八月间打听到了中国欲举借外债的消息。

这个消息确实不是空穴来风。早在此前，中国为平定西北或是拱卫沿海曾有塞防和洋防之争，这场争论的背后其实是国防资源的分配问题。代表海防一派的李鸿章等人在实力上似乎略占上风，而主张塞防的左宗棠则被任命为钦差大臣率军西征平定阿古柏叛乱。但西征所需军资数额巨大，左宗棠很快就面临饷银严重不足的困境，他在 1876 年年初的一份奏折中痛陈饷源涸竭之严重程度，要求朝廷允许商借外洋资助。为保证西征顺利进行，清廷虽然认为"借用洋款，本非善策"，但也不得不在令户部拨银和各省加快缴纳协饷的同时，允许向外借债。"惟左宗棠因出关饷需紧迫，拟借洋款一千万两，事非得已，若不准如所请，诚恐该大臣无所措手，与西陲大局殊有关系。着沈葆桢即照左宗棠所奏妥速筹议，奏明办理，以期无误事机。"③ 然而，对于这 1000 万两的巨额借款，清廷仍是有所顾忌，不久又颁行上谕，"加恩着于户部库存四成洋税项下拨给银二百万两，并准其借用洋款五百万两，各省应解西征协饷提前拨解三百万两，以足一千万两之数"。减少外债额度，大概也是为了降低风险，而对于具体的借款途径，也改为"洋款如何筹借，着左宗棠自行酌度，奏明办理"。④ 实际上，左宗棠在此之前已经托胡雪岩在上海先行与外商接洽商谈此事。品川等人所得到

① 苏智良：《日本在近代上海的经济侵略活动初探》，《上海师范大学学报》（哲学社会科学版）1987 年第 1 期。
② 何炳贤：《中国的国际贸易》，商务印书馆，1937，第 184 页。
③ 左宗棠著，罗文华校点《左宗棠全集·奏稿（六）》，岳麓书社，1992，第 385 页。
④ 左宗棠著，罗文华校点《左宗棠全集·奏稿（六）》，第 369 页。

的风声大概也是由此而来。

当是之时，由于担心在新疆的利益受损以及马嘉里事件的发生，英国不愿向中国出借。胡雪岩也更中意于美、德两国，认为"上年花旗、普鲁社两国在海岛开矿，获银甚旺，若与商借或可期有成"，①而对于日本则"疑日本国小，向未闻有巨商，恐难作靠"。② 另一方面，日本却对于此事相当热心。品川忠道于该年七月特地"曾派履泰洋行前来（上海道台衙门，笔者注）云及彼国有银愿借中国"。③ 虽然没有得到允可，但他们同时又闻知西征军军饷守备道员许厚如有意向英国以外的国家借款，于是立即向日本外务卿寺岛宗则和大藏大臣大隈重信报告此事。当时的日本政府虽然极愿出面贷款，但是一来数额巨大（据传言有近 1000 万日元之多），难以承受，二来刚刚发生日军侵台和中国赔款之事，中日关系并不友好，政府直接出面也多有不便，因而便有了让银行代为出面办理的想法。据涩泽荣一后来回忆，大隈重信曾找他谈论此事，言："将中国处置好是为了日本的将来，但政府不能亲自贷款，而由第一银行来贷不知如何？作为一家银行，第一银行对于中国有如此之大的动作在今天看来固然困难，不过政府会从中联络，虽然表面不行，但事实上可以给予援助。"④ 涩泽荣一恰好也有将第一银行向海外市场扩张的想法，不仅限于货币业务，还想在货物贸易方面有所作为。⑤ 两人经过多次交谈之后，涩泽荣一于 9 月 18 日给大隈重信写了一封长信，系统而详尽地表达了自己对西征借款的设想。

在涩泽看来，日本可以借助于发给华族和士族的禄券向中国贷款，此举有三重功效："第一是可以得到这项贷款是来自日本人民的名誉；第二是有助于活跃国内金融；第三可以实现华、士族禄券的保值，并可获得几分增值。"⑥ 进一步地，他就具体事项向大隈建议如下。第一，按照中国政府所要求的额度在两年内提供贷款，其中七成是日本的各类货物（诸如米、

---

① 左宗棠著，罗文华校点《左宗棠全集·奏稿（六）》，第 462 页。
② 左宗棠著，岑生平校点《左宗棠全集·书信（三）》，岳麓书社，1996，第 136～137 页。
③ 台北"中央研究院"近代史研究所档案馆藏《总理各国事务衙门清档》01—32—1，胡光墉奏折。转自黄荣光《近代中日经济关系初探——1877 年日本第一国立银行对华贷款详述》，载徐一平、竹内信夫主编《日本学研究》第 14 期，学苑出版社，2004，第 36 页。
④ 《渋沢栄一伝記資料》第四卷，第 363 页。
⑤ 《渋沢栄一伝記資料》第四卷，第 363 页。
⑥ 《渋沢栄一伝記資料》第四卷，第 322 页。

麦、煤、渔产、海藻之类），三成是日本的银币和铜钱。第二，利息是年息九分（尽量达到10%），还款年限为十年，其中前两年只收利息，两年之后则开始让其本利一起偿还，可以以上海和广东的关税做抵押。第三，贷款物品的提供方法是，提前设定好其种类、数额、供给期限和价格，并在协议时最终确定。第四，1000万日元贷款总额中的300万由政府以银币、铜钱和其他物品给付，其余700万日元通过以华族和士族的禄券作抵押，发行银行纸币进行征集。至于具体的征集方法，涩泽认为应该先同拥有华、士族禄券者商谈，确定其中若干人所需要支出的额度和禄券的时价，并以之为抵押取得发行银行纸币的许可。在他看来，当以这种方法征集贷款时，对于中国政府的债主名义上是银行，实则为支出禄券的华族和士族。他还在信中要求这些响应征集的华族和士族的利益需要得到政府保护，他们在继续得到原有禄券利息的同时，也应该分得一部分中国借款利息。当然，要想让这些设想顺利地付诸实施并非易事，涩泽主张成立一个第一银行和三井银行之类的贷款组合，以全面负责资金筹集和纸币发行之事，为方便起见，再另外设一组织从事所贷货物的供给和运输。其实，在涩泽之前也有人提出需要有一家银行机构负责此项贷款的办理，但涩泽认为没有必要单为此事另设新的银行，他的理由是"银行既得到公许，若只有此贷款而没有其他事务显然不合适，且要集合起来达成协议（以使银行得以成立）也要费些时日。即便议决创立银行，在以后渐次打理其他事务时，所担当之人能否做好也是需要身为股东的华士族不得不费心考虑的"。而若由现有的银行组织担当此任的话，则是"名实相当，可得一层之便利"。①

涩泽荣一提出上述的构想其实包含多个方面的背景。其一是日本欲图进一步扩大对华贸易规模和提高日本货币在中国市场的影响力。一方面，此时的日本为了学习西方，需要引进包括机器在内的大量西方工业产品，这势必引发巨大的贸易逆差，给日本增加不少出口压力。另一方面，日本为筹措修建铁路资金，曾于1870年在英国发行488万日元的所谓"九分利息公债"，这也是日本历史上的第一笔公债，在偿还之时必须在转换成国际通用的墨西哥银元之后才能偿付，所以政府也需要通过扩大出口以获取足够多的墨银。此外，扩大日本新铸的贸易银的流通范围以及将业已淘汰的

---

① 《涩泽荣一伝记资料》第四卷，第323页。

铜元——宽永通宝投放至中国市场也是其动机之一。其二是欲图充分利用政府发给华族和武士的禄券并活泼日本金融。众所周知，在明治初年，为了减轻财政负担，日本政府决定实行废除华士族家禄、瓦解华士族的所谓"秩禄处分"改革。改革的措施之一就是向华族和士族发授公债证书（即禄券）的"金禄处分"。这样虽然有效解决了华、士族的家禄问题，但随之而来的就是如何将这些为数众多的禄券有效利用起来。如果这些公债市价低落，则必然引起华、士族的不满，甚至造成社会动荡。于是政府想出一个两全齐美的办法，于 1876 年 8 月改正原有的《国立银行条例》，规定"银行存储抵押于政府则以资本金五分之四相当之四厘利以上公债证书充之"。[1]通过这种降低存款准备金的方式，既能使银行业腾出更多资金用于其他业务，又可以将禄券利用起来并实现保值增值。而涩泽在他的计划中所说的以禄券做抵押发行纸币一事，正是以此为背景的。其三是涩泽出于振兴和扩大第一银行业务的考虑。于 1873 年 7 月成立的第一国立银行一开始的经营并不顺利，由于明治初年企业活动尚不活跃，人们对银行这一新生事物也比较陌生，再加上作为第一银行两大股东之一的小野组于 1874 年破产，大藏省随后又宣布收回原来由第一银行代为办理的资金出纳业务等，致使第一银行的民间借贷和货币发行业务都相当低迷。关于这一点，从该银行的存款情况就可以看出端倪。据《第一银行史》的记载，在 1873 年底，该行所存政府及民间储蓄金额超过 911 万日元，而 1874 年底就降至不足 600 万日元，1875 年底时为 360 余万日元，1876 年底时仅为 200 万元左右。[2] 为扭转这一持续下降的经营趋势，涩泽荣一便积极寻找新的突破口，而这次的西征借款就是一个难得的机会，这也正是他对大隈的嘱咐"欣然答应"[3]"耳闻以来夜不能寐"[4] 的重要原因。

涩泽荣一的这一想法与政府的态度不谋而合。日本国债局就倾向于借助华族的禄券从日本购得小麦，再贩至中国，利用中日之间的差价赚取利润，再将其以 8% ~9% 的年利贷给中国。日本内部很快便形成了以第一银行的名义向中国贷款的共识。品川忠道在 1876 年 11 月 1 日的信中就提到：

①　堀江归一著，陈震异译《银行论》，商务印书馆，1928，第 370 页。
②　第一银行史编纂室编纂、発行《第一银行史》上卷，東京，1957，第 243、244 页。
③　《渋沢栄一伝記資料》第四卷，第 320 页。
④　《渋沢栄一伝記資料》第四卷，第 323 页。

"本次我第一国立银行答应清国政府的要求，清国也大致同意以各种物品充当七百万两的贷款金额。"① 事实上，品川忠道、皮特曼和日本陆军大佐福原和胜已经与许厚如和代表中方交涉的英国怡和洋行商人曼逊就此项贷款达成意向。然而令人感到意外的是，当日本驻华公使森有礼到总理衙门谈及左宗棠"现派委员许姓在上海向外国洋行借银七百万两"时，② 总理衙门却称不知此事，并谓左宗棠"向借洋款系由胡道（即胡雪岩，笔者注）经受，并无另有委员，且洋款必须分别咨奏，然后定议成交，亦未见陕甘总督文书到京"。③ 随后，当看到森有礼呈递的委员衔名清单，"内开候补道许厚如衔名，并称该员现在上海同日本领事官办理左宗棠借洋款事务"，④ 总理衙门才向左宗棠证实此事。左宗棠称只是托胡雪岩先后向英国和德国商谈，并不知还有许厚如借款一事，对此表示"殊深诧异"，还认为"近时借洋务藏身取便私图者多，非严察而去其太甚，不能挽此颓风"，建议清廷对许"严查杜累"。⑤ 在中国方面就该项借款进行证实和调查的同时，森有礼也致电日本外务卿寺岛宗则报告总理衙门的态度。然而在日方看来，既然许厚如手持新疆都统金顺的借款委任状，那么左宗棠也好，金顺也罢，都可视为代表清政府借西征之款，所以双方的谈判并没有立即中断。直到1877 年 1 月 23 日时，因为中方谈判者"请求之事项颇为模糊"，大隈重信才不耐烦地电令品川拒绝此项谈判。⑥ 两天之后，大隈向涩泽荣一和三井物产会社社长益田孝发出命令书，令二人前往中国负责办理此事。在这篇篇幅不短的命令书中，大隈详细列出了此项贷款的数额、构成、利息、返还期限、抵押品、违约金等内容，⑦ 而且要求涩泽等人以此作为谈判的原则和限度。值得一提的是，该命令书中的主要内容与涩泽此前的计划大致吻合，

---

① 外交资料馆藏 4—1—3 の 4—1—11《貸借関係雑件　対支那人》，第 92 号。转自黄荣光《近代日中貿易成立史論》，比較文化研究所，2008，第 84 页。
② 左宗棠著，岑生平校点《左宗棠全集·书信（三）》，第 154 页。
③ 左宗棠著，岑生平校点《左宗棠全集·书信（三）》，第 156 页。
④ 中国人民银行总行参事室编《中国清代外债史资料（1853—1911）》，中国金融出版社，1991，第 88 页。
⑤ 左宗棠著，岑生平校点《左宗棠全集·书信（三）》，第 154~155 页。
⑥ 《渋沢栄一伝記資料》第四卷，第 325 页。
⑦ 详见大隈重信 1877 年 1 月 25 日致涩泽荣一和益田孝的《第一国立銀行ノ名ヲ以テ支那政府ニ対シ貸金ヲ為ス場合ノ約条談判決極ノ限度》，载《渋沢栄一伝記資料》第四卷，第 339~344 页。

涩泽主张贷款构成为三分货币、七分货物，大隈则提出在 250 万两的贷款中，货币所占比例仅为五分之一左右，而且还要求"尽量多地携带茶、铜、铁、小麦、海草、木材、蓝靛等货物的样品，尽力谈判以多交付这些物品"；① 涩泽主张所贷物品应提前订好种类和价格等，大隈则详细列出了所贷物品的价格、等级和产地。另外，在借款利率、计息方式、还款期限等方面，二人观点也比较相近。唯一一处较大的差异是涩泽主张以禄券为担保发行纸币，而大隈却让第一银行发行公债证书。但纸币和公债都是一种负债，在本质上也有相通之处。因此可以说，涩泽的中国之行也是在很大程度上践行自己的计划。

与涩泽同行的除益田孝之外，还有大藏省书记官岩崎小二郎、福原和胜、皮特曼三人。其中，岩崎是作为官方代表监视谈判情形以及临时定夺涩泽和益田的禀议，而后两人则因此前就该项谈判出力颇多，这次特意同行以帮助谈判的达成。涩泽等人在接到命令书的次日即从东京出发，经神户、下关、长崎等地于 1 月 31 日到达上海。抵沪之后，福原和皮特曼另有去处，岩崎、涩泽、益田三人则投宿于广业商会上海支店。三人很快见到品川，传达了大隈的意见，并向品川进一步了解此事的来龙去脉。至于谈判地点，三人起初担心协议地点会被外人探知而对谈判造成不利，欲前往宁波或其他地方与许厚如谈判，但品川则认为："许厚如对此借款希望之切绝对没有疑点，在拒绝谈判的电报到达之时其面呈惊愕狼狈之色。故兄等赴宁波，其必从之。若是这样，此事却又暴露于人，侦探亦多随往。不如静候此地，速速了结此项谈判。"② 涩泽等人遂依其意。由于许厚如时在苏州，作为其代表，何福荫和曼逊在皮特曼的陪同下于 2 月 4 日在涩泽一行的住处开始谈判。涩泽等三人首先就以下几点询问中方的意见。

　　1. 此次缔约之借款总额是否为海关银 250 万两；

　　2. 是否答应总额中包括日本大米 30 万石；

　　3. 是否答应这些大米之质量以日本平均良米为准；

---

① 《涩泽荣一伝记资料》第四卷，第 341 页。
② 《涩泽荣一伝记资料》第四卷，第 326 页。

4. 是否接受包含在此总额中的至少 30 万两的日本银币；

5. 除以货物交付之外，总额中所含的墨西哥元或日本贸易银根据我之情况贷与，是否答应；

6. 应贷与海关银 40 万两及日本旧铜钱 5 万日元；

7. 还款之时，依我之情况，希望按照上海规银的市价收受银块，故需确定其重量成色并明记于此约定中；

8. 作为贷款之抵押的海关凭证应等同于向来存入东京银行（原文如此，应为东洋银行之误，也即是英人开办的丽如银行，笔者注），且其一枚之金额应多至 5000 两，凭证到达缴付期限之时应凭其得到海关之税银。这些是否也要明记于合同之中。①

在看到日方带来的大米、铜、铁及小麦等物的样品之后，曼逊和何福荫对涩泽等人的意见大致同意，只是提出在将来提供的货物之中，大米、铜、煤炭、海产品、茶等可以有条件地接受，但铁、蓝靛则因销售前景不好而应排除在外，再就是日本银币不能超过 30 万元。经过几番讨价还价后，双方的焦点集中在如何判定银块的重量和成色这一问题上。为此，涩泽、益田、岩崎三人特意到上海的丽如银行进行询问，同时也进一步了解海关关税凭证的抵押和兑换情况。第二天，曼逊又来到三人的寓所向他们探询，若将 30 万两的日本银币事后再返给日本 20 万两，不知这一借一还的差价究竟有多少。三人合计后认为，日本本欲借此使银币流通于中国市场，既然曼逊之意表明中国市场难以接受如此之多，与其赚取这微不足道的差价，还不如做出让步而在其他方面谋求更多利益。因此，他们表示可以将日本银币减少，但是此项贷款需要第一银行在日本发行公债募集，要求中方支付一定的公债募集费用，而且还说"吾辈现在商议借款之事乃是通过交付银币繁荣清国金融、通过输送物品繁盛两国商业，不然为何会贷以如此低利的资金"？② 经过商谈，双方最终确定银币减至 10 万两，中方则向日方支付 1 万两的海关银作为公债募集费。

尽管谈判进展迅速，但在此之后并非没有争执。双方除了在货物的价

---

① 《渋沢栄一伝記資料》第四卷，第 326 頁。
② 《渋沢栄一伝記資料》第四卷，第 328 頁。

格和品质方面存在一些分歧外，还有一个焦点即是违约金问题。日本认为应该在合同中注明违约者须支付 10 万海关两的偿金，若是中国违约，而且日本已经先期发出部分货物的话，这些货物应该在中国卖掉，日本则收取银币或者暂时的抵押品。曼逊则提出除要在合同中写明 10 万两罚金之外，借贷双方都应往外国银行存入 5 万两现金。① 为确保合同条款的准确和稳妥，涩泽等三人特意找来一个名为理奈（日文称为レイネー，英文应是Reine）的英国"状师"（相当于专门撰写合同文书之人，笔者注）为草案"把关"。这名状师就提出违约时的最大难事是如何判决，建议双方各选出一名负责人，再另寻一位仲裁员。日本遂有意推举领事品川忠道担任此职。但当涩泽等人回头向曼逊询问中方的态度时却得知，许厚如和何福荫都表示很难拿出如此之多的现金，但愿意以三个月后可以兑换成现金的契据作为替代。涩泽三人对此感到不快，认为两人的契据能否如期兑换尚难确信。② 事后何福荫又做出解释，言适逢中国岁末，纵令减至 2 万两，银行也不愿拿出现金。然而日本方面还是难以接受。最终商谈的结果是双方都做出让步，以曼逊作为担保人，日方将金额降至 2 万两，中方则在六周之内交付现金。不过这只是一种保证金，并不代表 10 万两的违约金也会减少。

2 月 12 日，双方终于达成了协议。合同规定，在总额 250 万两的金额中，海关银、旧铜钱、日本银币分别为 40 万两、5 万两和 10 万两，日本贸易银或墨西哥银元 56.7 万两，货物当中以大米为最，价值达 110 万两，其余还有煤炭、小麦、铜等；贷款利息为年息 8.5%，一年后开始还款，本金为每年 11 月还海关银 25 万两，本息一起可于每年 5 月和 11 月缴纳两次；在货物运输方面，规定"在同等或较低运费条件下货物应由三菱火船公司装载"；而对作为抵押品的海关关票则规定限于上海、汉口和广东三处出具，且盖有必要的印章，其兑付的优先权也仅次于丽如银行和怡和洋行。③ 这份最终成形的借款合同与大隈发给涩泽和益田的命令书有着很多相似之处。从涩泽个人的立场来看，合同内容虽然已经与他起初的构想不

---

① 《渋沢栄一伝記資料》第四卷，第 329 页。
② 《渋沢栄一伝記資料》第四卷，第 329 页。
③ 長崎県立長崎図書館渡辺文庫 14—411《日本第一国立銀行卜 清国政府卜ノ約定書ノ写》。

尽相同，但是他始终是作为日方主要代表人物之一参与到合同的谈判和签订进程中的，所以最终的条款也在一定程度上反映出他对于该项谈判的坚持（如以货币和货物搭配的形式贷与中国等）和变通（如减少日本银币所占比重等）。

尽管大隈在涩泽等人临行前嘱咐"此项贷款签订之后，立即索要左宗棠交给许厚如的令状以及总理衙门交给左宗棠的委任状的抄本"等语，[①] 英国状师理奈在审核合同草案的时候还特意将"许厚如"改为"清国政府"。[②] 但事后才被证实，此项谈判的中方责任人许厚如并没有得到清政府以及左宗棠的授权。如前所述，在森有礼向总理衙门证实此事的时候，总理衙门也向左宗棠进一步求证，还向金顺及沈葆桢询问。沈葆桢于1877年1月函复言："许厚如系金顺派令守领沪饷，并转据江海关道冯焌光禀复此事，并无所闻或该员向该国探问情形，或日本人自相兜揽亦未可定，应再确切访查。"[③] 然而从时间上看，此时的谈判双方已经取得大致的共识，只是沈葆桢等人尚未查清，不过也可以看出许厚如系由金顺派出而与左宗棠无关。另据左宗棠在1876年底的一份奏折中称，金顺"阴柔成性，喜用挟智任数之人，与之共事有年，仍是两不相喻"，对此次借款，左宗棠怀疑是金顺"嘱许厚如探知洋款经胡道商办稍有眉目，遂思乘机冒名附借，亦未可知"，[④] 不过在另外的一封信件中，左宗棠又改变说法，推测是金顺受到许厚如的欺哄才托自己之名向外借款。[⑤] 在判定许厚如乃由金顺所派的前提下，总理衙门又于1876年12月致函金顺询问实情，但金顺迟迟未能回复。在这样的情况之下，总理衙门在1877年"正月二十九日，据总税务司赫德面称，顷接上海抄来合同稿底一件，系中国向日本借银二百五十万两，每月八厘半行息，其经受之人即系许厚如"。[⑥] 奕䜣遂告知赫德中国并无此事，并让其转饬各口税务司不要同许厚如办理借款。不久，清廷即命沈葆桢秘密派人前往上海严加查办，若情况属实，即将许厚如革职严惩，同时还令

---

① 《涩泽荣一伝记资料》第四卷，第343页。
② 《涩泽荣一伝记资料》第四卷，第330页。
③ 中国人民银行总行参事室编《中国清代外债史资料（1853—1911）》，中国金融出版社，1991，第88页。
④ 左宗棠著，岑生平校点《左宗棠全集·书信（三）》，第155页。
⑤ 左宗棠著，岑生平校点《左宗棠全集·书信（三）》，第172页。
⑥ 中国人民银行总行参事室编《中国清代外债史资料（1853—1911）》，第88页。

金顺迅速奏明此事。① 此时的金顺才连忙上奏解释，报称上年年底时许厚如曾向其报告称拟与洋商借银之事，但许语焉未详，后来也一直没有进一步详细说明，之后在得知沈葆桢调查此事、左宗棠的贷款也有眉目的情况下金才急忙令许离开上海以免滋事。② 从金顺所言来看，他虽然有让许厚如借款之意，但对具体进展并不知情，更不知许与涩泽等签约之事。而沈葆桢的奏折则进一步揭示出许厚如自作主张、欲谋私利的嫌疑。据沈称，金顺交给许的札文本有令其与胡光墉会商之语，许却没有遵行，"该员奉札后辄与领事往来，拟议并未与胡光墉共同会商，又未将奉札各情禀知臣处，迨至奉旨饬查，犹复多方掩饰，其意不过以借银为渔利之谋，肺肝如见"。③ 不管金顺的借款动机何在，以及能否得到认可，许厚如的借款违规几乎是可以肯定的，他最终被"即行革职递解回籍，交地方官严加管束"。④

许厚如虽然已被查办，清政府也不愿承认此借款合同，"然一经中国官员与外人议立合同，即不免为所借口。如森有礼前函所称，是否由中国政府办偿，安必非豫为之地"，⑤ 而且与年息动辄超过 10% 的外债相比，此次年息为 8.5% 的借款也不算过分，故而就带着几分不情愿地让胡雪岩继续与日方接洽。后因日本西南战争爆发，货物筹集受到影响，中方也无意再做进一步谈判，此项贷款最终于 1877 年 5 月以中方交付毁约金 25000 两告弃。⑥

回望整个借款过程，我们可以发现，这次贷款没有达成的一个重要原因就是始终没有获得中国方面的正式授权和认可。具体来说，起初缘于日本在打探到中国欲借外债后积极与中国接洽，恰好就遇到托西征借款之名在上海寻求贷款的许厚如等人。双方一直在商谈，但清政府却不知情。就在清政府从森有礼口中得知此事而向左宗棠、沈葆桢和金顺询问的过程

---

① 新疆民族研究所编《〈清实录〉新疆资料辑录》第 12 册，新疆民族研究所，1978，第 5308 ~ 5309 页。

② 中国人民银行总行参事室编《中国清代外债史资料（1853—1911）》，第 90 页。

③ 中国人民银行总行参事室编《中国清代外债史资料（1853—1911）》，第 93 页。

④ 中国人民银行总行参事室编《中国清代外债史资料（1853—1911）》，第 94 页。

⑤ 中国人民银行总行参事室编《中国清代外债史资料（1853—1911）》，第 88 页。

⑥ 根据涩泽日后的回忆，这笔偿金本应由第一银行和大藏省分享，但大隈重信并没有交给第一银行。另外，他记忆中的违约金数额是 6 万两，但在 1878 年 3 月 12 日与益田孝联名致大隈的信中则称是 2.5 万两。两相比较，应该还是以当时的书信为准（《涩泽荣一传记资料》第四卷，第 348、350 页）。

中，涩泽等人来华并与许厚如等将合同签订了。可以看出，日方对于此项借款的态度显得过于积极，他们在涩泽一行来华之前就知道可能会存在一些问题，因为毕竟没有得到清政府的明确证实和认可。虽然大隈曾一度欲中断品川等人与许厚如的谈判，而且在派涩泽等人来华之前还嘱咐签约之后向清政府及左宗棠进行证实，但他委派涩泽一行来华本身就说明了仍愿进行对华贷款的企图，更何况包括品川忠道、大隈重信、涩泽荣一、森有礼甚至伊藤博文都在参与此事的酝酿或对其有所了解。① 对于日本之所以如此积极的原因，当时的上海道台认为："日本自向泰西借债不少，焉有余力出借中国。窃意日本所铸洋钱甚多，中国尚未通行。兹藉借款流通则日本获利深厚而中国流弊滋多。且日本与中国密迩，垂涎内地之利蓄志已久，无故以巨数商借，其为窥伺之计显而易见。"② 但据笔者所观，日本无论是向中国出售货物、推销钱币，还是谋取贷款利息，其动机固然是在谋求之于中国市场的影响力，但也在于解决禄券利用、货物出售等现实问题，我们似乎更应该将这一借款企图理解为一条"一石二鸟"之策。另外从一个侧面也能够看出明治维新初期的日本在对外经济扩张方面还未臻成熟，找英国状师审核合同草本、到丽如银行搜集情报以及英国人皮特曼从中斡旋等都可以说明这一点。就涩泽个人而论，从他的建言书中可以看出他更多是出于解决国内问题（包括扩大第一银行的经营）的考虑，但来到上海之后，他一方面对中国有了进一步的了解，另一方面也看出这里蕴含着广阔的发展空间，所以才会在回国之后积极谋划在中国设立第一银行分支机构之事。这次的借款虽然未成，但 1877 年的中国之行却是涩泽荣一与中国关系中的一个重要节点，这大概也是他日后屡次提及这次行程的原因之一。

---

① 涩泽荣一在来华之前，曾专门致信伊藤博文欲就对华借款一事进行商谈。所以可以判定伊藤博文至少是了解此事的。详见 1877 年 1 月 26 日涩泽荣一致伊藤博文之信（《涩泽荣一伝记资料》第四卷，第 349 页）。

② 台北"中央研究院"近代史研究所档案馆藏《总理各国事务衙门清档》01—32—1，光绪二年 12 月 11 日，南洋通商大臣沈葆桢函照录上海道禀。转自黄荣光《近代中日经济关系初探——1877 年日本第一国立银行对华贷款详述》，载徐一平、竹内信夫主编《日本学研究》第 14 期，第 46 页。

三　鲜为人知的中日招商局借款谈判

目前学界一个比较普遍的看法是，中国最早的实业借款（这里指对外借款）是轮船招商局借款，即 1883 年上海金融恐慌之时于 1884 年 1 月向天祥、怡和等洋行借款以渡过危机。① 在笔者看来，前半句没有异议，但后半句却要做补充说明。准确的说法应该是，轮船招商局于 1884 年向天祥、怡和等洋行的借款是中国最早的一笔最终达成协议并付诸实施的借款，而本书所要考察的朱其诏向日本的借款则是目前所知中国最早的实业借款谈判。此次借款的意义不仅在此。具体到轮船招商局而言，在有关并购旗昌轮船公司的功劳问题上，夏东元认为，尽管在议买旗昌船产时徐润"只余一人主持，三日之内已将草约主决"，但盛宣怀才是"主其成者"。② 易惠莉认为沈葆桢是"促成并购案的最大亦是最关键的推手"。③ 陈绛则认为，"虽盛某主其成，而与洋人议价则唐某也，领款、付款则徐某也"，所以此次并购是盛宣怀、徐润、唐廷枢三人共同努力的结果。④ 但在笔者看来，除以上这些人物之外，我们还要注意时为会办的朱其诏所起到的作用，尤其是他的向日借款一事。

在涩泽荣一的传记资料《青渊先生传稿》中有如下一段名为"关于对清国招商局贷款之交涉"的记载：

> 当是之时，又有清国政府管理之招商局（经营铁道及海运之商社，其资本系官民合资），欲借入海关银百万两作为船舶购入之资金。担当该局管理之任的朱其诏同品川总领事交涉，政府命先生与益田借此行之便与之交涉。故而先生等人与朱其诏有过数次会见并交换意见，然

---

① 当然，也有学者认为 1877 年轮船招商局收购旗昌轮船公司时按协定分期交付给后者 100 余万两海关银是招商局借用举债的始端（曹均伟、方小芬：《中国近代利用外资活动》，上海财经大学出版社，1997，第 195 页）。然而细究起来，这种分期付款的收购行为虽然也使双方构成某种债务关系，但还不能直接等同于对外借款。

② 夏东元：《盛宣怀与轮船招商局》，载易惠莉、胡政主编《招商局与近代中国研究》，中国社会科学出版社，2005。

③ 易惠莉：《招商局并购美商旗昌轮船公司案与"商战论"》，《史林》2009 年第 4 期。

④ 陈绛：《唐廷枢与轮船招商局》，《近代史研究》1999 年第 2 期。

而此议最终未成。先生又带有视察上海商情之密令，对其做了详细调查，于二月二十七日归国并直接向大藏卿大隈重信报告。[①]

这则史料所谈的即是涩泽和益田等人在就西征借款而赴中国谈判之时，大隈要求他们同时也和朱其诏接洽商谈招商局借款一事。由于中国方面几乎没有关于此事的记载，日本方面的资料也不是很丰富，所以详细考察这一事件的来龙去脉就显得有些难度。笔者在梳理涩泽荣一相关资料的基础上，再结合轮船招商局在这一时期的运营情形以及有关朱其诏的有限资料，力求对此项借款做一粗略的勾勒。

根据《青渊先生六十年史》的记载，为了筹集购买旗昌轮船公司的资金，朱其诏在 1876 年 12 月间向日本领事品川忠道探寻向日借款之事，后又托德国一洋行之人缪拉（日文称ミュラー）代为接议。品川遂于 12 月 28 日致信时在东京的福原和胜（当时福原正因许厚如借款之事在东京活动），谓日本可以通过第一银行答应招商局的借款要求。[②] 这里需要弄清的是，朱其诏是在一个什么样的背景和时机之下向日方提出借款要求的。

众所周知，1876 年至 1877 年正是轮船招商局并购旗昌轮船公司之际。早在 1876 年春季之时，旗昌就散布欲出卖产业的消息。8 月时，盛宣怀、唐廷枢、徐润等在烟台向李鸿章报告此事并征求李的意见，但李担心旗昌未必肯售，且一时筹款困难，未有应允。是年年冬，旗昌公司因经理人即将更迭和股票行情下跌，更急于变卖在华产业，因而托人至招商局主动接洽。双方初步达成协议，旗昌以 222 万两白银的价格将产业全部卖给招商局，招商局先交定银 2.5 万两，之后再交 100 万两，其余则分期逐步交付。当时代表招商局交涉的是徐润，他随后又到湖北找到盛宣怀，再同盛宣怀等人到南京说服两江总督兼南洋通商大臣沈葆桢允借官款 100 万两。在进行了几次正式磋商之后，招商局和旗昌最终于 1877 年 1 月 2 日草签了并购契约，3 月 1 日，旗昌的产业正式换旗过户，招商局接管了旗昌公司的全部资产。不过这只是一个大致的并购轮廓，我们还要进一步追问一些细节性的东西，其中之一就是朱其诏在这个并购过程中充当了一个

---

① 《渋沢栄一伝記資料》第四卷，第 329 頁。
② 《渋沢栄一伝記資料》第四卷，第 334 頁。

什么样的角色。

早在李鸿章筹建轮船招商局之时，朱其诏就跟随其胞兄朱其昂受命积极筹建，他也是招商局的重要股东之一。招商局成立后，李鸿章即任命朱其昂为总办，朱其诏与李振玉为会办。后来朱其昂由于经营不善而辞去总办一职，李又任命唐廷枢为总办，朱其昂、徐润、盛宣怀为会办，而朱其诏随即也奉札列为会办，与其兄一同分管招商局漕运事务。根据徐润自叙年谱的记载，当旗昌轮船公司委托瑞生洋行卜加士达到招商局商谈变卖之事时，因"数日之内必须定见，适唐景翁（唐廷枢，笔者注）在福州，盛杏翁（盛宣怀，笔者注）赴湖北武穴"，徐润"无可与商，乃与司友严芝楣二人通宵筹计"，"数日之内由余一人决议"。① 由此可见，朱其诏此时也不在招商局内。因为如果他也在场的话，在如此重大的事情面前徐润无论怎样都不可能不找同为会办的朱其诏商量。② 根据徐润的回忆，他在答应旗昌之后即积极与唐廷枢和盛宣怀联系，"然彼时电线未通，乃专人至福州促唐景翁返沪，余即持二万五千之定单赴武穴就商杏翁，并将此事如何匆迫，复述一番，承杏翁赞许，大有识见，乃同回南京。适唐景翁亦至，共同商酌"。③ 也就是说，在南京拜见沈葆桢的系徐润、盛宣怀和唐廷枢三人。但是沈葆桢在后来的奏折中则称："臣于本月十三日接据招商局禀称：'旗昌公司甘心归并，开价二百五十余万。'当于病榻传见局员盛宣怀、朱其诏、徐润等，告以中国利权所系，当极努力为之。"④ 朱其诏本人在 1877 年 6 月致盛宣怀的密函中也提及，当丁寿昌质疑"旗昌并之太骤"时，他的回答是"请示沈帅（沈葆桢，笔者注）以为可行，故敢动手"。⑤ 另外，据张国辉的研究，徐润在到武穴寻求盛宣怀支持的同时，也通知唐廷枢、朱其诏

---

① 徐润：《徐愚斋自叙年谱》影印本，文海出版社，1983，第 37、47 页。
② 有一种说法认为此时朱其昂、朱其诏兄弟正在天津交兑赈粮（见曹凯风《轮船招商局：官办民营企业的发端》，西南财经大学出版社，2002，第 63 页），虽然朱其诏确系分管漕运，然而此说并无确切资料引征，未为可信。何况有明确记载的是 1877 年时，也就是招商局已经购买旗昌之后，朱其昂曾受命承办赈粮，朱其诏也受命参与其中，并在朱其昂病故之后接替其兄之职，继续办理赈务（见张后铨主编《招商局史》（近代部分），中国社会科学出版社，2007，第 72 页）。
③ 徐润：《徐愚斋自叙年谱》，第 38 页。
④ 王亮编《清季外交史料》第 8 卷，书目文献出版社，1987，第 28 页。
⑤ 陈旭麓等编《轮船招商局》，上海人民出版社，2002，第 43～44 页。

同去金陵商议。① 从这些材料中可以看到，尽管徐润没有直接提及朱其诏，但朱其诏确实是参加了同盛宣怀等人一起在南京的请示的。

问题不仅仅在于朱其诏参与并购招商局这一事件本身，还在于他在这个事件中同日本方面商借贷款的时机。上文提到，朱其诏是在 1876 年 12 月间找的品川忠道，而且从品川向福原致信的日期来看，也不会晚于 12 月 28 日。再则，无论是沈葆桢的奏折还是招商局禀文都提及朱其诏、盛宣怀等人在南京拜见沈葆桢的时间是光绪二年十一月十三日，② 恰好也是公历 1876 年 12 月 28 日。所以可以肯定的是，朱其诏是在同日本人接洽之后，再去南京寻求沈葆桢的支持。既然如此，徐润在接到旗昌欲变卖给招商局的情况之后是一人做的决定，而且不久又到武穴找盛宣怀，如果朱其诏当时不在局内的话，他何以在如此短的时间内知道此事并与品川接洽？目前尚未发现资料可以直接说明这一点，不唯如此，我们还无法判定朱其诏接洽日本人的确切时间，就连瑞生洋行的卜加士达找徐润谈收购一事的具体时间也无从知晓。③ 不过以下所述背景资料也许有助于我们对于朱其诏向日本借款的理解。第一，如上文提到的，旗昌欲售予招商局的消息早前就有，招商局领导层也有收购之意。第二，据一则以唐廷枢口吻所记之资料载，"（光绪二年）七月，廷枢等往烟台禀知李鸿章，因款巨缓议。迨回沪后，旗昌复申前说。……与其经营明费巨款以图新，何如次第度支购成材以济用。故商之盛宣怀、朱其昂、朱其诏三总办，合并旗昌"。④ 由此可见，虽然不知道唐廷枢"商之三总办"的确切时间，但朱其诏是参与商议并同意收购旗昌的。第三，轮船招商局虽然在同旗昌、太古两公司以及怡和洋行的激烈竞争中不仅没有倒下，还继续发放官利，然而"查商局以前本银二百万两，商股及长存之款百万，仅能敷衍，并无余力"，⑤ 已经无力提成固定资

① 张国辉：《中国近代航运业的酝酿和轮船招商局的产生》，载易惠莉、胡政主编《招商局与近代中国研究》，中国社会科学出版社，2005，第 200 页。

② 详见王亮编《清季外交史料》第 8 卷，第 28 页；"中研院"近史所编行《海防档》甲"购买船炮"，1957，第 939 页。

③ 目前一个有案可查的资料即是徐润所说的"光绪二年冬"（见徐润《徐愚斋自叙年谱》，第 36 页），不过根据后续的事件，如徐润于 1876 年 12 月底先后到武穴和南京，以及这件事本身的紧急和重要程度判断，卜加士达找徐润商谈的时间应该不会早于当年 12 月下旬。

④ 交通部、铁道部交通史编纂委员会：《交通史·航政编》，1931，第 148 页。

⑤ "中研院"近史所编行《海防档》甲"购买船炮"，第 943 页。

产的折旧，更不可能靠一己之力收购旗昌，所以客观上也存在着向外借款的需求。第四，朱其诏虽非买办出身，但却有与洋人打交道的经验。就在当年 9、10 月，受李鸿章之命，他同盛宣怀一同前往上海，会同江海关道冯焌光，与英国代表梅辉商谈吴淞铁路一事。经过朱其诏等人的反复协商，最终于 10 月 24 日约定由中国以 28.5 万的价格从英人手中买下该铁道（吴淞铁路于 1877 年停驶后被拆除，铁轨等物料运至台湾）。此外，《青渊先生六十年史》记载，朱其诏之前也认识品川忠道，而当时的品川恰好在积极联络对许厚如借款一事，① 这种情况下，朱找品川接洽借款也不是没有可能。上述这些内容可以在一定程度上表明，朱其诏具备向日本借款的客观因素和主观可能。他也许是在徐润和卜加士达商谈之后知道了此事而赶回招商局并很快同品川取得联系，甚至还有可能是在此之前就在为收购一事做准备。不过不管怎样，日本真正开始和朱其诏进行借款谈判已经是次年 2 月的事情。

前文曾谈及品川致福原之信，在信中，品川是想让他探询大隈重信的意见，并希望福原同银行行长，也即是涩泽荣一商谈招商局借款一事。这封信后来也转到了大隈、涩泽和益田孝等人的手中。按照大隈的意见，日方借此之行同朱其诏谈判之机，也可以进一步了解招商局的情况，且如果达成协议，所借款项也可以从华族中募集。到上海后，涩泽等人由于担心万一没能与招商局达成协议，将会影响到与许厚如的借款谈判，所以起初并不急于同朱其诏及缪拉接触。后来在缪拉的频频要求之下，双方才于1877 年 2 月 8 日，也即是涩泽一行来华的五天之后正式会面。缪拉与日方就贷款数额、抵押品及利息等问题进行了如下对话：

　　问（缪拉代表朱其诏，下同）：招商局希望借得之银为海关银一百万两，而日本第一立银行能否承担？
　　答（日方没有列明代表人物，但既然是第一银行出面，应该是涩泽，下同）：若能有满足约款要求之抵押品当可应允。
　　问：该抵押品以招商局所有之船舶、地皮、仓库等充之如何？
　　答：其船舶及地皮、仓库之类纵令足以充当此抵押，但我方尚未

---

① 《渋沢栄一伝記資料》第四卷，第 334、336 页。

对该局之营业有详细了解，且亦不知这些物品之实况，确实不能答应。

问：若按照日方要求抵押则借款利率是多少？

答：借贷之内容尚未决定，谈论利息额度也是无用。

问：只是想预先知道其大概。

答：利息虽因合同条款之不同而有高低之分，但大致是在百分之十以上。

问：所贷之款是上海规元还是日本银币？

答：应该是以日本银币在横滨借出，如果谈判时能够定下一个汇率的话以上海规元借出也并不难。①

这次谈话应该说是一次初步的磋商，缪拉一方面将日方的条件向朱其诏报告，另一方面也同涩泽等人约定好与朱会面的时间。从 2 月 10 日到 12 日，涩泽荣一、益田孝、岩崎小二郎等人与朱其诏连续进行了三次会谈。从会谈内容来看，双方的分歧点之一在于抵押品问题。朱其诏本来认为既然是招商局的借款，以招商局之财产做抵押应该在情理之中，所以在第一次见面的一开始就提出了这一问题。然而日方则坚持以海关税票做抵。次日，朱又提出"以招商局之所有财产及船舶为抵押，而且若本局未能按期还款，则由清国政府保证代为偿还"的提议。日方则认为，即便有政府的保证，但借主乃为招商局，万一出事恐怕还会拖累贷款的返还，故而仍然坚持己见。双方之所以纠结于此应该都是出于各自的考量。涩泽等人大概认为日本还比较缺乏对外借款的经验，以可以预期兑现的海关关票做抵押至少不用担太大的风险，而且当时正在进行的西征借款谈判也是以之为抵押的，以同样的条件与朱其诏谈判似乎也不为过。对于朱其诏来说，虽然是为并购旗昌轮船公司而借，但是这应该只是他的个人想法（其他人的资料中从未发现关于向日举债的记载），还不能贸然以关税税票抵押，况且这样的抵押也是需要经过政府授权的，这已经超出了他的权限。因此，在第三次会面之时，朱就表示抵押之事原非其本人所能决定，待考量谋划之后再行知会日方。②

除抵押问题外，双方在所借之物及借款利息上也存在一定的分歧。2 月

---

① 《渋沢栄一伝記資料》第四卷，第 335 页。
② 《渋沢栄一伝記資料》第四卷，第 336 页。

11 日，当朱其诏询问若以海关税票做抵押日本将如何交付所贷金额时，涩泽等人的回答是："所给之六分为米、铜、煤、小麦等物，另外四分则以日本银币、贸易银和墨西哥银元充之。"[①] 朱其诏当时虽然没有表态，但在次日的会谈中明确做出了回应。第一，提出在一百万海关两的借款总额中，其中的二十万两可以以煤炭交收，"煤炭乃我邦匮乏而贵国富余，纵令此次借款未成，也可以根据需要而询问之"，但大米却至难接受；第二，10% 的年息有些过高，若以海关税票做抵押就应该减少几分。但涩泽等在赞同对华输出煤炭的同时，却表示现在明言减少利息之额比较困难。[②] 尽管如此，朱其诏仍想努力减少利息额度，在结束与涩泽等人的会面后，他又在 13 日找到福原和胜谈论此事，言"抵押海关关票之类，若勉力请求总理衙门，或可得到许可，然而利息之额实在过高"。[③] 福原倒是松口说待其他条款商定之后利息可以略微降低，只是不知他的回答能否代表作为贷款者的第一银行。

在涩泽一行于 14 日离开上海之后，此议便没有下文，不了了之。但若再仔细审视这次借款谈判，也可以做进一步的解读。将其与招商局收购旗昌一事对照就会发现，朱其诏第三次会见涩泽等人的时间和唐廷枢、徐润等正式与旗昌订立合同的时间都是 2 月 12 日，而涩泽等人与许厚如、何福荫等签订借款合同也是在这一天，所以也可以认为这三者在一定程度上是同步进行的，它们之间存在着诸多关联性和可比性。单就招商局借款来看，朱其诏与涩泽荣一等人会面之时，招商局就收购一事已经与旗昌轮船公司达成初步意向，且开始付款。据载，招商局"十九日（1877 年 1 月 3 日）付定银二十万两，并约于十二月十八日（1877 年 1 月 31 日）付银二十万两，此年正月十七日（1877 年 3 月 1 日）[④] 再付银六十万两，即行交盘。其余一百二十二万两，分别按期归结"。[⑤] 在这 222 万应付总额中，官方已经答应募集 100 万两，但还未及拨付，而其余之款则由招商局自筹。当时到手的钱主要是盛宣怀筹垫的 20 万两以及冯焌光和各钱庄分别筹借的 10 万两，

---

① 《涩泽荣一伝记资料》第四卷，第 335、336 页。
② 《涩泽荣一伝记资料》第四卷，第 336 页。
③ 《涩泽荣一伝记资料》第四卷，第 336 页。
④ 当时报纸所载的合同中是 1877 年 3 月 31 日前付 60 万两（见《捷报》，1877 年 1 月 28 日），究竟哪个时间正确似乎还无定说。
⑤ 交通部、铁道部交通史编纂委员会：《交通史·航政编》，第 149 页。

共计 40 万两白银，很明显与应付总额存在一定的差距。这大概也是朱其诏此时向日本借 100 万两海关银的重要因素。至于借款未成的原因，从朱其诏方面来看，除了日方提出的抵押要求让他颇感为难外，利率也是一个重要原因。10% 的年息不仅高于中日西征借款的 8.5%，也高于招商局向旗昌分期付款的 8% 的年息。如果将此年息 10% 的借款偿还彼 8% 的应付款，于理也说不过去。另外，招商局按约应交之 60 万两也在 1877 年 2 月底 3 月初顺利交付，"缘此六十万两银由唐君景星（唐廷枢，笔者注）前日从金陵带来元宝六千只，合银三十三万，尚短念（即廿，笔者注）余万，在本埠措齐，提早一月交付也"。① 这笔钱算是解了招商局的燃眉之急，也使其对外举债变得不再那么迫切。还有一个不得不考虑的因素就是朱其诏在招商局的权力和地位问题。实际上，当时局内领导层的不和已经是个公开的秘密，朱其诏在给盛宣怀的信中就抱怨"局中事宜全仗景翁、雨翁，诏亦不过随声话诺"，② 他本人也在 1878 年就离开了招商局。如此处境下的朱其诏要想替招商局成功举借外债，恐怕也非易事。

就日本方面而言，招商局借款本来就不是其主动接洽的。比起和朱其诏的谈判，涩泽和益田孝等来华的目的更在于调查上海的金融市况以及与许厚如等人签订 250 万两的西征借款。在回国以后，他们也主要是筹划设立第一银行和三井物产的支店或代理店，以及向中国输出日本货币事宜，向招商局贷款并不是他们的工作重心。不过通过考察他们在谈判中的言行也可以看出一些作为商人的精明之处。除了上文提及的利率之外，所借银货的兑换也是一个值得注意的细节。在 2 月 11 日同朱其诏的谈判中，涩泽等人除了表示借款的四成由日本银币、贸易银和墨西哥元充当之外，还补充了一句"而且其兑换价格为每百元七十七两上海规银"。③ 这里的日本银币是指日本1871 年之后发行的货币，日本称之为"定位银货"，而贸易银也是这"银货"的一种。日本银币的重量和成色与墨西哥银元（鹰洋）相当。④ 鹰洋与

---

① 《申报》光绪三年正月十八日，1877 年 3 月 2 日，第 1 版。
② 陈旭麓等编《轮船招商局》，第 39 页。
③ 《渋沢栄一伝記資料》第四卷，第 336 页。
④ 鹰洋的重量约为 416.5 英厘，成色为 89.8%；当时发行的日本银币（有时也被称为日本银圆、龙洋）重量为 416 厘，成色为 90%（见马社香《中国货币文化史》，湖北人民出版社，2000，第 210、211 页）。

中国库平银的比价通常在 0.72 左右，据南京造币厂的分析，日本银币的平均重量则为库平银 0.7213 两。[①] 上海规银虽然在价值上稍逊于库平银，[②] 但是日方提出的每百元七十七两，也就是 0.77 的兑换率还是显得稍高。还有一点就是涩泽等人对德国人缪拉的态度。根据日方材料的叙述，在朱其诏第一次与涩泽等见面之时，日方坚持以关税税票做抵押，缪拉则"介入其间并以鄙慢之言轻视我方，欲强行缔结此事。（涩泽等，笔者注）三人数次抗议，直言若是其所希望之抵押品将不能达成此借款协议"；日方在同朱的第二次会面中提到对抵押品的坚持以及贷款构成等项时，"缪拉再三争辩说我方之要求过当"；在第三次见面时，涩泽一行就避开缪拉，直接同朱其诏商谈，还向朱说外国人插手双方的谈判有害无益。[③] 日本人之所以如此描绘缪拉，以至后来绕过他，大概是因为缪拉作为德国洋行之人，深谙市场行情及国际经贸之事，让日本在谈判中占不到多大便宜。

　　总体来看，这次没有结果的借款之事在中日关系史、中国外债史甚至是招商局史上都是一桩不起眼的事件，然而正如前文所说的，这场长期被人们忽视的谈判所具有的标志性意义却不容抹杀。通过这样的历史还原，我们不仅能够进一步明晰朱其诏在招商局收购旗昌一案中所起到的作用，而且可以看到近代早期中日经济关系当中的一些片段。它在揭示出当时日本在处理对华经济关系中的一些商业性考量的同时，也意味着涩泽荣一本人早在此时就已经与中国的商界有了接触。

四　第一银行的对华经营

　　涩泽荣一一行与许厚如等人签订的贷款合同没能付诸实施，与朱其诏商谈的招商局贷款也不了了之，但他们的中国之行并没有空手而归。除了应大隈重信之密令搜集上海商业情报之外，涩泽荣一和益田孝还借此机会看到了进军中国的商机，他们在回到日本后不久即向大隈提出了设立在华

---

① 魏建猷：《中国近代货币史》，黄山书社，1986，第 105 页。
② 上海规银是自 1856 年起通行于上海的一种作为记账单位的虚银名目，又被称为九八规元，也就是说它的成色要比标准银两低 2%，而库平银则是清朝末年官方的衡量标准银，所以严格地讲，上海规银的价值略逊于库平银。
③ 《涩泽荣一伝记资料》第四卷，第 335、336 页。

分店的申请，而大隈重信所代表的大藏省大体上也对此给予了积极支持。

对于涩泽荣一以及他的第一银行而言，开展对华业务的想法并非偶然。事实上，涩泽在此之前已经有过开拓海外业务的计划。1874 年，日本驻美国公使吉田清成及第一银行派往美国第四国立银行实习的种田诚一建议第一银行进军美国市场，开展两国间的汇兑业务。他们的理由是日本既要收取输往美国的生丝出口货款，又要支付使馆所需费用，如果有银行在美国设立分支机构代收货款并将其充为使馆花费，不仅将节省一笔不必要的开支，而且也会加快资金运转，内可资民业之发达，外能促海外之扩展。① 涩泽荣一也跃跃欲试，然而却受到当时受雇于大藏省的英国顾问享德（Alexander Allen Shand）的反对，后者认为第一银行在基础未稳的情况下不宜同时兼营外国汇兑业务。无法得到政府的允可，涩泽只好打消此念，不过他在给享德的回复中仍然表达了自己将来向外发展的意愿："现今我国同外国之通商仅限于同处于（日本）内地的外国银行交涉，尚不能渡航至外国，此乃吾人深为忧虑之事。他日商业进步，有渡航之日，此银行之业务亦不可不及于外国。故时机成熟之际再谋划于外国设立此银行之支局亦未可知。"② 在 1878 年的一次股东大会上，涩泽荣一又一次表达了开拓第一银行海外业务的愿望。他声称："本银行自去年以来，在内地各地推行押汇之法，通过物产运输和销售，既能大大促进商业发展，我们亦可以得到相应利益……必须将其逐步推广。"随即就提出"清国上海乃我通商之要地"，欲在此地开设第一银行的代理店办理汇兑、押汇以及货币兑换业务。③ 不过，1877 年的中国之行确实给涩泽荣一提供了一个开展对华业务的大好机会，甚至可以说推动第一银行的对华经营是这次没能成功的对华贷款的副产品。在涩泽和益田孝看来，经手贷给中国的资金以及货物就是赋予第一

---

① 涩泽荣一以及佐佐木勇之助、明石照男等其他第一银行人员有如是回忆，但《第一银行五十年史稿》和《青渊先生传初稿》中关于此事的记载是日本驻欧洲诸国的领事馆和公使馆在 1874 年 2 月向外务省和大藏省提的请求（《涩泽荣一伝记资料》第四卷，第 73、74 页），因涩泽等三人的说法基本相同，这里暂从三人之说。

② 《涩泽荣一伝记资料》第四卷，第 73、74 页。《第一银行五十年史稿》中如此记载，佐佐木勇之助也有过类似的回忆，但涩泽却回忆说是他打算设立上海支店时享德曾经出面阻挠。笔者认为涩泽的说法并不能代表享德没有在 1874 年时进行阻拦，而且不管如何，第一银行在 1874 年时有过向美国或欧洲设立分支机构的计划以及没被批准是不争的事实。

③ 《涩泽荣一伝记资料》第四卷，第 367 頁。

银行和三井物产扩张业务的极大恩惠，既可以从政府那里得到一笔可观的手续费，又能借此打开与中国通商之门，使两家企业都可以在中国开设支店，"以从事彼我融通之贸易"。①

涩泽荣一和益田孝不仅同赴中国谈判，还一起申请办理在华业务。如果说前者在一定程度上是政府的安排的话，那么后者就不能不涉及三井物产开拓中国市场的动机以及涩泽和益田孝之间的关系。三井物产会社成立于 1876 年 7 月，作为该公司负责人的益田孝凭借深厚的人脉关系，在 1876 年 9 月取得官办三池煤矿所产之煤的独家出口销售专利。经销三池煤，三井物产可以从中收取 2.5% 的佣金和高达 50% 的利润，所以益田也积极寻求海外销路。与涩泽一起来到中国之时，他恰好遇到了曾经共事过的瑞士人弗利奈（日文为ブリネ），此人当时正在上海做生意，益田和他商量借用其店面销售煤炭，弗利奈对此欣然答应，于是益田孝在回国之后即开始积极筹备此事。② 应该说，益田所做的这种前期准备同时也在为第一银行的在华经营铺路。二人之所以联袂申请更在于他们之间的密切关系。涩泽早在大藏省为官之时，就曾经与益田共事过一段时间，他们当时都是井上馨的得力助手，也随着井上馨一同辞职。1877 年 6 月，二人又同时受聘为三井家的咨议，三井家将三井物产的经营事宜委托给益田孝的同时，还要求涩泽荣一担任益田孝的监护人。③ 益田孝本人也回忆说："我几乎每天都与涩泽先生见面，他实在是一个非常亲切的人，一旦对你有所照顾，就一直照顾下去，……每当我想要创设某种事业时，首先必定去找涩泽先生商量。"④

涩泽欲图在中国开展银行业务的计划也同当时日本的货币状况、贸易状况以及政府的态度有关。1871 年，日本曾颁行《新货条例》，效仿美国实行金本位制度，但同时也发行银币和铜钱作为辅助货币流通，并规定所发行的一元银币（后来又专门发行刻有"贸易银"字样的银币）专门在通商口岸使用，以期替代墨西哥银元。为了扩大这种银元的影响范围，政府鼓

---

① 第一銀行史編纂室編纂、発行《第一銀行史》上卷，第 413 页。
② 益田孝著，長井實編《自述益田孝翁伝》，中央公論社，1989，第 197 页。
③ 小岛直记、邦光史郎著，葛东莱译《官场商人化身钱庄大王 三井财阀——发迹史·经营术·人物志》，时报文化出版企业有限公司，1986，第 162 页。
④ 小岛直记、邦光史郎著，葛东莱译《官场商人化身钱庄大王 三井财阀——发迹史·经营术·人物志》，第 163 页。

励其在中国市场的流通也在情理之中。在货币改革之后，曾经广泛使用的日本宽永铜钱也开始退出流通。如何处理这些为数众多的钱币是日本政府必须面对的一个问题。事实上，这种钱币早在明末时就已经出现在中国市场。清朝前期，宽永铜钱开始在中国一些沿海地区大量流通起来，特别是上海、宁波、乍浦等"江淮以南米市盐场，行使尤多。银一两所易制钱内，此钱几及其半"。① 徐润也曾在其自叙年谱中记载，"日本所出宽永铜钱，以紫铜为质，字样清晰，惟分量轻薄，远不及我华制钱"。② 然而在清后期，尤其是太平天国战争之后，中国制钱逐步走向衰落，这就为日本对华输出宽永铜钱提供了一个良机。涩泽此后向中国输出的日本货币主要就是日本新铸银币以及这种宽永铜钱。除此之外，日本政府所表现出的明确的"贸易立国"倾向也是一个不可忽略的背景因素，如大隈重信就认为日本开国以来"一岁输出之额经常不及输入，终至不得不以现货抵偿。……不出数年，也将面临现货海外堆积如山，而国内通宝为之灰散之祸害"，③ 针对这个金银外流、贸易逆差的问题，解决的途径之一就在于大力发展商品输出，鼓励创设贸易商社。大隈为此还不止一次地要求日本外交人员提交有关发展对华贸易的调查和规划。④ 而涩泽计划中的第一银行在华支店的业务范围包括办理汇兑、押汇以及货币兑换等，和三井物产的海外业务一样都有促进对外贸易之效，所以也不难获得日本政府的支持。

涩泽和益田的打算是，如果由第一银行和三井物产各在上海开设一家支店似乎不太容易，所以应该先成立一家名义上是三井物产的支店（如前所述，大概是因为三井已经与上海的弗利奈谈妥）实际上也兼营第一银行业务的机构。它由两家共同出资和经营。按照这样的计划，他们于1877年3月，也就是从上海回到日本后不久，即向大藏省呈交申请，要求得到分十

---

① 《高宗实录》，第419页。转自任鸿章《椓铜与清代前期的中日贸易》，载辽宁大学科研处编《辽宁大学学术论文选编：1979—1982》，辽宁大学出版社，1983，第179页。
② 徐润：《徐愚斋自叙年谱》，第16页。
③ 《大隈文书》第3卷，第104、105页。转自米庆余《明治维新——日本资本主义的起步与形成》，求实出版社，1988，第131页。
④ 日本外交人员提交的贸易文件如《振兴对清贸易之议》（1870年，小曾根荣）、《开发对清贸易建议书》（1871年，小曾根荣）、《为扩大北海道物产之对清输出而设立海运商社之议》（1871年，小曾根荣）等。见米庆余《明治维新——日本资本主义的起步与形成》，第146、147页。

年贷予的 25 万日元无息借款，然而大藏省大概是因数额巨大，出于慎重起见而没有答应。不过涩泽和益田并没有放弃，他们随后又改变策略，于 6 月转而申请贷予总计 8.5 万日元的"小银货及旧铜货"，其中 1 万日元投放于上海市场，7.5 万日元投放于香港。① 这里的"小银货"是指《新货条例》颁布后发行的五十钱、二十钱、十钱以及五钱等数额不等的小额银币，而"旧铜货"即是指宽永铜钱。这样的要求正好迎合了政府处理旧铜钱和扩大银币流通的意愿，因而很快被批准。但两人不久就发现，尽管他们关系密切，而且三井物产和第一银行都同样受到三井家的支持，但毕竟是两家企业，合同经营多有不便。于是，他们又于 12 月申请由三井出面开设支店，第一银行则与其签订契约，由该支店代理第一银行的在华业务。②

　　三井设立支店以及第一银行设立代理店的申请分别由益田孝和涩泽荣一向大藏省提交。涩泽提交的时间是 12 月 13 日。这份名为《在清国上海开设代理店之意愿书》的申请一开始就提出"促进与清国之通商、开辟彼我押汇之便路乃当今之要务，加之彼国货币制度未备，正是输送并扩大流通我定位银货（即日本银币，笔者注）及贸易银之际"，同时又表示代理店起初并无盈利，需要得到政府的保护和支持。申请中将代理店的年限暂定为五年，在这期间将主要致力于日本银币在中国的流通，希望政府贷与 10 万元作为流通的本金，且要求按照 2.5% 的比例向第一银行支付作为运输保险和流通之手续费的费用。另外，涩泽还提出两条要求：第一，官营矿山开采之铜，除了国内使用部分外，由该代理店负责销售并从中得到一笔手续费；第二，官府与中国发生汇兑关系时，全部由该代理店负责办理。③ 通过这份申请可以看出，一方面，第一银行开设海外代理店必须得到政府的大力支持，毕竟此时的日本还处于明治维新的初期阶段，单个的企业还没有足够的实力在海外市场站稳脚跟；另一方面，政府的"贸易立国"方针与第一银行的向外发展倾向存在着交集，在这一共同的追求之下，政府也乐于充当第一银行的后台并给予充分支持，这其实与日本在追求工业化和海外扩张过程中呈现的政商结合现象是一致的。根据大藏省的批示，涩泽的

---

① 《渋沢栄一伝記資料》第四卷，第 367、368 頁。
② 《渋沢栄一伝記資料》第四卷，第 367 頁。
③ 《渋沢栄一伝記資料》第四卷，第 369 頁。

申请又做了一些修改，于 1878 年 2 月 15 日递交，并在 4 月 9 日获得批准。随后，三井物产相继在上海和香港正式单独成立支店，相应地，根据与三井物产的约定，第一银行也就在此两地有了代理店。

至于具体的经营情形，目前笔者所能找到的资料主要是涩泽荣一和益田孝与大藏省的一批关于运送日本货币的往来文件，且集中在 1877 年 9 月至 1878 年 3 月间，也就是在日本政府批准第一银行设立上海和香港代理店之前、第一银行还和三井物产共同经营的这段时间。尽管这些资料不能涵盖第一银行在华经营的全部时期，而且只是局限于货币的申请与贷放方面，没有涉及具体的汇兑和押汇之事，但无论是汇兑、押汇，还是货币兑换，最终都会表现在货币数额上。因此可以认为，它们在某种程度上也能够反映第一银行以及三井物产的在华业务规模和进展状况。现将涩泽和益田对华输出货币情形依照时间顺序列为表1。

表 1　1877 年 9 月至 1878 年 3 月涩泽荣一和益田孝对华输出货币情形

申请时间	投放地	货币种类	货币数额（枚）	备注
1877.9.7	上海	日本银币	5000	面值一厘宽永铜钱，每千枚等同一日元
		宽永铜钱	5000	
1877.11.15	香港	日本银币	5000	面值五钱及十钱
1877.12.5	上海	银币及铜钱	共 10000	
	香港	宽永铜钱	50000	
1877.12.24	上海	宽永铜钱	4000	此数额为大隈批准数
1878.1.16	上海	宽永铜钱	申请 30000，先送 10000	剩下 20000 待打包后再送
1878.1.23	香港	小额银币	5000	面值为十钱及二十钱的小额银币
		贸易银	10000	
1878.1.25	上海	小额银币	5000	面值为十钱及二十钱
1878.2.6	上海	宽永铜钱（大阪）	申请 30000，批准 9000	面值均为一厘，地址为钱币储藏及来源地
		宽永铜钱（长崎）	申请 4000，批准 2000	
1878.2.18	香港	小额银币	5000	小额银币中有五分之一面值为一厘
		贸易银	10000	
	上海	宽永铜钱（大阪）	9000	面值均为一厘，地址为钱币储藏及来源地
		宽永铜钱（长崎）	2000	

续表

申请时间	投放地	货币种类	货币数额（枚）	备注
1878.2.26	上海	宽永铜钱（大阪）	5000	面值为一厘
1878.2.28	香港	贸易银	15000	新铜钱需面值二钱、一钱、半钱、一厘等
		新铜钱	1000	
1878.3.13	香港	贸易银	10000	
1878.3.19	上海	宽永铜钱	10000	面值为一厘

资料来源：渋沢青淵記念財団竜門社編《渋沢栄一伝記資料》第四卷，渋沢栄一伝記資料刊行会，1955，第 347、348、368~378 頁。

除表 1 所列各项以外，还有一笔款项需要特别说明。1878 年 2 月 28 日，涩泽和益田曾向日本国债局紧急申请"商业上使用"之资金，分别为贸易银以及面值五钱至二十钱不等的日本银币各五万日元，还表明将以 3.25% 的溢价以日本新纸币偿还，希望火速拨付。到 3 月 1 日，二人又一次呈文催促。大藏局也分别在 3 月 1 日和 4 日明确做出回应，准许二人之请，只是要求该项款额须送至中国流通。[①] 虽然我们并不清楚此款的具体去向，但通过政府很快答应涩泽和益田的请求也可以明显看出政府对第一银行及三井物产在华经营的鼎力支持。此外，大藏省对二人的申请一般会在两三天内予以回复并贷予三个月期限的无息借款也可以说明这一点。当然，政府也不是单纯为了扶助这两家企业。也许当时的墨西哥银元对于日本具有某种程度的"外汇储备"性质，即使在日本银币与墨西哥银元的兑换比率有利于前者时，大藏省也坚持要求涩泽等人在还款之时要以墨西哥银元支付。

在表 1 中，涩泽荣一和益田孝投往上海市场的绝大部分是小额银币和宽永铜钱，而投往香港市场的除了铜钱之外还有每枚面值 1 日元的贸易银。其实这背后也有一定的原因。前文曾经提及，中国的制钱走向衰落的同时，给了日本的小额货币以可乘之机。涩泽荣一一行在上海调查时就发现，上海的人力车虽然逐渐增多，但人们在支付车费时因零钱太少而颇感不便，有些商人干脆制作一些小票据付给车夫，待车夫积攒到一定程度后再找其清算，人力车如此，"其他物品的买卖也足以推知"，[②] 所以他们认为若将日

---

① 《渋沢栄一伝記資料》第四卷，第 369 頁。
② 《渋沢栄一伝記資料》第四卷，第 338 頁。

本的铜钱和小额银币拿到上海流通必然可行。事实上也确实如此，如徐润在涩泽等人之前就曾遇到过这样的商机。徐润早前所在的宝顺洋行曾经从横滨运过一批"共计六十三万五千零八十二千文"的宽永铜钱，虽然"初到申时，少见多怪，无人过问"，但后因"江浙所铸烂板私钱每千值银五钱外，后来宽永遂销，遂广流行内地，每千竟涨价银七钱三四分之多。此票生意满拟难望得利，不料通盘计算，竟得盈余银数万两"。① 小额货币如此，贸易银在上海的流通前景却不被看好，如同涩泽等人所调查的那样，"……至于贸易银，因清国人已经对已有的墨西哥银元形成依赖……纵使输入也会被直接改铸成银块，因而并不划算"。② 当时上海的货币主要是墨西哥银元、西班牙银元以及传统的银两，日本银币要想占得一席之地恐怕并非易事。

对于香港市场，一方面是涩泽和益田看到当时香港墨西哥银元与铜钱的比例有利于宽永铜钱向香港的输出，③ 另一方面，香港的货币发行状况以及日本所造银元与香港的关系也让他们认为日本银币有望在香港得到流通。1866 年，英国为将墨西哥银元驱逐出香港而在该地设立造币厂制造"英国银元"（俗称"人洋"，又称"站洋""香洋""立洋"等），但其含银量低于墨西哥银元，只能贴水使用。经过两年的试验，最终还是以失败告终，英国于是在 1868 年时把全部造币设备转售日本，日本同时也将造币的技师一并引入。实际上，包括贸易银在内的日本银币即是以此机器制造而成。此后，英国不愿轻易再做尝试，"故屡经新加坡、马来半岛、香港等处的商业团体，请求续铸新币，迄未允行"。④ 由于日本银币与英国银元存在一脉相承的关系，香港市场似乎也存在一些流通的空间，所以涩泽和益田才有此举。不仅如此，当时的日本驻香港领事馆还"负责积极向香港政府游说，希望后者认可日本的贸易银币为香港的法定货币"。⑤

时隔数年之后，如果再将这两地的日本货币流通状况进行考察的话就会发现，它同当年涩泽与益田对两地的投放种类仍然存在某种一致性。如

---

① 徐润：《徐愚斋自叙年谱》，第 16 页。
② 《渋沢栄一伝记资料》第四卷，第 338 页。
③ 《渋沢栄一伝记资料》第四卷，第 348 页。
④ 魏建猷：《中国近代货币史》，第 105 页。
⑤ 陈湛颐：《日本人与香港——十九世纪见闻录》，香港教育图书公司，1995，第 234 页。

据 1891 年日本驻上海领事鹤原定吉的一份报告所称，"在当地（即上海，笔者注），一般通用的日本货币仅限于五钱、十钱及二十钱之辅助银币。至于五十钱及一圆之银币则完全没有通用，仅仅是日本侨民之间偶尔收受"。[①] 与此同时，日本驻香港副领事宫川久次郎则报告称，"目前香港流通的日本货币只限于一圆银币，小额银币完全没有流通。虽然香港政府尚未承认一圆银币为正式通货，但它已经具有一般性的信用，不仅可以与墨西哥银元一样用于商业贸易，还能够缴纳税款"。[②] 据称，在 1871～1897 年间，日本银币共铸有 1.65 亿枚，其中输往国外者近 1.1 亿枚，不仅将墨西哥银币驱出日本市场，还一度成为马来半岛及新加坡的主要货币。[③] 可以说，对于日本货币的海外流通，涩泽荣一和益田孝有奠基之功。

在 1878 年设立上海和香港的代理店之后，涩泽荣一还于同年 6 月 8 日在朝鲜的釜山设立了第一银行的第一家海外支店。在涩泽荣一准备逐步扩大海外业务的时候，大藏省的顾问享德提出了不同看法。享德认为，作为一家商业银行，第一银行的主要目的在于办理国内资金的存贷业务和促进日本产业发展，而在海外经营汇兑业务与此全然迥异，势必会顾此失彼，特别是中国金银比价变动无常，稍有不慎即会招致损失。涩泽大体接受了享德的意见，但表示中国方面可以停止，朝鲜的支店却不能撤掉。[④] 1881 年 2 月，第一银行鉴于上海、香港两家代理店只是办理汇兑而没有过多从事其他银行业务，遂废除与三井物产的代理协定而与其改签汇兑约定，基本上退出了中国市场。

需要说明的是，第一银行退出中国市场并不意味着涩泽不再关注中国，他的这一举动更应该理解为某种策略性的行为。1876 年的《日朝修好条规》签订之后，以大仓喜八郎为代表的日本实业界人物开始逐渐向朝鲜开展积极的经济扩张行动。随着这种日朝经济联系的日益频繁，在朝鲜成立一家

---

① 日本外务省编纂《日本外交文书》第四十卷第二册，岩南堂书店，1961，第 369 页。
② 日本外务省编纂《日本外交文书》第四十卷第二册，第 383 页。
③ 耿爱德著，蔡受百译《中国货币论》，商务印书馆，1929，第 145 页。当然，整体而言，日本银币的影响力仍然不如墨西哥银元。日本先后发行过两种含银量不同的一元币值银元，第一种成色与英国银元一样，不如墨西哥银元，未能大量流通；第二种虽高于墨西哥银元，却因"劣币驱逐良币"之故被大量熔铸。另外，日本银币真正大量流入中国市场也是在 1897 年实行金本位制度之后。
④ 《涩泽荣一传记资料》第四卷，第 364 页。

专门办理货币兑换及货物押汇业务的金融机构就显得愈加迫切。第一银行的釜山支店就是在这样的背景下设立的。因此，从中国的撤出只是表明涩泽将会更多地专注于第一银行的朝鲜经营，这在客观上是服务于日本强化对朝鲜的影响乃至控制这一大趋势的，涩泽荣一及其领导的第一银行的海外发展倾向丝毫没有改变。第一银行在中国所扮演的角色后来为横滨正金银行所替代并使之得到充分的发挥，三井物产也继续着它的在华事业。

综合言之，早期的对华接触与尝试意味着涩泽荣一在对中国社会和中国市场有了初步认识和了解的同时，也在行动上付诸实践。从同中方商谈西征借款之事，到与招商局接洽贷款，再到后来的第一银行对华经营的尝试，这些都在昭示着作为商人的涩泽荣一开始了对中国市场的关注和经营。在这一时期，似乎还很难用"王道"和"霸道"的解释框架对他的言行进行描述和概括。他的表现更多的是一种普通的商人意识和商业行为，充其量背后有日本政府的支持罢了。然而有两点需要注意：第一，在自幼即开始了解和学习中国文化的基础上，此时的涩泽荣一已经对中国的实际面貌有了直观和立体的感受，有了对现实中国的初步认识；第二，涩泽与中国的整个交往历史虽然涉及方方面面，但基本上还是以经济活动为主，他在对华关系上所表现出的"王道"或"霸道"特征也在很大程度上借此表现出来，而目前所考察的他对中国的认识和经济活动已经构成了其对华经济思想与实践的基石。

第三章 从筹划到实践：甲午战后的对华经济扩张

日本在通过明治维新逐步实现富国强兵的同时，也追随西方列强的步伐走上了对外扩张之路。甲午一役一举打败了中国这个老大帝国，更加刺激了日本对华侵略扩张的野心。甲午战后，涩泽荣一积极配合日本的扩张战略，在日本国内大力推进成立各种企业的同时，也将目光投向中国、朝鲜等亚洲邻国。在对中国有了初步认识并形成对华经济思想的基础上，他不仅在对华经济调查方面由一开始的小心慎重逐步转为大力支持，更是身体力行，动用各种社会资源积极参与到日本各种对华实业公司和金融投资公司的设立和运作过程当中。

一 涩泽荣一的早期对华经济思想

从涩泽荣一的有关资料来看，他的一些对华投资和贸易的言论在甲午战争，尤其是日俄战争之后才开始逐渐多了起来。这与其本人的经历基本相吻合，同时也和日本资本主义经济成长和发展的进程相一致。明治维新至甲午战争的近三十年间，正是日本近代经济逐步萌发和成长的时期，但还没有达到大规模对外扩张的阶段。而涩泽荣一由于主持和参与创建了大量日本近代企业，其财界领导人的地位也是在这一时期奠定的。他虽然没有像日本的三菱、三井等会社那样较早地开辟中国航线或从事对华贸易，但在朝鲜的经营成就斐然，也不失为日本近代早期对外经济扩张的重要推动人物。他真正开始重视中国市场的时间是在甲午中日战争前后，这时日本国内的近代产业已经具备了初步的基础，也开始产生一些对外拓展的苗头。所以这位日本财界代表性人物的对华经济思想也在某种程度上反映着日本对外推行经济扩张的一些特征。

在日本近代早期工业化的过程中，纺织业和航运业占有举足轻重的地位，这两个行业在日本的对外经济扩张中也起到先导和带头作用。在涩泽荣一的经济发展构想中，这两大行业自然有着很大的比重。1895 年 8 月，《读卖新闻》曾专门登载了涩泽荣一的《战后经济谈》一文。在这篇文章中，涩泽荣一注意到日本纺织行业在取得一定生产实力的情况下，势必要向外开拓市场，他也积极鼓励这一外向型的发展趋势。如在谈到日本的棉纺织业时，他认为，"我国纺织业的发达在最近十四五年间进步显著，今已至七十万锤，而且在一两年内还会增加更多。曾经依赖外国供给棉丝之本邦，现今非但不再依赖，还会呈现出逐渐能够向清国输出之盛况"，"有关织物之工业，非独满足我国之需要，也向清国输出，特别是纪州棉法兰绒在牛庄之销售情形着实惊人"。① 毛纺织业的发展被涩泽看成日本的一大急务。在他看来，随着日本工业化的深入，对毛纺织品的需求与日俱增，因而需要从澳大利亚输入廉价原料以大力发展日本的毛纺织业，这样既能扩大日澳间的贸易规模，又可以抵御外国毛纺织品的输入，还能使日本产品在东亚市场占有一席之地。此外，涩泽认为，为了推进海外贸易，必须发展海上航运业，而甲午战争给了日本一个绝好的机会，"航运扩展为众人所主倡，天下亦无异议。今本邦受惠于日清战争（即甲午战争，笔者注）而船舶之数大量增加，乃扩张航路以及制定海外航线最为便利之时机"，"首先要扩充到达孟买、澳大利亚、天津、中国海、符拉迪沃斯托克等地之定期航线，特别是通商条约（应当是指《马关条约》，笔者注）签订，开辟辽东半岛之新航路是最为期望之事"。② 在航运业扩张的同时，他深知金融机构开拓海外市场的必要，"如果不配备金融机关，即使航路得以开通也无济于事"。③ 他主要寄希望于横滨正金银行向海外设立支店，并主张该银行在资金不足之时可以与日本银行合力为之。

如果说上述内容主要是涩泽荣一着眼于本国产业发展以及向海外市场拓展，而没有充分显示出他对中国市场的兴趣的话，那么以下的言论应该说是他专对中国而发。1899 年 1 月，英国联合商业会议所曾为与日本东邦

---

① 《渋沢栄一伝記資料》别卷第六，談話二，1968，第 272 頁。
② 《渋沢栄一伝記資料》别卷第六，談話二，第 273 頁。
③ 《渋沢栄一伝記資料》别卷第六，談話二，第 273 頁。

协会联合调查中国资源一事派人访问日本，涩泽荣一曾代表东京商业会议所在欢迎宴会上致辞。在表达了对英国的赞誉之情之后，涩泽宣称，虽然日本在不少方面与英国存在相似之处，但"我日本利息高而职工工资低，这足以证明我日本之商工业尚显幼稚及不完整，当其业者之吾人为之惭愧及忧虑，应孜孜之以勉为其进步扩张。尤其是明治二十七年以后，对于邻国之关系更增进一层（这里指1894年的甲午战争之后与中国的关系，笔者注），在以商工业为立国之要之今日，不唯仅在退守，在邻国今后大开其门户之下，望与英国及其他国家共同致力其间，想来当敢不会是轻佻之行为、不当之举动"。① 在这里，涩泽在认识到日本羽翼尚未丰满的同时，明确提出了日本欲与列强共同向中国扩张经济势力的愿望。应当说，这代表着不少日本资本家在甲午战争结束后，趁着《马关条约》的机遇前往中国跃跃欲试的企图。

另外，涩泽荣一也会寻找机会向中国方面间接地表达他对于发展和扩大中日商贸规模的希望。1899年7月至9月，李鸿章的亲信刘学询曾奉旨前往日本考察商务。刘在其《游历日本考察商务日记》中曾对他与日本财界人士的会晤和交谈内容有比较具体的记录。根据他的记载，涩泽荣一在一个宴会上向其表示："敝国方里狭隘，物产不多，商务本不足观。然自我国维新之后，君臣上下咸晓然，富国必以振兴商务为本，极力经营，今日始略有进步。"这段话对刘学询颇有启发。涩泽又言："贵国幅员广、户口繁，出产多，商人又能耐劳苦。若再讲求进步，实环地球商务不能望其肩背。"这几句明显是奉承之词，然而涩泽的主要意图却是下面的话："独惜我两国，虽同洲咫尺，而彼此商人未能联络，利权丧失，实属可惜。"其真意是要向中国倾销商品，打进中国市场。因此，涩泽希望刘学询此行"多为查考，归国之日，实力提倡。是我举国商人所期望也"。而刘学询也在答词中表示："将来中日两国商务联络振兴，即可以诸君子今兹聚会为基础。……若乘此两国和好之会，彼此认真联络，毋诈毋虞，则商务之盛，可计日可待。"②

众所周知，尽管甲午一役使日本获得不少在华权益，但是此后日本对

---

① 《渋沢栄一伝記資料》第二十一卷，1958，第392页。
② 王晓秋：《近代中日文化交流史》，中华书局，1992，第335~336页。

华经济扩张进程并非一帆风顺的，尤其是在中国爆发反帝爱国运动之时，包括日本在内的诸多外国的在华经济利益都会受到不同程度的影响。在这样的情况之下，涩泽往往从一个商人的立场出发，发表一些积极言论，为日本资本家的对华贸易和投资鼓劲。例如，对于中国爆发的义和团运动（日本称之为"北清事件"），在他看来，不管其结局如何，中国是被保全抑或分割，这些都是外交上、政治上的问题，他所关心的在于日本的在华经济利益，尤其是日本的对华棉纱输出。"它（指日本棉纱，笔者注）从前年以来虽然得以向中国大力输出扩张，但由于这次事件（指义和团运动，笔者注），毋宁说在北清，就连往南清一带之输出都已断绝。仅次于纺纱之困难的是纺织品及海产品，也受到一定程度之损害。"① 但是涩泽认为这种损害仅仅是一时的现象，局势平稳以后，日本的对华经济输出仍然会照旧进行。他在 1901 年的一次关于日本经济预测的谈话中就指出："总而言之，对于我国经济界的前途，并非像一部分论者的悲观观察那样。作为我国棉纱、棉布、火柴、洋伞及其他杂品之重要销售市场的北清地区，受去年五月以来的兵马蹂躏，使得我国输出受阻。我国虽然因之而在贸易上受到很大损伤，但其骚乱时代已去，已经转移至外交舞台，恢复和平之期当为不远。到那时候，北清的通商贸易不仅将恢复常态，趋于隆盛，而且会出现更多存在需求而供给不足的地区，因之也会欢迎我国商品的供给。"②在辛亥革命爆发之后，他也发表了一篇以《将来之大商战 中国是其战场》为题的谈话，鼓动日本的工商业者做好充分准备以加大对华贸易和投资的力度。文中谈道："……其次是清国变乱平息之后，对于其百般之事是否能迅速恢复秩序，是否能面目一新，余辈还多少存有疑虑。我对清贸易目下也处于全然休止状态。然而这只是一时之现象，不需有任何悲观之要，一旦此变乱得以平定，即可显著增进。因而我对清贸易不难想象当可呈现意外之活力。"③

进一步地，涩泽荣一逐渐不满于日本的对华经济贸易局限在棉纺织品、海产品等轻工业产品方面，他还提醒日本财界注意在金融、铁道、船舶等

---

① 《渋沢栄一伝記資料》别卷第六，談話二，第 290 頁。
② 《渋沢栄一伝記資料》别卷第六，談話二，第 297 頁。
③ 《渋沢栄一伝記資料》别卷第六，談話二，第 537 頁。

行业的对华投资。他在借 1902 年日英同盟缔结之际所发表的评论就表达了这种不满和期待。涩泽认为："本次成立之日英同盟……将直接在贸易或经济上带来非常之变化这一想法是错误的。棉纱、纺织品、海产品历来就在北清占有相应之销售市场。然而在本邦利息之高使这些业者企图实现斯业之殷盛变得相当困难之今日，北清贸易情形绝不会因本次条约而顿然改变。说起来，要发挥本次条约之效力，不可不整理铁道、船舶、银行等设备。这是各国现今致力推行之处，我邦却不过是屡有议论之日清银行未有成立，航路亦多为从事于扬子江之一小部分流域而已。因此，欲举本次同盟之效，政府非首先在这些方面尽力不可。"① 日俄战争之后，日本在东亚的势力大大加强，朝鲜和中国东北地区也被归于其势力范围之内。和众多日本资本家一样，涩泽荣一对于这一局面也大喜过望，他屡次就日本战后的经济问题，尤其是日本对朝鲜和中国东北的经营发表谈话。虽然在谈及日本的"满洲经营"时认为自己由于没有到过此地，不便贸然发表意见，但涩泽也表示"所幸身体尚好，本年或来年春天去看一下，或许会有好的想法和意见"，② 随后也曾就"满洲"开发而简略地提出"最近工艺品的输出兴盛，应继续拓展之并推销棉布等其他产品、开采矿山、扩张沿海之航业"等建议。③ 实际上，修筑铁道也好，开采矿山也罢，这些对华投资的想法既表明了日本不断膨胀的对外经济扩张的勃勃雄心，也是日本的资本主义经济进入帝国主义阶段的风向标。涩泽荣一在这一时期所参与的诸多对华投资尝试（后文将会论及）都是这种特征的反映。

在大致纵向地勾勒出涩泽荣一早期的对华贸易和投资思想演变过程之后，我们还应该注意到他对华经济思想的国际视野。也就是说，日本的对华经济扩张过程不是在日本—中国这样一个简单的二元格局中进行的，它势必还要面临西方资本主义势力的参与和挑战。涩泽荣一不得不在鼓吹发展对华经济力量的同时，关注日本在中国所遇到的来自其他列强的竞争。在谈及义和团运动对日本纺织业的影响时，他就认为，比起该运动给中国局势带来的动荡，日本更应该注意其他向中国输出棉丝的竞争者。"最为担

---

① 《渋沢栄一伝記資料》别卷第六，談話二，第 302 頁。
② 《渋沢栄一伝記資料》别卷第六，談話二，第 330 頁。
③ 《渋沢栄一伝記資料》别卷第六，談話二，第 332 頁。

心的竞争对手不是英吉利，也不是印度，而是美国。虽然美国南部的棉纱业以前没有大的发展，但最近两三年来进步非常，如据闻已增至九十八万锤。……我国只是重视半成品之棉纱，而美国却已做好成品之织物的准备，且其输出之地首先必是中国市场。因此，即便北清事件不会发生，我国之纺纱业亦苦于和平之战争。这已毋庸吾人赘言。"① 不唯如此，在一些经济状况不太好的年份，即便是有日本政府和航运公司的支持，使得棉花的价格相对较为便宜，但"如此制造出来（之棉纱），仍然不能说在中国市场能够完全战胜印度棉纱"。② 总体而言，"欧美及东洋贸易的前途颇好固然毋庸置疑，然而本是我商品市场之地区却有大量外国商品涌入，每年与我商品有激烈之竞争，动辄欲驱逐我之商品。因此我实业家亦对此无十分之胜算"。③

对于这种国际性的商业竞争形势，涩泽荣一并没有因为遇到对手而退缩。他曾就此提出一些降低成本和提高品质的技术性建议："如我纺纱业者就不应屈服，当留心于熟练使用职工、磨炼技术及尽量少费成本，做好准备以应对和平之战争。……如果束手无策，徒感为难而不求任何改良进步，那么纺纱会社的庭院将野草丛生，锅炉也会生锈。"④ 而对于广大农工商业者，他也大力呼吁："要充分应用学理，利用机械，以争取生产费用之减少。环顾我实业界，还未能展开充分之活动，生产费用比欧美更多，因而价格也比较贵，在本国市场与外国产品的竞争都已困难，何况长驱至外国市场与外国产品竞争乎？"⑤ 不唯如此，涩泽荣一更是积极鼓励日本工商业者迎接这一挑战。他在日俄战后就日本经济界应注意之处发表的一篇谈话中就指出："如果说不得不开拓清韩之富源、扶翼清韩之文明的话，绝非满足于今日之京釜铁道或京义铁道以及长江流域的航行，尤须注意之处在于战后欧洲列强皆更重视东洋，尽力扩张商权。我国有鉴于此，当更明确我国非但在利权竞争方面不弱于彼等，更须进而超出彼等一头地也。"⑥ 在辛

---

① 《渋沢栄一伝記資料》別卷第六，談話二，第 290、291 頁。
② 《渋沢栄一伝記資料》別卷第六，談話二，第 306 頁。
③ 《渋沢栄一伝記資料》別卷第六，談話二，第 313 頁。
④ 《渋沢栄一伝記資料》別卷第六，談話二，第 291 頁。
⑤ 《渋沢栄一伝記資料》別卷第六，談話二，第 311 頁。
⑥ 《渋沢栄一伝記資料》別卷第六，談話二，第 325 頁。

亥革命爆发之际，涩泽荣一在看到中国市场前景广阔的同时，也提醒日本经济界注意做好与其他外国对手进行商业竞争的准备。"只是不可不对吾辈当业者提出警告的是，对于此际将要到来之清国市场的世界性商业战，要讲求方略，有充分之准备，此为不误将来大计之事。说起来，在这种情况之下，既然能够侵占其他销路，我之销路亦会被蚕食，历史上可以看到很多这种例子。若清国恢复和平后，商略不幸有误，则几乎可以肯定对我国不利。这对于业已同对清贸易有直接关系之诸位自不用说，就连我一般实业家诸人也须以充分之决心对其寻求应对之道。"①

这种国际性视野既反映了日本在对外经济扩张过程中必然遇到的问题，也是有过出洋经历且同西方人士有不少联系的涩泽荣一所具有的一种前瞻性的表现。在日本对华经济扩张问题上，他越来越看重这种竞争性因素的存在，在继续主张提高日本竞争力的同时，也开始提倡寻求与列强的在华经济合作。

在明晰了涩泽的对华贸易和投资的意向之后，我们还需要考察他所主张的一些实现路径。在他的早期对华经济思想中，日本单独从事对华贸易或投资这一点是作为一个预设因素存在的。换句话说，此时的日本尚处于对外经济扩张的早期阶段，还没有达到与外国（受侵略国或者其他列强）进行形形色色的经济合作的程度。事实上，这一时期的涩泽荣一也仅仅是限于思考日本在独立从事对华贸易和投资情况下的具体实现方式，尤其是集中在奉行自由主义贸易思想抑或依托政府支持这一问题上。

应该说，早期的涩泽荣一主要奉行的是自由主义经济思想，在对外经济开拓方面也希望实现自由竞争而不主张政府干预。在他看来，"经济社会的一张一弛、一波一澜全赖自然之大势，非人力所能制，故若欲以人力或法令左右之，非但不能达其目的，往往还带来害处"。② 甲午中日战争之后，当有日本人主张政府应主动干预工商业以图其进步时，涩泽表示"余断信没有其必要"。③ 即便是对于政府欲图大力发展的海外航运事业，他也坚决反对政府给予资金上的支持，声称："……唯期望如此航路之扩张，然不可

---

① 《渋沢栄一伝記資料》别卷第六，談話二，第 537 页。
② 《渋沢栄一伝記資料》别卷第六，談話二，第 270 页。
③ 《渋沢栄一伝記資料》别卷第六，談話二，第 271 页。

像原来的方法那样去愚蠢地给保证金。若言不给此保证金便不能扩张航路，余丝毫都不期待如此极愚之会社。"① 之所以如此反对政府的干预，正如他在谈及自己早年设立纺纱会社时所说的那样，"在受到政府的保护之时，没有受过实际锻炼的技师等人总是这样那样地说三道四，比起仰赖政府之保护而得到的便利，因受到干涉而带来的不便要更多"。② 如果进一步考察就会发现，此时的涩泽荣一抱持自由主义经济思想至少有两个方面的原因。第一，作为明治维新时期开眼看世界的第一代人物，他也主张积极学习西方的工业文明，尤其是势力如日中天的英国，在他眼中几乎是在各个方面都需要日本悉数效仿的完美国家。而此时的英国正处于以雄厚的经济和军事实力为后盾在世界范围内扩展势力的时期，在经济理念上也宣扬自由主义思想。日本对西方文明的大规模引入也使得这种思想倾向势必要影响到涩泽荣一。第二，近世日本虽有存在提高工商业者地位的呼声，但直到明治初年，工商业者在日本社会的地位仍然不能与从政之人同日而语，涩泽早年曾花费相当多的精力强调实业的重要性和呼吁提高商人的社会地位。退官之后的他主要投身于经济事务而很少涉足政治，虽然在经济与政治的关系问题上没有将二者隔断开来对待，但也主要是推崇前者而淡化后者。这一点大概也是他曾视自己为经济自由论者的一个非常重要的因素。

然而，日本毕竟是一个后发型的国家，在追赶西方列强的过程中不可避免地要依赖政府的扶助和支持，这在对外扩张的过程中显得尤为必要，因为单靠有限的民间力量很难克服各种不利因素而在国外市场站稳脚跟。特别是到了资本主义世界从所谓的自由资本主义向帝国主义转变的时期，各国的对外经济扩张活动越来越需要以本国政府的力量作为后盾，国际市场的竞争也越来越表现为国家实力的角逐。面对这种状况，涩泽荣一的经济自由主义思想也不得不出现动摇。他无奈地看到："外国的实业家不仅在资本、经验、知识方面优我许多，而且还受到国家保护政策之帮助。故而我之实业家欲同其相抗而经营实业，仅仅依靠自己之力量到底是不可能的。"涩泽也对之进行了反省，认为"此论（指自由放任主义，笔者注）有英国产业发达之例可循，又有理论依据，余认为应是真理。然而近时欧美

---

① 《渋沢栄一伝記資料》別卷第六，談話二，第 273 頁。
② 《渋沢栄一伝記資料》別卷第六，談話二，第 272 頁。

之发达，其根源出于保护主义，且如果想到如以此主义取得世界经济战争之胜利，则单凭自由主义用于今日，究竟能否为适应时势之方法还是疑问"。① 有鉴于此，他提出了一个"自由保护主义"的折中性概念，也就是在采取保护主义的同时，不要绝对地排斥自由主义。可以说，这一说法是他面对现实的一种变通，也是其对华经济思想得到发展和走向成熟的反映。其实，日本的对华经济活动（包括涩泽所参与的）不仅有政府的扶持，在很多情况下财界还和政府之间存在着千丝万缕的关联。

二　对华经济调查

明治初期，日本的对外贸易状况并不乐观，不仅有关输入和输出的权力大多为外商所把持，关税税率较低，而且出现大量逆差，货币严重外流。为了摆脱这一困境，振兴日本国内的工商业，日本政府确立了"贸易立国"的方针，开始积极主动地拓展海外贸易市场。大久保利通在 1875 年提出的《开拓海外直销基业的建议》中就提出，"劝农励工之法，在于扩大商业，伸展销路，使无涩滞壅塞之忧"，而开拓海外销售之路的途径之一就是"使本邦各家商人及各种物品制造者，通晓外国事情，且使之得到贸易上的便利"。② 大隈重信在为《中国经济全书》撰写的"序"中亦曾讲道："贸易之道，知彼为要，凡其国政教风化，地理民俗，物产之丰歉，人情之好恶，比精察审知，然后时措之宜。今我之于中国，对立东瀛，同种同文，通交最久，宜人人熟悉其国情。而其实有不然者，概皆知古而昧今乎，见外而遗乎内，莫有能综计而详说之者。"③ 基于这样的考虑，日本从明治初年起便开始派员来华搜集情报，调查内容不仅包括地理和军事方面，也涵盖贸易、商情、风俗等内容。在 19 世纪七八十年代，日本的外交人员就向国内提交过不少贸易文件，如《中国商情视察报告书》（1876 年，多田元吉、西村贞阳分别提交）、《上海商情视察报告书》（1877 年，吉原重俊）、《振兴

---

① 《涩泽荣一伝記資料》别卷第六，談話二，第 313 页。
② 全文见《大久保利通文书》第六，第 465～481 页。引自米庆余《明治维新——日本资本主义的起步与形成》，第 138～139 页。
③ 陈锋：《清末民国年间日本对华调查报告中的财政与经济资料》，《近代史研究》2004 年第 3 期。

对清贸易意见书》（1879 年，品川忠道）、《天津商情视察报告书》（1881
年，佚名）以及涩泽荣一、益田孝和岩崎小二郎在 1877 年向大藏省提交的
《上海商况之事》的报告书等。① 日本民间也有一些相关的调查报告出现，
比较著名的是根津一于 1892 年在汉口乐善堂和上海日清贸易研究所搜集的
对华调查资料基础上编撰而成的《清国通商综览》。该书包括商业地理、运
输、金融、交通、工艺品、陆产品、海产品等项，是研究近代早期中国经
济的一项宝贵资料，也是日本工商业者了解中国商情的重要依据。此外还
有三井物产的《清国棉丝贸易实况报告书》（1891 年）等。不过总体而言，
在甲午战争之前，日本对中国所做的经济调查基本上是以扩大日本对华贸
易规模为目的的，而且调查活动也还处于起步阶段，并没有大规模展开。
这种状况在甲午战争之后出现了很大变化。随着日本对华经济扩张逐渐由
商品输出转变为资本输出，无论官方还是民间都着手做了大量有组织的调
查活动，调查范围也逐步涉及航运、矿产、铁路等以前未给予充分重视的
领域。涩泽荣一所参与的对华调查计划就在这一背景下展开。

除了 1877 年提交的《上海商况之事》的调查报告外，1887 年，涩泽荣
一还曾提议大阪纺绩会社从中国、印度等地输入棉花，大阪纺绩会社根据
涩泽的提议，特派人到江苏、浙江及长江沿岸地区调查棉产情况。② 不过这
仅仅是一些个别情况，涩泽荣一参与规划的对华经济调查绝大部分还是甲
午战争之后的事情。当然，这与甲午战后日本财界逐渐高涨的对华扩张热
情存在直接联系。此时的涩泽不仅身为第一银行行长，也担任东京商业会
议所会长一职。他所参与的对华经济调查计划多是由相关人员在该商业会
议所的会议上提出的，③ 而涩泽不仅主持了相应的会议讨论，还代表会议所
就这些计划同政府进行交涉。因此，这样的对华调查计划不仅代表了涩泽
本人的观点（至少也得到了他的同意），而且在很大程度上反映了日本财界
的总体看法。

甲午战后，涩泽荣一参与的最早的一次对华调查计划是 1896 年 10 月日

---

① 米庆余：《明治维新——日本资本主义的起步与形成》，第 146、147 页。
② 《渋沢栄一伝記資料》第十卷，1956 年，第 85 頁。后文还会对此事进行更详细的考察。
③ 除了东京商业会议所的会议外，也有一些相关议案是在由日本各地商会组成的全国商业会
  议所联合会会议以及政府牵头组织的农商工高等会议上提出来的。涩泽荣一主要以东京商
  业会议所会长的身份参与了上述会议的讨论，还担当全国商业会议所联合会的会长。

本农商工高等会议上讨论的是否派人调查中国长江航路一事。在农商工高等会议的第一次会议上，对于干事长有贺长文所宣读的"清国长江航路调查员派遣一件"的咨询案，益田孝提出反对意见，认为此项议案既然是由官方提出而民间没有申请，就说明并非急事，如果将来开通航路的话，也将会招致中国民众的反对，特别是宜昌至重庆一段，由于三峡险滩的存在，有不少纤夫以拉民船为业，蒸汽船航路的开设将会使他们失去工作，而上海至宜昌段的航路则已经探知，所以无须再派员调查。① 涩泽荣一也表示同意益田孝的观点，并且做了补充解释。他的观点大致如下：第一，调查长江航路如果是出于学术上的研究尚可，但若为营业计则还需要慎重考虑；第二，长江航线上已经出现招商局等大公司，日本如果再在此设一公司的话会面临激烈的竞争，究竟要不要给予奖励和特别的保护也是值得商榷的；第三，日本邮船会社也曾考虑过类似的计划，但因难度太大而放弃，所以现在议论此事为时尚早。② 除此二人外，三井银行的中上川彦次郎和日本邮船会社的近藤廉平也表达了反对意见。然而包括农商务省官员在内的更多人则表示赞同。此项议案最终得以通过。

对于涩泽等人反对的原因，日本学者片山邦雄认为是出于商业竞争上的考虑，因为表达反对意见的涩泽荣一等人都与日本邮船会社关系密切，而此次调查长江航路的直接受益者则是大阪商船会社。另外，日本邮船会社认为日本政府之前颁行的《航海奖励法》并没有为自己带来多少利益，所以当政府官员提出调查长江航路的计划时，他们也会进行反对以借机表达自己的不满。③ 此说固然在理，但我们还应该做些补充解释。第一，涩泽荣一反对该项提案并不表明他反对日本开发长江航路，只是认为现在时机尚未成熟。他不久之后倡导创设湖南轮船公司就是明证。第二，涩泽表示反对也同他的谨慎态度有关，他所说的轮船招商局等中外企业在长江航线上的竞争并不完全是为抵制大阪商船会社及向政府表达不满的说辞。毕竟对于战后初期元气尚未恢复的日本来说，贸然进军中国内河航运市场而与已有的轮船公司竞争不一定是明智之举。然而无论如何，涩泽荣一所说

---

① 《渋沢栄一伝記資料》第二十三卷，1958，第315~320頁。
② 《渋沢栄一伝記資料》第二十三卷，第321、322頁。
③ 片山邦雄：《明治期日本海運と長江——農商工高等会議の議論を中心として》，《経済論叢》第155卷第1号，1995年1月。

的"时机过早"的理由很快被日本逐渐膨胀的对华经济扩张倾向所掩盖，他本人也转而赞成对华展开的各项经济调查计划。

1898 年 8 月，日本农商务省计划选拔一批技术人员和商人赴中国进行一次大规模的调查，为此特意于 19 日致信涩泽荣一，希望就调查事业的选择、各种事业的调查项目、调查方法和顺序等征求东京商业会议所以及日本实业界的意见，以期使调查成果切实符合日本工商业者之需。在信中，农商务省也列出了大致的调查内容和与之对应的调查地点，具体包括：茶叶（上海、汉口之内地及福州、厦门一带）、生丝业（江苏、浙江、广东、上海一带）、棉织品输入情况（香港、上海、天津、汉口）、毛纺织品的输入状况及羊毛向日本输入之前景（香港、上海、厦门、汉口、天津、牛庄）、木材输入状况及中国内地林业之前景（天津、上海、汉口、牛庄等）、棉丝销路及棉花生产状况（香港、上海、汉口等）、玻璃水泥及陶瓷器销售状况（上海、汉口、新开港地）、绢棉织品的状况（苏州、杭州及其他地方）、大豆等生产销售状况（牛庄、辽东半岛）、麻类生产销售状况（长江沿岸地区、辽东半岛）、畜牧业和养鸡业情况（长江沿岸地区、上海及附近各省、两广、汉口、香港等）、火柴销售情况（香港、上海及其他地区）、水产品销售情况（香港、广东、上海等）、盐业状况（直隶、山东、江苏、福建、广东、香港）、金融方面的情况（上海、香港、汉口、新开港地等）、铁路及其他交通计划（目前计划之各铁路的始发点及终点附近之重要城市间的水路状况）、河流及航运状况（长江、上海、天津、厦门、汉口、新开港地）、商业贸易的习惯和状态（上海、香港、汉口、厦门、新开港地等）、促进和奖励日本人在新开港地居住的方法（各新开港地）、新开港地外国企业的情况及本国企业的前景（上海、新开港地等）。① 可以看出，这是一项庞大的调查计划，不仅调查的区域涵盖了中国的东北地区、沿海城市和长江流域，而且调查范围也相当全面，包括了日本输入之产品、中国之原材料以及金融、商贸、开放港口等方方面面。调查中国交通和寻求鼓励日本人在开放港口居住的方法也显示出日本染指中国航运、铁路等行业以及向中国殖民和进行资本输出的企图。

对于这一揽子调查计划，涩泽荣一和东京商业会议所相当欢迎。在涩

① 《涩泽荣一伝記資料》第二十一卷，第 335、336 頁。

泽的主持之下，东京商业会议所于 9 月 3 日专门开会讨论此事，在当月 13
日向东京市内 54 家行会发送了关于"清国商业视察员派遣之件"的照
会，最终于 16 日向农商务次官柴四朗递交了答复书。涩泽荣一在这份答
复书中表示，除了赴华调查的人员选派一事暂无定论外，东京商业会议所
已经就调查的注意事项向有经验的工商界人士进行了咨询，并专门列出一
份名为"关于调查之期望"的意见书。该意见书大致包括以下几点内容。
第一，调查之各事项要从实际出发，进行精细观察，若范围过于广泛恐难
求事实之真相，故而建议分清轻重缓急，先就对日中贸易有重大关系且调
查资料难以得到之事项进行精细观察。第二，调查人员尽量从与实业关系
密切的人群中选拔，而且由于人数上的限制，应该先明确划定好调查区
域，再选派相应人员前往。第三，中国的矿山（特别是煤炭）及制铁业
是最应注意之处，应当纳入调查范围并做细密之调查。第四，中国铁路的
发达对日本对外贸易有重大影响，应把它单列一项，不仅要弄清各预定线
路的长度和敷设年限，也要仔细调查将来完工之后对商业的影响。第五，
要调查日本输入中国之日用品诸如帽子、鞋类、椅子、床、烧酒、酱油之
类的销售前景，以及中国人的交易方式，特别是要详细调查雇用买办的方
法。[①] 比起政府的调查规划，上述意见显得更为现实和有针对性，也反映
出以涩泽为代表的东京商业会议所乃至日本实业界在对华经济扩张方面有
着周密的考虑。值得一提的是，为表示对该项调查活动的支持，东京商业
会议所还特意选派会议所书记官荻原源太郎一同赴华参与调查，并表示若
其从农商务省领取的经费有限，不足部分由会议所承担。[②] 据涩泽日记所
载，涩泽本人在荻原氏归国之后还曾出席为其举办的慰劳会。[③]

　　1899 年 10 月 12 日，涩泽荣一主持的日本全国商业会议所联合会议又
一次讨论派员赴华调查之事。据提出该项提案的中野武营所言，这个想法
是他和涩泽荣一商议的结果，因为时间关系，还未及通过东京商业会议所
的批准就直接向联合会议提出讨论。在他们二人看来，日本虽然此前曾经
断断续续地派人到中国做过一些调查活动，但担负调查任务的大都为政府

---

① 《涩泽荣一伝记资料》第二十一卷，第 337 頁。
② 《涩泽荣一伝记资料》第二十一卷，第 337 頁。
③ 《涩泽荣一伝记资料》第二十一卷，第 338 頁。

官员，日本的实业家们也往往习惯于向官方寻求情报上的帮助，然而，这种方式并不能给日本实业界带来多少实质性的便利，只有派出专门人员做长期调查才会奏效。① 他们的提议获得联合会议的一致认可。10 月 21 日，涩泽荣一将大会的决议以建议书的形式分别上报给外务大臣青木周藏和农商务大臣曾祢荒助。建议书主要内容如下：

> 政府虽然在以往曾不止一次派遣考察员至清国，但其调查大体是一时性和概览性的，对铁道、矿山之类特种事业进行技术性调查之情况说是绝无也非诬言。说起来，清国铁道及矿山已经为欧洲列国所瞩目，现正专心致力于对其之经营。然而，利害关系最为密切之我国却等闲视之，岂非遗憾之甚。因此，希望政府于此际派遣专门之技师赴清国对此等事业做精细调查，以资我国民企业参考，特别是诸如今后业者为考察这些实况而渡清之际，当尽量将调查之资料相送，给予充分之便利。果能如此，相信对国民知识之开发、我国实业之发达都有不小裨益。盖此事不能期待立即见效，故调查期限至少为两三年，其区域也要因土地之情况分为若干部分，每部分派遣一名或数名技师。各技师于此期间内要在其所属区域内进行详细观察，另外，在必要的情况下也要临时上报调查结果。②

建议书提交之后，虽然日本政府究竟有没有采取切实行动我们不得而知，但包括涩泽荣一在内的财界人士却仍然继续着他们的努力。两年之后，也就是义和团运动之后的 1901 年，对于中国而言是陷入面临被列强瓜分的空前的民族危机，然而对于日本的财界来说，中国则是一个局势刚刚平稳的充满巨大商机的海外市场，是日本推行对外经济扩张的大好机会。于是，东京和大阪两地的商业会议所联合向日本全国商业会议所联合会议提出了一份议案，其中的内容之一就是再次督促日本政府向中国派遣调查人员。经大会同意之后，涩泽荣一把大会的决议文分别提交给内阁总理大臣桂太郎、递信大臣芳川显正、农商务大臣平田东助以及外务大臣小村寿太郎等

---

① 《涩泽荣一伝记资料》第二十三卷，第 544~545 页。
② 《涩泽荣一伝记资料》第二十一卷，第 509 页。

人，希望获得他们的批准和支持。文中派员至中国调查一项与上文的建议书的大意基本相同，谓中日关系密切，但日本尚未充分知晓中国内地情形，故应选派适当人选前往做详细调查，以备工商业者参考，等等。①

从一开始的谨慎到后来的支持，从政府提出议案征求工商界的意见到工商界转而向政府提出意见和请求，上述情况反映的既是涩泽荣一本人在对华经济调查态度上的转变，也是日本财界在对华贸易和投资方面日益表现出来的一致性和主动性。

涩泽荣一以及与他持相似观点的人通过商业会议所这一平台将个人的想法转化为集体声音，并且将这种声音明确地传达给政府，以表明自己对华经济扩张的基本态度和具体要求。需要指出的是，在20世纪前后的几年时间内，涩泽荣一不仅通过商业会议所参与派人调查中国经济情况的计划，而且还加入甚至发起创建过一些调查和搜集中国情报的组织。

日本在近代对外扩张过程中所设立的以调查和搜集海外情报为目的或主要目的之一的组织为数众多。单就明治时期而言，就有诸如振亚社、兴亚会、汉口乐善堂、日清贸易研究所、东亚同文会、东邦协会、日韩通商协会、朝鲜协会、清韩协会等等。② 而涩泽荣一与后五个组织都有关系。其中，从涩泽荣一以及他与中国的关系来看，尤为值得一提的是东邦协会和清韩协会。

成立于1891年的东邦协会比较侧重从经济事务方面关注亚洲问题，其主要事业包括下述8项内容。第一，主要研究东洋诸邦及南洋诸邦的地理、商况、兵制、殖民、国交、近世史、统计、殖产（后来加上）等。第二，为对第一条之考察有所裨益，也研究国际法及欧美各国的外交政策与殖民贸易之事。第三，将研究成果以该会报告的形式公之于世。第四，收集东南洋方面的通信、报纸、杂志、著述、古书等作为上述研究的资料。第五，向这些地方派遣探险员进行实地调查。第六，设立一附属学堂以培养适应该会需要之人才。第七，举办讲演会、座谈会，介绍研究成果。第八，待

---

① 《渋沢栄一伝記資料》第二十一卷，第710頁。

② 说起来还有一个涩泽与益田孝、近藤廉平、大仓喜八郎等人在1909年6月发起成立的"日清起业调查会"，然而比起一些普通的调查活动，这个调查会更倾向于协商筹建各种企业，也是东亚兴业会社的前身。后文将会论及此会。

材料搜集好后，在东京设立资料馆或博物馆加以收藏和展示。① 在正式运行的过程中间，该协会除了举办各种形式的讲演、往外派遣调查员、兴办亚洲语言学校外，还会不定时地向政府提出一些外交上的建议、与外国使臣进行交流以及出版各种书籍。由于东邦协会组织庞大，其为数众多的会员也几乎囊括了日本各个领域内的重要人物，所以在日本社会有着相当广泛的影响。具体到涩泽本人来说，他虽然不是该会的创始人，但是在 1896 年协会会报登载的追加会员名单中，涩泽荣一的名字赫然在列。和其他一些作为会员的政界和商界要人一样，涩泽荣一也曾在东邦协会发表过公开讲话。第 15 期的《东邦协会会报》就登载了涩泽的一篇题为《战后的经济航业扩张的方针及其程度》的演讲稿。另外，在东邦协会 1899 年的一次会议上，福本诚提议设立"支那调查会"一案获得满场一致同意。② 此调查会由日本众多团体的代表组成，含有调查所必需的专家、实业家、技术人员、翻译等等，而涩泽荣一也是"支那调查会"的筹备委员之一。③

涩泽荣一的日记中曾有记载云，1902 年 3 月 19 日，"十二时抵帝国饭店，商议设立清韩协会之事"。④ 实际上，清韩协会正是在涩泽荣一、近藤廉平和益田孝等人的共同倡议之下于 1902 年 4 月设立的。协会章程规定如下。第一，该协会以调查和研究中朝两国之商业、工业、矿业及交通运输等事项，以及提供事业经营之资料为目的。第二，设置干事长一人，干事及书记若干人。第三，干事长及干事由会员互选，任期一年。第四，协会之业务及重要事项由协会会议决定，日常事务由干事长及干事负责。第五，协会之经费由会员平摊。第六，协会根据调查研究之结果进行经营时，会员自行决定是否加盟。第七，加入本会时须得到四分之三以上会员的同意。⑤ 按照涩泽等人的构想，清韩协会并不是一个通常意义上的企业组织，它自身并没有什么资本，只是一个会员二十人左右的小型团体。在成立之初，涩泽荣一任干事长，干事由益田孝和近藤廉平两人担当。当时对清韩

① 安岡昭男：《東邦協会についての基礎的研究》，《法政大学文学部紀要》第 22 号，1976。
② 此项行动也引起了中国方面的注意，中国的刊物曾对此有所报道，《清议报》就载有福本诚此次演说的全文。见福本诚《拟设考察支那会议》，连载于《清议报》第 29 册（1899年 10 月 5 日）和第 30 册（1899 年 10 月 15 日）。
③ 安岡昭男：《東邦協会についての基礎的研究》，《法政大学文学部紀要》第 22 号，1976。
④ 《渋沢栄一伝記資料》第十六卷，第 753 頁。
⑤ 《渋沢栄一伝記資料》第十六卷，第 752 頁。

协会进行报道的《龙门杂志》还对该协会的性质做了专门说明，谓其单单是向会员提供情报上的便利，诸如如有对矿山事业有利的消息会告诉会员中的采矿业者，有关于铁道工事方面的情报就会找会员中的承包商商量，等等，以促进会员在各自经营领域内的发展。[①] 因此，清韩协会并非一种直接从事工商业经营的法人组织，而是一个比较松散的社会性团体。它不是企业，却能够借助于提供中朝方面的情报而起到加速日本对中朝经济扩张之效。

需要附带说明的是，如果将视野放大，进一步考察日本在东亚范围内的调查组织的话，还会发现有三个与涩泽有关系的调查组织。第一，东亚同文会，它是一个在 1898 年由东亚会和同文会两个组织合并而成的团体，曾设立调查编纂部，后又成立事业部，分政治、经济、社会、历史、地理等各个方面调查、研究中国的情况，并公之于日本社会。涩泽后来成为该会的顾问和评议员。第二，日韩通商协会。成立于 1894 年 9 月的日韩通商协会是近代日本社会第一个以调查和研究国际经济问题为中心的财界团体，其主要工作之一就是赴朝鲜实地调查，摸清朝鲜各港贸易、内地行商、工业、矿业、渔业、农业、金融、运输、交通等现状，研究、预测其未来的发展。[②] 涩泽荣一为该会之评议员。第三，朝鲜协会。和日韩通商协会一样，朝鲜协会也是"以调查研究朝鲜半岛之经济情况，开发其利源，以图日韩通商之发达为目的"。[③] 它是一个以金融界和实业界人士为中心的经济团体，协会的主要会员大多是在某个方面同朝鲜有着各种联系的人。同时，该协会也属于同日本政府关系密切的半官方组织。涩泽荣一参与了朝鲜协会的创立，并被推选为该协会的副会长。[④]

三　对华实业活动的参与

涩泽荣一不仅形成了其积极开展对华投资和贸易的经济思想，同日本政府以及财界的其他人士一同推进对华经济调查活动，更是在日本的对华

① 《渋沢栄一伝記資料》第十六卷，第 752、753 页。
② 李廷江：《日本财界与辛亥革命》，第 58 页。
③ 《渋沢栄一伝記資料》第十六卷，第 653、654 页。
④ 《渋沢栄一伝記資料》第十六卷，第 653 页。

经济扩张活动中扮演了一个相当重要的角色。在日本在华设立的一系列企业当中，他积极参与的就有湖南汽船会社、日清汽船会社、东华纺绩会社、满洲兴业会社、东洋制粉会社、营口水道电气会社等数家实体公司。本书并不打算将这些公司的筹划和经营事宜一一列举，只拟将湖南汽船会社、日清汽船会社、东华纺绩会社等三家规模稍大、涩泽参与较多的公司进行重点考察，借以说明涩泽荣一在日本在华企业的设立和运作过程中所起到的作用。

（一） 从湖南汽船会社到日清汽船会社

甲午战争之后，航运业成为日本对华经济扩张的一个重点领域。日本不仅有众多的国内航运公司开辟或增设中国航线，而且还专门设立了一批以中国沿海和内河为航行区域的轮船公司，其中就包括涩泽荣一主持和参与创办的湖南汽船会社和日清汽船会社。在这里，本书将以这两家公司为中心，再结合涩泽荣一对日本海外航运业的态度，将以涩泽为代表的日本财界的对华经济扩张倾向同中国对此的回应进行对比分析。需要说明的是，尽管涩泽荣一后来并没有直接参与湖南汽船会社的经营，也没有在创立过程中与中国方面产生直接的互动，但是作为财界领袖及两家汽船会社的创始委员和顾问，他对日本航运业向海外扩张的态度和作为仍然具有很大的代表性。透过这种间接的对比，我们或许能够看出涩泽荣一在甲午战后所展开的对华经济实践与中国方面的冲突与磨合。

1. 湖南汽船会社的成立

中日甲午之战让涩泽荣一看到了海运事业对于日本的重要意义。在1895 年 10 月于东邦协会所做的名为《战后的经济航业扩张的方针及其程度》的演讲中，涩泽认为："去年的征清之役，虽因大元帅陛下之威德、诸将校之指挥得当、诸兵士之忠勇而得十分之功，但若没有商船的充分发动，恐怕不能像这样首尾两全（意为取得胜利，笔者注）。"① 有鉴于海运业的发展与日本的所谓富强息息相关，涩泽荣一所主持的东京商业会议所在战后就认为日本应当从培养海员、保护造船和奖励航海等三个方面促进海运业

---

① 《渋沢栄一伝記資料》别卷第五，談話一，1968，第 8 頁。

的进一步发展，① 不仅如此，还要对以下航线的开设加以奖励，即"天津的线路、上海的线路、海森崴（海参崴）线路、支那海的线路、澳大利亚线路、美国线路"。② 而涩泽则表示他个人最为期望的是开往欧洲、澳大利亚、美国的航线，其次就是经过台湾而与华南相连的中国航路。③ 不过不管是华南、天津还是上海，此时的涩泽还没有关注到长江流域的航业经营。不唯如此，如前文所提到的，他在 1896 年的农工商高等会议上还对调查长江航线的议案表示了质疑。但这种谨慎的态度很快便发生改变。1901 年，东京和大阪商业会议所联合向全国商业会议所联合会提出并获得通过的提案中就明确提出了调查中国内河航运的要求。这份提议中曾言道："清国江河沿岸、湖泊周边概为人口繁多、物产丰富之地。然而现在此等地区旅客之往来、货物之搬运未改旧习，仍然使用所谓舢板，天然之大好航路亦未有充分利用，通航汽船者不过长江下流之一小块区域而已。清国内地真可谓人智不能开启、货物未有竞出。我国人于此际当在清国内地河湖选择适当之航路而从事汽船航运之业，以借此开发彼我经济上之利源，而能巩固我势力在彼地之根基。"④ 由于涩泽是东京商业会议所的代表之一，又是联合会议的会长，事后还将此决议案呈送给多个政府部门，所以他无疑是赞同此议的，甚至参与酝酿也未为可知。1902 年，涩泽荣一更是认为，"对于支那沿海及内河湖之航运，虽然开创了大阪商船会社，以政府之补助经营，但其补助额极少，比起欧美航路，注力甚感不足"，⑤ 呼吁日本对包括长江航运在内的中国航路给予更多的关注和扶持。

说到湖南汽船会社，就不能不提大东汽船的白岩龙平。他曾于 1899 年与河本矶平一起潜入湖南进行航路、物产和城镇经济等方面的调查，并在 1900 年 1 月先后向近卫笃麿呈递了《湖南视察之我见》和《湖南省见闻一斑》两篇报告，强调至今尚未被外国人染指的湖南省是作为后起资本主义国家的日本最适宜的侵入对象。义和团运动时，他又向日本政府建议在出

① 《渋沢栄一伝記資料》别卷第五，談話一，第 10 頁。
② 《渋沢栄一伝記資料》别卷第五，談話一，第 11 頁。
③ 《渋沢栄一伝記資料》别卷第五，談話一，第 11、12 頁。
④ 《渋沢栄一伝記資料》第二十一卷，第 709 頁。
⑤ 《渋沢栄一伝記資料》第二十一卷，第 385 頁。

兵镇压义和团之后向清政府提出开放长沙、常德和湘潭的要求。① 1901 年
10 月至 11 月，白岩龙平伙同日本邮船会社副社长加藤正义再次赴湘考察。
事后他在报告中称，对湖南"实地考察之后，确为水路向导之良好、土地
之富饶、德国人为开辟航路所做的准备等事所感动"，② 最终决定开设湖南
汽船会社。

　　而涩泽荣一参与湖南汽船会社的创立也起因于白岩龙平。据日本《中
外商业新报》所载，在 1900 年 5 月时，白岩龙平就曾特邀近卫笃麿、涩泽
荣一、园田孝吉、加藤正义、渡边洪基等政商界人士商议中国湖南航路之
事。③ 涩泽荣一的日记中也有相应的记录。④ 而湖南汽船会社成立一事的正
式提出是在 1902 年，也就是白岩龙平和加藤正义考察湖南之后。由于涩泽
荣一本人此时已是开设长江航路的积极鼓吹者，既是白岩的大东汽船的股
东之一，又同加藤所在的日本邮船会社的关系非同寻常，再加之他本人在
财界的地位，所以从日本酝酿成立湖南汽船会社的一开始，就积极参与到
这一过程之中。1902 年 2 月 1 日，涩泽的日记记载："下午二时抵达帝国饭
店，应白岩龙平之请，谈论开设清国湖南航路之事。到会者有益田、大仓、
马越、园田、近藤、加藤、岩永、有地等数人。大体决定了开设之事。其
设备之方案及顺序由余和近藤、加藤及白岩担当。"⑤ 也就是说，涩泽荣一
参与了湖南汽船会社的创设决定，并且是该会社的创设人之一（更确切地
说是创立委员长⑥）。他们于当月成立了"湖南汽船会社发起人会"，并联名
向日本政府提出设立请愿书。请愿书先是鼓吹日本进军中国航运业，尤其
是长江水运业的必要，"虽然列强均孜孜于扶植本国势力于中国，但作为比

①　朱荫贵：《甲午战争后至第一次世界大战前日本轮运势力在长江流域的扩张》，载中国社会
　　科学院经济研究所学术委员会编《中国社会科学院经济研究所集刊》第 10 集，中国社会
　　科学出版社，1988。
②　《近卫日记》第 4 卷，"明治三十四年十二月二日"条。转自彭国兴《清末日本对湖南的经
　　济侵略》，中国人民政治协商会议湖南省委员会文字资料研究委员会编《湖南文史资料》
　　第 29 辑，湖南人民出版社，1988。
③　《渋沢栄一伝記資料》第十六卷，第 719 頁。
④　涩泽在 1900 年 5 月 7 日的日记中写道："抵达浜町常盘屋，参加白岩龙平氏之招待会。园
　　田、加藤、浅田岩永、渡边洪基诸人来会，近卫公爵亦来会，商谈在清国湖南开设汽船航
　　行之事。"《渋沢栄一伝記資料》第十六卷，第 653 頁。
⑤　《渋沢栄一伝記資料》第十六卷，第 718 頁。
⑥　《渋沢栄一伝記資料》第十六卷，第 719 頁。

邻之我国不幸却未能在此有什么显著的成效设施，这不能不说是如今朝野之共同遗憾。而且铁道矿山等各种有利的事业如今落入列强之手而顺利推进，几乎不留什么余地。唯独内河的轮船航运事业犹处于创始之期，以待于将来之经营。……如果今天我们不尽速抢占先机，恐怕我们在对清经营上就什么利益也得不到了"，① 进而提出了湖南水运所蕴含的巨大价值，并且描绘出湖南汽船会社的未来运营规划，"湖南省水运之利、物产之富、长江未开发的宝藏均不亚于四川省，以洞庭湖为中心贯通省内的湘沅二大水路，是清国河湖各线中最有希望的线路，对之着手的快慢甚至会关乎我们对一般内河航权的得失。据此本会社将首先以汉口为起点，开辟通长沙、湘潭的一线，然后开辟常德线，其次再逐步开辟其他线，以资逐步实现垄断内河航权的目的"。② 涩泽和近藤廉平、白岩龙平等人向政府提出请愿的目的在于获得后者的支持，"本事业前途虽极其有望得利，但在创始期必然预期会出现巨额损失，实非一私立会社所能负担，因此创立期的损失尚需仰给于国库之补贴，即从明治三十五年开始之十年内，希望帝国政府每年补助金拾七万三千二百零四元九拾一钱"。③

此后直到湖南汽船会社成立时止，涩泽荣一等人曾围绕此事进行过数次商讨。涩泽的日记中就曾有如下记载：

三月七日　抵达日本邮船会社，与近藤、加藤、早川、园田、岩永、白岩诸氏议论在湖南航路设一汽船会社组织之事，协议其股份之募集及负责人的选定。

四月九日　雨　三时出席日本邮船会社董事会，协议有关湖南汽船会社、海事协会等种种事情。

四月十六日　晴　十一时抵达银行俱乐部，商谈湖南汽船会社设立之事。④

① 聂宝璋、朱荫贵编《中国近代航运史资料》第2辑（1895—1927），中国社会科学出版社，2002，第259页。
② 聂宝璋、朱荫贵编《中国近代航运史资料》第2辑（1895—1927），第260页。
③ 聂宝璋、朱荫贵编《中国近代航运史资料》第2辑（1895—1927），第260页。
④ 《涩泽荣一伝记资料》第十六卷，第718页。

据当时日本报纸的报道，涩泽所说的四月十六日的商谈是指湖南汽船会社发起人总会会议。在这次会上，涩泽荣一等人不仅听取了由加藤正义所做的关于该会社设立原委的报告，还议决了湖南汽船会社的一些具体事项，包括会社本店的地址、股份申请期限、保证金数额、头批股份交付金额、相关联的银行以及设立费用等等。他们还以发起人的身份先行认购了一批股份。其中涩泽荣一认购了三百股，仅次于认购一千股的安田善次郎和中桥德五郎。①

事实上，日本政府也认为湖南航路是"日本贸易上最重要的航路"，极有赶在他国之前急速创立之必要。② 因此，在收到请愿书之后，日本政府于3月7日和8日将补助议案分别提交贵众两院进行表决并获得通过，而且在该会社正式成立之前就下达了补助命令书。此外，日本还从军事和外交方面给予了大力支持。"我国（日本）政府也派遣爱宕炮舰（舰长木村浩吉大佐）从事测量，制成洞庭湖图；并派遣汉口总领事山崎桂赴长沙，交涉占用码头及仓库地基。"③

由于湖南汽船会社是日本在长江流域投资的一个大手笔，而长江流域又是甲午战后日本对华经济扩张的重点区域，这家会社不仅吸引了包括涩泽荣一在内的诸多日本财界人士的积极筹划，得到了日本政府的鼎力扶助，而且引起了日本舆论的广泛关注。日本的诸多报刊，如《中外商业新报》《东京经济杂志》《太阳报》《通商汇纂》《朝日新闻》等都对此做了报道和评论。如日本的《太阳报》就认为："湖南汽船公司之设，在中国内河中将来最有希望。虽欧洲各国久已注意，亦曾遣人勘察，然均未及措置，岂非我国最佳之时机欤！"④亦有一报纸称："支那陆上如汉口成都之铁道、武昌广东之铁道及汉口至福建之铁道，各国既取支那资本协同敷设，扼其要冲，我日本无占利之地位，则不得不争支那富源之中心，利用扬子江之流域。今幸有湖南汽船会社之航路因势利导，为我日本利益线延长之区，即为我

---

① 《渋沢栄一伝記資料》第十六卷，第 719、720 页。
② 聂宝璋、朱荫贵编《中国近代航运史资料》第 2 辑（1895—1927），第 258 页。
③ 聂宝璋、朱荫贵编《中国近代航运史资料》第 2 辑（1895—1927），第 264 页。
④ 《论设立湖南汽船公司》（译日本四月五日《太阳报》），《外交报》1902 年第 9 期。

日本势力扩张之征。吾国人安得不旦夕祝其发达耶！"① 中国的《新民丛报》也曾转引日本人的言论曰："扬子江实支那富源之中心也。列强垄断已久，俎上之肉，岂能分我杯羹。今忽于涎望欲饱之时，骤得染指于鼎，幸举航路经营之实，立于利便最多之地位，以利用此扬子江流域。立足之地既固，则我在南清之势力可日增。湖南汽船之发航即我势力圈之第一进步也。"② 从这些话语中，我们不难看出日本舆论对于设立湖南汽船会社的赞扬之情。

那么，对于涩泽荣一及其他日本人进军湖南的计划，以及他们为此而采取的种种措施，中国方面会出现什么样的回应？

湖南汽船会社的设立计划提出之时，正值中国面临列强纷纷划分势力范围、侵占中国利权的危急存亡之秋，所以当国人闻知日本欲借此机会直入中国腹地时，普遍的反应自然是震惊和反对。这一点在中国的一些报刊舆论方面表现得尤为突出。如《国民日日报》曾经指出："夫日本人之欲逞志于湖南也，非一日矣。……（成立湖南汽船会社）此其深谋至计之急欲乘间而入者，无可疑也。"③《新民丛报》评论称，日本人"欣忭欢呼，言之尚有余快。然邻之厚，君之薄。得者诚宜快意，不知失者亦复动心否耳"。④《浙江潮》则感叹随着湖南汽船会社的成立，日本新造之船"不旬日而乘风破浪直抵于长沙湘潭间，而大日本汽船会社之旗帜飘飘乎澧兰沅芷之间"，并且痛陈道："过其墟者，临风吊古，俯仰生悲，几忘吾国数千年之旧观而疑为日本数百里之新领土焉。……然则日本初非取我中国之地，不过分各国之利而已。所可痛者，吾同胞之生命财产从此将绝，吾同胞其将何以禀矣！"⑤ 甚至连西方人所办之《字林西报》也曾言："此事若成，则中国南方商务有十之七八可归日人掌握之中矣。"⑥

我们固然也可以在一定程度上将上述的反对意见归因于湖南顽固保守的排外心理，然而应当看到的是，中国对于此事的态度并不是只有一种声音。如果说报刊舆论所代表的是一种比较广泛的、整体性的国家利益的话，

① 引自《浙江潮》第 7 期（1903 年 9 月 11 日）所载之《日本于湖南航路之开设》一文中的翻译。
② 引自《新民丛报》第 34 号（1903 年 6 月 24 日）所载之《日本航路之扩张》一文中的翻译。
③ 《论日本人之经营湖南航路》，连载于 1903 年 9 月 22、23、24 日之《国民日日报》。
④ 《日本航路之扩张》，《新民丛报》第 34 号，1903 年 6 月 24 日。
⑤ 《日本于湖南航路之开设》，《浙江潮》第 7 期，1903 年 9 月 11 日。
⑥ 聂宝璋、朱荫贵编《中国近代航运史资料》第 2 辑（1895—1927），第 261 页。

那么地方政府和当地绅商则有着具体的、自身的利益考量。他们可以在某些地方存在着交集，但更多的时候是基于各自的立场有着并不一致的表现。这在客观上也给了日本人以可乘之机。例如，湖南汽船会社在成立之后，一面向大阪铁工所订造两艘浅水轮，一面派员赴两湖地区筹备开航事宜。而两湖官方对此没有反对。由于已有《内河航运章程》颁布在先，外人航行于中国内地并不存在法律上的障碍，所以张之洞虽然也不赞成日人收购两湖轮船公司，但对湖南汽船会社设立本身却没有异议。1902 年 11 月初，张之洞致电湖南巡抚俞廉三，谓"日本议设两湖轮船公司，志在必成。华、洋合股，现议英约内已订专约，日本势必仿办。如日商到湘招股，湘中绅富有愿附股者，祈饬知洋务局毋庸禁阻"。① 由于两湖地方当局的通融，到是年冬，湖南汽船会社在湘潭已开始营造码头，在长沙交涉租用仓库及码头用地等事宜，也进展很顺利。②

　　湖南汽船会社东京总社正式成立于 1902 年 9 月 13 日。涩泽荣一任该会社的顾问。它的对华经营除了起初受到中国舆论的反对以及收购两湖轮船公司受阻外，③ 其他方面并没有遇到太多来自中国的阻挠。从这个角度来说，湖南汽船会社无疑是成功的。日本方面称："开航之时，相关之人全部以必死之决心应对此事，然而令人不可思议的是，开航之后并没有遇到像预期那样的排斥，结果反而受到当地民众的喜爱，因而货客之运输比较顺利。"④ 湖南汽船会社的出现，一方面"为日本贸易开放更多的中国内地方面起了重要作用。在开始筹划营运的时候，这个公司就了解到在湖南需要更多的口岸"，⑤ 直接促成了长沙 1903 年的开港。另一方面，也改变了两湖地区的运输格局。"各轮船公司，当日本之湖南轮船公司未开之前，惟怡和洋行名誉最著，往来搭客，争趋赴之。货物上下，亦辐辏并集。……迨湖

---

① 苑书义等主编《张之洞全集》第 7～12 册，电牍八十五，河北人民出版社，1998，第 8955 页。
② 彭国兴：《清末日本对湖南的经济侵略》，载中国人民政治协商会议湖南省委员会文字资料研究委员会编《湖南文史资料》第 29 辑。
③ 尽管最终没有得到两湖轮船公司，但湖南汽船会社随后却成功收买了湖南劣绅叶德辉。此人"被劝服后，在官民之间四处奔走做平定工作，帮助解决了该公司建筑支店的场地，设置了码头船，使之公司日后不断繁荣昌盛"（彭国兴：《清末日本对湖南的经济侵略》，载中国人民政治协商会议湖南省委员会文字资料研究委员会编《湖南文史资料》第 29 辑）。
④ 《渋沢栄一伝記資料》第十六卷，第 719 页。
⑤ 聂宝璋、朱荫贵编《中国近代航运史资料》第 2 辑（1895—1927），第 264 页。

南轮船既出，而其势一变。"① 到 1907 年时，该会社已成为湖南航路上最大的一家轮船公司。

2. 日清汽船会社的成立

在设立对华轮船公司之时，日本可以借助于各种手段应付中国地方官绅和普通民众的不满，以实现公司的顺利营运，但是在实际经营过程中还是要面临同行业的竞争。在 20 世纪之初，经营长江航路的除了日本的湖南汽船会社、大东汽船会社、大阪商船会社和日本邮船会社等四家轮船公司之外，还有英国的怡和和太古、中国的轮船招商局、德国的亨宝公司、法国的东方轮船公司等航运企业。其中，德国和法国的公司实力相对较弱，而中国的招商局基本上是追随英国的，所以长江航运企业间的竞争很大程度上是在日本和英国这两大巨头之间展开。然而在两国的轮船公司激烈角逐的同时，日本这四家公司相互之间也存在着恶性竞争的现象。如 1905 年 6 月，大阪商船会社开通了大阪直达汉口的航线，而日本邮船会社随后于 1906 年也开辟从神户直达汉口的航线，以此与大阪商船对抗。同时，日本邮船会社着手订造了 3 艘 3500 吨级以上的长江线上前所未有的第一流轮船，准备投入长江航运，使得日邮和大阪之间的竞争呈现白热化状态。②

这种各自为政、内外竞争的情况不利于日本航运业的发展。1905 年 5 月，政友会总裁西园寺公望在考察长江流域时就敏锐地感到有改善现状的必要，并向政府提出建议。不久，"在日俄战争中获得了空前发展的我国航运业，又遭遇一九〇六年的经济萧条。……于是在扬子江上分立门户，并处于激烈竞争涡旋中的前述四公司的航线顿时引起（日本）朝野人士之注意。公司合力以对抗外国，停止自己互相间的角逐的舆论盛极一时"。③ 而这四家公司也深感有联合的必要，在对合并问题进行调查的基础上拟定了具体方案，并得到了政府的支持。政府一方面规定了对于将要设立的新公司的航线补助金额，将其列入 1907 年度的政府总预算中，另一方面还任命了新公司的创立委员，而涩泽荣一就是其中之一。

---

① 聂宝璋、朱荫贵编《中国近代航运史资料》第 2 辑（1895—1927），第 265 页。
② 朱荫贵：《甲午战争后至第一次世界大战前日本轮船势力在长江流域的扩张》，载中国社会科学院经济研究所学术委员会编《中国社会科学院经济研究所集刊》第 10 集，中国社会科学出版社，1988。
③ 聂宝璋、朱荫贵编《中国近代航运史资料》第 2 辑（1895—1927），第 158 页。

1907 年 2 月 13 日的涩泽日记记载："……五时，在银行俱乐部与内田管船局长等人商议清国长江流域汽船会社之事。"① 实际上，这次的会谈即是日清汽船会社创立委员会的第一次会议。出席会议的人员除了涩泽荣一、益田孝、庄田平五郎外，还有日本邮船会社的近藤廉平和岩永省一、大阪商船会社的中桥德五郎和竹内直哉、大东汽船会社的田边为三郎、湖南汽船会社的白岩龙平和土佐孝太郎等人。会议主要决定两个事项。"一、男爵涩泽荣一为创立委员长，岩永省一、田边为三郎、竹内直哉、白岩龙平、土佐孝太郎五人为常务委员。二、关于会社创立之方法将在十六日的会议上决定。"② 通过创立委员会的人员配置可以看出，常务委员都是四家航运公司的代表，而涩泽被推举为委员长，更多的是居间主持和协调。在 16 日举行的创立委员会第二次会议上，众人达成了如下共识："一、公司名定为日清汽船株式会社。二、日清汽船株式会社的资本金为八百万日元，分为十六万二千股，每股面额五十日元。其中的十六万股由四家航运公司之财产充当，另外两千股由发起人认购。三、营业开始之后增资三百九十万日元，以达到一千二百万日元的资本总额。四、创立委员全部为发起人。"③ 另外，此次会议还议决了新会社的章程、计划书、与四家公司的合同书等创立之必要事项。到 3 月 9 日，政府的年度预算案得到批准，也就意味着日清汽船会社可以正式得到政府的补助。创立委员会遂将一些必要的文件提交给递信省，并开始积极筹划正式成立日清汽船会社事宜。

1907 年 3 月 25 日，在涩泽荣一的主持之下，日清汽船会社创立总会在日本邮船会社总部正式召开。会议先是报告了该会社的创立过程，并批准了关于四家公司的相关合同，议决了董事报酬，确定自 4 月 1 日起正式营业，最后还确定了新会社的社长、董事和监事人选。涩泽荣一也名列该会社董事之一。我们也可以通过其日记所列出的下述内容看到，他曾数次参加公司股东会议：

（1907 年）五月七日，抵达日本邮船会社，协商日清汽船会社之事。

---

① 《渋沢栄一伝記資料》第八卷，1956，第 286 頁。
② 《渋沢栄一伝記資料》第八卷，第 288 頁。
③ 《渋沢栄一伝記資料》第八卷，第 291 頁。

六月二十八日，在日清汽船会社事务所出席该社董事会议，近藤、中桥及其他诸君到会，议决种种之要务。

十月二十一日，下午三时抵达日清汽船会社，出席董事会，议决种种之要件。

（1908 年）三月七日，本日接到出席帝国商业银行新董事会之请求，而前日又有日清汽船会社董事会之约，因不能同时出席，故让八十岛亲德代为传达对于两会之意见。①

七月六日，下午一时，与竹内、土佐二人一起到递信省，面见仲小路次官，委托日清汽船会社之事。②

时隔若干年后，在回顾当年参与创建日清汽船会社之事时，涩泽曾言："我成为此会社之董事的原因在于，董事中包括代表（日本）邮船的近藤（廉平）和代表（大阪）商船的中桥（德五郎），由于存在两相对峙之势力，就要进行协调而使社内之势力合而为一。"③ 由此可以看出，无论是主持日清汽船会社的创立还是进入该会社的董事会，涩泽荣一的主要动机和作用都在于协调和整合各方的利益，使这家会社能够顺利地成立和运营。这也可以从一个侧面反映出涩泽荣一在日本财界的地位以及其本人出色的组织协调能力。不唯如此，他也是股东当中认购股票最多的人之一。日清汽船会社第一年度的一份股东名单显示，在持有 100 股以上的股东当中，涩泽以 302 股的数额位居前列。④

涩泽荣一在 1909 年时以年岁已高为由宣布退出实业界，除了继续担任第一银行经理之外，辞掉了其他公司的一切职务，其中就包括日清汽船会社的股东一职。尽管他担任这一职务只有两年时间，但他在该会社经营过程中所起到的作用依然是不容忽视的。和湖南汽船会社一样，日清汽船会社在中国的运营在很大程度上也反映出涩泽对于日本对外经济扩张和对华

---

① 八十岛亲德为涩泽的亲信，根据他的日录记载，涩泽当天因病无法出席日清汽船会社董事会，乃令其前往，代为传达关于会社改革一案之意见。（《涩沢栄一伝記資料》第八卷，第308 页）

② 以上均出自《涩沢栄一伝記資料》第八卷，第308 页。

③ 《涩沢栄一伝記資料》第八卷，第290 页。

④ 《涩沢栄一伝記資料》第八卷，第305 页。

资本输出的态度和意愿。

日清汽船会社正式成立之时，递信省曾向其下达了一份有 53 条之多的命令书，对该会社的组织形式、经营航线以及补偿方式等内容均有详细规定。[1] 经过整合而成的日清汽船会社，不仅拥有庞大的组织规模和广泛的营运范围，而且得到了政府的强有力支持，俨然成为与满铁会社相呼应的日本又一"国策会社"。虽然存在着中国局势动荡，以及怡和、太古、招商局等公司的激烈竞争等不利因素，此时的日清汽船已非昔日四家松散的会社所能比肩，凭借雄厚的实力和日本政府在背后的支持，它承受住了怡和等公司带来的竞争压力，还间接促使德国和法国的公司在这一竞争过程中遭到淘汰。1912 年之后，日清汽船会社逐渐发展成为中国航运业中的一支主导力量，基本形成了与英国公司相并肩的格局，甚至还一度挑战过太古洋行的霸主地位。

（二） 在华纺织公司的创建计划

在中国学界存在这样一种看法，即认为 1887 年涩泽荣一在上海设立的皮棉加工厂是日本对华资本输出的开端。例如，苏智良曾谈及，"1887 年，大阪纺织公司创始人涩泽荣一便有在沪设轧花厂，利用中国原料加工出口的计划"；[2] 高蘭在其著作中也谈道，"第一银行总经理涩泽荣一在 1887 年就计划在上海开设皮棉加工厂"；[3] 还有一篇文章认为，"1887 年，涩泽荣一就因在上海设立一个棉花加工厂同清朝交涉，因清朝反对而未成功"。[4] 事实上，确实有大阪纺绩会社在华设立轧花厂之事，"其目的在将中国棉花轧去壳核，以便利输出"。[5] 当该计划初向上海道台提出之时，后者以"不许改造土货"为由拒绝，但是真正的拒绝原因其实是刚刚成立的上海机器织布局拥有"十年以内，只准华商附股搭办，不准另行设局"的专利。日本坚持认为"纺绩会社之目的则在轧除棉花之壳核，仅谋减轻其重量；不管

---

① 《涩泽荣一伝記資料》第八卷，第 296～305 页。

② 苏智良：《日本在近代上海的经济侵略活动初探》，《上海师范大学学报》1987 年第 1 期。

③ 高蘭：《双面影人：日本对中国外交的思想与实践（1895—1918）》，学林出版社，2003，第 67、68 页。

④ 周颂伦：《日本资本主义的主要特征》，《北方论丛》1987 年第 2 期。

⑤ 孙毓棠编《中国近代工业史资料（1840—1895）》第 1 辑，中华书局，1962，第 88 页。

从条约言之，抑或自实际利益言之，对中国之权利与利益均无妨害"。① 在没有得到清政府允可的情况下，日本试图以先斩后奏的方式，先在浦东设立上海轧花厂，以造成既定事实，并以合营为条件，由英人格兰特出面，在浦东设立上海轧花厂。虽然总理衙门后来一再要求停办，但日英双方不予理睬。该厂于 1888 年正式开工。为壮大声势，日本联合英、美、德等国商人合办，由三井物产公司负责，取名上海机器轧花局，资本 7500 两，拥有轧花机 32 部，工人 100 名，日产量 90 担。该厂的规模和经营"比本地的轧花作坊强得多"，次年，从上海港出口的原棉"由上海机器轧花局轧过不少，运往美国者计有一万担之数"，其余多输往日本。②

问题在于，涩泽荣一究竟有没有直接参与这项设立计划？众所周知，大阪纺绩会社确实是由涩泽荣一发起，并在他的积极奔走和斡旋之下于 1883 年 7 月建成开业的，但涩泽荣一在会社开业之后只是退而担任顾问，并没有直接出面主持大阪纺绩会社的经营。因而，说涩泽荣一计划在上海设立轧花厂本身就有失准确。更重要的是，我们在涩泽荣一的传记资料以及其他相关研究成果中并没有发现相应的内容。不过大阪纺绩会社的《创业二十五年沿革略史》中却有这样一处记载："起初，本社在创始之际，采取专以国内棉花为原料之方针，然而随着纺绩工业的发展，棉花之供给也渐趋昂贵。根据涩泽顾问等人之提议，本社于明治二十年派遣社员至清国，调查产棉地之江苏省、扬子江沿岸、浙江省等重要棉产地，开支那棉输入之渠道。"③ 据此而论，比较准确的说法似乎是，涩泽荣一曾在 1887 年（或早些时候）提议大阪纺绩会社向中国派人调查棉产情况并向日本输入原料。

大阪纺绩会社所派之人为川村利兵卫。此人原来供职于一家名为松坂屋的商贸企业，曾于 1884 年赴中国余姚等地调查过那里的棉花情况，回国之后，曾经试图将在中国看到的一种利用水牛运转的灌溉扬水机械移植到日本，并为此于 1886 年到东京求助于涩泽荣一，申请该机械的专卖特许权。在同涩泽的谈话中，川村利兵卫大谈其在中国考察棉业的经验，并提出开发一种新式轧棉机械的构想。这正好引起了涩泽荣一的极大兴趣。他尤其

---

① 戴鞍钢：《发展与落差——近代中国东西部经济发展进程比较研究（1840—1949）》，复旦大学出版社，2006，第 169 页。

② 苏智良：《日本在近代上海的经济侵略活动初探》，《上海师范大学学报》1987 年第 1 期。

③ 《涩泽荣一伝记资料》第十卷，第 85 页。

惊奇于川村对中国棉花的了解程度，遂将川村介绍到大阪纺绩会社任职。①
这大概也是涩泽 1887 年时建议大阪纺绩会社将中国棉花作为原料以及川村
利兵卫受派前往中国的原因。至于成立上海机器轧花局一事，或许跟这存
在一些关联，然而目前尚无资料证明两者之间存在直接的关系。

不过无论与涩泽荣一的关系如何，大阪纺绩会社设立上海机器轧花局
和派员调查并收购中国棉花的行为都直接促使中国棉花开始大量销往日本。
其实，在 1885 年时，由于日本国内棉花歉收，大阪纺绩会社就曾试用中国
棉花进行生产。不过总体来看，1889 年之前，日本的机器纺纱主要还是以
国产棉为主要原料的。但是这样的情况在 1889 年之后却发生了变化，外国
的棉花（主要来自中国、印度和美国）所占比重越来越大，而本国棉花渐
趋减少，1897 年后已几近于无。

虽然有上海机器轧花局的设立，但在甲午战争之前，一是因为日本的
纺织业尚处于初创阶段，还没能具备大规模对外资本输出的能力，二是中
国方面也没有明确允许的规定，且一直对外国在华设厂持排斥态度，所以
日本并没有继续在华立纺织工厂。然而这种状况在《马关条约》签订之
后发生了改变。允许在华设立工厂的规定不仅使欧美等国开始大肆在华设
立工厂，也让羽翼未丰的日本纺织业跃跃欲试。就在《马关条约》签订后
不久，为了节省输入中国棉花以及将棉纱输往中国的花费，日本的纺织业
者就曾谋划在中国建设纺绩工厂。② 1895 年 10 月至 11 月，大阪纺绩会社的
山边丈夫与平野纺绩会社的金泽仁作前往上海考察设立工厂事宜。经过调
查分析，他们认为，中国的棉纱市场正在因为上海纺纱业的快速成长而逐
渐走向自给化，因而日本也有必要在上海的棉纱生产中占有一席之地，而
且通过对原棉收购价和棉纱售价的比较发现，在中国设厂将会比日本国内
工场获得更高的利润，所以当即就购得一块 56 亩的建厂土地。③ 二人的调
查更加坚定了日本纺织界投资中国的决心，"最为重要的是，背后也有像涩
泽这样的一流企业家支持"。④ 据《青渊先生六十年史》所记，涩泽荣一也
是这项设立计划的主要发起人之一。随后，数十名大阪的纺织业者在 1895

① 《渋沢栄一伝記資料》第十卷，第 86、88 页。
② 桑原哲也：《企業国際化の史的分析》，第 15 页。
③ 桑原哲也：《企業国際化の史的分析》，第 17～18 页。
④ 《渋沢栄一伝記資料》第十六卷，第 668 页。

年 11 月 29 日召开了发起人会，将公司定名为"东华纺绩会社"，资本金为 300 万日元，总部设在大阪，工厂开在上海，并选举松本重太郎、山边丈夫、金泽仁兵卫等人为创设人。① 创立总会于 1896 年 2 月 5 日召开，决定了董事、监事、社长以及常务董事的人选，并确定工厂的规模为纺机 7.5 万锤、织机 1000 台、轧花机 300 台。② 由于该会社的发起人来自日本全国各地的主要纺织企业，"东华纺绩会社不仅是以大阪地区为中心的直接投资计划，也可以说是全体日本纺织业的计划"。③

然而，东华纺绩会社在创立后不久就遇到了中国征收出厂税的问题。《马关条约》虽然使日本获得了在华设厂的权利，但是并没有对在华所产货物的征税问题做详细规定。中国方面普遍认为，允许外国在华设厂不仅是对中国本土工业的一个很大挑战，也使得他们得以免交关税，所以应再向其征收一笔税款，出于保护本土工业的考虑，"宜加重税课，使制造之货不能随处畅销，庶进口之货不致日趋减少"。④ 其实，与日本谈判此项征税也是中日谈判签订《中日通商行船条约》时的一个焦点。在此项谈判的一开始，日本曾向中国提出一份草案，其中提到，"凡日本臣民或他国臣民由日本照章装货运入中国，并日本臣民在中国制造该货，……若系应税者，按照进口税五分之三输纳内地过境税。又凡免税货物并日本商民在中国制造之货，按照货物价值，每百抽三输纳"，此后，"所有赋税钞课厘金杂派各项，无论国家官员私民公司社会，各名目赋课若何，均当豁除"。⑤ 也就是说，无论是自日本输入的货物还是在华制造的货物，都是只需征收 3% 的税额即可通行全国。中国方面显然难以接受如此之低的税率。对于在华设厂生产，李鸿章坚称"货物造成之后，离厂之先，定一值百抽十离厂正税，然后方准发售"，⑥ 后来接替李鸿章的中方代表张荫桓也向日本提出："中国应征制造货之离厂税，不过以抵所失洋货之进口税，于就货抽税之间，仍寓恤商惠工之意。"⑦

① 《渋沢栄一伝記資料》第十六卷，第 669 页。
② 桑原哲也：《企業国際化の史的分析》，第 18 页。
③ 桑原哲也：《企業国際化の史的分析》，第 19 页。
④ 王芸生：《六十年来中国与日本》第 3 卷，三联书店，2005，第 153 页。
⑤ 王芸生：《六十年来中国与日本》第 3 卷，第 147、148 页。
⑥ 王芸生：《六十年来中国与日本》第 3 卷，第 153 页。
⑦ 王芸生：《六十年来中国与日本》第 3 卷，第 157 页。

于是，中国拟向外国在华工厂征收 10% 出厂税的消息很快在日本实业界传开，而中日双方的谈判还迟迟未有定论，所以难免会引起日本纺织业者的猜测。他们不得不考虑在华工厂一旦被收取 10% 的税后，比起本国工厂究竟还有没有竞争优势的问题。[①] 就是在这样的疑虑之下，与东华纺绩会社几乎同时设立的另一家日本在华纺织企业——由益田孝、中上川彦次郎、朝吹英二等人发起创立的上海纺绩会社便打起退堂鼓，以分工厂的名义将工厂改设在本国的兵库县。东华纺绩会社虽然暂时没有撤退，但是也心存不安。社长松本重太郎在 1896 年 5 月向政府上书，"希望不仅对《马关条约》中既得之特权无论如何也要把持不放，还要进一步排除对我不利之障碍，尽速缔结完全之通商条约"，[②] 并同时要求日本在中国生产的产品不仅不能征收出厂税，当从上海输送至其他口岸时还应该免除输出税，从上海直接销往内地时，厘金总额也要保持在输入税的一半以下。[③] 对于东华纺绩会社的要求，伊藤博文表示谈判进度在外交上看是正常的，政府也绝对不会放弃从《马关条约》中得到的特权，并鼓励在华投资者"勇往敢进"。[④] 事实上，在谈判《中日通商行船条约》之时，日方的代表林董就反对中方的课税要求，声称此前的《马关条约》"但载有制造货物应完纳内地税，并无应纳在口制造正税字样"，"制造货物系在口内制成，并非从口外运进，断不能比照进口货征收正税。充其所欲，非但离厂税值百抽十断不能遵，即比照进口货值百抽五，似亦不允"，还扬言"如必欲议收制造正税，则商约只可暂停不议"。[⑤] 由于中日双方在出厂税等问题上争执不下，导致这项谈判久拖不决。后来日方便提出"将此节于新约内不提，一俟起有专案，即按《马关条约》应如何译解办理"。[⑥] 虽然中方对此表示不满，但最终还是在未有提及征收出厂税的情况下于 1896 年 7 月 21 日签订了条约。

这样的条约并没有对中国开征出厂税一事做出明确限制。在条约签订

---

① 根据日本人当时的计算，上海工厂在计入出厂税后的每锤棉纱利润为 2.52 日元，而由日本输往中国的棉纱利润为 3.49 日元。荒井泰治：《本邦纺绩业现状及前途の希望》，《纺连报告》第 54 号，1897 年 3 月 25 日。转自桑原哲也《企业国际化の史的分析》，第 27 页。

② 《渋沢栄一伝记资料》第十六卷，第 672 页。

③ 桑原哲也：《企业国际化の史的分析》，第 28 页。

④ 《渋沢栄一伝记资料》第十六卷，第 673 页。

⑤ 王芸生：《六十年来中国与日本》第 3 卷，第 153～154 页。

⑥ 王芸生：《六十年来中国与日本》第 3 卷，第 156 页。

后不久，总理衙门在向清廷递交的一份奏折中称，"自马关立约后，各国洋商均可制造土货，为历来条约所不载。自应统筹公平办法，以杜漏卮而免借口"，解决的途径在于，"其机器制造之货，不论华商，均于离厂之先仿照洋货进口例征收值百抽五之正税，再加征一倍，以抵内地厘金，统计每值百两征银十两，此后无论运往何处，概免抽厘"。① 这实际上就是通常所说的"裁厘加税"，只是让外国人觉得税率稍高而已，因为外国商品运往中国销售时将关税和子口税加起来也就是 7.5% 左右。所以此议一出，不仅遭到西方商人的反对，② 也受到不少日本实业界人士和报刊舆论的抵制。③

然而涩泽荣一对此事的态度却显得比较微妙。他在 1896 年 10 月 8 日以东京商业会议所会长的名义致外务大臣大隈重信的一封信中表示支持中国开征出厂税。涩泽特别强调，如果对中国国内的产品课以重税，则中国的制丝、纺织及其他工业便不能发展，而日本的棉纱及其他产品便可进入中国"这一大市场"。④ 信中说，若总理衙门的奏请受到采纳，中国对其境内的制造业课以重税，则日本的输入品将会在中国市场占据很大的优势，不仅有利于日本掌控广阔的中国市场，也能够带动日本本国纺织等产业的发展，反过来说，如果中国放弃这一政策，则"由于产品税额极少之故，清国的制造业将勃然而起，快速前进，其结果是我国在失去东洋一大市场的同时，还造就了一个强大的竞争对手"。信中虽然也认为如果课税将会影响到日本在华纺织工厂的利益，但是"夫身为我国人而欲创办工厂于清国者，实为少数，此等少数人之利益应为国家整体之公共利益而牺牲乃自不待言"，⑤ 所以就要求日本政府全力支持清政府的课税政策。其实，最初提出此议的是益田孝，他之所以主张要支持清政府的这一政策，大概也跟他的私人利益有关。如前所述，由益田孝参与创办的上海纺绩会社中途变卦，改在日本本土建立工厂，清政府这时再征收出厂税对其自然是有利无害。不过也应当看到，益田孝的提议也获得了包括涩泽荣一在内的会议所其他

---

① 《渋沢栄一伝記資料》第二十一卷，1958，第 186、187 頁。
② 当时在上海的外国商人曾通过驻华使节联合向清政府表示反对，详见《渋沢栄一伝記資料》第二十一卷，第 190、191 頁。
③ 日本的《中外》《东京经济杂志》等报刊连续登载了数篇反对中国课税的评论。详见桑原哲也《企業国際化の史的分析》一书第 29 頁的注释中所引的内容。
④ 井上清著，宿久高等译《日本帝国主义的形成》，人民出版社，1984，第 50 页。
⑤ 《渋沢栄一伝記資料》第二十一卷，第 186 頁。

成员的赞同，所以这样的论点代表的不仅是益田个人的利益，也在很大程度上代表着日本纺织界乃至日本实业界的利益。原因很简单，虽然已经有了条约的允许，但限于实力，此时的日本在对华直接投资方面还是显得力不从心。自己不能够在中国大规模地设厂，当然也不愿看到其他国家在中国投资设厂，而清政府的出厂税就恰好给了日本一个很好的保持本国产品竞争力的机会。但是日本之所以会有不少人反对中国的课税，还是要归因于他们在对华资本输出上持积极态度，希望日本能够早日实现大规模的对华资本输出，而且从长远来看，这也是一个大的趋势。

所以摆在涩泽荣一面前的一个问题就是，他既要维护好日本纺织业当前的利益，设法保持和提高日本国内的产品在中国市场上的竞争力，又不能扼杀日本实业界对华直接投资的热情，更何况他自己还持有东华纺绩会社的 600 股股份。这一问题表现在中国征收出厂税一事上就显出了一种两难，如果是为了前者，就是像上文所说的那样支持出厂税，如果是为了后者，又要表示反对。涩泽荣一力图同时照顾到两者的诉求。实际上，他既赞同中国出厂税的征收，又坚定地支持东华纺绩会社的设立。

在听闻中国打算征收出厂税之后，东华纺绩会社的不少股东都开始动摇，解散会社的呼声越来越高，该会社的股票也开始下跌，每股价格由原来的 5 日元降至 1.5 日元，第二批股金的缴纳也变得困难起来。[①] 会社的负责人之一田中富士太专门到上海进行调查，认为上海棉纱在课税之后虽然每捆会比日本输入的棉纱增加 0.74 两的成本，但市价却比日本纱高出 1.8 两，所以算下来还会有 1.06 两的利润可得。[②] 不过这还是难以打消部分股东的疑虑，会社内部仍然对会社存废问题存在争议。在这样的情况之下，涩泽荣一特意从东京赶到大阪，出席了 1896 年 12 月 18 日举行的东华纺绩会社的董事会议。他在会上提出，东华纺绩会社是受到外国关注的国家性事业，"应当以一种长远的眼光考虑因制造品税（即出厂税，笔者注）课税导致的利润额的减少"。[③] 会议最终决定上海的工厂建设继续进行。然而令人感到意外的是，就在当天随后召开的发起人会议上，工厂向国内转移的

---

① 桑原哲也：《企業国際化の史的分析》，第 28 頁。
② 桑原哲也：《企業国際化の史的分析》，第 30 頁。
③ 桑原哲也：《企業国際化の史的分析》，第 30 頁。

论调又开始高昂起来。发起人会为此进行过数次讨论，始终没有定议。最终，在次年 2 月召开的临时股东大会上，会议议长金泽仁兵卫正式提出了解散会社的议案，尽管有一部分股东认为"东华纺绩是战胜纪念之事业，中止计划也会带来很大损失，可通过减资使事业存续下去"，① 但是大会最终还是决定将其解散。即便到了这样的地步，涩泽荣一、山边丈夫以及三重纺绩的伊藤传七、日印贸易的川邨利兵卫（此人这时已从大阪纺绩会社转职于日印贸易会社）、内外棉的中野太右卫门和浮田桂造等人仍然不愿意放弃东华纺绩会社未竟的事业，企图另建一纺绩会社，让上海的工厂建设继续进行。涩泽荣一主张为了减少股东之间围绕设立计划而产生的冲突，股东人数应当尽可能地压缩。② 他们最后打算成立一家资本 100 万日元、股东仅 50 名的小型公司，但还是没能交涉成功。1897 年 5、6 月间，清政府决定延期实施出厂税的征收。③ 1898 年 1 月，日本又报道说中国决定免除对国产棉纱的厘金征收。④ 这又让涩泽荣一和山边丈夫等人再一次产生对东华纺绩会社的兴趣，他们试图以减资或者新设一家公司收购东华纺绩财产的方式东山再起。然而这次的努力同样未能付诸实施。⑤

四　日清银行与投资公司

尽管参与了数百家近代企业的设立，但涩泽荣一长期担任主要领导职务的还是他早期主持成立的第一银行。相比实业家这一头衔，他更认为自己是一名银行家。由于这样的身份特征，在推行对华经济扩张过程中，涩泽不仅在对华实业扩张方面尽力颇多，更是着眼于设立一系列对华金融机构。继早期有过第一银行对华经营的尝试之后，他又在甲午战争之后参与了日清银行、满铁会社、东亚兴业会社、东方国际公司等数家对华银行和

---

① 桑原哲也：《企業国際化の史的分析》，第 32 页。
② 桑原哲也：《企業国際化の史的分析》，第 37 页。
③ 事实上，1902 年 9 月 5 日签订的《中英续议通商行船条约》中才对出厂税有明文规定："凡洋商在中国通商口岸或华商在中国各地用机器纺成的棉纱和织成的棉布，以及其他一切洋式工厂的产品，应该完纳一种厂货税，数额等为进口税的两倍，也就是值百抽十。"但这样的规定最终还是因为种种原因没能施行。
④ 桑原哲也：《企業国際化の史的分析》，第 33、37 页。
⑤ 桑原哲也：《企業国際化の史的分析》，第 33 页。

投资机构的筹划和建立。

（一） 日清银行的酝酿

随着中日之间经济贸易规模的逐渐扩大，两国在货币流通、货币兑换和资金借贷等方面多有不便。日本方面更是感到有必要设立一家银行机构以更好地推动对华资本输出。这一背景直接催生了日清银行设立计划的出台。

在日清银行计划提出前后，日本财界曾经有过一次试图使中国的货币制度与日本保持一致的努力。日本曾于1871年颁布货币条例，规定每日元银货的重量搭配皆与墨西哥鹰元保持一致。但中国方面的货币却五花八门、参差不齐。1889年2月，当听闻被派驻柏林的清朝公使许景澄向清朝建议改革币值、铸造金银货币一事时，时任大藏省主计官的阪谷芳郎便敏感地抓住这一时机，向东京经济学协会提出"东洋本位货一定"的议案。据阪谷回忆，"当时引起了热烈议论，涩泽男爵、益田孝氏等知名人士亦莅临参加，大加讨论"。① 大家最终决定以涩泽的名义代表东京经济学协会向李鸿章致信，提出日方的建议。该信由阪谷起草，翻译成中文后由涩泽委托伊藤博文转交至李鸿章手上。信中说："……敝会深冀贵国新铸货币，一遵墨银。重量搭配，均齐于此，比较计算，皆臻简洁。贸易得便，富源更殖。而贵国声誉所播，遍于远迩矣。所谓彼此俱利者也。若贵国不肯愿铸同墨银，或二倍墨银重量搭配，或二途其数，则比较计算，归于划一，亦为至变。"② 只是当时中国虽有改革币值之议，但实施的条件尚未成熟。李鸿章在回信中以"惟目下筹议未定，中朝开办尚缓，涩泽君所议自应留俟将来"之语予以婉拒。③ 即便是日本国内也有反对此论者，在东京经济学学会的一次例会上，就有人提出质疑："变更货币制度犹如变更度量衡，哪有万国同一之说？一国有一国之习惯，妄加变更尚不知其间有何弊害。众所周知，此等之事我国亦尚在实验，即使支那不如是做也不无道理。"④ 当然，此论一出即遭到涩泽、阪谷等人的批判。涩泽本人对于此事的具体考虑虽然当

---

① 故阪谷芳郎子爵记念事业会发行、编纂《阪谷芳郎伝》，东京，1951，第436頁。
② 《渋沢栄一伝记资料》第二十七卷，1959，第296頁。
③ 《渋沢栄一伝记资料》第二十七卷，第297頁。
④ 《渋沢栄一伝记资料》第二十七卷，第296頁。

时并无直接言论可查，但其晚年的相关论述或许可以视为一个注脚。在论及币制与贸易的关系时，他曾经说过："支那币制的不统一，物价变动无常，其间（日本人）或有机会获取暴利，此事也许会大受欢迎。但如此仅局限于个人一时之利益，并不能带来日本与支那间贸易之长足增进。"① 也就是说，他所乐见的是日中贸易中交易成本的减少，而不是短期的投机获利。

从表面上看，致信李鸿章一事似乎与日清银行并无直接的关联，但是两者之间的一个共通之处在于，都是为了给日本的对华贸易提供便利，都是为了更好地解决他们所面临的货币兑换问题。就涩泽而言，他早年设立第一银行在华代理店的举动直接源于对便利对华贸易的亲身体认，这与日本财界设立日清银行的动机一脉相承，而致信李鸿章之事所反映的币值问题一直是涩泽长期关注的一个重点。这些都构成了他对华金融活动的重要组成部分。

日本驻中国公使副岛种臣于 1887 年最早提出了设立日清银行的构想。他的解释是"观之彼国并无完全意义上之银行，设立日清银行不仅对彼国经济之发达有颇多功效，亦对彼我之交际贸易有甚大便利"。② 此后虽然陆续有人提出类似的建言，但一直没有引起人们的注意。然而随着中日之间贸易的不断扩大，日本工商界逐渐不满于单靠横滨正金银行所提供的汇兑和借贷业务，迫切感到有必要在中国增设一家新的银行机构。特别是 1897 年日本实行金本位制所导致的银价暴跌以及输往中国的商品相对升值，更加剧了日本贸易商对资金融通的需求。因而，从 1899 年 1 月大日本绵丝纺绩同业联合会向日本议员提交的《论对清贸易金融机关设立之急务并告于贵众两院诸君》以及《日清银行设立组织方案》开始，设立日清银行的议论逐渐多了起来。自 1899 年初至 1903 年底，先后出现 28 项有关日清银行的提案。③ 在这中间，大家对于日清银行的内涵有着不同的理解，大致可以分为两类。一种是以大日本绵丝纺绩同业联合会为代表的贸易银行论。该联合会认为，日清银行的营业目的应当包括办理日本、中国、朝鲜及南洋

① 《涩沢栄一伝記資料》别卷第七，談話三，第 264、265 頁。
② 《日清銀行の由来》，《銀行通信簿》第 144 号，1897 年 11 月。
③ 渋谷隆一：《明治期日本特殊金融立法史》，早稻田大学出版部，1977，第 159 頁。

间的汇兑及押汇业务以及对东洋诸国贸易业者的资金贷付等等，① 基本上将其定位为一种为贸易往来服务的银行，并且提出在日本政府的扶持下，日清银行要有别于正金银行而以银币为资本金，由日中资本家共同设立。另一种是建立一个贸易和实业投资兼而有之的日清银行。持此论者既包括代表政府立场的外相小村寿太郎，也有来自日本邮船的近藤廉平、三井物产的吴大五郎等财界人士。相对于贸易银行论者，他们更倾向于视日清银行为实业投资乃至利权获取机关。

对于日清银行之议，涩泽虽然谦称"余并无参与商议日清银行设立一事，纵令参与商议，自己现在经营之事已属过多，无暇再顾其他"，② 但从其一系列的实际动作来看，他不仅参与了日清银行的设立计划，而且在其间所起的作用也并非无足轻重。这一点从涩泽荣一的行程就可以看出。笔者将其日记中有关日清银行部分的内容摘列如下。

1899 年 1 月 14 日，午后抵东京商业会议所议事，晚九时过归宅。（作为会长主持在中国开设金融机关之议，笔者注）

1 月 18 日，早上召开商业会议所董事会，议定清国金融机关之事。（次日会议所以涩泽的名义将《本邦在清国金融机关之议及建议》上报给大藏大臣、外务大臣和农商务大臣，笔者注）③

4 月 24 日，午后一时访驹达别墅，与岩崎弥之助氏谈在清国创立银行之事及汽车制造合资会社之事。

10 月 25 日，犬养毅氏来访，谈清国银行之事。

11 月 1 日，午后三时访灵南阪伊藤侯爵，密谈日清银行之事。

1900 年 2 月 13 日，此日上午清国商人麦少彭、梁子刚、谭笙伯、林北泉及柏原文太郎诸氏来访，谈日清银行设立之事。

2 月 17 日，下午五时与益田氏一起赴永田町官舍访松方伯爵，……谈日清银行设立一事去年来的经过。④

1902 年 2 月 22 日，访小村外相，谈日清银行等事。

① 《渋沢栄一伝記資料》第二十一卷，第 384 页。
② 《渋沢栄一伝記資料》第二十一卷，第 385 页。
③ 《渋沢栄一伝記資料》第二十一卷，第 381 页。
④ 《渋沢栄一伝記資料》第十六卷，第 684 页。

2月24日，十一时办抵外务省，与小村大臣会见，和益田孝、小田切领事共商日清银行之事。①

此外，同年12月9日至11日，涩泽所主持的临时商业会议所联合会议连续三天讨论了日清银行一事。不知是巧合还是中间存在某种关联，到了13日，桂太郎内阁即向议会提出了《日清银行设立法》。如前所述，政府的立场是意在使该银行为日本在中国从事开办工厂、开采矿山、铺设铁路等经济扩张活动提供便利。而当时的财界认为这与其希望成立一个贸易金融机构的利益诉求并不矛盾，因而也赞成政府的主张。只是该法案因议会的解散而流产，此后因日俄战争爆发、财政吃紧等原因，政府也鲜有提及日清银行之事。

综上所列，涩泽一方面作为东京商业会议所会长的身份参与日清银行计划，另一方面则通过私下交流而为该计划做进一步的沟通。尽管具体的谈话内容我们不得而知，但也可以推断，他至少是比较了解和关切此事的。

值得注意的是，涩泽对日清银行所持的态度。尽管涩泽早在1878年就在朝鲜的釜山开设了第一国立银行的海外支店，而且这恐怕也是日本银行业第一次正式进军海外，但在参与日清银行设立计划之前，他对于日本金融机构的对外扩张总体上还是抱有比较谨慎的态度的，这种态度甚至一度影响到他对设立日清银行的看法。在1896年的一次农工商高等会议上，当有人提出增设海外金融机关之议时，他就提出质疑，认为金融机关的发达在于"依靠自然之力而成立"，"若立足于一时设立之法，成立之后究竟能否取得成效，我对此甚为怀疑"，② 同时鉴于横滨正金银行刚处于起步阶段（横滨正金银行于1880年成立，1893年开设上海分行开始在中国开展业务，笔者注)，认为尚可寄希望于该银行在将来的对外贸易中进一步发挥作用。换句话说，这时的涩泽从经济自由论者的立场出发，并不希望对海外银行的设立给予过多的扶助，而是让其顺势而行，自由发展，而且认为当前尚无必要扩充海外银行机构。1902年12月5日的《东洋经济新报》以《涩泽荣一氏的日清银行谈》为题进行了报道。涩泽在其间声称："该银行设立的

---

① 《渋沢栄一伝記資料》第二十二卷，1958，第861、862頁。
② 《渋沢栄一伝記資料》第二十三卷，第352頁。

主意在于，不满于我对清经营之现状，为弥补此缺憾而图扩展我对清经营，此点无须质疑……相信唯有放资方为扩展我对清贸易之极为必要条件，通过对矿山之开采、铁道之敷设及其他各种事业经营之放资，我对清经营得以次第展开。夫今日即使正金银行单为日清间之贸易，亦不过供给汇兑资金，另外再设一家专注于对清经营之日清银行，主意固然是好，余亦毫不犹豫赞同。"① 从涩泽发出此论的日期来判断，他对日清银行至少已经知晓相当长的时间，而且对前述两种关于设立日清银行的意见都有了解，所以才会有"对清贸易"和"对清经营"之语，也即将日清银行视为扩展对华商品贸易和资本输出的双重手段。然而，就像其早期的谨慎倾向一样，他对此时日清银行成立的可行性也抱有怀疑态度，认为"其主意和目的固然善美，但仅看到这一点还不能对其表示完全赞同"。② 他的依据有三点。一是担心它难免会与横滨正金银行出现业务上的冲突。因为后者是纯粹的贸易性金融机关（就当时而言），而日清银行则不应限定其营业范围，自然也会像正金银行一样经营诸如票据贴现等贸易性金融业务。二是对资金募集的疑虑。"据传在一千万日元资本金中，政府持有三百余万日元股份，十五年内无分红，其他股份向民间募集。是否如所想那样圆满成功，现在还尚未知晓"。③ 三是人的因素。"首要在于得人，但我对清经营无论从航路上看，还是以其他事业观之，几乎没能看到朝野共同致力之事。"④

有意思的是，尽管政府已不再执着于日清银行的设立，但民间仍然存在着这样的呼声，涩泽荣一也积极参与其间。1910 年 11 月 5 日，涩泽主持召开的生产调查委员会所讨论的议案之一即是日清银行设立事宜。与会者虽然就"由政府在督励正金银行对清汇兑的同时，再设立除汇兑以外的、以资金融通为目的的日清银行"达成共识，但对具体经营除汇兑以外的何种业务，以及新设之初要不要经营汇兑业务等问题却争论不休，最终决定由会长指明九人对此议案做进一步调查。尽管涩泽当时是作为代理会长主持会议的，但还是由他来决定人选。如果说此时的涩泽单纯是出于履行主持人职责的话，那么他对后续进展的关切则可以反映出对日清银行计划的

---

① 《渋沢栄一伝記資料》第二十一卷，第385页。
② 《渋沢栄一伝記資料》第二十一卷，第386页。
③ 《渋沢栄一伝記資料》第二十一卷，第385页。
④ 《渋沢栄一伝記資料》第二十一卷，第386页。

热心。11 月 17 日，对于被指定的调查委员能否成行，他特意向益田孝详细了解情况，并探知首相桂太郎的意见。次日，他还抱病向益田孝致信说明："以我国人之商工业向支那内地扩充之必要者，设立日清银行之紧要之论其为至当。以事关正金银行之利益为由而遮掩，实感并无道理。凭权势及富力压制道理之弊，势必会带来意外之恶果"。①

与前述相比较，涩泽不仅赞同为扩张日本在中国的经济势力而设银行之论，而且还打破原来的谨慎和疑虑，开始变得主动起来。其间的原因虽然涩泽没有明说，不过分析起来可能有以下两点。其一，日本在甲午战争尤其是日俄战争之后不断膨胀起来的对外扩张情绪势必会影响到涩泽。他在日俄战后的一篇文章中就声称："尤须注意之处在于战后欧洲列强皆更重视东洋，尽力扩张商权。我国有鉴于此，当更明确我国非但在利权竞争方面不弱于彼等，更须进而超出彼等一头地也。"② 这样的认识很容易就会转化为一种动力来促使他在对华金融问题上迈出步伐。其二，涩泽对此时日本金融的看法。他一方面认为金融市场不够活跃，需要来自外界的刺激，另一方面又对日本的银行实力充满了自信，认为金融业已经经过了数年的积淀，即使经历日俄战争的损耗也"依然继续维持健全状态"。③ 两者综合起来，自然就是要鼓励金融业积极向外拓展。然而，辛亥革命的爆发却打乱了涩泽荣一和日本财界的计划，中国政权的更迭使日清银行失去了成立的可能性，不过涩泽仍然在寻找机会另行设立对华银行。

（二）参与创建满铁

南满洲铁道株式会社（简称"满铁"）是日本经营中国东北的一家规模庞大的殖民侵略机关，它的设立不仅得到了日本政府、天皇和军部的强力支持，也有包括涩泽荣一在内的日本财界的广泛参与。

众所周知，满铁虽然标榜中日合资，但它基本上是日本独资的一家对华经济"进出"机构。围绕着这家会社的成立，有三点背景因素需要略做说明。第一，日俄战争之后，为了缓和同中国以及主张"门户开放"的英

---

① 《涩泽荣一伝记资料》第五十五卷，1964，第 539 页。
② 《涩泽荣一伝记资料》别卷第六，谈话二，第 325 页。
③ 《涩泽荣一伝记资料》别卷第六，谈话二，第 325 页。

美等国的矛盾，日本决定从中国撤兵，将关东总督改为关东都督掌管旅大租借地，并设立一家企业经营从俄国接收的长春、旅顺间的铁路及其一切附属权益。第二，1906 年，新成立的西园寺内阁成立了"满洲经营调查委员会"。该委员会的任务就是研究日本侵略中国东北的政策，审议和起草所谓"经营满洲"，特别是利用南满铁路和安奉铁路的计划和方案。[1] 该委员会曾提出《满洲经营策梗概》，主张仿行英国的东印度公司而在中国东北设立一家直接隶属于日本政府的铁路经营机关，为了避免引起一些国际上的麻烦，经过多方的讨论，由原定的官营方案改为民营方案。此即后来"满铁"的缘起。第三，在日俄议和之时，美国铁路大王哈里曼到访日本。他打算修建一个由海洋航线和陆地铁路共同组成的环球交通网，而南满铁路就是这个网络的一部分，因此希望能够实现该条铁路的日美合办。为此，他在日本同政界和商界人士进行广泛接触，努力争取他们的支持。哈里曼也找到了涩泽荣一。而涩泽在力主日本扩大在华经济权益的同时，也主张中国东北的"门户开放"，希望借助于同欧美列强的共同开发以缓和彼此间的矛盾和增进合作，所以对哈里曼的计划表示赞同。同时，包括日本首相桂太郎在内的日本政界要人对此也基本同意。但哈里曼与日本签订了收买南满铁路实行日美合办的预备合同之后，日本却因外相小村寿太郎和军部的强烈反对而撕毁了该合同。为了断绝哈里曼的意图，日本抬出了中日条款第二款，[2] 声称，"依照原来让与俄国者，南满铁路仅由中日两国股东之公司经营之"，并诡称中国"欲得一半之股权"，以杜绝哈里曼对满铁的觊觎。[3] 进一步地，日本也以此为挡箭牌，排除了欧洲国家特别是在关内外铁路有借款权益的英国获得满铁股份的可能性。

1906 年 3 月，满洲经营委员会就战后日本的满洲经营政策向日本政府提交了报告书和两份文件草案。这两份文件其实就是满铁的设立章程，其中一个是准备公开发布的关于设立这一会社的敕令草案，另一个则是准备秘密发给会社设立委员的命令书草案，而"敕令仅规定大体轮廓，凡关于

---

① 苏崇民：《满铁史》，中华书局，1990，第 13 页。

② 1905 年 12 月 22 日签订的《中日会议东三省事宜》条约第二条规定："日本国政府承允按照中俄两国所订借地及造路原约实力遵行，嗣后遇事随时与中国政府妥商厘定。"转自王芸生《六十年来中国与日本》第 4 卷，第 220 页。

③ 苏崇民：《围绕满铁设立展开的中日交涉》，《现代日本经济》1990 年第 5 期。

资本金额、政府与个人资本分担额等公之于世反为不利之事项，均行规定于另外颁发给会社的命令书中"。① 这两个文件在满洲问题协商会议上被原封不动地通过。日本于 1906 年 6 月 7 日以敕令第 142 号公布了南满洲铁道株式会社设立之件。

7 月 13 日，政府指定儿玉源太郎为南满洲铁道株式会社设立委员长，同时指定 80 名设立委员，其中包括 10 名满洲经营调查委员。这些人中共有 22 名政府高官，其他主要是两院议员和各财界要人。涩泽荣一也是其中之一。由于儿玉源太郎不久后暴亡，日本又指定陆军大臣寺内正毅接任。由军方把持设立委员长一职，表明"军部在制定侵略东北政策上的优越地位以及满铁的军事作用被摆在头等地位"。② 在 8 月 1 日召开的设立委员第一次全体会议上，委员们拿到的除递信、大藏、外务三大臣的秘铁第 14 号命令书外，还有会社定款的草案。寺内在开幕词中特别强调会社的定款草案可以讨论而政府的法令是不能修改的。事实上，由总则、股份、股东、大会、董监事、监理官、会计及设立费用等计 8 章 58 条及附则 1 条组成的定款草案的主要条款都是以天皇敕令和三大臣命令书为依据的，③ 不过一些细节性条款仍然有讨论的必要。寺内正毅因而指定了 8 名常务委员和 13 名定款调查委员。其中，常务委员基本上是政府官员，在定款调查委员中，官员的人数也近半数。虽然官方色彩浓厚，但定款调查委员会中也不乏金融界和实业界巨头，如日本银行的高桥是清、兴业银行的添田寿一、正金银行的园田孝吉、三菱银行的庄田平五郎、关西银行的中野武营、安田银行的安田善次郎，以及三井物产的益田孝、日本邮船的近藤廉平等等。而涩泽荣一不仅被任为定款调查委员，还于 8 月 11 日进一步被推为特别委员长。他接连出席了 10 日、11 日、13 日、14 日的讨论会议并发言，还在 14 日的委员总会上报告了定款调查特别委员会的决议。

尽管日本财界与政府的关系千丝万缕，但其自身的利益与日本政府的利益并不完全一致，所以在具体讨论定款草案之时，也会存在一些争议。如财界人士曾我祐准就提议修改草案的第 57 条，希望民间股东能够获取 6

---

① 苏崇民：《满铁史》，第 16 页。
② 苏崇民：《满铁史》，第 22 页。
③ 苏崇民：《满铁史》，第 22 页。

厘以上的红利，大冈育造也提议将红利提到 6 厘以上，高桥是清则提议由政府负担社债的利息，会社利润达 6 厘以上即分摊到官民双方的股内分红上。这些提议得到了包括涩泽在内的诸多财界人士的支持。因此，虽然有贵族大地主的代表堀田正养以"增加政府给予的补助，就是增加穷人的负担而使有钱人获利"为由表示反对，最后还是通过了修改第 57 条的建议。不过寺内正毅却代表政府声明："对于这种国家性的事业，经营用国民的鲜血所换得的满洲土地，收取其利润以减轻国民的负担，岂不是应当的嘛！"[1] 拒绝了资本家追求更高分红的要求。经过几天的争论，定款调查委员会最终确定了满铁的设立章程。修改内容大体包括以下几点：第一，删去草案中第 4 条第 3 项在铁路附属事业中列入的"主要货物的经销业"一项；[2] 第二，将草案第 5 条改为：本会社资本金贰亿日元，但除日本帝国政府所持股份外，第一批股份募集额为贰千万日元，第二批之后在必要之情况下，根据股东总会之决议募集；第三，将第 7 条改为"本会社之股票全部采用记名式，每股两百日元"；第四，将草案第 55 条第 2 项中的"股份总额"改为"资本总额"；第五，删去草案第 56 条第 1 项中的"其缴纳由登记之下月"字样。[3] 除了第一点是因财界的利益受到影响而做出的修改外，其他基本上只是一些微调。涩泽荣一于 14 日以委员长的身份将此修改内容提交给了寺内正毅。

股份募集方面，在第一批的 1.2 亿日元的股份总额中，由于日本政府"得以满洲铁路及其附属财产与煤矿充作其所出资本"而认购 1 亿日元，故满铁的实际募集总额只需 2000 万日元即可。2000 万日元被分为 10 万股，每股 200 日元。由于留出 1000 股作为理监事的股份，实际公募数为 99000 股。招募的结果是，自 9 月 10 日至 10 月 5 日，应募股数达 106643418 股，应募者总共 11467 人，即使将应募数不满 10 股的 110 人的 402 股去掉，尚余股份仍为招募股数的 1077 倍余。在这种情况下，10 月 27 日召开的涩泽亦出席的创立委员会议上，决定对认购 1077 股以上者按比例确定其募入额，

---

① 苏崇民：《满铁史》，第 23 页。
② 提出并坚持修改意见的是日本邮船的近藤廉平，他的提议也得到了其他一些财界人士的支持。当时三井物产等日本会社已经在东北从事商业活动，他们反对新成立的满铁夺走自己的地盘。见苏崇民《满铁史》，第 23 页。
③ 《涩泽荣一伝记资料》第十六卷，第 725 頁。

剩余部分用抽签办法向认购 1076 股以下者分配。① 这些认购者中既有个人也有法人组织，其中，涩泽荣一所掌管的第一银行就持有 208800 股。②

在 1906 年 11 月 26 日召开的南满洲铁道株式会社创立总会上，涩泽荣一提出的有关意见也获得了大会的支持。此次会议在东京基督教会馆召开，出席者除会议主席寺内正毅外，还包括政府的股东代表若规礼次郎以及会社的各理事和其他一些大股东。会议的第一项议程是听取关于会社设立事项的报告书，紧接着就是讨论涩泽荣一提出的关于监事人数及其报酬的议案。根据涩泽的意见，监事定为 5 人，其报酬金额与日本银行之监事等同，年薪 1000 日元。第三项关于选人监事的议案亦是由涩泽提出。根据涩泽提出的由委员长指定任命的意见，寺内正毅最终指定中桥德五郎、河上谨一、泷兵右卫门、马越恭平、岩下清周等五人为满铁的监事。③ 随后，新选出的监事马越恭平和泷兵右卫门对股份的募集、会社设立费用等进行了鉴定，寺内也将各理事向股东做了介绍，并报告了由会社继承保证金利息等项后，会议于当日下午 3 时许结束。④ 在创立总会召开的次日，南满洲铁道株式会社即正式宣告成立并在东京创立本社（后又将总部改在大连），由创立委员长即寺内正毅将一切事务及财产目录交付会社。在寺内移交之后，创立委员会也就完成了它的使命。1906 年 12 月 12 日，日本政府正式下文免去了涩泽荣一和其他委员的委员一职。1907 年 4 月 1 日，满铁开始营业，开始了它在中国持续数十年的经济调查和掠夺活动。

（三）东亚兴业会社

东亚兴业会社的前身为前文曾经提及的日清起业调查会。日清起业调查会成立于 1907 年 4 月，是在外务大臣林董和大藏大臣阪谷芳郎的劝诱之下，由涩泽荣一、益田孝、大仓喜八郎、近藤廉平等人所发起成立的，日清汽船会社的白岩龙平任该会的干事。对于该会的性质，正如白岩龙平所说的，日清起业调查会"与世间的种种调查研究会的形式并不一样，实际

---

① 苏崇民：《满铁史》，第 25 页。
② 《渋沢栄一伝記資料》第十六卷，第 730 页。
③ 《渋沢栄一伝記資料》第十六卷，第 733 页。
④ 《渋沢栄一伝記資料》第十六卷，第 734 页。

上应该称作一种为着手的事业进行先期调查的团体"。① 据他所称，该调查会虽然也进行一些一般性的调查，但更多的调查集中在铁路、电话、电气、铁道等方面，并尝试对这些事业的兴办做些必要的交涉。② 该会虽然以铁道工程的承包和应对公共事业借款申请为目的，但它的成立与中国的川汉铁路建设有着直接的关系。③ 当是之时，列强皆有意承办此铁路，而日本的三井物产和大仓组也想从其中分一杯羹，企图参与该铁路的工程承办和材料供给。日清起业调查会正是以此计划为契机，以三井物产的益田孝和大仓组的大仓喜八郎为中心组织而成的。④在日本学者坂本雅子看来，涩泽荣一之所以参与创建这一组织，是因为他在财界的"世话役"（斡旋人）身份，以及同益田孝"鱼水之交"的密切关系。⑤ 从涩泽的日记来看，他也参与了日清起业调查会的一些讨论和计划事项。如 1907 年 9 月，出席调查会会议，与原口要等协商中国铁道工事之事；⑥ 1908 年 3 月 19 日，在调查会会议上见到小河氏，后者向其报告了北京马车铁道的历来情景；1909 年 5 月 7 日，出席日清起业调查会会议，与近藤、大仓、白岩、成田诸人一起听取了有关英德两国中国铁道经营的情况，并讨论了中国政务近况等。⑦

日清起业调查会虽然对中国的借款申请和在华事业经营有过屡次讨论和规划，但都无力实施。而与此同时，欧美等国在对华借款和投资铁路、矿山等方面却屡屡得手，这让日本政界和商界深感嫉妒和不安，担心日本会在这一列强对华投资热潮中落伍。川汉铁路没能让日本插足，而此时粤汉铁路的修建又给了日本一个难得的机会。粤汉铁路原定由美国修筑，由于鄂、湘、粤三省人民强烈反对借债修路，遂收回路权，准予商办，由三省人民分别集资成立湖北、湖南、广东铁路公司，准备自行修筑。然而因资金有限，张之洞就有向日本借款修路的想法，叶德辉还就此事向日本打

---

① 中村義：《白岩龍平日記——アジア主義実業家の生涯》，研文出版，1999，第 158 頁。
② 中村義：《白岩龍平日記——アジア主義実業家の生涯》，第 158 頁。
③ 坂本雅子：《財閥と帝国主義——三井物産と中国》，ミネルヴァ書房，2003，第 61 頁。
④ 不过日本参与川粤铁路建设的企图最终并没能实现，详见坂本雅子《財閥と帝国主義——三井物産と中国》，第 60~63 頁。
⑤ 坂本雅子：《財閥と帝国主義——三井物産と中国》，第 61 頁。
⑥ 原口要时为张之洞的铁道顾问，他希望川汉铁道的工事及所需材料由三井和大仓财阀承包，所以众人才会在日清起业调查会上讨论此事。
⑦ 《渋沢栄一伝記資料》第五十四巻，1964 年，第 483 頁。

探。后来虽有四国银行团出面借款，但是日本认为在工程承包方面尚有可争取的余地。在桂太郎和小村寿太郎等人的热心倡导之下，日本决定抓住这一机会，通过官商联合的方式创建一家投资公司接手此事。1909 年 6 月 3 日，外务省次官石井菊次郎就特意参加了调查会的会议（涩泽荣一亦有出席），① 大概是讨论扩大这一组织以及落实对华投资之事。6 月 22 日，政务局长仓知铁吉、石井菊次郎以及涩泽荣一、近藤廉平、白岩龙平等人齐聚三井集会所出席日清起业调查会。在这次会上，众人决定成立一家类似于英国辛迪加的企业组织，不仅要向中国的公办抑或商办铁路提供材料和技术人员，还对中国的矿山、造船、电气等各种事业进行调查和设计，并供给直接或间接投资之资本。② 与日清起业调查会不同的是，新公司不再是"仅有数名会员在没有资本的情况下进行会谈的组织"，③ 而是在得到政府强力支持的同时，网罗东京、大阪、横滨、名古屋、神户等地的工商业者共同组成的一家大型投资公司。此即后来成立的东亚兴业会社。④ 它可以视为日清起业调查会的扩大版。这不仅表现在企业规模和营业范围方面，也在于同后者的直接联系——一方面是因为它是在包括涩泽荣一在内的日清起业调查会成员一手发起和创立，另一方面也是由于成立之后的东亚兴业会社继承了日清起业调查会的文书和全班人马。

涩泽荣一的日记资料显示，1909 年 7 月 13 日至 16 日，他连续四天忙于东亚兴业会社的筹备之事。⑤ 事实上，13 日的会议是在首相桂太郎和外务大臣小村寿太郎的召集之下召开的，出席人员包括来自日本各地的政商界人士三十余人。桂太郎和小村出席会议，并做了秘密演讲，由此可见日本政府的重视程度。会议一致决定成立一家投资会社，并由桂太郎指名选定涩泽荣

---

① 《涩泽荣一伝記資料》第五十四卷，第 483 頁。
② 《涩泽荣一伝記資料》第五十四卷，第 512 頁。
③ 中村義：《白岩龍平日記——アジア主義実業家の生涯》，第 158 頁。
④ 日本学者片桐庸夫认为，1909 年 6 月，日清起业调查会又改为日清企业调查会，后者资本 100 万元，主要向中国铁路供给枕木和其他建筑材料，后因资本规模小，经营事业也只是局限于枕木等周边事业而非铁道建设本身，又被改为东亚兴业会社（详见片桐庸夫《涩泽荣一と中国——その対中姿勢を中心として（一）》一文，载于 2002 年第 15 号的《涩泽研究》第 13 頁）。然而考其所征文献，并无日清企业调查会一说，笔者在其他资料中也没有看到这一说法。此处日清企业调查会应该是筹备中的东亚兴业株式会社之误，"资本规模小""局限于枕木等周边事业"大概也是作者的误判。
⑤ 《涩泽荣一伝記資料》第五十四卷，第 485 頁。

一、大仓喜八郎、益田孝、近藤廉平、浜口吉右卫门、丰川良平、早川千吉郎、铃木马左也、松方幸次郎、大谷嘉兵卫、原富太郎等十余人为定款调查委员，负责起草该会社的章程等事宜。① 在接下来三天的会议讨论中，委员们确定会社定名为东亚兴业会社，对会社的计划书和章程在调查的基础上做了些许调整，并议定会社股份仅在内部认购而非公开募集。20 日，会社全体相关人员协议会在三井集会所召开，听取并批准了由涩泽荣一所做的定款调查报告，还确定了出席者各自认购的股份数额。需要说明的是，涩泽也是认购者之一，而且其认购数并不低。他认购的 300 股的数额仅次于三井家（1000 股）、岩崎小弥太（500 股）、大仓喜八郎（500 股）和古河虎之助（400 股），② 也算是会社的大股东之一。此外，涩泽荣一不仅是定款调查委员，也是东亚兴业会社的八名发起人之一（其他七名分别是近藤廉平、益田孝、大仓喜八郎、山本条太郎、大桥新太郎、古市公威和白岩龙平），还是该会社的创立委员长。他们在 20 日的会议结束之后还要对会社的股份募集等细节性问题做进一步的讨论和安排。如据涩泽日记所载，在会议刚刚结束的 21 日，他就同白岩龙平就今后该会社设立的进展顺序进行了讨论。③ 在这些发起人的推动之下，会社到 8 月 4 日完成了总额为 10000 股（每股 25 日元）的第一批股份募集，④ 随即向各股东发出了召开创立总会的通知。

为了筹备这一创立总会，涩泽荣一又马不停蹄地奔走于桂太郎、小村寿太郎、古市公威、益田孝等政商界诸人之间，同他们进行反复协商。⑤ 最终，创立总会于 8 月 18 日在东京银行集会所开幕。会议由作为发起人总代表的涩泽荣一主持，除了议决关于董事和监事的报酬（年薪 3000 日元）等项之外，还根据涩泽荣一的提议和推荐，分别任命古市公威（同时也是社长）、小田切万寿之助、山本条太郎、门野重九郎、岩下清周、白岩龙平等

① 《渋沢栄一伝記資料》第五十四卷，第 486、490 页。
② 《渋沢栄一伝記資料》第五十四卷，第 490 页。
③ 《渋沢栄一伝記資料》第五十四卷，第 485 页。
④ 共有 49 股东认购了 9700 股，其余 300 股后由台湾银行持有。
⑤ 据涩泽荣一的日记记载，围绕着东亚兴业会社成立一事，他曾在 8 月 4 日到小村寿太郎官邸找其商谈，12 日与益田孝、小村一起到首相桂太郎处协商，13 日到小村处与益田孝、古市公威等人共同商谈，后又到外务省与石井菊次郎和仓知铁吉协议此事，14 日时，在检阅和批准了有关会社成立的文件之后，将其送至白岩龙平处。（《渋沢栄一伝記資料》第五十四卷，第 491 页）

六人为董事，大桥新太郎和中岛久万吉为监事。①

可以说，为了东亚兴业会社的顺利成立，涩泽荣一不辞辛劳地出钱又出力。他在会社筹划期间，身担定款调查委员、发起人等数职，连续数日在政、商两界奔走相商，甚至在赴美访问前夕还为会社的成立做了不少工作（涩泽于东亚兴业会社创立总会召开的次日，即 8 月 19 日率领日本渡美实业团赴美访问）。难怪在 18 日的创立总会上，古市公威特意代表全体股东就涩泽对会社创立所做的贡献向他表达感谢之意。② 那么，我们又当如何来认识这个涩泽荣一所积极参与筹建的对华投资会社？日本学者片桐庸夫在考察东亚兴业会社与涩泽荣一的关系时认为："可以说，东亚兴业的设立一事，使涩泽荣一通过国民外交的展开而进行的公益的追求，与政府借助于设立国策会社，通过经济提携、资本输出借款等进行经济权益的扩张的想法相吻合并借助于其得到实现。"③ 换句话说，涩泽荣一追求的是公益，而日本政府则着眼于对华经济扩张，两者基于不同的出发点而在东亚兴业会社问题上取得了一致。不过也有学者指出涩泽荣一参与创建日清起业调查会、东亚兴业会社以及后来的中国兴业公司等皆是出于扩大日本在华经济权益的目的。④

笔者更倾向于认可后一看法，这从该会社的设立背景上就可以看出一二。东亚兴业会社的成立主要基于以下两个主要背景因素。第一，如上文所说，中国出现了收回利权、自办铁路的运动，各地的铁路公司为筹集资本又不得不向外举债，这也为该会社的成立提供了一个很好的时机。第二，在此之前，大仓财阀和三井物产已经开始在中国从事一些投资和调查活动，⑤ 而此时的长江流域却是欧美列强，特别是英国的势力范围，各国在这一地区竞争激烈，日本要想占有一席之地并非易事，所以才会有共组一投

---

① 在这些被任命的董事和监事中，小田切万寿之助和中岛久万吉以平素事务繁忙为由辞任，其余皆到职。(《渋沢栄一伝記資料》第五十四卷，第 492、493 页)

② 《渋沢栄一伝記資料》第五十四卷，第 492 页。

③ 片桐庸夫：《渋沢栄一と中国——その対中姿勢を中心として（一）》，《渋沢研究》2002 年第 15 号。

④ 见城悌治和李廷江似乎皆持类似的论点。见城悌治：《渋沢栄一：「道德」と経済のあいだ》，第 167、168 页；李廷江：《民国期における日本財界と中国——中国興業公司設立の考察》，《亜細亜大学国際関係紀要》第 6 卷第 1 号，1996 年 9 月。

⑤ 关于三井物产和大仓财阀在华投资的具体情形，详见国家资本输出研究会编《日本の資本輸出》，多賀出版株式会社，1986，第 178、179 页。

资会社之说。而日本政府亦有意染指当时较少受到欧美列强影响的江西省，希望借助于投资会社扩大在这一地区的经济权益，所以才会积极鼓吹和倡导东亚兴业会社的设立。从这个角度而言，日本政界和财界关于设立此会社的出发点是一致的。具体到涩泽荣一来看，作为财界领袖，他在日本对外经济扩张问题上所抱持的态度与三井、大仓等财阀是一致的，且其本人在日俄战争之后也曾发表过一些对外"进出"的言论。因此，毋宁说涩泽荣一与日本财界、日本政府都是基于同样的出发点而共同创建了东亚兴业会社。唯一的不同之处在于，日本政府通过东亚兴业会社而扩张在华经济权益是为整个大陆政策服务的，换句话说，东亚兴业会社只是推进大陆政策的一种工具。而日本财界更加侧重于东亚兴业会社本身的在华经营，没有对其进行延伸理解。如担任常务董事的白岩龙平就认为，该会社"目的乃纯粹着眼于经济上之利益而设立，充分尊重清国利权，与政治问题没有任何关系"。[1] 但是这并不能够改变其"国策会社"的性质。更何况在该会社成立之后，日本政府不仅从资金上予以大力支持，还特意通过外交渠道为其在华经营开路。如1909年时，横滨正金银行董事小田切万寿之助就受命向李鸿章致函说道："敝国绅商三井、涩泽、益田、大仓、近藤等创立东亚兴业会公司，资本金一百万元，此不过供公司经费已也。若需款甚多，尚能另集厚资，其营业宗旨专在东亚铁路工程及开矿造船等事，将来粤汉、川汉修路时，该公司甚愿承办此项工程，以尽心效力，即包修几段，自必格外认真，不致有误，非但于贵国路事有所益，庶几联络两国之商情，增进两国之睦谊于无穷也。"[2]

那么，对于涩泽荣一等人热心成立的这家对华投资企业，中国方面的态度又是如何呢？据大藏大臣胜田主计称："当时中国人对此公司之感想，谓日本垄断中国利权之公司，甚抱忧惧，且颇不赞成。"[3] 当时的中文报纸《民吁日报》也以《东京见闻之伤心译片》为题对东亚兴业会社的成立及其章程做了报道。报道称："记者观该会社集股之微，心窃异之。于此始悟其为半牙办商之事业。包藏祸心甚深，不过以此为前驱，而以大资本家与敏

---

① 中村義：《白岩龍平日記——アジア主義実業家の生涯》，第158、159页。
② 傅文龄主编《日本横滨正金银行在华活动史料》，中国金融出版社，1992，第903页。
③ 胜田主计著，龚德柏译《日本对华经济侵略之过去及将来》，吴越书店，1928，第30页。

腕之外交家为后盾。愿吾国人切勿等闲视之，误堕其彀中也。"[①] 也就是说，日本政府和以涩泽荣一等人为代表的日本财界在通过东亚兴业会社扩展在华经济势力这一问题上与中国是存在冲突的。这一冲突在以后的日本对华扩张过程中也屡见不鲜。

东亚兴业会社正式成立之后，和其他众多企业一样，涩泽荣一并没有直接参与到该企业的经营过程中去，甚至连顾问之类的头衔都没要，但这并不等于说他对其不再过问。从涩泽的日记记载中可以看出，在该会社遇到一些重要的经营问题和人事变动的时候，涩泽荣一还是会出面协调和斡旋。据其日记所载，在 1913 年 1 月、3 月，1917 年 1 月，1918 年 1 月、2 月、3 月，1919 年 1 月、5 月，乃至 1925 年 2 月，他都有围绕东亚兴业会社之事或是听取白岩龙平等会社负责人的报告，或是协助向政界要人沟通，或是与众人一起商议对策。[②] 大致说来，他所参与的东亚兴业会社的经营和人事事务主要包括下列几项。

其一，增资问题。会社在创立之时资本金定为 100 万日元，后因业务经营需要，于 1917 年 3 月 16 日增资至 300 万日元，1918 年 4 月 4 日，又一举将资本金扩大到 2000 万日元。[③] 这两次增资过程中涩泽荣一皆有参与。如涩泽荣一日记中载有这样的内容："1917 年 1 月 31 日，古市公威前来，协议东亚兴业会社增资之事"；"1918 年 2 月 6 日，下午六时到常盘屋参加东亚兴业会社的招待宴会，古市公威氏陈述会社增资之由来，余亦为之助言"。[④] 从时间上面可以看出，这两则记录分别发生于该会社第一次和第二次增资之前，当可视为涩泽参与这两次增资活动的证据。另据大藏省胜田主计所言，该会社的第二次增资，系"由东亚兴业会社当事者，及与该公司有深切关系之涩泽男爵，详加协议，增加其资本至两千万元"。[⑤] 这一记载也证实了涩泽荣一对于会社增资活动的参与。

其二，继任社长的人选。东亚兴业会社的第一任社长古市公威于 1918

---

① 马鸿谟编《民呼、民吁、民立报选辑（1909.5—1910.12）》，河南人民出版社，1982，第231 页。
② 关于涩泽日记的相应内容，详见《涩沢荣一伝记资料》第五十四卷，第 499~501 页。
③ 《涩沢荣一伝记资料》第五十四卷，第 495 页。
④ 《涩沢荣一伝记资料》第五十四卷，第 499、500 页。
⑤ 胜田主计著，龚德柏译《日本对华经济侵略之过去及将来》，第 31 页。

年 7 月辞去社长一职，其继任者为荒井贤太郎。有资料显示，荒井是在涩泽荣一的鼓动之下就任的，他辞去该项职务亦是经过与涩泽商谈之后做出的决定。荒井贤太郎时为贵族院敕选议员，之前曾担任过大藏省主计局长、朝鲜总督府度支部长官等职，与涩泽荣一也是私交已久。在物色新任社长人选时，涩泽荣一之所以看中荒井，不仅是因为彼此熟悉，更在于荒井政府官员的身份。因为在涩泽看来，东亚兴业会社是东京和大阪等地财界重要人士的集合，在开会之际势必会议题百出，意见不一，所以就需要像荒井这样的人物出面统率和协调。① 荒井在涩泽的力劝之下接任。但到 1922年 6 月加藤友三郎内阁成立之际，他又被召为新内阁的农商务大臣。据说交涉此事之时，荒井表示因受涩泽特别之请而担任社长，现在如果不经同涩泽的协商便不能接受农商务大臣之职。② 他随即在次日一早就到涩泽处商议。最后的结果就是荒井辞去社长职务而入阁。同时，两人还就社长继任人选问题有过商讨。

其三，南浔铁路借款。这可以视为涩泽所参与的日本资本向中国铁路渗透的一个典型案例。1912 年 7 月，负责修建南浔铁路的江西铁路总公司曾与东亚兴业会社签订了一份总额为 500 万日元的贷款合同。对于这笔贷款，日本政府虽然有意给予资金上的支持，但只愿意承担其中的 300 万日元，③ 剩下的 200 万则由东亚兴业会社自行筹集。因此，还在借款交涉的过程中时，该会社就开始忙于同各银行和财团进行交涉。从涩泽致白岩龙平的信件能够看出，涩泽荣一也对此事相当关注。如他在 1912 年 4 月 19 日的信中就提到日本兴业银行总裁添田寿一有意向东亚兴业会社提供费用，但不日将赴法国筹划日法银行之事。所以涩泽就急令白岩龙平与东亚兴业会社总裁商议，并向其索要该会社的相关资料，亲自找添田商谈。④ 在 5 月 9日的信中，他向白岩表示自己对江西铁道之事"可以给予尽可能的援助"。在 5 月 28 日的信中，涩泽荣一又表示，在东亚兴业为江西铁道借款与各银

① 《渋沢栄一伝記資料》第五十四卷，第 514 頁。
② 《渋沢栄一伝記資料》第五十四卷，第 514 頁。
③ 款项出自大藏省预金部，通过日本兴业银行提供给东亚兴业会社。（国家资本输出研究会编《日本の資本輸出》，第 183 頁）
④ 《渋沢栄一伝記資料》第五十四卷，第 495、496 頁。

行和财团交涉时，他可以在银行方面尽充分之力。[1] 而我们从他在 6 月 3 日的信中可以看到，涩泽荣一此时已经了解到东亚兴业与江西铁路公司的借款草约，还要求白岩对此做详细报知，而对于借款的筹集，他相信大藏省方面自然没有问题，各银行也会协商确定分担的比例，如果他们无法达成一致，台湾银行和大仓组也会承担，等等。[2] 最后的结果是，余下的 200 万日元由兴业银行承担一半，台湾银行和大仓组各承担 50 万日元。[3] 尽管我们还无从知晓其他一些细节性的问题，但从这样的结局来看，涩泽荣一在筹集此次江西铁路借款方面确实功不可没。

在此之后，东亚兴业会社又陆续向南浔铁路建设提供了三次贷款，另外还曾向京绥铁路、铜元局、开封电灯公司、汉口水电公司等企业和单位提供过数额不等的贷款。[4] 到 1923 年时，其对华投资金额超过 5870 万日元，1938 年时在华资产达 6713 万日元。[5] 抗日战争胜利后，其在华产业由国民政府接收。

（四）东方国际公司

东方国际公司在日文文献中被称为"东洋万国株式会社"。这家企业并非日本人所设，而是一家主要由法国和比利时出资成立的以中国市场为主要对象的投资公司。"这个辛迪加是利奥波德国王和他的亲信友人专为在中国取得各种租让权，以便推行法国和俄国的政治计划而创立的"。[6] 公司在比利时政府的支持之下，于 1900 年 3 月 28 日在布鲁塞尔成立，由原总理大臣比尔那尔出任经理，主要是在东亚（主要是中国）设立或收购各种企业，通过企业的利润以及将这些企业的股份售予欧洲资本家以取得收益。[7] 为了吸引更多的资金，东方国际公司特意于 1900 年前后派乌特路斯·道普林特

---

[1] 《涩泽荣一伝记资料》第五十四卷，第 496 页。

[2] 《涩泽荣一伝记资料》第五十四卷，第 497 页。

[3] 东亚兴业原本要向日本银行团交涉筹集，但以三井银行为首的银行团却提出一些不可能实现的附加条件，交涉也一再拖延，最终未成。（国家资本输出研究会编《日本の资本输出》，第 183 页）

[4] 具体的贷款情形详见《日本の资本输出》一书第 181、182 页之统计。

[5] 《涩泽荣一伝记资料》第五十四卷，第 505 页。

[6] 陈真等编《中国近代工业史资料》第 2 辑，三联书店，1958，第 157 页。

[7] 《涩泽荣一伝记资料》第十六卷，第 696、697 页。

鲁（日文称为ウーテルス・ド プリンテル）到日本募集资金。道普林特鲁访问了日本银行总裁山本达雄以及其他一些实业家，力劝他们加入东方国际公司，然而大概是因为日本此前尚无类似事情，对这个比利时人也难以充分信任，这些财界人士并不为所动。道普林特鲁不得不专求于日本外务省，希望后者能够给予斡旋和通融。在外务省的帮助之下，东方国际公司终于得到了涩泽、三井、三菱、大仓、住友等日本各大财团的加盟。

从涩泽荣一的日记来看，他曾花费了大量精力来了解这家外国公司，并围绕参与该公司的问题与日本政界和商界诸多人士有过数次谈话和交涉。现据其日记的有关记载，将涩泽对于东方国际公司的有关探询和入股活动整理如下。

1900 年 4 月 27 日，也就是该公司刚刚成立后不久道普林特鲁赴日之际，涩泽与益田孝等人赴外务省，在外务大臣青木周藏的介绍下与道普林特鲁见面。涩泽在当日的日记中写道，这家公司是"以提供支那福州至汉口之铁道敷设之资金为目的"。他和益田孝由此联想到日本当时正在酝酿的日清银行一事，随即向道普林特鲁谈及日清银行的资金供给问题。道普林特鲁表示虽然希望提供融资，但在其权限之外，还需要向本国照知。

5 月 30 日，涩泽到三井俱乐部，与井上馨等十余人向比利时人乌恰（日文称为ウーチャー）询问东方国际公司的条款及设立目的，等等。

6 月 4 日，涩泽到井上馨处谈论东方国际公司之事。

6 月 7 日，在比利时人的劝说下，到东京银行俱乐部与益田孝、瓜生震等财界人士协商加盟之事。

6 月 8 日，到松方正义官邸，与其谈论比利时人劝说加盟之事。

6 月 13 日，与比利时驻日公使谈论相关时事（谈话内容大概也包括东方国际公司）。

6 月 14 日，与比利时代表及松方正义、青木周藏、山本达雄、益田孝、瓜生震等日本政商界人士就加盟东方国际公司做种种之协商。

6 月 17 日，到青木周藏官邸，与其商谈东方国际公司及其他事情。

7 月 2 日，涩泽就东方国际公司之事先后造访松方正义和伊藤博文。

7 月 3 日，再次同松方正义商谈加盟之事。

7 月 6 日，到宫内大臣田中之官舍，与其详谈东方国际公司之事。

7 月 18 日，与宫内省的渡边千秋面谈东方国际公司之事。

7月19日，就宫内省是否出资加盟东方国际公司一事与松方正义商谈，并再访伊藤博文处谈论加盟之事，井上馨亦来会。

7月20日，同益田孝、瓜生震等人就三井、岩崎两家所领购之东方国际公司的金额问题进行协商。另外，大仓和住友财团也有领受。①

涩泽荣一上述一系列活动显示，他在对东方国际公司有了初步的了解之后，应比利时人之请，先后与日本的政界和商界诸人就加盟一事进行了反复磋商。最终的结果是，不仅日本的三井、三菱、涩泽、大仓、住友等财团加盟这家公司，就连代表日本天皇的宫内省也在酝酿加入事宜。虽然宫内省最终并没有入股，但日本政商界诸人对于东方国际公司的密切关注和热烈讨论以及日本多家财阀的加盟，已经足以表明日本在对外经济扩张方面的勃勃野心，入股这一国际性的联合公司也意味着日本资本输出的形式走向多元化和国际化。另外，我们不难看到，在日本入股东方国际公司的过程中，涩泽荣一扮演了一个不可或缺的角色，他穿梭于包括宫内省官员在内的日本政界要人和各大财阀之间，对日本各界的最终加盟起到了很大的促进作用。

日方加盟之后，涩泽荣一也被聘为东方国际公司的董事，为该公司的事务在日本政、经两界穿针引线，继续出力。这从下面所列出的涩泽荣一日记的一些记载中就可以一窥端倪。

"（1901年，下同）四月二十三日，下午三时抵达外务省，与外务大臣和内田氏见面，谈韩国借款之事和东方国际公司之事；五月六日，上午九时到达筑地メトルホール饭店访问比利时公使旦奴坦（日文称为ダンヌタン），谈话数刻后离去，抵外务省面见内田次官；八月三日，上午九时抵达兜町事务所，十时，比利时人弗兰基（日文称为フランキー）来访，闻知东方国际公司之景况；八月七日，上午九时抵达兜町事务所接待来客，比利时人弗兰基前来，……谈论东方国际公司之事及京釜铁道之事；九月三日，面见曾祢大臣，商谈比利时东方国际公司之事；十月十日，此日上午，比利时公使及东方国际公司书记前来谈话；（1902年）三月六日，五时后抵达小村外务大臣官舍，与驻法公使本野、驻比公使加藤谈话，围绕东方国际公司从成立至眼下的状况进行详谈；三月十八日，下午二时抵达兜町事

① 《渋沢栄一伝記資料》第十六卷，第687、688頁。

务所，与比利时人谈东方国际公司相关之事务；三月二十一日，北道国垣来访，谈比利时东方国际公司之事；四月二十二日，九时到兜町事务所上班，大仓喜八郎前来，向其托付代理比利时东方国际公司之事，并详谈历来之关系。"①

上述的活动表现出涩泽在日本入股之后仍然不遗余力地关心和参与东方国际公司的事务。如果说这些活动显得过于抽象的话，那么他对天津电车电灯公司的创立所做的努力则是一个比较详细的个案。

前文提到的他向大仓喜八郎托付代理东方国际公司之事，事实上是因为涩泽稍后要赴欧美旅行。他在感受了新兴资本主义强国——美国的生机盎然之后，又一次来到了欧洲，历访英、法、德、比、意等国。在访问比利时的时候，他即特意参观了东方国际公司的总部。当是之时，借着八国联军侵占天津的机会，比利时趁机在天津设立租界，并有意取得在津设立电车电灯公司的专利权。所以东方国际公司的副经理蔡斯就试图得到日本的支持。在同涩泽荣一的会见中，他和弗兰基一起托付涩泽向外务大臣小村寿太郎进行沟通，希望日本同意比利时将线路通过日本天津租界，认为若这一计划得以实现，日本在津侨民也将会大为受益。虽然涩泽也托人向小村表明此意，但当时已有日本团体向日本政府提出了电铁转让的申请，打算自行在津建立电车电灯事业。小村对此表示，如比利时未能与该日本团体达成合作，他将不能向日本驻天津领事下达任何命令。② 见此情形，比利时驻日公使又特意会见涩泽，表示愿与此日本团体达成充分谅解，希望涩泽做进一步的斡旋以得到日本政府的许可。之后的具体交涉情形我们不得而知，但是尽管日本人和其他一些欧洲人都纷纷申请在天津老城区和租界之间修筑电车轨道，东方国际公司最终还是争取到了此项特许经营权。③ 虽然该公司在天津设立的电车电灯公司无法在日租界经营，但其电车最终仍能在法国及日本租界内营业，④ 这大概也是日比双方协商的结果，与涩泽荣一的斡旋亦不无关系。

涩泽荣一为东方国际公司这样出力，后者自然也投桃报李。东方国际

---

① 《渋沢栄一伝記資料》第十六巻，第695、696頁。
② 《渋沢栄一伝記資料》第十六巻，第690頁。
③ 周利成、王勇则编《外国人在旧天津》，天津人民出版社，2007，第131页。
④ 陈真等编《中国近代工业史资料》第2辑，第810、811页。

公司 1901 年就特聘涩泽荣一为该公司的董事，年薪 400 日元，每年还将公司的营业报告送至涩泽荣一处，涩泽再令人将其翻译成日文印发给三井、三菱等出资者。[①] 天津电车电灯公司在成立之际，还特意赠送给涩泽两股创立股票。这些股票由于不需要支付相应的金额，所以没有对应的资本权力，但仍然可以享受红利的分摊权。[②]

到了 1907 年改选董事之际，东方国际公司仍然有意续聘涩泽荣一担任董事一职，涩泽虽以平素多忙为由坚辞，不过日后还是会偶尔过问该公司的营业情况。东方国际公司除了经营天津的电灯和电车事业之外，最广为人知的事情就是和英国所办的东方托拉斯一起于 1900 年 12 月 21 日在英国注册成立开平矿物有限公司，窃取了开滦煤矿的开采权。此外，1906 年成立的上海法商电车电灯公司也为东方国际公司所设。辛亥革命爆发之后，东方国际公司因受时局影响，经营状况欠佳而解散，其所属公司也为华比银行接手。[③]

从战前的对华观感到战后对华经济思想的形成，从战前的偶然性尝试到战后系统地推进对华经济扩张，对于涩泽荣一的对华思想与实践而言，甲午战争确实是一个分水岭。当然，无论是在观念还是行动层面，涩泽对华扩张的积极态度并非一蹴而就地形成的。从谨慎走向积极，从消极转为支持，这样的变化过程在他所参与的对华经济调查、日清银行的酝酿等事件中都有所反映。然而不管是日本对外侵略扩张的集体意识造就了涩泽的这种变化，还是涩泽荣一本人自觉地顺应"潮流"而自我调适，他最后还是积极投入日本对华"进出"的大潮之中。这种投入的热情程度甚至在义和团运动和日俄战争之后还得到进一步加深。就一系列实际行为而言，涩泽荣一也的确起到了相当重要的作用，无论是对华银行的筹划还是各种在华实业公司和投资机构的出现，几乎都少不了他的身影。那么，如果用"王道"和"霸道"来描述的话，涩泽荣一的上述言行究竟会属于哪一方？恐怕还是后者的成分会更多一些。这种经济扩张虽然不同于赤裸裸的武力侵略，甚至表面上同今天的一般性跨国投资行为也有些相似，但从根本上

①　《涩泽荣一伝记资料》第十六卷，第 697 页。
②　《涩泽荣一伝记资料》第十六卷，第 694、695 页。
③　《涩泽荣一伝记资料》第十六卷，第 697 页。

讲，它还是以不平等条约为基础而深深打上了强权的烙印。从中国民众对日本设立湖南汽船会社、东亚兴业会社的普遍反应来看，双方之间明显存在分歧。中国方面并不欢迎日本的扩张之举，而日本的政商界人士却没有顾及中国方面的感受，只是一味地为追求本国利益而伙同西方列强一道占领中国市场和掌控中国经济。

第四章　合作开发中国论：中日合办与日美联合

1912 年对于中日两国来说都相当重要，中国的辛亥革命推翻了统治长达两千余年的封建王朝，开启了民国时代，日本也因天皇交替而进入大正时期。同时，这一年对于中日经济关系而言也意义重大。辛亥革命的爆发为日本财界的对华扩张带来了新的契机，日本财界人士在关注中国政治局势的同时，更关注这种变化对于中国经济以及日本在华经济权益的影响。他们通过种种方式试图巩固和扩大日本在华经济利益，而这同时也直接或间接地影响着中国政治经济发展的走向。对于涩泽荣一本人来说，辛亥革命之后的一段时期也是他与中国交往极为活跃的时期。在思想层面，他的对华经济思想（包括利权观、合办论、日美联合论等）在这时才逐渐比较完整地表述出来。在实践层面，涩泽不仅主持创设了中国兴业公司、中日实业公司之类的中日合资企业（这部分内容将置于下一章进行专门考察），还于 1914 年正式访问中国，并在随后的几年内极力拉拢美国共同对华投资。

一　辛亥革命前后涩泽荣一的对华观感与 "中日合办论" 的提出

（一）辛亥革命后涩泽荣一的对华观感

1. 对中国政局及中国社会的看法

涩泽荣一屡次声言他并不愿意涉足政治，但这不等于说他不关心政治，更不用说他与政治人物的密切交往了。事实上，他不仅关心日本政治，也关注着中国的政坛局势和政治走向。这一方面缘于他历来对中国所抱持的一种亲切感（尤其是在文化方面），另一方面也在于政治因素亦是投资环境的一个重要方面，特别是在近代日本向中国经济"进出"的过程中，中国的政治人物和政坛状况起到至关重要的作用。下面就涩泽对那个时代中国的一些重大政治事件和政治局势的认识和感受略做考察。

1906～1908年，中国的革命党人在同盟会、光复会等革命组织的领导之下发起了数起武装起义，虽然都以失败告终，但却给清政府以极大震撼，也在国际上引起了很大反响。1908年11月，涩泽荣一就中国国内局势问题向《东京日日新闻》的记者发表了自己的看法。涩泽承认，若革命派的武装起义遍起各地而致使工商业萎靡，"我国经济界无论如何也当遭受相当之打击"。不过他却相信不会出现大规模的革命运动，并将之与日本倒幕运动相比较，认为中国"敌国外患之今日形势，恰似维新当时之日本，绝对不会有大的内乱"，因为维新之际虽有幕府开国派与朝廷攘夷派的斗争，但为了不致使外人得渔翁之利，自己内部争斗也没有意义，所以很快停止。"像这样的话，虽然是支那人，但若为国家着想，自然不会起什么无聊的内乱。"①显然，涩泽对中国革命的认识还不够准确。这大概是由于他尚不太了解中国的内外困局和革命形势，因而只能将其与他所熟悉的倒幕运动进行简单对比。

辛亥革命爆发之后，他的态度有了很大转变。1912年2月，《龙门杂志》曾以《清国时局观》为题，登载了涩泽荣一关于中国辛亥革命的谈话。涩泽在谈话中认为这次革命的爆发乃是"自然之数"，不足为怪。他还为此做了进一步说明，理由大致包括三点。第一，满人已经称霸三百余年，实行威权政治，自己为雇者，而汉人却常常处于被雇者的地位；第二，作为中国之国教的孔子教最终也鼓吹革命、治国平天下等语，到了极端就是舍革命之外没有他途；第三，在近代文明的影响之下，中国人也到外国游历，了解国外情况，在发现国内与西方文明存在巨大反差之后，也会产生革命思想。②当然，他也承认自己并非政治家，也不是"中国通"，对于孙中山、黄兴、黎元洪等人都不了解，所以对"彼等革命军之势力如何，究竟将会取得多大程度之成功"也不好断言。③

---

① 《涩泽荣一伝記資料》别卷第六，談話二，第423頁。
② 《涩泽荣一伝記資料》别卷第六，談話二，第544頁。
③ 《涩泽荣一伝記資料》别卷第六，談話二，第544頁。

涩泽以上两则关于中国革命的评论，无论是哪一次都是根据事后结果做出的，难免有马后炮之嫌，而且前后也有巨大的反差。不过也不能苛求于他。在辛亥革命初期的一段时间内，面对中国南北对立的局势，就连日本政府都不能判断未来的走向，以致此时的对华外交才会在革命党人与清政府之间以及孙中山和袁世凯之间摇摆不定，更不用说涩泽个人了。

时隔十余年之后的 1924 年，见到中国仍然陷于分裂和混乱之中，涩泽自称："看到支那之现状，我确实有受伤之感。"他感叹道："这个有深厚道义精神的国度，为何如此坏乱？今日之状态，如同难辨鸟之雌雄，实在是可悲可叹之事。"① 一些到访日本的中国人士向其表示中国目前的政治困境有两条解决办法，其一是以武力实现完全统一，其二是实行联省自治。据涩泽称，他所接触的中国南方人士大都赞同后者，而究竟哪一种方式比较合适，他本人也表示"我对支那问题并没有很深研究，因而，并不能断言就是武力统一好还是联省自治好"。② 但从其言论中可以看出，他还是倾向于选择联省自治道路的："这样如此广大的国家，比起以武力统一来，通过联邦自治，向今日之美国那样联合的话岂非更好？"③ 不过，比起选择哪一种统一方式，他更在乎的还是中国能否早日统一并实现和平这一最终目的，因为"像今天这样的大乱继续下去，对国家极为接近之日本自不必说，也是世界之麻烦"。④ 当时有日本学者将中国迟迟未能统一和安定下来归之于中国的国民性，"即支那人作为人虽然具备各方面的能力，但却不能自行团结起来"。⑤ 针对这样的观点，涩泽荣一却认为尚需做进一步的探讨。他认为，从历史上看，"早在三代（夏、商、周）时，（中国）就被统一，以《礼记》为三代之礼，民共由之，成为了不起的国家。次为秦，由始皇帝统一。然后有前汉之一百二十年，后汉之一百九十六年，后又有魏、蜀汉、吴之三国统一。再次为西晋及东晋、五胡十六国、南北朝、隋、唐、五代、宋、辽及西辽、金、夏，下为元、明、清以至今日"，从这也可以看出，"有知识有能力之彼等"能够依靠自身的力量组成一个国家。不过虽然如

---

① 《渋沢栄一伝記資料》別卷第七，談話三，第 337 頁。
② 《渋沢栄一伝記資料》別卷第七，談話三，第 618 頁。
③ 《渋沢栄一伝記資料》別卷第七，談話三，第 618 頁。
④ 《渋沢栄一伝記資料》別卷第七，談話三，第 618 頁。
⑤ 《渋沢栄一伝記資料》別卷第八，談話四，余録，1969，第 135 頁。

此，他还是觉得难以像说英国人质朴、德国人刚健、美国人勇敢那样明确地概括中国人的特性出来。① 这里固然表明涩泽荣一难以确定中国人的国民性，但也可以看出他无意武断地判定中国无力实现统一。表面上的理由是中国有着长期统一的历史，实际上也许是出于他个人对中国的情感。毕竟就像他反复强调的那样，他也受惠于中国文化之浸养，且向来反对分割中国论，因而也不愿意接受中国无法统一的论调。

此外，如果说涩泽荣一对于中国的政治形势感到难以把握的话，那么他通过1914年的访华之行对中国社会的认识则完全是一种客观的观察。访问结束之后，他曾在向日本人的演讲中提到对于中国社会的整体认识："总之，支那一般的文化水平还相当低下，农工业颇为幼稚，官民之间的关系亦与我国有天壤之别。"② 给他印象最深的有两点。第一是中国人政治观念缺乏，"一般之支那人民，除利己心之外，国家及地方观念极为薄弱，而政治观念之类，又甚为欠缺"。③ 第二是中国存在着巨大贫富差距，没有中流社会，"特别是积年弊政的结果，富者越来越富，贫者亦越来越穷，有因一人致富而万人陷于贫穷之弊"。④ "一国之中无中流社会，全体国民缺乏国家观念，此为现今支那之缺点"。⑤ 尽管这种落后的状况他在早年来华之时就已经切身体会到了。但早年的中国之行仅限于上海一地，而1914年的行程则不仅有上海、天津、大连等沿海地区，也包括大冶、汉口、武昌等中国腹地，遍及大半个中国，所以给他的印象尤为深刻，也与他平素想象中的中国形成了巨大反差。在他眼中，中国有着辉煌的历史，"……所谓通览二十一史之处，各朝大人物辈出。秦之万里长城，隋之炀帝大运河，且不论当时是等之大事业之目的何在，但就其规模之宏大言，今日无论如何也不能企及。因而，从史籍中窥见自尧舜禹三代开始之殷周时代之绚烂文化，可以恣意想象"。⑥ 然而及至实地考察之后，却全非如此。他将这种落差比作画上的美人，原本想象的那种美貌待见到真人时却是另外一副模样，"想

① 《渋沢栄一伝記資料》別卷第八，談話四，余錄，第135頁。
② 《渋沢栄一伝記資料》第三十二卷，第596頁。
③ 《渋沢栄一伝記資料》第三十二卷，第593頁。
④ 《渋沢栄一伝記資料》第三十二卷，第593頁。
⑤ 《渋沢栄一伝記資料》第三十二卷，第613頁。
⑥ 《渋沢栄一伝記資料》第三十二卷，第613頁。

象得越高，失望越深"。① 这不仅使他感到"偌大之支那前途究竟如何，予不禁窃为忧惧"，② 也让其联想到日本国内的状况，进而提醒日本人以之为鉴，在物质文明进步的同时也要增强精神上的修养，养成高尚人格，免得重蹈中国覆辙。

2. 对中国经济的观感

涩泽在 1914 年来华之际曾经向外界反复说明自己访问中国的一个主要目的即是拜谒孔庙、游山玩水，并言来华是其久蓄之愿。这跟他自幼接受的儒学教育有关，按照他的话说，"余对诗文多少有些兴趣，读过古文真宝、唐宋八家文、四书五经，以及其他如白乐天、张继、李白、杜牧等人之诗文。故（此次中国之行）探访名所古迹是余最喜爱之处"。③访华期间，大凡路过之地，他都会去参观当地的名胜。在杭州时，涩泽先后游览了西湖胜景，并特地参观了岳飞之墓，在岳飞和秦桧像前颇有感触；④ 在苏州，念及张继的《枫桥夜泊》之诗，感叹于寒山寺孤寂荒废之光景；⑤ 行于长江之上时，则有感于江水的浩浩荡荡、波澜壮阔，追怀起苏轼的《后赤壁赋》。⑥ 此外，他还登上了武昌的黄鹤楼，游览了北京的故宫及八达岭长城，等等。而除了饱览名胜，涩泽对于中国各地城市的风貌也有大体的感受。例如，他对于上海的印象是："规模宏大的外国商馆栉比鳞次，是在西式组织之下活动之东洋一大要港。今日其呈现的繁荣之象甚至超过神户，不能不感叹其过去三十年间取得如此长足之进步"；而苏州是"土地肥沃，农产亦丰富，但一般人民之生活状态颇为寒酸，道路亦狭隘，且极为不洁"；⑦对于南京，则是一种"荒废之古都"的印象。由于南京此时饱受战事影响，城市破败不堪，他感到其规模虽大，却颇为荒凉，甚至还担心那些衰微的名胜会在五六年后消失，为此还特意向时任江苏都督的冯国璋建议加以保护，不过冯国璋对之并不以为然。⑧

① 《渋沢栄一伝記資料》第三十二卷，第 613 页。
② 《渋沢栄一伝記資料》第三十二卷，第 594 页。
③ 《渋沢栄一伝記資料》第三十二卷，第 589 页。
④ 《渋沢栄一伝記資料》第三十二卷，第 602 页。
⑤ 《渋沢栄一伝記資料》第三十二卷，第 589 页。
⑥ 《渋沢栄一伝記資料》第三十二卷，第 591 页。
⑦ 《渋沢栄一伝記資料》第三十二卷，第 595 页。
⑧ 《渋沢栄一伝記資料》第三十二卷，第 603 页。

比起观光游览，给涩泽印象更深的也更在乎的似乎还是中国的经济尤其是资源状况。中国广袤的国土、丰富的资源深深地打动了年迈的涩泽。在他看来，中国"天惠有余，人工皆无"，① 到处都是未被开发的宝藏。这里举出两例以窥其对中国资源之赞叹。

第一是大冶铁矿。该矿早前就已经被日本插手，日本八幡制铁所也赖其提供的铁矿石作为主要供应原料，所以涩泽来华之前就知道此矿。而在目睹大冶矿山之后，他仍然掩饰不住自己的惊讶和激动。无论是在访华期间还是回国之后，他都在各种场合反复提起大冶铁矿的富庶。他曾这样描述该矿，"惟以锹挖掘山之表面，即可得足有百分之六十含量之优良铁矿，且仅需十八海里长之铁道即可以船装运"，② "总之全山悉为铁矿，切掉直接搬运即可，绝不像其他矿山那样备坑采掘。就如同铁道线路的切割工事那样，从山腰的任何地方切割采集都可以，……在大冶铁山附近有两三座突兀大丘陵，这是唐太宗时代采掘堆积之铁屑，从此铁屑中亦可得到充分之铁，然而近日已没有必要再顾及此"。③ 除了铁矿石外，"其附近还有许多作为水泥原料之石头，也有水泥工场"。④ 我们从这些叙述中已经不难看出他对大冶铁矿的赞誉之情，而涩泽在给阪谷芳郎的信中更是表示，对于长江一带之物产，尤其是大冶铁矿，只能用垂涎三尺来形容。⑤ 他在回国之后的一次演讲中又曾如是感叹道："……尤其是大冶有世界第一铁矿之称，其矿石之无尽藏量实在是令人垂涎三千丈。美国虽有比尤特之铁矿，终究还是比不上大冶铁矿之丰富。"⑥ 他甚至还声称，除大冶铁矿外，"贯穿四百余州之中原的长江一带，到处可见铁山。总而言之，支那铁矿之无限富源，实在令人吃惊"。⑦

第二是苏州的蚕桑业。在日本走向近代化的过程中，纺织业应该说是一种"支柱产业"，它直接带动了日本其他产业的发展，并且在日本对华投

---

① 《涩泽荣一伝记资料》第三十二卷，第 546 页。
② 《涩泽荣一伝记资料》第三十二卷，第 595 页。
③ 《涩泽荣一伝记资料》第三十二卷，第 591、592 页。
④ 《涩泽荣一伝记资料》第三十二卷，第 604 页。
⑤ 《涩泽荣一伝记资料》第三十二卷，第 546 页。
⑥ 《涩泽荣一伝记资料》第三十二卷，第 591 页。位于美国西北部的比尤特（Butte）地区盛产矿石。不过比起铁矿，该地区铜矿的储藏量更为丰富。
⑦ 《涩泽荣一伝记资料》第三十二卷，第 592 页。

资的企业当中也长期居于主导地位。涩泽荣一本人虽然没有直接参与日本棉纺织业的经营，但他却是日本第一家大型股份制企业——大日本纺绩会社的创始人，还是大日本蚕丝会的评议员，所以在华期间，也会有意无意地注意到中国的蚕丝业状况。在回国之后的一次中国旅行谈中，涩泽说过这样一段话："苏州最为注意的为养蚕业，相当繁盛，桑叶等也极好。与日本一样，（蚕丝业）也是农家之副业。虽然桑的特性尚有很多有待改良之处，然而无论怎样，由于土质好，也会有极好的桑叶。而且劳动力价格便宜，所产之丝拉得紧，光泽好，因而价格也高上一成。更兼之精心制作，实在是我之强敌。希望我养蚕之家对其多加注意，更加奋进努力。"[1] 也就是说，他注意到苏州养蚕业的发达，并提醒国内的同业者要注意这个潜在的强大竞争对手。随后，他又曾专门就苏州的养蚕业问题发表谈话，[2] 概括来说，他谈了苏州桑园的三个特点。其一是桑园的繁茂。他认为其繁茂程度宛若森林，与日本内地荒废如草原一般的桑园形成巨大反差。其二是桑园土质好。涩泽将其与他家乡盛产优质蚕种的利根川沿岸土壤相比较，认为两者极为相似。其三是当地的气候适宜桑树成长，"如果气候风土适合桑树成长，那么获得蚕儿唯一的饲料就不感困难，可以说是天赐之第一蚕业地"。涩泽由此敏锐地感觉到，"享受天惠之支那国民还未从长眠中觉醒尚好，但若到一觉醒来之时，不知将会给世界蚕业地图带来怎样的变化"。[3]

蚕丝也好，铁矿也罢，涩泽之所以看重这些资源，无疑是意图扩大中日之间的贸易规模，增加对华投资额度并扩大范围。在中国如此富有的资源面前，涩泽甚至表示自己尽管已经宣布退出实业界，但仍有重操旧业的冲动。[4] 当然，他如此表示的目的更在于强调中国之于日本的重要意义，并呼吁日本在对华经济扩张方面迈出更大的步伐。涩泽声称：对于有广阔土地及无限富源的中国，"列强对其的态度实际上一直摩拳擦掌，将来之支那究竟如何，予虽不能预言，但此天惠富庶而人才缺乏之大国乃帝国之邻国，

---

① 《涩泽荣一伝记资料》第三十二卷，第 603 页。
② 这个谈话以《视察邻国桑园》为名登载于 1914 年 8 月第 271 号的《大日本蚕丝会报》上面，全文详见《涩泽荣一伝记资料》第三十二卷，第 620、621 页。
③ 《涩泽荣一伝记资料》第三十二卷，第 620 页。
④ 《涩泽荣一伝记资料》第三十二卷，第 541 页。

若帝国对其尽行放任，担心续发前途堪忧之事件"。① 这里的"堪忧之事件"即是对日本在华经济利益带来不利的事情。涩泽此意也就是敦促日本强化对华经济扩张。他明确声称："……今后我帝国实业之兴废将取决于邻国支那实业界盛衰如何，与之命运与共。这是经世家必须深深留意之处。"② 同时，涩泽对于当前的中日贸易状况却颇为不满，认为："若说不依赖于广大之区域将无法实现实业之兴盛，则日支贸易的必要性当毋庸赘言。然考察我国对支贸易状况，不过输出少量海产杂货，实为可惜，丝毫未能动其大动脉。"③ 这也是他后来亲自主持发起成立中日实业公司的原因之一。

一方面是鼓励日本投资中国，另一方面又鼓动中国进一步打开国门。1918 年，对于不少中国人认为中国的输出原材料——输入外国制成品的贸易结构不利于国力发展的观点，以及中国当时禁止铁矿石输出的行为，涩泽荣一却有不同看法。他认为："这样的政策虽然对于国家有一时之利益，但就犹如海螺怕水入口而闭上盖一样，水没有浸入，可也不能呼吸，结果是自取灭亡。"④ 在他看来，中国的铁及其他原料只有向外国输出才能使中国获利，在本国国内尚无加工能力的情况下，过早地禁止输出只会让宝藏腐烂在手中。除了积极主张中国进一步扩大对日贸易规模外，他还鼓励中国敞开国门迎接外国对华投资。涩泽荣一认为，"对于近世文明之产业组织十分缺乏、开拓余地颇多之支那，欲开发其宝库，势必要输入本国所欠缺之资本及近世生产知识"，除了必须由自己经营的国家性事业外，应该"在所不惜地答应外国要求，引入资本和知识，以资开发其富源。此举一举两得，自国得利之同时他国亦得利，且不会遭受任何片面之损伤"。⑤ 不光如此，涩泽还从提高中国人生活水平的角度强调中国开发和发展的必要："人类生存的目的素来在于生活（水平）的提高，而为了提高生活（水平）就必须发达生产及运输、金融之便，但是支那人提高生活（水平）的观念素来落后于人。……然而支那矿山、铁道、银行等事业尚未充分发达，电气事业之类亦处于颇为幼稚之状态。因此，若由日本投资发达是等事业，则

---

① 《渋沢栄一伝記資料》第三十二卷，第 594 页。
② 《渋沢栄一伝記資料》第三十二卷，第 589 页。
③ 《渋沢栄一伝記資料》第三十二卷，第 594 页。
④ 《渋沢栄一伝記資料》別卷第七，談話三，第 265 页。
⑤ 《渋沢栄一伝記資料》第三十二卷，第 611 页。

在增进支那幸福之同时，日本亦得利益。"①说到最后，还是回到日本投资中国上来了。

需要指出的是，对于中国经济运行中所面临的一些迫切问题，他也提出了自己的看法。涩泽认为应当首先实行的解决方案大致包括以下三点。第一是财政的整理。"目前支那之财政，有毫不顾及财源而支出紊乱之倾向，然而其岁入之大部乃依靠借款作为收入，这是最为担心之处。若今日之状态长久持续下去，或难保国家陷于破产之悲运。对此，余认为要在编制预算上面多加注意，以实现岁出岁入之均衡。"② 第二是银行制度的完备。在他看来，中国当时虽然银行总数不少，然而各银行之间未有统一，业务未有共通，"故为匡济此弊，实现国家经济之调整，创设一确实之中央银行为焦眉之急务"。③ 他还以日本的情况为例，指出日本于明治之初，专门效法美国的国立银行制度，后又采用英国制度，再借鉴德、法、奥等国，"摄取各国制度之美点而定其制度，得以年年进步改良。支那也应完备银行制度，实现金融统一，相信此为将来经济界发展之最大急务"。④ 第三是改革货币制度。"现在支那货币制度颇落后于时代，各地有各样之货币，因而在经济关系上各地也呈现独立之势，其间缺乏统一，货币价格又日日变动极大，以致对商业贸易带来诸多危险。由于这大大妨碍支那之发展，宜从速进行币制改革。"⑤

应该说，这些确实是当时中国亟待解决的问题，不光是涩泽荣一，中国国内已经就此有过多年的讨论，并做过一些尝试。这些问题再从涩泽那里说出，虽然已经没有新鲜之感，但可见他对中国问题的关注，甚至对中国抱有几分善意。然而在肯定这一点的同时，我们仍然需要做更细致的观察。其实，涩泽荣一在辛亥革命爆发之际就已经发出类似言论。他曾提出，不管中国官革两方（即清军和革命军，笔者注）哪一方胜利，日本所要做的都是待局势平定之后"改善支那货币制度，整理其紊乱之财政"。⑥ 之所

---

① 《渋沢栄一伝記資料》别卷第七，談話三，第266頁。
② 《渋沢栄一伝記資料》第三十二卷，第582頁。
③ 《渋沢栄一伝記資料》第三十二卷，第582頁。
④ 《渋沢栄一伝記資料》第三十二卷，第614頁。
⑤ 《渋沢栄一伝記資料》第三十二卷，第582頁。
⑥ 《渋沢栄一伝記資料》别卷第六，談話二，第544頁。

以提出这些见解，似乎更多的仍在于谋求日本在华经济利益的扩大和巩固。如就银行来说，如前文曾经考察的那样，他曾在日清银行的筹设过程中起到重要作用，而在辛亥革命之后，又因日本设立中国中央银行之事与阪谷芳郎一起在日本各界积极奔走斡旋。一旦其设想得以实现，那么日本对于中国金融的控制力和影响力已自不待言。另外，主张币制改革也是他基于日本对华贸易与投资能够长远发展的考虑。在涩泽看来，中国货币混乱，物价变动无常，致使日本始终无法安心与中国进行贸易。他还批驳有人主张的利用混乱的金融获取暴利的观点，认为中国币制不能这样放任下去，否则对日中贸易的前途无益。① 可以说，改善中国的财政、银行和币制状况不仅对中国经济发展有利，对日本而言也能够改善贸易和投资环境。只是由于立场和出发点的不同，如果按照涩泽所说的那样，中国的主权势必在改革过程中受到很大侵蚀。

（二）中日合办论

涩泽荣一在 1914 年中国之行结束之后，曾在日本杂志《太阳》上面发表了一篇名为《支那漫游所观》的文章。文章中有这样几句话："商业的真正目的是有无相通、自他相利，殖利生产事业与道德相伴随才能达到真正之目的。这是余平素所持之论。我国关于支那之事业，也要抱以忠恕之念。谋求本国之利益自不必说，如果同时也有使支那得到利益之方法，则日支间真正之提携绝非难事。对此，首先要做的即是开拓事业。开拓支那之富源，打开天与之宝库，以增进国富。而经营方法者，两国国民共同出资的合办事业为最良之法。非独开拓事业，其他事业亦然，其组织应为日支合办事业。这样日支之间会有紧密之经济联系，所以两国间也可得到真正之提携。"② 涩泽在这里所谈的中日合办、中日提携之语，其实并非他的个人创见。中日合办论在日本由来已久，只不过涩泽深有同感罢了。

有资料显示，日本所推行的中日合办事业出现在中日甲午战争之后。"嗣以外人在中国日益活动，日本当局者不忍袖手其旁，乃由有志者陈说中日合办事业之必要，极力促其实现。所陈之理由，即中日两国人为同文同

---

① 《渋沢栄一伝記資料》别卷第七，談話三，第 264、265 頁。
② 《渋沢栄一伝記資料》第三十二卷，第 612 頁。

种，易于相亲，又中国多未开发之利源，日本尚未有合同事业以利用之，若出日本人之企业能力，利用中国资本，于中国经营合同事业，诚为一举两得适合时宜之良策。此等论调喧传于日人之口，且同时战后满洲经营之急务一语，几为日本人之口头禅。"① 从实际情形来看，日本在日俄战争之前就办过几家中日合办企业。如 1897 年，上海就有一家中日合办的小型轧棉工厂；1898 年，安徽曾有一家中日合办的宜城煤矿公司；1902 年，重庆成立了一家中日合办火柴公司，后又于 1905 年成立了三家洋火制造所。② 不过这些企业不仅数量少，规模也不大。中日合办企业的飞速发展是在日俄战争以后，特别是在东北地区开始大量出现。截止到 1931 年，有据可查的中日合办企业已达 217 家之多。③ 涩泽荣一提出中日合办论的直接背景是酝酿成立中日实业公司（及其前身中国兴业公司）这一合办事业，这也正值日本开始大规模创设合办企业之际。因而，他的这一论说不仅是其本人对华经济思想的一个重要组成部分，也可以从中看出日本财界乃至日本政府在对华经济扩张中的一些策略性思考。

涩泽荣一提出中日合办论的时机同他与孙中山协商（后来改为同袁世凯政府交涉）成立中日合办公司的行为直接相关。在 1914 年前后，尤其是访华期间，他曾多次就中日合办之事发表看法。具体来说，他的关于中日合办的理由包括以下几点。

第一，中日同文同种说。在涩泽荣一访华之前，他曾就来中国开发一事发表了自己的意见，其中谈道："总体而言，支那与日本无论是从自古以来的历史、风俗习惯、文学及宗教、人种，还是从地理位置上来看，相互之关系都甚为亲密。因而，由于存在利害相伴之关系，在经济界事业等方面，就特别应该相提携。"④ 提携的途径就是"我等在谋求日本之利益的同时，也要谋求支那之利益，使利益与德义相一致，以此道相交，方始得提携之实"。⑤ 进一步地，中日合办事业又是两国经济提携的"最良法"。也就

---

① 日本实业之日本社著，中华书局编辑所译《日本人之支那问题》，中华书局，1919，第乙30 页。
② 张雁深：《日本利用所谓"合办事业"侵华的历史》，三联书店，1958，第 26～27 页。
③ 杜恂诚：《旧中国的中日合办企业》，《学术月刊》1982 年第 7 期。
④ 《涩泽荣一伝记资料》第三十二卷，第 495 页。
⑤ 《涩泽荣一伝记资料》第三十二卷，第 495 页。

是说，他是通过反观中日两国在诸多方面的相通之处和源远流长的交往历史来论证今后交往（尤其是在经济领域）的必要。在涩泽看来，既然双方存在这样一种既往的关系，又是同文同种，所以比起中国与其他国家的合作，中日之间的合作应当没有太多的障碍。这也是中日合办事业的一个有利条件，所以他就不止一次地强调这一点。在访华期间，涩泽以孔孟之徒拉近两国距离，言："想来两国国民素为孔孟之徒弟，特别是予幼少之时受孔子之教熏陶，与贵国人会见之时，没有他国人之感。无论如何也要增进同文同种之情谊。"① 他还曾在日本人为其举行的一个宴会上呼吁："回顾日本和支那的关系，已属于两千年来之事，而除政治、文学、美术以外，更应发展实业方面之关系，以图增进两国共同之利益。"② 他回到日本之后也仍然强调："日支间有同文同种之关系，从相邻国的地位或者从自古以来之历史看，再依据（双方）在思想、风俗、兴趣方面存在相通之处来看，都有必须相提携之国情。"③ 涩泽在京都同志社大学演讲时亦提到："反过来想，邻国支那版图广大，天惠亦颇丰富，但人工未彰。故英美德法及其他强国争相将视线集中于该国，现今正在此跃跃欲试。然自阿部仲麿、传教和慈觉两大师以来，④ 有千余年亲交同文同种之我日本，虽与彼有宛如唇齿辅车之关系，然而援助之效果颇微，甚为不振，岂非遗憾之至哉。"⑤

当然，中日之间究竟是否属于"同文同种"还另当别论。⑥ 而在近代中日关系史上，无论是中国方面还是日本方面都在使用这样的说法。它既是一种拉近双方距离的客套语言，也在一定程度上反映了两国国人对双方交往历史和共通之处的认可。涩泽采取这样的说法也无可厚非。不过随着日本对华侵略的步步加深，"同文同种"说越来越成为日本企图在经济、政治、文化上进一步支配中国的外交辞令和欺骗手段。

---

① 《渋沢栄一伝記資料》第三十二卷，第535页。
② 《渋沢栄一伝記資料》第三十二卷，第516页。
③ 《渋沢栄一伝記資料》第三十二卷，第612页。
④ 阿部仲麿即阿倍仲麻吕，传教大师、慈觉大师皆为日本古代高僧。其中，慈觉大师又名圆仁，为鉴真在日本再传弟子；传教大师又名最澄，为日本天台宗创始人，其先人为归化日本之汉人。此三人都到过中国。
⑤ 《渋沢栄一伝記資料》第三十二卷，第594页。
⑥ 有学者就认为日本与中国不是同文同种，至多只能算是文字相同的国家。见陈舜臣《日本人和中国人》，文化艺术出版社，1990，第57页。

　　第二，亚细亚主义思想。亚细亚主义思想或被称为亚洲主义思想，大致包括以"兴亚论""连带论"为特征的古典亚细亚主义和以"东洋盟主论"为特征的大亚细亚主义两个方面。这两个方面都曾经在近代日本有着广泛的影响。我们从涩泽荣一身上也可以看出二者的影子。有学者称涩泽荣一的中国观包括"日本东洋盟主论"，[①] 涩泽荣一也说过"吾人愿日本战后之经营，以在东洋大力扩展商工业为重，使吾国成为东洋之中心"，[②]"……何况我国无论从地理上还是历来的关系上言之，都是东洋之盟主"[③]之类的话。但是古典亚细亚主义思想也在他那里有所体现。涩泽所主张的中日合作、中日经济提携论即属于古典亚细亚主义的范畴，他所宣称的中日联合以同欧美相竞争也同样具有类似的特征。例如，涩泽荣一在访华期间曾向中国人说道："支那有各种丰富之资源已无须多言，若将来日支相提携而谋求开发和发展，将来与欧美相角逐也未必就是难事。"[④] 需要说明的是，涩泽荣一并不是一个立场坚定的亚洲主义者，毋宁说他是一名国家主义立场之上的经济开放主义者。这种开放的大门不仅面向中国，也面向欧美等国。他并不反对与西方国家联合起来开发中国。在涩泽看来，"今日之时势单以自国之利益为目的而欲开发支那之富源，不可能之事也"，[⑤] 最好的方法就是各国相互协作，勠力推行。涩泽还曾经说过："若日本与英国协同经营长江沿岸事业，吾人将毫不犹豫"，[⑥]"开拓支那之富源，诸外国相协作而勠力遂行乃最好方法"。[⑦] 所以再回过头来加以对比就可以看出，涩泽荣一所说的中日联合与欧美抗衡之类的话的最主要目的无非就是为中日合办事业做注脚。

　　第三，双方互补遗缺论。比起以上两点说法，互补遗缺其实是中日双方合办各种事业的最直接理由。双方各有哪些长处，如何进行互补？这既

---

① 李廷江认为，涩泽的中国观经历了"中国东洋盟主论""支那保全论""日本东洋盟主论"三个发展阶段。详见李廷江《大正初期的涩泽荣一与中国》一文，载王建朗、栾景河主编《近代中国、东亚与世界》（上册），社会科学文献出版社，2008。
② 李廷江：《日本财界与辛亥革命》，第 94 页。
③ 《涩泽荣一伝记资料》别卷第六，谈话二，第 325 页。
④ 《涩泽荣一伝记资料》1，第 533 页。
⑤ 《涩泽氏演说词中之对华态度观》，《申报》1914 年 5 月 30 日第 3 版。
⑥ 《涩泽荣一伝记资料》第三十二卷，第 514 页。
⑦ 《涩泽荣一伝记资料》第三十二卷，第 538 页。

是中日合办的理由，也是中日合办的实现途径和方式。正因为此，涩泽才会就这一点进行详细解释。在他访华期间曾经有一个插曲。中国当时的谈判代表杨士琦提出，对于双方协同兴办之事，必定需要经验、智慧和金钱。经验和智慧固然可以由日本提供，然而在资金方面，中国固然缺乏，但日本也不富裕。① 涩泽荣一对此的回应是："阁下知其一而不知其二。资本这个东西即使有很多也不是无故就会来的。原因在于资本非常胆怯，不会到认为比较危险的地方，……不管有多少金钱，它在不知实情的情况下是不会到来的。日本与欧美比较起来确实贫乏，但同时日本能够了解支那，故此事（这里指中日实业公司，但亦可引申泛指一切经济事业，笔者注）若在支那有望，日本资本家必会出钱。也即是说，资本在了解事实之后始会出现。"② 另外，他还对此有这样的回答："日本比之欧美诸国虽然原本就贫乏，但懂得聚财活用之道，且能够成立应用其之组织，支那实缺此点。"③ 这里所说的组织和聚财活用之道，其实就是股份制和银行制度。他在1913年同孙中山会谈时也曾经表示："欲增进支那国富，首先必须开发利用国内既存之天然富源。开发富源时需要精湛之专家。支那若自己没有此等之专家，日本则乐于提供，以助富源开发事业之发展。"④ 相反，在涩泽荣一看来，中国却缺乏自己独立组织"合本会社"（即股份公司，笔者注）的能力。"为了这些（铁道、矿山、电气等），必须成立集小资本而成大资本的合本组织。然而支那人……缺乏经营合本组织之会社的能力。若单靠支那人经营合本组织之会社，必不能很好经营，结果归于失败。这样的例子是存在的。"解决的方法就是"必须以日本人为首脑指导一切"，"这样的话，支那之事业由日支两国合办，支那方面也不必担心只是日本在获取利益，也会有效增进两国亲善"。⑤

综合来说，在涩泽荣一看来，中国最为富有的即是资源，这一点已毋庸赘言，而日本方面的长处则包括三个方面：其一，日本由于在历史、文化、地理上同中国的关系比较紧密，所以在信息、交流和理解方面具有欧

---

① 《渋沢栄一伝記資料》第三十二卷，第542頁。
② 《渋沢栄一伝記資料》第三十二卷，第600頁。
③ 《渋沢栄一伝記資料》第三十二卷，第542頁。
④ 《渋沢栄一伝記資料》第三十二卷，第579頁。
⑤ 《渋沢栄一伝記資料》別卷第七，談話三，第337頁。

美人难以比拟的优势；其二，中国缺乏人才，而日本则有大量的技术和管理人才；其三，日本虽然不富有，但懂得聚财活用之道，在必要的情况下能够筹集资本进行投资，而且还可以成立健全有效的企业组织。涩泽荣一之所以做出这样的解释，一方面在于"一战"前夕的日本确实在资本方面并不充裕，自日俄战争结束到"一战"爆发，除少数年份外，日本经济一直处于不景气的状态，再加上军费开支、贸易赤字、对外投资等原因，日本的资金相当紧张，所以他才没有显得过于乐观；另一方面，他对日本的商业人才和公司制度却颇为自信，因为他亲自参与并见证了日本股份制经济从萌发到壮大的过程，还一直大力提倡商业教育，当时的日本也已初步形成比较完备的教育体系。

从表面上看，在互补遗缺方面，涩泽荣一与中国方面的孙中山、张謇等人的观点还是比较相似的。如孙中山在民国初年也主张："凡是我们中国应兴事业，我们无资本，即借外国资本；我们无人才，即用外国人才；我们方法不好，即用外国方法。"[①]张謇也主张："且吾财用缺乏，则取资于外人，人才缺乏，则取资于外国。彼以其资本学术供吾之用，吾即利用其资本学术以集吾事。"[②] 他还通过种种方式，为与外国合资办企业做过不懈的努力。除参与商定中日实业公司章程外，张謇还先后就中美合资兴办银行、航运之事以及中比合办航业公司、中比合办贸易公司等事积极奔走斡旋。[③]

然而以上这三点理由尚不足以说明日本在对华经济扩张过程中为何必须采取中日合办的方式。实际上，包括涩泽在内的日本政商界人士之所以提倡中日合办，其主要动机更在于减缓或消除日本在中国遇到的阻力以及便于将势力范围延伸到中国内地更广泛的地区。涩泽荣一也曾经委婉地谈到这一点。他曾在访华时这样告诉在华日本人："盖外人供给资本开发支那富源，作为供给者之外人不过得到少数利益，被供给者之支那人则享受过半之利益。若支那人知道此等之消息，则日本在支那之经济上的联络也会圆满且伟大。"[④] 当然，"作为供给者之外人"得到的利益不可能比中国人少。涩泽荣一之所以这样说是为了让日本人在中国面前鼓吹和放大后者所

---

① 孙中山：《孙中山全集》第 2 卷，中华书局，1985，第 533 页。
② 张謇：《张謇全集》第 6 卷，江苏古籍出版社，1994，第 259 页。
③ 详见王敦琴《传统与前瞻——张謇经济思想研究》，人民出版社，2005，第 102～104 页。
④ 《渋沢栄一伝记资料》第三十二卷，第 536 页。

得到的利益。这在很大程度上是为了应对当时中国的排外呼声。在此之前，中国已经发生过抵制美货、收回利权等反对外国经济侵略的运动，而辛亥革命的爆发又使得这种民族意识和排外精神更加高涨，以至于涩泽来华之时也要就"利权"问题做反复说明（下文将探讨此事）。因此，通过宣扬中国人从外国在华事业尤其是合办事业中能够获取好处的方式，自然可以降低这种抵触情绪。另外，合办事业可以使日本到达非中国人不得开办实业的地方，开办非中国人不能开办的实业。早在明治末期，上海东亚同文书院的中国经济调查就指出，通过中日合办，日本就"可以在开放商埠以外的地区设立商店"。1914 年，大仓组的门野重九郎在致日本外务省的报告中也提出："如果不合办的话，欲在中国内地建立事业，几乎是不可能的。"①尽管日本根据《马关条约》及其他不平等条约取得了在中国通商口岸设厂的权利，但在港口地以外的地方，日本仍然不能取得土地的居住、所有权以及开办企业的权利，但借助于合办企业却可以做到这一点。这样的考量也是涩泽荣一在处理对华问题上的一个极为重要的依据。

当然，涩泽荣一中日合办说的一个最为重要的动机是谋求日本最大限度地开发中国，形成一支规模庞大的在华经济力量，这一点从上文所说的他对中国富源的一再感叹和呼吁开发就可以看出。在这个意义上，无论是中日合办、日本独资还是与其他列强共同开发都只是一种手段而已。也正是基于此，涩泽荣一等日本人所抱持的中日合办论与中国的利用外资思想就有很大的不同。再以孙中山和张謇为例来看，二人都将中外合资视为利用外资的方式之一。孙中山提出了四种借用外资的方式，包括引进侨资、外商独资兴办后由中方收归国有、借外债自己承办、成立中外合股公司。其中，他比较看好的是前两种方式，但最后一种也未尝不是一条有效的途径，"组织中西合股公司"，"准外人入股"，或"与外人合办"。② 张謇在《筹划利用外资振兴实业办法呈》中提出引进外资的三种形式就是合资、借款和代办，而对于合资，"此为利用外资最普通方法，凡利害参半之事业用之，盖有利与外人相共，亏损亦然"。③ 不过，两人在将维护主权视为引用

---

① 张雁深：《日本利用所谓"合办事业"侵华的历史》，第 16 页。
② 苏黎明、孔永松：《试述孙中山"利用外资"的思想》，《中国社会经济史研究》1993 年第 3 期。
③ 张謇：《张謇全集》第 2 卷，第 169 页。

外资的前提这一点上是一致的。孙中山说"惟止可利用其资本人才，而主权万不可授之于外人，不失其利也"，① 张謇也主张"借外债不可丧失主权，不可涉国际"，② 他还在农商总长任内主持制定相应的法律法规对中外合资企业进行规范和限制。而涩泽荣一的中日合办论里却鲜有提及此点，他只是一再地强调合办的必要性，却基本上没有对一些细节性和原则性问题给予必要澄清。

二　涩泽荣一对"利权"的论述

"利权"一词在近代中日两国的文献中出现的频率都比较高。中国有"丧失利权""收回利权"等语，日文中也有"利権回収""利権獲得"之类的说法。对于利权一词的解释，日本有学者认为，中国人所使用的利权一词不是单指经济上的利益，还包括外国或外国人所享有的各种特殊的权利。它包括并行的利权和割据的利权两种。并行的利权是指各国同时享有全然同一内容的权利，多为贸易上的利权；而割据的利权则具有不允许两个以上的国家同时享有的属性，或者是指在某一地方拥有的具有排他和独占性质的利益。③ 中国方面的大致理解则是"从利源中获取利润的权利"。④ 清人陈炽对利权的解释是"天下事利之所在，即权之所在"，也就是说，"利权"即"事利"之"权"，是"不可轻以假人"的。⑤ 当代学者左焕奎也认为，近代所说的"利权"是指获得利润的权力，有经济控制、主权之意，不宜与"权利"一词混同。⑥ 大致来说，"利权"一词是近代经济民族主义话语下的一个词语，它本身具有获取利润的权力这层含义，但更多的是与"商战""收回利权"等语有着紧密的关联。众所周知，清末之时中国曾有一场规模浩大的收回利权运动，它不仅集中于铁路修筑权的收回，也涉及不少省份的矿山开采权以及其他一些企业。这一运动在辛亥革命爆发

① 孙中山：《孙中山全集》第 2 卷，第 567 页。
② 张謇：《张謇全集》第 3 卷，第 664 页。
③ 今井嘉幸：《支那に於ける列強の競争》，富山房，1914，第 49、50 页。
④ 李长莉：《晚清上海社会的变迁——生活与伦理的近代化》，天津人民出版社，2002，第 140 页。
⑤ 陈勇勤：《陈炽的茶业近代化改革方案》，《江西社会科学》1996 年第 8 期。
⑥ 左焕奎：《左宗棠略传》，华中师范大学出版社，1996，第 88 页。

之际达到高潮，民初之时仍然在人们的耳边回响。所以但凡有外国涉足中国经济事务之事时，"利权"一词总会很自然地被拿来借用。这里所考察的有关涩泽荣一和有关媒体就利权问题的争论正是发生于 1914 年涩泽荣一来华之际，此时正是"利权"一词被频繁使用的时候。透过涩泽荣一对"利权"的解释和他的态度，我们可以从中看出其背后所要表达的对华经济思想的一个侧面。

（一） 是否旨在获取"利权"

从当时的背景来看，涩泽荣一的中国之行主要起因于中日双方合办中日实业公司之事。他这次来到中国也是为了消除中国尤其是袁世凯政府方面关于成立该会社的一些疑虑，并就该公司在成立初期将要开展的一些对华投资活动与中国进行磋商。同时，袁世凯也有意借此机会拉拢日本，促使其改变对自己的成见，并与孙中山等革命党人拉开距离。不久，国务总理熊希龄就向横滨正金银行的小田切万寿之助表示希望涩泽荣一来华做进一步的意思疏通。日本政府也积极促成此事。当时的日本外相加藤高明和驻华公使山座圆次郎为涩泽来华做了周密的安排。最终，从 1914 年 5 月 2 日离开东京到同年 6 月 17 日回到下关，由 13 人组成的访问团对中国进行了一月有余的访问。①

对于此行的目的，在涩泽一行尚未出发之时，外界就做了种种猜测和分析。而涩泽荣一却对这些观点表示坚决反对，并在各种场合一再地进行申辩。概而言之，争论的焦点在于涩泽访华的目的究竟是不是为了获取利权。较早见诸报端的是 1914 年 3 月 13 日日本报纸转登的一篇来自中国的名为《日本之在支那》的通讯。文章开篇即提出，为了以中日实业公司为名在扬子江流域获取重大利权，近日涩泽男爵将来北京的传言受到中外关注。该文将涩泽荣一等同于"利权获得的运动者"，对日本获得在华利权的企图予以批判，认为日本政府和日本资本家在中国与列强竞争利权的想法并不现实。归纳起来，其判断主要基于以下三点。第一，"对于日本在南满洲之特殊地位，英国以同盟国之关系予以尊重和理解，并没有在该地兴办大企

---

① 关于涩泽荣一来华之事，这里仅仅是在思想层面上考察他的"利权"论述，有关中日实业公司等事的详情待后文再行探讨。

业。以此之故，日本政府也应该对英国在扬子江流域之特殊地位予以同样尊重。反之，英国势必要提出抗议"。第二，"日本在顾及英国及其他列强态度之时，也应观察支那自身的态度。然而……日本之政策平素缺乏公正，有非难中国人之倾向。一面对中国示之以傲慢态度，一面又反过来说作为亲善之友邦要信任我们。然而，这种矛盾性即便日本人或许理解，北京是无论如何都不能理解的"。第三，"日本应做事情，与其说是试图与在财力和文化上远强于己之列强诸国做徒劳竞争，倒不如专心于其内部发展，渐取切实之进步以坚实本国之基础"。①

涩泽荣一显然难以容忍这个带有讽刺意味的尖酸批评。他在 3 月 18 日特意召见该报记者，对其予以全然否认，声言"余之游华，盖了久蓄之愿。余自髫年读中国经书时即心向往之，且余向尊孔学，久欲一谒此中国先师之墓"②；"余之支那行单为观光，并非为中国兴业公司（即中日实业公司，笔者注）之事而赴该国。该公司创立之时余虽为主要尽力之人，现表面上已同该公司无任何干系"。③ 他反复强调中国行的使命绝非获得长江沿岸利权，因而也不是在试图蚕食英国的势力，"唯扬子江沿岸利权云云之流言，全系讹传，兹此不惮明言。余已老矣，岂能身带这等烦琐之任务渡支"。此外，他也不忘表示："余本来即为实业家，若有听到对日支两国事业有益且将来大有希望之事业计划，余自当赞成，亦不吝献出一臂之力，然此等事情在抵达北京之前尚未知晓。" 对照其后来的言行就会发现，所谓单为观光、不知所谓事业计划等等，连他本人也在某种程度上予以否认。涩泽荣一的这番表述或许更多的是策略上的考虑，意在平息外界的种种传言，为中国之行创造一个良好的舆论环境。

尽管如此，有关利权一事的争论并未就此平息。3 月 25 日，北京一家名为《每日新闻》的英文报纸又针对涩泽的上述谈话以更为嘲讽的语气做了批判。文中紧紧抓住涩泽的每一句表态，认为按照他的说法，"此次的支那旅行全为观光，丝毫不涉及中国兴业公司之事"，④ "希望男爵能信守其言，究竟事实是否如男爵所说，身在北京之我等新闻记者将拭目以待"。文

① 《涩泽荣一伝记资料》第三十二卷，第 497 页。
② 《特约路透电》，《申报》1914 年 5 月 6 日第 2 版。
③ 《涩泽荣一伝记资料》第三十二卷，第 498 页。
④ 《涩泽荣一伝记资料》第三十二卷，第 498 页。

章进一步提到，倘若涩泽没有对自袁世凯至其他内阁成员等人屡屡造访的话，中国政府应该视之为大德。"盖中国大官已疲于同利权运动者会面。特别是日本人，能说会道，久坐不起，一旦会面即喋喋不休地谋求利权，几致对方大官犯病，中国大官视遇日本人为禁事。"最后辛辣地指出："吾曹只需向日本实业界的元老涩泽男爵提出忠告的是，望外之前先顾内，应设法去帮助饱受重税之苦的日本人民。"①

也许这样的言论过于激烈，涩泽荣一及其随行人员在此后的辩解中，大多会提到这篇评论。涩泽的随行秘书增田明六称"先生的伟大精神岂是彼等所能觊觎"。②而同行的东洋生命保险会社社长尾高次郎则专门撰文对其进行分析和批判。涩泽本人更是不遗余力地反对此说，在赴华途中路过名古屋时，曾向记者表示"此次漫游，直率地说，应当是风流（意指游玩，笔者注）七分经济三分。而最近支那英文报纸言余此行乃为获得利权，可谓妄加诬陷"；在路过长崎时，他声称到中国的目的有二，一为观光，再则就是为中日实业公司之事，并提到"近日支那英文报纸称予旅行以获取利权为目的，多是一时之妄言诽谤，而误解亦堪称相当严重"，"然对此公司，各国自不用说，支那各地的重要人士现今亦是以猜疑之眼视之，动辄恶言相伤，妨碍公司前途"；而刚一踏上中国的土地，就立即向中方说明自己此行目的是拜孔庙、览名胜，再就是就中日实业公司一事向大家致谢，并具体协商将来着手的步骤，同时也不忘提及，"民国的外国报纸对我之所抱精神是揣摩臆测，或为中伤，或为妒忌，民国人士也难免产生疑惑和误解"。③此后直到回到日本回顾此行时为止，涩泽荣一都在不厌其烦地批判这一观点。从这些言论中，我们可以读出两层意思，第一是他意识到某些不妥，改变了一开始所称的中国之行单为观光的说法，将有关中日实业公司之事加了上去，只是在有意无意地强调前者而淡化后者；第二是他通过批评报纸上的言论而将其转变为中国之行的注脚，换言之，他的到来也是为了消除利权之说所带来的误解。

关于这场争论发生的原因，作为涩泽的随行人员，尾高次郎曾专门进

---

① 《渋沢栄一伝記資料》第三十二卷，第 500 頁。
② 《渋沢栄一伝記資料》第三十二卷，第 501 頁。
③ 《渋沢栄一伝記資料》第三十二卷，第 509 頁。

行了分析，而这似乎也代表了涩泽的想法。他在《妨碍男爵漫游究为何故》一文中认为，反对涩泽来华的言论并不能代表中国舆论，事实上是外国人从中作祟。"外国人非常担心的地方在于，向来都是无财无力的日本人过去，而这次以漫游为口号到来的涩泽男爵却是日本实业界的泰斗。长期侥幸逃过日本资本家眼睛的秘密的大富源，看来现在要被识破了。其结果是，与以往的移居者不同，有财有力的日本人可能要纷纷来到了。"① 需要注意的是，伴随着辛亥革命所推动的民族主义情绪的高涨，中国国内确实出现了收回利权的呼声。涩泽虽然在访华期间淡化这一点，但对其有着清醒的认识。在回国之后的一个欢迎会上，他就曾提到："……然依支那报纸笔法，诸如某国取得某事业之权利、彼将直接以之（指中日实业公司，笔者注）获取利权、将会剥夺多么重大的政治权利云云，以此宣传来继续鼓吹民间之利权回收热。"② 他之所以将获取利权之说归咎于西方列强的不快而非中国的收回利权运动，大概更多的是想淡化此点，毕竟他来华的一个重要动机就是拉拢关系和消除中国的抵触情绪。

（二）对"利权"的解释

涩泽强调自己来华的目的之一是通过中日实业公司而开发中国丰富的资源和加强日中之间的实业联络，却一再地反对获取利权之论。这也与他对利权的理解有关。

我们可以从其有关言论中看到，涩泽眼中的"利权"一词更多地带有政治甚至暴力的色彩。例如，在回顾中国之行时，他表示自己的一个重要活动是向中国方面热心解释"公司目的全在于振兴实业，这其中没有任何政治的意味"。在北京会见中方的杨士琦等人时，他特意提到，中国的"徒以猜疑之心相迎，以获得政治利权之类中伤"，"予对此莫名其妙，难以苟同"，"吾商人的真意，绝非以侵略领土、获取利权为目的，仅是通过日支实业上的联络，谋求双方共同的利益"。③ 在与袁世凯会谈时，又声言自己来华"不是像那种利权获取者一样，右手拿着算盘，左手拿着炸弹，而是

---

① 《渋沢栄一伝記資料》第三十二卷，第 572 頁。
② 《渋沢栄一伝記資料》第三十二卷，第 593 頁。
③ 《渋沢栄一伝記資料》第三十二卷，第 544 頁。

右手拿着算盘，左手拿着账本"。① 而涩泽本人的经历也清楚地表明，他是不愿意涉足政治的。他对政治的态度，正如他向孙中山说的，"政治斗争就像跟黄鼠狼捉迷藏一样，没有任何意义，不如投身于实业"。② 将利权与政治挂钩，恰好可以让自己与获取利权之说划清界限，再加之他也体会到中国政治动荡对中日实业公司的冲击，所以力图把该公司塑造成一个纯粹经济性质的形象。在来华之前，被记者问及该公司是否有政府的背后支持时，他的回答是，公司以增进中日两国经济利益为宗旨，需要得到两国政府的好意支持，但"这绝不意味着中日实业公司即为半官方企业"，因为"该公司并无政府一文补助金，亦无任何受命，纯粹为独立之经济设施"。③ 访华期间，涩泽更是表示："（中日实业公司）不带有任何所谓利权获得之类的政略性的意味，所以也不应该借之政治上的力量，而要以民间经营的方式永久存续"，④ "公司之目的……毫无政治意义"。⑤

涩泽向人们展现出一个利权等同于政治而自己不涉政治，因而无关利权的逻辑。若细究起来，这个思路还是有着进一步讨论的余地。日俄战争以后，包括财界在内的日本各界人士普遍存在着对外扩张的情绪。日本政府不仅把经济利益的延伸视为向外开拓的重要手段，而且也在直接使用"获取利权"这样的表述。大隈内阁 1914 年刚成立时的对华政策就是"通过切断与孙文、黄兴的关系，进而推行对袁世凯的怀柔政策来获取中国利权"。⑥ 在这个意义上可以说，即便是经济活动本身也被赋予了某种政治属性。不仅如此，涩泽荣一本人的一些言论也存在难以自圆其说之处。提及列强的在华活动时，他谈到美国欲染指陕西的石油事业（此事亦为日本所觊觎），法国要把中法银行变成中国中央银行（事实上涩泽本人也有过设立中国中央银行的尝试），英国在长江流域有汽船公司及掌握京汉线、津浦线等等，将这些归入利权问题之列，但认为日本的在华事业却与之全然不同，远离政治色彩而是一种纯粹的经济事业。或许此时的涩泽确实是如此认为，

① 《渋沢栄一伝記資料》第三十二卷，第 566 頁。
② 明石照男：《青淵渋沢栄一——思想と言行》，渋沢青淵記念財団竜門社，1952，第 179 頁。
③ 《渋沢栄一伝記資料》第三十二卷，第 499 頁。
④ 《渋沢栄一伝記資料》第三十二卷，第 609 頁。
⑤ 《德文报访员今日（二十四日）晋谒涩泽男爵》，《申报》1914 年 5 月 26 日第 2 版。
⑥ 山本四郎：《第二次大隈内閣関係史料》，同朋社，1979，第 54 頁。

然而客观来看，难免有采用双重标准之嫌。此外，对于中国当时的利权回收热，他的看法是中国不能囿于偏狭的思想而一味地拒绝外国人的利权要求。"利权的给予有个界限，不能绝对地不给，也不能无限制地给予"，"必须作为国家事业自主经营的，无论如何也要自己经营，而对于不是很在惜的种类就应该响应外国的要求，引进资本和智识而开发富源"。① 如是的看法或许不无道理，但也从侧面反映出他对利权获取的认识是有所松动的。不唯如此，正如前文曾经提到过的那样，他在日俄战后所发表的一篇文章中更明确声称，"尤须注意之处在于战后欧洲列强皆更重视东洋，尽力扩张商权。我国有鉴于此，当更明确我国非但在利权竞争方面不弱于彼等，更须进而超出彼等一头地也"。②

另则，涩泽荣一也对利权问题做了正面回应，认为利权的真正含义是双方共同得利。他曾在北京的一个欢迎会上说道："世上论者开口即言利权获得，而对利权获得的真正意义却知者甚少。利权的获得不仅是获得者得利，被获得者亦同时得利，最为重要乃是领悟到此点。"③ 他路经武汉时参观东亚制粉会社一事更能形象地表明这一点。在中国民众争取利权的声潮中，该会社是日本当时在长江流域的唯一一家比较稳定的企业。涩泽荣一对其表扬一番后进而指出，"若以嫉妒眼光视之，本会社亦可称为获得利权，若所谓利权仅为获得者得利，当会有如是之感。然当至少阐明，大凡利权乃是以正当之法经营所得，获得者获益之同时，被获得者亦分享其利润"。④ 这里的获得者和被获得者分别指外国投资者和中国。将利权的内涵由片面的获取转变为双方的获益，涩泽对利权的理解似乎又更进一步，而他做如是解释的动机也还是为消除中国方面的疑虑。

将利权归之于政治而排斥和理解为双赢而接受，看似二律背反，实则这两者之间有个明显的共性，就是被涩泽荣一用来描述自己中国之行甚至日本整个在华经济活动的正当性质和和平色彩。

---

① 《渋沢栄一伝記資料》第三十二卷，第495页。
② 《渋沢栄一伝記資料》别卷第六，談話二，第325页。
③ 《渋沢栄一伝記資料》第三十二卷，第540页。
④ 《渋沢栄一伝記資料》第三十二卷，第538页。

（三）利权论述的透视

从拒绝外界的利权之说到进一步解释利权的概念，涩泽荣一对于利权的态度为何会呈现出这样的变化？他的所谓共同获益的利权论述究竟有何渊源？我们认为，对这些问题至少需要从以下两个方面进行回答。

首先，涩泽基于维护和拓展日本经济利益的立足点。这一点在前文中已有讨论，这里本已无须赘言。不过需要说明的是，在他的"获得者"与"被获得者"论述中，为作为"获得者"一方的日本谋利自然是不在话下，问题是如何在这两者之间实现一种平衡，尤其是当"获得者"与"被获得者"出现矛盾时，他的"利权"论述如何才能够自圆其说？实际上，涩泽还是抱有非常浓厚的国家主义思想的，他不可能跳出日本的自身利益而充当一名维持公平的国际秩序仲裁者。果真出现这种矛盾时，涩泽大概还是偏向于己方。他在访华期间与中国海关总税务司安格联围绕中国关税改革的谈话就是一个典型的例证。当时中国欲提高部分产品的进口税率，但日本方面因担心损害本国纺织业者的利益而强烈反对。据当时日本媒体报道，安格联就是想借用涩泽荣一的影响力，通过说服涩泽来缓和日本的反对情绪。但涩泽的最终却委婉地回绝了安格联的请求："总之，归国后当会将我国纺织业者之意见尽快收集整理以相告，若承蒙参考，当荣幸之至。"[1] 应该说，维护和拓展日本的国家利益是涩泽荣一"利权"观的一个基本立足点，他关于"利权"的种种解释和阐述主要是作为一种工具性手段，通过降低中国舆论对于日本对华经济扩张的抵触情绪而为实现日本的国家利益服务。从这个角度来看，无论他是否认自己为利权而来还是改变利权本身的含义都不足为奇。

其次，涩泽一贯倡导的"《论语》算盘说"以及他本人对中国的感性认识。尤其是到了晚年（包括1914年来华之时），涩泽经常强调：仁义道德与生产殖利并非相互对立和互不相容，不存在脱离经济的道德，而背离道德的经济也不能为社会带来真正的好处。他也把这种"《论语》算盘说"与"利权"联系起来。针对大多数人所抱有的"《论语》主义缺少利权思想"的疑问，涩泽坚持认为，"《论语》也明白地包含

---

① 《渋沢栄一伝記資料》第三十二卷，第531页。

有文明思想中的利权思想"，例如"孔子说'当仁不让于师'，就是
《论语》中也含有利权思想的一个确切证据"，"只要合乎道理，就一定
要把自己的意见坚持到底"。① 这样的说法究竟是否经得起推敲似乎还要
打上很大的问号，然而他这种积极的变通态度却是应该得到肯定的。需要
注意的是，涩泽将这一思想灵活地运用于处理一系列事务之中。对于日本
内部，他一方面告诫日本的实业家要树立私利与公利相一致的观念，"盖
私利与公益绝非相悖而驰，仁义道德与生产殖利亦全然一致，诸君若报以
为国家谋利之心勤奋工作，则一己之私利亦可得到保障"，② 另一方面也
借此宣传以中日实业公司来统一在华业务的必要，认为若分开经营，则难
免会出现为谋取个人利益而出现与公道背离之事。论及中国时，他以经济
活动中含有道德意义来反驳所谓的商战之说，认为商业并非有人所称的和
平的战争，"略谓经济之道，以利己利他为用，仁爱为体，断非战争以较
胜负搏噬以事攘夺之可比"，③ "……况战争者，一胜一负，有胜负即有悲
喜。实业方面有此等用语尤非吾之所愿"。④ 与前文对照就会发现，他的有
关共同获利的利权解读正是基于此论。另外，涩泽本人对中国的感性认识
也不应该受到忽视。涩泽自幼即接受了比较全面的汉学教育，熟读包括
《论语》在内的一系列中国典籍。而中国文化的熏陶也在他的思想中留下
了深深的烙印。当这样一位深受儒家思想影响的人物回过头来审视中国
时，自然会产生某种亲切之感。这种情感与当时盛行的大亚洲主义思想夹
杂在一起，自然就会流露出拉拢、亲近中国的倾向。如果说他将中国之行
的目的描述为"与其说是获取利权，毋宁说是为推进支那事业、增加其财
富而努力"的说辞带有更多的客套性，那么"通过日支实业联络，谋求
双方共同利益"之类的言语则也许确是他的真意。而这与他对利权的正面
解读是完全一致的。

涩泽荣一并不是职业思想家和语言学家，所以本文无意苛求其思路的
缜密和用语的准确，仅仅是想通过这场利权之争来探求涩泽的对华实业思
想及其背后的一些深层次因素。他对外界利权之说的反对和自己对利权的

---

① 李廷江：《日本财界与辛亥革命》，第 92 页。
② 《涩泽荣一伝记资料》第三十二卷，第 532 页。
③ 《涩泽男爵到京后之一夕话》，《申报》1914 年 5 月 27 日第 2 版。
④ 《涩泽氏演词中之对华态度观》，《申报》1914 年 5 月 30 日第 2 版。

解读无非都是为了顺利推进日本的在华经济事业，特别是推动中日实业公司的实际运作。应该说，他的利权观是一个综合体。我们可以从中看出他对于政治、武力乃至中日经济合作等方面所抱持的某种比较温和的态度。然而，涩泽所推进的一些对华经济活动或许更多是出于单纯实业投资的动机，但它最终难以跳出日本获取在华利权的窠臼。不管涩泽对于获取利权的态度是回避还是重读，日本总体上所呈现出的对华扩张的趋势却是一个毋庸置疑的客观事实。所以无论涩泽荣一怎样描绘，中国方面还是有人加以反驳。如在涩泽访华期间，《申报》上的一则杂评就针对涩泽荣一的谈话做了回应：

> 涩泽氏谓经济之道，以利己利他为用，仁爱为体，断非战争以较胜负、博噬以事攘夺、损他利己者所可比拟。斯诚长厚之言哉！然以近来商战之趋势证之，吾见其博噬攘夺、损他利己有甚于战争耳。即以日人之经营南满言，利我中国何在也？投资为侵略人国之先驱，路矿实业为制人死命之导线，各国亦既昌言不讳矣。然则涩泽氏之言亦仅理想之言耳。欲世界道德进步而如氏所言者，不知将再阅几十世纪也哉！①

三　日美合作开发中国论的提出及尝试

20世纪初叶，当日本逐渐向中国扩充经济势力之时，日益崛起的美国也开始插手东亚事务。两国在中国市场同时扩张自己的势力，势必也会产生一些矛盾和竞争。日本国内也普遍相信美国日后必将是最为强大的竞争对手，为尽可能地避免矛盾和冲突，便有人提出了联合美国共同开发中国市场的主张。涩泽荣一就是其一。本节将详细考察涩泽荣一这一思想的产生背景、提出过程、具体内容以及他为此而做的实践尝试，并从总体上考察这一论点在中日美关系中所处的位置和起到的作用。

---

① 《涩泽氏之经济道德谈》，《申报》1914年5月27日第7版。

（一）涩泽提出此论的背景

作为新兴的资本主义强国，美日两国在推进工业化的过程中，由于种种原因，开始出现越来越多的摩擦。例如，1909 年时，美日关系就因日本人移民问题、在美日侨劳工问题和儿童入学问题而出现波折。此后，美国国内愈演愈烈的加利福尼亚排日运动、日本向美国后院墨西哥和菲律宾的渗透等都构成了影响日美关系的不稳定因素。不过，双方更大的矛盾还是在对华问题上。随着自身实力的不断上升，美国认为有必要向海外尤其是远东地区输出资本，同时，对于日本日益膨胀的对华扩张倾向也感到警惕和不满。美国总统塔夫脱在上台后不久开始推行美元外交，国务卿诺克斯也在涩泽访美回国之后不久提出了满洲铁道中立化的方案。这显然触动了日本在中国东北的特殊利益，包括财界人士在内的日本各界都对此颇为不满。而美国实业团 1910 年访华之时与中国签署的协议也让日本眼红。① 之后，又有美国反对"二十一条"、反对日本参战和出兵山东、反对日本拉中国参战以及针对美国的第四次日俄协约等等，这些无疑使得日美关系呈现出日益紧张的局势。美国驻日大使乔治·葛士礼甚至担心："日、美两国在中国问题上有发生战争的危险或可能性。"② 尽管两国在中国问题上矛盾不断，日本也对美国的在华经济活动有高度的警觉，如日本驻纽约总领事中村就致信外相石井建议说："对于美国资本家无论在中国工商业哪个方面的活动，我方都应加以特别注意和警戒，灵活地探明其趋势，以便相机行事。"③ 但日本也不好在此时与美国闹翻，毕竟其在原料、市场等方面对美国有着很强的依赖性。一个很典型的事例是美国为了抑制日本，曾宣布限制国内钢铁出口，结果日本大受打击。日本朝野普遍意识到日本除"舍仰于美国外，更无他途，故美国一旦限制输出，日本工业几有停顿之势"。④

---

① 1910 年 11 月，中美双方商会各派代表在上海举行的中美商业研究会上达成以下几点协议：第一，设立中美联合银行；第二，两国商会互设物品陈列所；第三，双方互派商务调查员；第四，筹备设立中美轮船公司。日本随后也派出实业团赴华访问。

② 金卫星：《从"门户开放"到世界贸易组织：20 世纪美国全球扩张战略的历史轨迹》，苏州大学出版社，2001，第 154 页。

③ 裴长洪：《论西原借款》，载《中国社会科学院经济研究所集刊》第 10 集，中国社科科学出版社，1988，第 103 页。

④ 君实：《美国之限制铁材输出与日本之工业》，《东方杂志》1917 年第 12 期。

另外，日本也很清楚美国的崛起是一个势不可挡的趋势，与其在中国市场上争得你死我活，不如同美国一道协同开发，这样既能避开美国的锋芒，也可以打着国际合作的旗号，降低自己在华经济扩张因中国排日而造成的不利局面。所以，寺内内阁上台后便主动提出了日美合作的方针，日本外务省1916年10月制定的《围绕中国问题的日美关系处分案》则提出，美国在华的发展是一个必然趋势，日本要遏制美国的在华发展不能靠武力，而要以经济战的形式，而且表面上要尊重门户开放的原则，努力使美国就范于日本的"日美提携"，而实际上由日本来主宰中国。①

具体到涩泽荣一，他之所以会提出日美合作开发中国的观点，并长期坚持此论，大概也与其所抱持的经济开放主义思想有关。且不说他在吸引外资投资于日本这一问题上持积极态度，② 如同前文提到过的，单是在对华经济扩张方面，他也不排斥与其他国家的共同开发。他在访华之时曾经说过这样的话："一国经济有不可缺之要素三，一曰富源，二曰资本，三曰智识及经验。今中国有其一，英有其二，日有其三。三国协力则事无不举。"③涩泽此说的意图是为日本将势力扩张至素为英国势力范围的长江流域造势，但也不应否认隐含于其间的"合作"色彩。另外，对于美国，他更是表示，即使美资进入满洲，只要不损害日本的利益（例如修建与日本南满铁道相竞争的铁路线），他对此并无异议。相反，如果美国能够在"满洲"其他地方"渐次扩张输送机关"，对于日本的销路扩张也是一件好事。④ 这样的态度应该也是他提出日美合作的主因之一。不过我们不能孤立地看待这个问题，如果将他的观点与其他日本人乃至日本政府的政策相对照就会发现，涩泽的观点在日本并非孤论。例如，日本政友会总裁原敬在这方面就同涩泽比较相近，他也认为此时的日本在对华政策上要采取与美国协调的政策，"就是做出一些牺牲，亦须采取与美国缓和关系之方针"，因为美国在今后的国际事务中"将执世界之牛耳"，同美国关系如何将"关乎到吾国将来之

① 详见裴长洪《论西原借款》，载《中国社会科学院经济研究所集刊》第10集，第103～104页。
② 島田昌和：《渋沢栄一の経済政策提言と経済観の変化——日清・日露戦争期を中心として》，《経営論集》2001年第11卷第1号。
③ 章锡琛译《英日在远东之争霸》，《东方杂志》1916年第10期。
④ 《渋沢栄一伝記資料》別卷第七，談話三，第70頁。

命运"，"若能和美国交好，则中国问题自会解决"。① 另外，涩泽的观点与前述外务省的方案也不谋而合，只是就目的来说，外务省的这份报告提出最终的目的是"主宰中国"，而涩泽的目的毋宁说是日美两国在不损害日本利益的前提下，在华进行友好合作，共同获利。

（二）日美合作开发中国论的内容

早在 1902 年，涩泽荣一就有了日美合作开发中朝两国的想法。当是之时，他初到美国，亲身感受到了那里的蓬勃生机以及不可限量的发展前景。在这样一个迅速崛起的国家面前，涩泽颇有几分不安，认为美国"以现今之状态渐次发展，最终其势力能够压倒全世界而得以永续"。② 考虑到日美关系的将来，此时的涩泽已经认识到两国在东亚的关系将会显得越来越重要。在与纽约商界人士见面时，涩泽就呼吁"贵国资本家着眼于东洋，与我国民共同开发清韩之富源"。③ 1909 年，涩泽率领一个规模庞大的代表团赴美访问。他在美国时一边尽力消除彼方对日本的敌对情绪，一再强调日本并非一个好战者，一边向美方强调，日本经济在日俄战争之后亦相当疲惫，为了更好地进行战后经营，与美国的合作是不可或缺的，而两国在中国的经济活动也绝非对立，而是相互补充的。④ 在 1915 年出席巴拿马万国博览会时访问美国期间以及在此之后，涩泽不仅向美国人，也向日本人屡屡陈述自己的日美合作开发中国论。如他曾与美国纽约商会鼓吹此事，而后来的加里、阿卜脱等美国财界人士访日之时，他也不失时机地推销自己的观点。另外，涩泽在日本国内的演讲及后来的追忆中也屡有此论。

在涩泽荣一看来，日美两国虽然有着种种矛盾和摩擦，但双方最大的焦点在于中国问题上。正如他在 1915 年访美期间曾经提到的，日美之间诸如加州排日之类的问题只是一些细枝末节的小事，双方将来需要认真面对的太平洋彼岸的亚洲，尤其是中国，而不是此岸的加利福尼亚。⑤ 涩泽认为，中国有着广阔的市场和丰富的资源却无力开发，"今后成为世界性大舞

①　陈月娥：《近代日本对美协调之路》，中国社会科学出版社，2005，第 131、136 页。
②　木村昌人：《渋沢栄一：民間経済外交の創始者》，第 50 頁。
③　木村昌人：《渋沢栄一：民間経済外交の創始者》，第 50 頁。
④　木村昌人：《渋沢栄一：民間経済外交の創始者》，第 80 頁。
⑤　《渋沢栄一伝記資料》別卷第七，談話三，第 68 頁。

台的必是支那无疑。从工业的进步、经济的发达来看，支那几乎还没有开始着手。显然，支那也无法直接发达起来。彼之富源众多，……但遗憾的是支那以自己之力无法开拓此富源"。从其讲话的时机可以看出，此时的涩泽刚刚完成访华不久，这样的认识也算是他对于中国的切身感受。涩泽荣一也很清楚，虽然有中日合办的中日实业公司等对华投资企业，但是凭借日本的一己之力与资本匮乏的中国合作开发还是尚显不足。他曾在后来的回顾中谈道："当时日本并不像今天这样有充足的货币储备，因而政府财政当局者对于通过海外投资所造成的货币流出颇为忧虑，对于支那的投资毋宁说有着抑制的倾向。这样，日本必然不能够以一己之力开发支那。"① 即便是日本资金相对充足时，他也不否认日美两国合作的必要。同美国一样，日本在"一战"期间也发了一笔战争财，日本国内曾为如何处理这笔富余的资金而有过争论。涩泽对此的看法是："余以为利用方法之最适当者，莫若投资海外及购外国公债。……更当进求之中国者，日本唯一之投资地也。而内政不修，外交多故，尤以财政最称紊乱，国运如风中之烛，然将来必为世界各国商战之战场，可以无疑。故与之有特殊关系之日本，必须有相当之处置，否则将遗悔千古也。"② 尽管如此，"以日本目下之游资，还不到开拓亚细亚大陆之此富源所需资金的百分之一乃至千分之一"。③ 他积极鼓吹投资中国，但同时也十分清楚美国有着更为充足的资本。涩泽眼中的美国已是"本来就丰富的国力，再加上受战乱影响而倍增之资力，呈现出所谓'黄金之洪水'的盛况"，而且本国国土也将开发殆尽，以产业之大、国富之雄，今后必将向海外拓展。④ 所以一个比较理想的方式是"利用美国之资本，日本也加入进去，以美资七分、日资三分的比率向支那投资"。⑤

在他看来，美国在资金方面比较充裕，而日本则在人才方面有着不可比拟的优势。他向美国人指出，如果没有日本的合作，美国单独在华投资恐怕将会比"作中国诗"还要难，只有日本人的参与才能够让企业顺利运行。他的解释如下："盖以无学识经验之中国人，既不能雇用，雇用美国之

① 《渋沢栄一伝記資料》别卷第七，談話三，第266頁。
② 《日人涩泽氏论投资中国之关系》，《东方杂志》1917年第2期。
③ 《渋沢栄一伝記資料》别卷第七，談話三，第69頁。
④ 《渋沢栄一伝記資料》别卷第七，談話三，第284頁。
⑤ 《渋沢栄一伝記資料》别卷第七，談話三，第267頁。

工程师、技士，微特佣金过昂，且此等美国人至中国以后，未识其语言、文字、风俗、人情，欲令监督工人、指挥工程，岂不难哉。今若雇用日人，则于中国风土、人情，皆所熟谙，于管理中国工人之法，知之自较美人为深，则其能胜任愉快，有必然者。矧雇用日人，其佣金又较美人为廉耶。故吾谓美日联合以兴中国实业，实今日当务之急。不然吾日以无资本难谋发展，美以屡次经营，未能得利，资本家将裹足不前，此大好宝藏，将长此闭锁，而无从开拓，岂不大可惜哉。"① 所以他才设想："以技师长为主的技师一二人由美国而来，其余之技师则全部由日本人填充，对于美国而言，可得节省经营费用之便，且日美两国可以避免在支那无益的竞争，一举而万得。"②

当然，对于涩泽的这种言论，尽管美国人中有一些赞成者，但更不乏质疑之人。据涩泽所言，他在提出此论之初，曾经受到误解和嘲笑，谓"涩泽所说的就像在裤裆里玩相扑的虱子的想法一样，这样的议论是无论如何也不能实现的"。③ 涩泽也承认，当他从美国回国之后才发现，美国的《纽约时报》等报纸完全跟他唱反调，怀疑日本是在受到中国民众普遍抵制的情况下，欲借美国之力而继续推行对中国的经济扩张政策。④ 此外，美国商会的一些人也不尽赞成，认为美国与日本在中国所受到的待遇有很大差别，美国常常受到礼遇，而日本不然，若与被中国排斥的日本人合作会对美国不利。⑤ 涩泽显然难以同意这样的说法。他一方面呼吁日本应该在对华态度和对华政策上深刻反省，要讲求"忠恕"之道，秉承"己所不欲，勿施于人"的精神对华交往；另一方面也向美国进行辩解，声称中国人的态度绝非是一成不变的，现在是美国让其尝之以糖，而日本让其食之以药，故而美国才会受到欢迎，若美国也让其吃药的话，彼等也将直接像对待日本人一样排斥美国人。⑥

不过要说服美国人，这样空洞的解释显然是不够的。日美两国在对华

① 涩泽荣一著，胡学愚译《美国与中国》，《东方杂志》1916 年第 6 号。
② 《渋沢栄一伝記資料》別卷第七，談話三，第 267 頁。
③ 《渋沢栄一伝記資料》別卷第七，談話三，第 284 頁。
④ 《渋沢栄一伝記資料》別卷第七，談話三，第 148 頁。
⑤ 《渋沢栄一伝記資料》別卷第七，談話三，第 203、404 頁。
⑥ 《渋沢栄一伝記資料》別卷第七，談話三，第 404 頁。

问题上的症结还在于双方的相互竞争和排挤。从这个角度入手解释，也许会更加有效。涩泽也确实为此做了一些努力。例如，日本的棉制品对华输出情况要远好于美国，为了平息美国的不满，涩泽做出了两点解释：第一，日本虽然对华输出制成品，但作为原料的棉花却会越来越依赖于美国和印度，所以美国也会从中受益；第二，日本优于美国的原因之一是更加了解中国，生产的低端棉织品符合中国人有限的购买力，而不是有意排挤美货。① 此外，在"满洲"铁路等问题的争执方面，他的解释是，日本现在虽然主要依靠大冶铁矿的矿石，但以前在修筑"满洲"铁路之时，在铁轨、汽车、客车等方面全部要仰仗于外国的供给，其中就从美国进口了600万日元的铁轨以及1400万日元的汽罐车和列车，这一高达2000万日元的进口数额相当于日本对"满洲"两年的贸易总额。他还补充道，日本的钢铁工业无论如何也不能与美国相比肩，美国的钢铁在打败英、德等竞争对手之后将傲然君临东洋市场。② 最终的结论是，两国在对华贸易上是互补的，不是像美国媒体所说的日本要把美国赶出"满洲"市场，更不可能导致两国之间的战争。③ 不仅不会恶性竞争，日美双方反过来还可以进行合作。除了上述的各种论据之外，他还举出一些实际的案例进行论证，诸如美国与三井合作的电气公司、有美资注入的朝鲜稷山矿等。④

涩泽之所以如此积极地鼓吹日美合作开发中国论，表面上虽然有修复日美关系、避开中国的反日情绪等原因，但说到底还是担心两国在中国市场的竞争会对双方都有损害，而且从长远来看，面对日益崛起的强大对手，日本很可能要在竞争中败下阵来，与其这样，不如回过头来携手合作。事实上，涩泽荣一并不掩饰日本之于"满洲"乃至整个中国的特殊地位。他曾经指出："支那对于日本而言，已经超越商业而上升到国家层面之大利害，日本不会采取徒让别国开发其富源而自己袖手旁观之态度。因而难免会出现与他国事业家、实业家相竞争之结果。"⑤ 在会见到访的美国资本家时，涩泽也提到："总体而言，日本的对支方针是领土保全、门户开放、机

---

① 《渋沢栄一伝記資料》别卷第七，談話三，第280、281頁。
② 《渋沢栄一伝記資料》别卷第七，談話三，第281頁。
③ 《渋沢栄一伝記資料》别卷第七，談話三，第281頁。
④ 《渋沢栄一伝記資料》别卷第七，談話三，第70頁。
⑤ 《渋沢栄一伝記資料》第三十三卷，1960，第144頁。

会均等，与列强一样享有对支活动之权利，其间无任何差别。但是由于地理上的关系，如果支那发生什么事变，日本将直接受到影响，所以日本的损害是其他列强所不能比的。"言下之意是日本在华所拥有的特殊利益也是情有可原、理所当然的。进而，他还批评美国的工业资本家没有认识到这一点而毫无远虑地经营其事业，其结果必将难保两国不发生冲突，所以两国才有协同合作的必要。①

涩泽强调日美合作时应当共守谦让之德，诚心诚意地实现日美提携，认为这将是"在东亚大陆的富源开发上最为安全之策"。② 据其所称，他的这种观点虽然招致一些人的质疑，但是在提出之初就得到不少美国人的赞同，在他的大力呼吁和倡导之下，有越来越多的人士认可他的观点。

（三）涩泽荣一的尝试

1916 年，美国钢铁董事长艾伯特·H. 加里（Elbert H. Gary）访问日本。涩泽借机向其大谈日美共同开发中国之事。加里对此也颇有同感，并进一步询问有无双方可以入手的方向或者比较具体的成案。借此机会，涩泽荣一提出了日美共建中国中央银行的计划。他向加里表示，中国的财政处于极端的困境之中，只有在经济上和财政上以一定的方式给予帮助，同时在某些地方进行直接的干涉，才能巩固其财政，并使中国不至于陷于破产的境地。具体的办法就是改善其货币制度。他认为中国现行的货币制度已经使外国同中国的贸易变得极为困难，而欲改善货币制度，"必须效仿日本之先例，要有完全具有政治约束力的银行组织和兑换制度，以及据此所发行的纸币"。③ 涩泽明言这种银行组织、兑换制度以及币制的改善是巩固财政基础的三大要素。我们稍加注意就会发现，所谓具有政治约束力的银行其实就是政府性银行，也就是中央银行，货币兑换和币制问题也包含在中央银行的职能范围之内，所以问题的解决就归结于设立一家中央银行。涩泽认为，完全地改变货币制度以及设立一个合格的中央银行最为重要，而"完成这两者需要大资本以及大手腕，必须由日美两国之合力着手于

---

① 《渋沢栄一伝記資料》別卷第七，談話三，第 98 頁。
② 《渋沢栄一伝記資料》別卷第七，談話三，第 284 頁。
③ 《渋沢栄一伝記資料》第三十九卷，1961，第 149 頁。

此",① 巩固中国的财政基础是日美两国需要首先合作解决的问题，而对于其他方面则并非事事皆要合作，只要在相应的事业范围内该谦让时谦让、该合作时合作即可。② 不唯如此，涩泽还通过媒体直接表达了他借助于美资设立银行以改革中国币制的想法。《时事新报》曾经对此予以报道，《东方杂志》也将其转译以示之中国民众。涩泽谓："现在中国财政上必要之图，即改银本位为金本位，效法日本银行，以组织日华银行，庶几可望统一也。所需资金，可求之各国，而美国应日本之劝诱，力图投资中国，以处分其穷于处分之财货。近今设置调（查）委员，即以此也。中国既为日本最适宜之投资地，日本政府尤宜自立于主动的地位，使中国存借助外资以改善财政之希望，并劝诱各国投资。对于财力无穷之美国，尤当相与提携策进，此为最安全投资海外之方法。奏效于中国之经济的发展者，绝非浅显也。"③

实际上，无论是改革币制还是设立银行，涩泽有这样的想法已经不是一朝一夕之事。如前文曾经提到的，早在辛亥革命前后，他就深切感受到中国财政和金融问题的严重性，认为它不仅不利于中国自身的发展，更不利于日本的对华贸易和投资。就设立银行来说，除了早年曾经参与过的日清银行设立计划以外，涩泽还先后两次参加或发起了设立中国中央银行的活动。其一是南京临时政府成立之初他与阪谷芳郎积极筹划的中央银行计划，其二则是他在1916年提出的由日美联合设立中国中央银行之事。

鉴于学术界已就第一次中央银行设立计划的背景和过程进行了比较深入的研究，④ 笔者在此只对涩泽的相关活动略做考察。

在《龙门杂志》1912年2月登载的《清国时局谈》一文中，涩泽说道："据闻革命军向大隈伯爵及阪谷男爵来电，委托以在南清设立银行之事。余亦接到以孙文之名发来同样内容之电报。电文甚简单，不知其要意，予亦感相当惊讶。若不得其进一步之要领，尚无任何考虑。"⑤ 他在这里所说的"设立银行之事"即是设立中央银行的计划。它先由日本方面提及，

---

① 《涩沢栄一伝記資料》第五十五卷，第542页。
② 《涩沢栄一伝記資料》第三十九卷，第149页。
③ 《日人涩泽氏论投资中国之关系》，《东方杂志》1917年第2期。
④ 详见李廷江的《日本财界与辛亥革命》（中国社会科学出版社，1994）、《日本财界と近代中国——辛亥革命を中心に》（お茶の水書房，2003）、《辛亥革命期における日本财界と中国——中央银行设立案の形成過程》（《国際関係紀要》1997年第2号）等相关著述。
⑤ 《涩沢栄一伝記資料》別卷第六，談話二，第544页。

孙中山为急需从日本获得借款而批准了该计划。随后,阪谷芳郎、涩泽荣一等人便多方奔走,积极促成此事。

在整个计划的酝酿阶段,涩泽的相关活动大致如下。1912 年 1 月 11 日,阪谷芳郎收到孙中山委托成立中央银行的电报。12 日,涩泽日记中即有"阪谷男爵来访,对支那银行设立之事做多方面谈话"的记载。13 日,阪谷芳郎将其拟制的《国立中央银行设立特许状》寄给涩泽荣一。15 日,涩泽在日记中写道:"阪谷芳郎氏到来谈话,就支那银行设立之事做种种协商。"16 日,阪谷收到孙中山的来信,将此事打电话告诉涩泽荣一,后又访问了涩泽。同日,井上馨召集高桥是清、涩泽荣一、益田孝、小田切万寿之助等人讨论中国问题,并对设立中央银行一事提出反对意见。① 涩泽当时虽称"其根本在于,革命政府得到列国承认是事关中央银行设立之重大问题",眼下并没有设立的可能性,但他并没有明言中止该计划。17 日,涩泽日记记载:"为谈论支那银行之事,上午九时半至三田邸访桂公爵。……二时半至外务省访内田大臣,谈支那银行设立之事。"18 日,涩泽与阪谷通过电话交换了意见,之后阪谷访问井上馨,向其报告了中央银行设立准备的近况。中午,涩泽、佐佐木勇之助、阪谷等人又进行了交谈。1 月 24 日,阪谷将当时革命政府的驻日代表何天炯介绍给涩泽。27 日,涩泽访问了井上馨。28 日晚,在涩泽家举行的同族会上,涩泽向阪谷委托一重要事项(估计是中央银行设立一事,笔者注)。29 日,涩泽日记记载:"下午一时半,来到事务所,接待原口博士、金子氏来访,谈论有关支那之事。四时,访问桂公,谈有关支那事。……出席欢迎会,与阪谷芳郎男爵谈有关支那事。"②

从涩泽的一系列行动来看,所谓对设立中央银行"尚无任何考虑"之语恐怕更多的是出于保密而说出的托词。他和阪谷等人不仅策划了此事,而且在遭到政界元老井上馨反对之后仍然没有放弃,反而进一步和井上沟通,并积极联络其他人士声援。虽然这个计划因日本内部意见不一、革命

① 井上馨是三井财阀的幕后支持者,他希望日本的对华经济事务完全由三井来掌握,利用革命政府的借款需求来最大限度地获取中国利权,并不愿意别人插手此事。详见李廷江《日本财界と近代中国——辛亥革命を中心に》,第 171 页。

② 《涩泽荣一伝记资料》第五十五卷,第 539、541 页;李廷江:《日本财界与辛亥革命》,第 214~216 页;李廷江:《日本财界と近代中国——辛亥革命を中心に》,第 169~171、181、199 页。

党内部的反对及中国政局的迅速转变等原因而没有实现，但从中足可以看出涩泽在设立中国中央银行一事上的热心程度。此后，他一再强调中国建立中央银行的紧迫性。例如像上文曾经提到的，在1914年访华之际，涩泽就声称，"欲图支那今后之繁荣，当前有三个必要条件。即第一在于货币制度之改革，第二在于银行业之发达，第三在于国家岁记预算编成之改良"，"眼下支那银行数目虽不少，然各银行之间未能统一，业务未能共通，故为匡济此弊、调整国家经济，创设一确实之中央银行实为焦眉之急务"。①

美国也有成立中美银行的计划。美国实业考察团曾于1910年与中方商讨了成立中美联合银行的计划，后因辛亥革命的爆发而无法实施。1915年中国实业团访美之时，此事又被提及，中美双方还达成了组织中美银行的协议。美国方面不仅希望借此牟取相应的利润，更希望它能够为美国在华经济扩张提供融资和汇兑上的便利，而中国方面也希望借此减轻外国银行对上海等大城市金融市场的操纵，以及解决发展实业时存在的资金短缺问题，并开展国际汇兑业务，为发展对外贸易服务。② 对于美国的这些举动，密切关注中美形势、积极推动民间经济外交的涩泽荣一不可能不知道。他向美方提出中央银行的计划，很可能也与此有关，以期由日美合办银行来取代酝酿中的中美银行。

实际上，正如涩泽本人所言，对于"银行设立之大业"，"并非老夫突然向加里提出之案"。③ 他之前曾分别于1902年、1909年及1915年三次赴美，就日美亲善和共同开发中国等事与美国各界做了大量沟通。在他看来，这已经构成了双方筹划合办事业的基础。由于之前有与阪谷一起同孙中山合作建立中央银行的经历，此时的涩泽对设立中央银行"已有几分之腹案"。他向加里表示，希望其回到纽约之后询问当地银行家的意见，如获同意，就与届时在美访问的阪谷芳郎进行详细商谈，若双方取得一致意见，即请求两国政府同意，之后再"以适当的方式得到支那政府的嘱托"。④ 在加里表示赞同之后，涩泽再就此事拜见外相石井菊次郎和首相大隈重信，

---

① 《渋沢栄一伝記資料》第三十二卷，第581、582页。
② 详见贾中福《中美商人团体与近代国民外交（1905—1927）》，中国社会科学出版社，2008，第73～95页。
③ 《渋沢栄一伝記資料》第五十五卷，第543页。
④ 《渋沢栄一伝記資料》第五十五卷，第543页。

并得到了"完全同意"的答复。于是，他先后于 1916 年 8 月 27 日和 9 月 18 日两次寄信给时在欧美访问的阪谷芳郎。信中称："对于此事，与加里氏之谈话乃老夫之一计，其后我当局亦对愚案大体表示认可，考虑到此点，若美国方面亦有认同老夫之案之意向，企望达成若干具体之事项。"① 为确保双方能够尽快达成实质性共识，涩泽荣一特意附上了以前阪谷起草的关于中国货币制度的文件以及后藤新平曾经提出的东洋银行设立计划书等资料，以备参考。

涩泽对整个计划做了精心安排，然而结果却并非如其所料。据阪谷后来的回忆，他在美国与加里见面的时候，加里丝毫没有提及此事，他也不好主动提及。当他将这个消息告诉涩泽时，涩泽大叹："若日美合办银行得以在支那成立，不仅使日本有了在支那发展的经济基础，也是为了日美的亲善啊！"② 加里没有提及此事的具体原因我们不得而知，不过按理说他应该不会只是表面上敷衍涩泽。他在访日期间受到了日本首相等政要、东京商业会议所诸人及其他实业家等政、商界人士的热情招待，涩泽本人更是几乎出席了所有为他举行的欢迎活动，并与其有过数次交流。据涩泽所说，加里回美之后也到处宣传美日合作开发中国的必要，还数次将演说内容送与涩泽。③ 如果不是加里的原因，那么也许是美国的资本家对这一计划没有兴趣。不过无论怎样，可以确定的是，日美财界留存下来的隔阂还不会因为涩泽的游说而骤然冰释。围绕对华经济扩张问题，美日双方仍存在着明争暗斗。例如，就在加里访日之前的 1916 年 4 月，美国花旗银行与中国方面以改修山东、江苏两省运河为名，各缔结 300 万美元和 250 万美元的借款。④ 由于当时日本已经视山东为自己的势力范围，故此举遭到日本的强烈反对。加里访日期间，经过双方的密切磋商，才确定日美共同出资签订同中国的运河借款协议。⑤ 对于这次由日本抗议争取到的共同贷款，虽然有人认为"此事业为图日美资本家经济的提携之第一步"，⑥ "为日本内阁得意之

① 《渋沢栄一伝記資料》第五十五卷，第 542 页。
② 《渋沢栄一伝記資料》第五十五卷，第 544 页。
③ 《渋沢栄一伝記資料》第三十九卷，第 147、148 页。
④ 东亚同文会编，胡锡年译《对华回忆录》，商务印书馆，1959，第 457 页。
⑤ 《渋沢栄一伝記資料》第三十九卷，1961，第 150 页。
⑥ 胜田主计著，龚德柏译《日本对华经济侵略之过去及将来》，第 55 页。

作"，① 但还是有人不看好这一点。内田良平就认为，日本外务省和实业家们为此感到高兴，但美国可能是另有企图，如此的让步只是让日本尝个甜头而已。②

（四） 中国方面的反应

日美合作设立中国中央银行的计划没能付诸实施，然而在 1916 年前后却有一个引起广泛注意的中日银行计划。据报道，这个计划中的银行资本拟定为 5000 万日元，职务及股份一律由中日平分，"其目的在于调查中国实业情形，而以资本投入之。……此机关之性质，颇似现下日本之东亚兴业会社，及中国之中日实业公司。然亦有不同之点。因一则关于财政上，易以投资，一则系经营，关于工业实业故也"。③ 又据另一则报道所言，该银行的业务包括办理供给创业资金及借款、发行债券、办理官公金项等，还特别强调"一切业务须使中国政府密接，以图共助中央地方之财政"。④《涩泽荣一传记资料》虽然没有提及这一计划，但从当时的媒体报道来看，涩泽荣一与此计划不无关系。如日本的东方通信社 1915 年 7 月 11 日的电文曰："关于设立日华银行一事，已经涩泽男爵与加藤外相商议，颇得良好之进步。"⑤ 该通信社又于同月 22 日电称："设立日华银行一事，……此案最热心者为涩泽男爵，以日本之利益与中国之利益务当公平无私，以期完全，凡近垄断利益之事，悉当排斥云。"⑥ 与此同时进行的还有正在酝酿的中美银行设立计划。如果考察中国方面对于这两项计划的意见，就可以从一个侧面诠释出涩泽在对华经济扩张问题上寻求美国协助的一个重要原因，在某种程度上，也能够看出中国方面对其所主张的日美合作开发中国论的反应。

对于中美银行的成立，如前文所言，尽管中美双方所抱的期望不尽一致，但中方还是持欢迎态度的，这从当时的报道中也可以看出来。《申报》

---

① 刘秉麟编著《近代中国外债史稿》，三联书店，1962，第 124 页。
② 《涩沢荣一伝记资料》第三十九卷，第 150 页。
③ 《日人方面之中日银行说》，《中华全国商会联合会会报》1915 年第 8 号。
④ 《日支银行设立要旨》，《中国实业杂志》1916 年第 6 期。
⑤ 《东方通信社电》，《申报》1915 年 7 月 12 日第 3 版。
⑥ 《东方通信社电》，《申报》1915 年 7 月 23 日第 2 版。

曾于 1915 年 7 月 11 日登载了一篇题为《中美银行之希望》的杂评。这则杂评就谈到，中美双方虽然在此问题上用意各异，"而亦未始非相济以成，要在我国主持此事者，能明乎所处地位之各异，而出其和衷共济之真心，施以公平正直之手腕，则将来两国之间有莫大希望，岂第中美银行前途之荣哉"。① 1916 年 2 月的《中华全国商会联合会会报》也专门以《论中美银行》为题大力称赞中美银行的好处，谓"美国资本家岌岌欲与中国商人联络，意气勤勤恳恳，数年来一志不懈者，亦由彼国产业已大发展，游资日多。……我商人正宜利用机会与之结合，以五百万之资金（即中美银行的中方出资额，笔者注）而获得友邦无量之扶助，宁非大兴"。② 该文还将中美银行区别于以往中外合办之银行，认为："合办情形，今与昔殊。昔之合办，特其名耳。办事权限，彼尽操之。附股华人购买股票借分余利而外，与银行无分毫之关系，焉得资本平等如中美银行者，又焉得权限平等如中美银行者。其根本上相异之点，一由外国少数资本家以营利为目的而诱导中国之少数商人，一由外国全国资本家以提携为目的而联合中国之全国商人也。"③

与此形成鲜明对比的是，一般的舆论对于中日银行却持批评态度。《申报》1917 年 11 月 19 日载文称："一般舆情以为中日银行苟办理合法，与在华其他银行处于平等地位，自无违言，奈其组织情形殊有不能令人发生美感者何？陆（宗舆）虽为新银行之督办，但不过傀儡而已，办事权操于日人之手，华人仅有其名耳。"④ 1915 年 11 月的《青年杂志》则刊文将日本设立中日银行的计划与英法资本家成立的土耳其帝国银行加以比较，称："日本欲开发中国，独占经济利益，必先令设立中日银行之特权授之于日本政府，方为对中国根本解决。土耳其帝国银行，英法二国资本家组织而成，发行中央银行券，土国认为该行特权。日本经营中国，非以英法经营土耳其不可。由是观之，其组织中日银行之政策，乃为经济侵略之政策，以合办之名，收独揽之实，较之汉冶萍借款为尤有利。愿我国人慎勿惑于经济

---

① 讷：《中美银行之希望》，《申报》1915 年 7 月 11 日第 7 版。
② 《论中美银行》，《中华全国商会联合会会报》1916 年第 2 期。
③ 《论中美银行》，《中华全国商会联合会会报》1916 年第 2 期。
④ 《西报论中日间新问题》，《申报》1917 年 11 月 19 日第 2 版。

同盟美名之下，暗中以全国财政经济之权授人而不觉也。"① 不仅如此，就连中国的外交官员对此也颇为警觉。1915 年 7 月，驻英公使施肇基就致电外交部称："日人主张组织中日银行发展中国利益，日本银行家投资五千万镑，政府官款居百分之三十，此策显示日人强制把持，中国万不可允许。"② 值得注意的是，1915 年 10 月的一则法文北京新闻还特意分析了中美银行能成立以及中日银行不能成立的原因。报道称，之所以如此，正如大隈重信所说的那样，"略谓日人对中国之办理，不能悉臻极好感情，日人对华人，不过使华人增厌耳"。该文还进一步认为："完全之商务事业，即照日本法律，亦不必交议会讨论。仅一种事业，先经日本政府讨论，再由议会通过，则已成为一种商务事业，而包含政策性质在内矣。其欲免华人猜疑，诚难矣。……中国鉴于其灭高丽之办法，甚为可惧。吾人尚望华人不与日人为此等之事，不若中美银行之较为自由，吾人尚望其获良好结果也。"③

上文中，中方赞同中美银行的原因，如资本平分、人员平等之类，在涩泽关于中日银行的言论中也都有体现，而日本方面出台的中日银行的计划中也有类似的内容，所以，中国方面排斥中日银行而接纳中美银行的真实原因并不在此，而在于两国对此向来所持的态度。尽管中美之间间或也会有摩擦，但总体上来看，比起日本咄咄逼人的侵略倾向，美国的"门户开放"以及尊重中国主权和领土完整等政策更能博得中国的好感。从感情上而言，中国就更加倾向于中美银行而非中日银行。从这来看，前述美国人对于涩泽的联美开发中国论的质疑不无道理，甚至可以说，日本在对华经济扩张中受到中国方面的强烈抵制是涩泽转而寻求美国协助的主要原因之一。当然，在合办问题上，日本动辄动用政府力量，使企业给人以强烈的"国策会社"的印象，这也与日本的近代化模式有关，因为日本作为一个后发型的国家，在发展近代工业的过程中始终存在着政府的高度参与，

---

① 《日本组织中日银行之政策》，《青年杂志》1915 年第 3 号。
② "中央研究院"近代史研究所编《中日关系史料—— 一般交涉》（下），"中央研究院"近代史研究所，1986，第 809、810 页。
③ "中央研究院"近代史研究所编《中日关系史料—— 一般交涉》（下），第 874、875 页。顺便要说的是，虽然中国对待中日银行和中美银行的态度有所不同，但事实上这两个计划后来都改头换面得以成立。1918 年成立的中华汇业银行成为日本在中国开办的第一家官民合办银行，它既是寺内内阁所标榜的"日华亲善"和"经济提携"的产物，也是此前中日银行计划的继续。1920 年 2 月 6 日，中美银行也以中华懋业银行的名称在北京开业。

在对外扩张的过程中更不例外，政治和军事上的对外扩张与经济上的对外扩张更是保持着高度的一致。涩泽荣一虽然想尽力淡化这一点，甚至欲将二者区别开来，但实际上却难以改变这一事实。正因为这样，当涩泽一再主张中日之间平等互利时，中国方面尤其是中国的舆论往往表现得比较平淡乃至持抵制态度，尤其是在日本提出"二十一条"之后。

退一步说，即便是针对日美联合开发中国的论说，也有国人提醒其间存在的问题。如《大公报》1917 年 2 月 16 日登载的一篇名为《日美经济提携与中国自强之机会》的文章就说："夫以中国地大物博，待辟之富源到处皆是，外人诚能出其充裕之资力，与熟练之技术，为我开拓蕴藏，而分其利益，吾人宁不欢迎？然国人于此，有不可不注意者，即两国经济之提携，仅足以和缓其政治上之抵牾，而非能根本消弭之也。……天下事，愈需要者，愈接近，愈接近者，愈易冲突。美日经济之必须接近，正所以见美日利益之难免于冲突。"① 换言之，日美双方的这种合作是以双方存着潜在的利益冲突为前提的，这也难保将来不会再出现矛盾，从而也会对中国的利益造成不利影响。在这种情况下，"然则吾将并各种外人之经济势力，而排除之乎，是又理所不可，势所不能。吾人惟有利用此和缓之时机，以力图政治之改良，实业之进步而已。我能自强，则外人之投资，益不虚耗；而外人利害冲突之机，更为减少，此正吾国自利利人之好机会"。② 在这里，文章虽然没有对日美对华投资表示排斥，但是也更加强调中国实现自我发展的重要性。

在近代中日经济关系史上，日本的对华经济关系大致经历了一个从一般性商品贸易到有意识地进行对华商品输出，再到大力推进对华资本输出的过程。在对华经济扩张的种类方面，既有涉及矿产、航运、纺织等领域的实业公司，也有各种对华银行和综合性投资公司等金融机构。然而在经历了一段时期之后，由于列强在中国市场的激烈竞争和中国民众的反抗运动，以及自身实力有限等因素的制约，日本发现单靠一己之力不能再有效地进一步推进对华经济扩张。涩泽荣一之所以大力提倡中日合办和日美联合，正是因为看到了这个瓶颈。中日合办能够在某种程度上消除中国方面

① 王瑾、胡玫编《胡政之文集》，天津人民出版社，2007，第 22～23 页。
② 王瑾、胡玫编《胡政之文集》，第 23 页。

的抵触和不满，而日美联合又可以成为化解双方在中国市场的冲突和提升两国外交关系的有效手段。在这个意义上，涩泽荣一的"中日合办论"和"日美联合论"不能不说是一个不错的变通之举，也意味着日本在对华经济扩张的实现方式上逐步走向多元化。需要看到的是，涩泽下了很大的功夫对他的"合办论"进行诠释和包装，他关于"中日合办论"的阐述、对"利权"一词的解释、向美国人的游说等都是这种努力的表现。在他的描绘中，合作使得对中国资源的开发不再是一己的独占，而是一种对双方都有利的举措，这样，日本与中美两国间的联合和合作都可以视为实现"己所不欲，勿施于人"的方式，从而也具备他所声称的"王道"特色。但是我们也要注意到，且不论中美双方对涩泽荣一的鼓吹发出了质疑之声，单从这种论说本身来看，似乎仍然很难将其视为绝对意义上的平等合作。涩泽荣一的"中日合办论"与日本政府及其他日本人的类似策略在本质上并无二致，而"日美联合论"自始至终都几乎没有顾及中国方面的权益。在这个意义上也可以认为，他的合办之说仍旧具有一定的"霸道"色彩。当然，我们还要结合他的实际行动做进一步的评估。本章仅仅谈到了他有关"日美联合论"的一个尝试，下一章将集中考察他的有关中日合办论的实践活动。

第五章 中日实业公司的成立与涩泽荣一1914年中国行

中国兴业公司是孙中山访日期间与涩泽荣一等人共同成立的一家中日合办的对华投资公司，后因中国南北对立、政局动荡，这家公司又转为袁世凯政府与日本合办，并改名为中日实业公司。目前中国学术界关于这方面的研究已经出现一些成果（如本书绪论中所示），不过大多是将其作为孙中山研究的一部分而加以考察，这既是视角上的局限，也无法进一步考察中日实业公司后期的经营情形。而个别从涩泽荣一的角度所做的研究，亦存在不少有待补充和详论之处。因而，本章拟在"王道"和"霸道"的架构下，以涩泽荣一为主要线索人物，结合中日各界的相关行为和反应，对中国兴业公司、中日实业公司的酝酿、成立及运作情形再做一番梳理。

一 中国兴业公司的酝酿和成立

中日双方关于中国兴业公司的筹设和商谈主要集中在孙中山1913年访日期间，完成该公司的成立也被视为孙中山此次访日之行的最重要成果。然而这个企业的创建并非一项即兴之作，无论是从中国还是日本方面来说，都有着特定的背景和动机。从中国方面来看，主要是孙中山为完成他庞大的铁路修建计划，势必要寻求外国的帮助，他此时也特别强调引进外资的必要性。而从日本方面言之，其对华投资活动在日俄战争之后逐步展开，并成立了东亚兴业会社等投资公司，然而由日本单方面成立的投资公司在中国的运作很容易遇到种种阻碍，所以便有了中日合办投资公司的计划。

要考察中国兴业公司，就不能不提它的两家"前身"：同方会和旭公司。

同方会系日本实业家代表团1910年来华时与上海商务总会协议的计划。

这一计划是由日本向中方提出的，并得到了日本驻上海总领事的全面协助。同方会的会名意为同居东亚，暗含日中实业家联合之意，会则中也明确写有排斥第三国的条文，并表明以后将会在实业方面合作。这一计划的目的之一是限制中美实业界的接触，同时也要为拓展中日两国实业界合作的内容和领域建立一个有效的平台。涩泽荣一在迎接代表团归来的仪式上致辞时，虽然没有提及这一计划，但也提示团员们应该考虑"如何要把画饼变为实物，东西只有进入胃中方能成为滋养体力的营养品"。① 显然，涩泽是示意代表团成员要尽快把计划落实在行动上。其后，中国国内形势的变化使该计划一度中断。1912 年 7 月，在白岩龙平的努力下，日本方面又以该计划为蓝本制订了《同方会则草案》，决定以日中合办的形式设立中华五星有限实业公司。这一日中实业家联络组织的构想，在日中实业家之间建立交流团体的原初意义上，无论从其名称、组织形态还是具体内容细则等方面都如实地反映了财界的对华思考。后来成立的中国兴业公司就与同方会的宗旨一脉相承，在章程的某些规定上也同 1907 年成立的东亚兴业会社存在相似之处。②

如果说中国兴业公司的宗旨和同方会存在着传承关系的话，那么它的成立则与旭公司有着直接的关联。旭公司成立于 1911 年，与原来的日清起业调查会一样，其目的也在于从事对华经济开发之调查以及策划成立相应的企业。公司的组成人员以三井物产中国支店的店员以及三井银行的尾崎敬义为主体，其中，山本条太郎（三井董事）为最高顾问，高木陆郎（三井物产汉口支店办事员）为名义人，藤濑政次郎（三井物产上海支店店长）为总监，森恪（三井物产上海支店）和尾崎敬义分别为上海和东京方面的负责人。公司在成立初期主要负责湖南、江苏、浙江等地矿产的调查。而这种调查完全是在日本政府和军方的支持下进行的。首相桂太郎、军务局长田中、参谋本部第二部长以及政务局长仓知铁吉等人都是这一调查的后台人物。另外在费用方面，由外务省承担一半，参谋本部和陆军省各承担四分之一。③

---

① 《涩泽荣一伝记资料》第五十六卷，1964，第 13 页。
② 本段内容参考了李廷江《大正初期的涩泽荣一与中国》一文的相关论述（该文载于王建朗、栾景河主编《近代中国、东亚与世界》（上册），社会科学文献出版社，2008）。
③ 国家资本输出研究会编《日本の资本输出》，第 193 页。

中国兴业公司的成立正源于旭公司这些主要人物的策划和斡旋。1910年至1911年，尾崎曾受三井财阀之派来华调查中国的经济、金融等情况。他于1911年12月返回东京后提交了一份名为《对华投资论》的报告。报告对中国的财政、外债、对外贸易、银行金融和日本的三井银行、三井物产与中国的关系，以及东亚兴业会社在华的不利之处等进行了详尽分析，得出的结论是：第一，对华投资有利可图；第二，通过投资可以获得利权并扶植势力；第三，"或有更大之目的亦未可知"。① 另外，针对东亚兴业会社在华遇到的种种问题，他还建议对其加以改造："当前燃眉之急，是改造东亚兴业会社，要求中国加入，组成合办机构。"② 于是，高木陆郎就与尾崎、森恪等人商量计划创设一个由中国与日本共同出资的合办公司，以解除法规上的束缚。他们为此拟定了一项建议书并附上尾崎的报告呈送给首相桂太郎、大藏大臣若规礼次郎、军务局长田中义一、元老井上馨以及财界的涩泽荣一、大仓喜八郎、益田孝等人，希望能得到他们的赞成和支持。不出所料，众人都认可了这一计划。③ 应该说，涩泽荣一与中国兴业公司（包括后来的中日实业公司）的关系也正是始于此时。

另外，旭公司的这些人也是促使孙中山访日谈判成立合办公司的有力推手。④ 孙中山日本之行得以实现，一方面在于当时对孙的大亚洲主义主张颇有共鸣的桂太郎第三次出任首相，使孙的访日成为可能，另一方面就是由于森恪等人促使日本财界向孙中山发出邀请。⑤ 1913年1月底，森恪向孙中山提出赴日后日中实业界共同创建中国兴业公司的提议。孙中山对这一计划似乎是心存疑虑的，他既担心被日本人利用，为了谨慎起见，又不愿将此事立即公开。因此，他曾派人向森恪表示，担心此次访日是一部分日本人早有计划而企图利用自己。森恪则回答说："一部分人有特殊计划，不足奇怪。问题是只要能识别其人，就不会有任何过失。"⑥ 而当两国

---

① 俞辛焞：《辛亥革命时期中日外交史》，第329页
② 俞辛焞：《辛亥革命时期中日外交史》，第330页。
③ 彭泽周：《近代中国之革命与日本》，台湾商务印书馆，1989，第70页。
④ 孙中山的此次访问日本几经周折得以成行，对于后来能够成行的直接原因，《辛亥革命时期中日外交史》一书语焉未详（见该书第316页），但实际上孙中山就是在森恪、高木陆郎等人的斡旋下赴日的。
⑤ 李廷江：《日本财界与辛亥革命》，第273页。
⑥ 李廷江：《日本财界与辛亥革命》，第274页。

报纸报道孙将赴日商谈组建合资公司之事时，孙中山马上派马君武抗议，要求予以更正。[①] 不过从后来与涩泽的对话来看，他的这种疑虑很快就消失了。

孙中山于 1913 年 2 月 14 日抵达东京。从他在东京的活动可以看出，商议创办中国兴业公司是访日之行中最重要的活动之一。日本方面则在孙中山来到日本之前就已经在东亚兴业会社的基础上制定了中国兴业公司的宗旨、章程，并由大藏省主计官胜田主计起草了备忘录。[②] 孙中山到达日本之后，涩泽荣一表现得极为活跃，他不顾劳累地参加了几乎所有与孙中山有关的活动。现根据涩泽荣一日记的记载，将其参加的有关活动列为表 2。

表 2　孙中山 1913 年访日期间涩泽荣一参加的有关活动

时间	事项	地点	备注
2 月 14 日	迎接孙中山	东京新桥车站	
2 月 15 日	出席为孙举办的欢迎会	华族会馆	由东亚同文会举办
2 月 17 日上午	专门拜访孙中山	帝国饭店	事后与山本条太郎谈话
2 月 17 日晚	出席为孙举办的晚宴	中国使馆	与孙中山分别致辞
2 月 18 日	出席为孙举办的宴会	日本桥俱乐部	加藤正义、大隈重信等致辞
2 月 18 日	胜田致函涩泽		就合办之事发出指示
2 月 19 日	访问胜田主计和高桥是清	大藏省	商谈合办之事
2 月 19 日	访问高桥是清	日本银行	征求合办企业的意见
2 月 20 日上午	与山本条太郎通话	不详	商定次日与孙会见之事
2 月 20 日晚	出席为孙举办的欢迎会	三井集会所	即中国兴业发起人大会
2 月 21 日白天	与孙等人举行会谈	涩泽事务所	事前与益田等商谈合办事
2 月 21 日晚	出席孙的欢迎会并致辞	生命保险会馆	由日本实业界举办
2 月 23 日	出席为孙举办的宴会	青年会馆	
2 月 25 日下午	出席为孙举办的欢迎会	大隈重信官邸	事前与胜田讨论合办之事
2 月 25 日晚	出席为孙举办的宴会	红叶馆	由东京市举办
3 月 1 日	商谈合办企业之事	三井集会所	到会者皆赞同原案
3 月 3 日	与孙逐条商谈公司草案	三井集会所	益田、山本、大仓等皆到会
3 月 4 日上午	与孙谈中国经济事务	三井集会所	谈论中国货币银行等事

---

① 李廷江：《日本财界与辛亥革命》，第 274 页。
② 李廷江：《日本财界与辛亥革命》，第 275 页。

续表

时间	事项	地点	备注
3月4日晚	出席为孙举办的送别会	帝国饭店	出席人员众多
3月5日	送别孙中山	新桥车站	孙转赴日本其他地方

资料来源：渋沢青淵記念財団竜門社編《渋沢栄一伝記資料》第三十八卷，渋沢栄一伝記資料刊行会，1961，第571、572頁；李廷江：《日本财界与辛亥革命》，中国社会科学出版社，1994，第277页。

上述活动主要就是围绕着中国兴业公司的设立之事而展开的。在这一事情上，受日本政府的支持，涩泽荣一发挥了不可替代的领导和斡旋作用。从表2中可以看出，涩泽荣一在孙中山抵达日本后不久即到其下榻饭店找其商谈。这也是在中日近代史上赫赫有名的两位人物之间的第一次会谈。谈话比较简略，在何天炯的翻译之下，两人交换了关于时局和经济问题的意见。会谈结束后，涩泽遂返回事务所与山本条太郎磋商中国兴业公司的筹办计划。在涩泽荣一与孙中山会谈的背后，有日本大藏省的指挥。涩泽荣一在2月19日上午至大藏省访问胜田主计，将所商定的中国兴业公司筹办计划提出，征求大藏省的意见。胜田主计就此做出以下指示。

第一，表面上政府与此事无关，但背后给以充分支持。

第二，合办公司的性质，首先要像东亚兴业会社一样为创业公司，以发现可行之工作为主。

第三，公司发现可行工作之后，介绍有关该业之专家参与。资金关系方面，当可利用已设立之机构，如日法银行。此外，尚可建立本国资本集团和欧美及与本国合作之资本集团进行活动。

第四，对方如对组建公司表示积极，则我方切不可取犹豫不决之态度，一些决策以涩泽男爵为中心。

第五，涩泽男爵在适当时机可与适当范围内之银行家、实业界进行协商，但其范围应加控制，不可过于广泛，此为成功之所必须。

第六，东亚兴业会社于江西铁路有谋取中国利权之嫌，在与中方会谈时应回避与其之关系，待公司（中国兴业公司）成立后，再谋东亚善后之策。①

---

① 俞辛焞：《辛亥革命时期中日外交史》，第331、332页；李廷江：《日本财界与辛亥革命》，第276页。

这六点意见，集中反映了日本政府对于中国兴业公司的基本意见，也足以表明该公司具有强烈的官方色彩。事实上，日本官方从该计划的一开始就参与了进来。如 1912 年 3 月 7 日，牧野外相于公司设想刚一形成后，就立刻向日本驻华使领馆发函，通告日中双方筹建中国兴业公司之事，并附上有关资料；5 月 6 日，外务省政务局长阿部写信给涩泽荣一，要求日方筹备委员提供有关中国兴业公司的组织计划等。[①] 日本以涩泽荣一出面，一是看中涩泽在财界的领袖地位，二是不好直接由政府出面而打着民间企业的幌子。当然，涩泽之所以为此事奔波，也不全是出于按照政府的意志行事，如前所述，中日合办中国兴业公司也暗合于他的对华经济思想，给他提供了一个付诸实践的机会。

在与胜田主计、高桥是清（日本银行总裁）、山本条太郎等人进行了初步沟通之后，20 日晚，涩泽于三井物产集会所召开了中国兴业公司第一次发起人大会。除了涩泽外，日本方面的出席者还包括大仓喜八郎、安田善次郎、仓知铁吉、益田孝、山本条太郎等，几乎全是日本财界的头面人物。中国方面的出席人员则有孙中山、戴季陶等，由戴做翻译。会上初步确定的两国发起人名单：中国方面为孙中山、印锡章、李平书、顾馨一、张静江、周金箴、朱葆三、沈缦云、宋嘉树、庞春城、王一亭；日本方面则包括涩泽荣一、大仓喜八郎、安田善次郎、益田孝、仓知铁吉、三村君平、中桥德五郎、山本条太郎。[②] 21 日中午，涩泽、益田孝、山本条太郎等人又和孙中山、戴季陶等就中日合办事业交换了意见，并产生了一份有关中国兴业公司的备忘录。[③] 也许是因为创办中国兴业公司已经有了初步成果，涩泽荣一邀集东京的第一流银行及大公司计 44 家单位的代表于东京有乐町生命保险株式会社举行欢迎孙中山的晚宴。双方在当晚举行的宴会上都有感而发，分别做了发言，鼓励中日之间实现进一步的经济合作。

涩泽荣一致辞的大意是：此次孙文先生来我国访问，不胜荣幸之至。孙氏不但致力于民国政治改革，且期待中国之实业有所发展。我国千数百年来受中国文物之熏染，视中国无疑为兄长。但今日在实业方面我国则较

---

① 李廷江：《日本财界与辛亥革命》，第 288 页。
② 李廷江：《日本财界与辛亥革命》，第 277 页。
③ 《涩泽荣一伝记资料》第三十八卷，1961，第 572 页。

中国向前迈进一步，愿将维新以来所积之发展实业之经验传授给中国，以开发中国之富源。谅数十年后，中国之实业面貌会为之一变。今中日两国不仅在政治上有密切关系，且在实业上亦期有唇齿辅车之实。孙中山则答道：余为政治奔走数十年，今已完成其素志。此次来访，与日本著名之实业家欢聚一堂，至为光荣。如涩泽男爵所示，实业之发展，不仅需要政治之进步，且不可欠人道之根元。促进实业之发展原无国境，但白种人总是不期待中日两国实业有所成，深恐两国一有进步，将会排除彼等在亚洲之经济势力。中国天然资源丰富，且拥有数亿人口，不患劳动力之不足。中华民国将来定能成为富强之国。然所可惜者，不知开发富源之方法也，如能为之，即可立即着手行之。但中华民国之政治及法律尚不完备，且受不平等条约之束缚，即使得开发实业之方法，亦难排除条约之障碍也。愿友邦之日本，能助我一臂之力。①

在这里，孙中山的发言虽然和涩泽一样都是期待中日经济合作，而且这里所体现出的大亚洲主义思想以及中日互补遗缺论也同涩泽的观点颇为相似，但他更提出了中国的法律制度及不平等条约问题，这里就暗含着一个主权问题。事实上，在后来的一系列有关中国兴业公司的谈判中，双方争议的焦点也正是与之相关的法律问题。

之后，涩泽一边继续出席有关孙中山的招待活动，一边为中国兴业公司之事同日本各界进行协商。他在与胜田主计等人进行反复协商的基础上，向日本政府提交了中国兴业公司的创设计划书草案，获得政府的批准之后，又于3月1日在三井物产集会所召集各有关代表再次对草案进行讨论，征得各方面的同意之后，终于将中国兴业公司计划书完成。②

这份计划书也即相当于中国兴业公司的章程草案，分为名称、组织、营业、资金及股份、营业所、干事、股东大会、债券、资本之中介、创立事务等项。③ 计划书的大意规定：公司目的在于调查、涉及及承办各种事业以及对各种企业进行资金上的通融；公司资本定为500万日元，由中日双方各认一半；总公司设于上海，分公司置于东京；董事和监事由中日两国股

①　对于这次宴会的情形以及二人的致辞全文，1913年3月第298号的《龙门杂志》曾予以报道。这里采用彭泽周先生的译文，见彭泽周《近代中国之革命与日本》，第72～73页。
②　《涩泽荣一伝记资料》第三十八卷，第572页。
③　全文见彭泽周《近代中国之革命与日本》，第73～75页。

东中各按半数在股东大会中选出；在创立事务上，中国方面由孙中山主持，日本方面则由涩泽负责。

3月3日，孙中山、戴季陶（翻译）与涩泽、益田、大仓等人对草案逐条进行了讨论。①

双方的争议主要包括以下几点。

第一是公司名称。孙中山认为，草案中公司英文名"China Exploitation Co."欠妥，应将 Exploitation 改为 Development 为好。

第二是法律问题。孙中山认为中国兴业公司应该按照中国法律设立，目的在于维护国家主权。其理由是中国已经有了"公司律"之类的公司法，且国民党议员在国会中占多数，能够按照自己的意志制定新法律，如果依照中方法律，将来公司在中国的经营也更加容易。然而益田孝却表示反对，认为公司一开始不过限于调查事业，在中国内地经营还没有那么要紧，若按中国法律，日本人不一定愿意。涩泽也倾向于益田的观点，认为根据日本的法律兴办比较妥当。只不过由于孙中山的坚持，双方暂时将该问题搁置下来。

第三是资金及股份问题。涩泽主张将资本定为500万日元，双方暂时缴纳四分之一，孙中山则认为资本金额越大，公司信用越有保证，提出应将总额定为1000万日元，先缴纳500万，剩下的再由股东缴纳。涩泽向孙解释道，该公司不是拿募集到的资金直接办企业，而是进行调查和策划，作为媒介来组织其他公司投资，没有必要积存过多资金。孙中山表示同意。而在资金的缴纳方面，孙中山提出中方目前局势未稳，可以先由自己的名义承担这四分之一的款项，实际上则由日本方面垫款承担。涩泽认为这样将会失去中日合办的意义。孙最后表示可以拉拢一些资本家，鉴于"现在的情况是拥有不动产的人多，由于通融现金非常困难，可以把这些人集合起来，由我来抵押不动产，然后，如果我们拿得出钱来，我就从旁来劝他们买股份，股东可有十人或十五人"。尽管双方的意见不是十分契合，不过涩泽也表态说"所有这些事情一定尽力办理"。②

---

① 中日双方关于这次讨论的全文载于《日本外交文书》1913年第2册当中，中文译文载于《孙中山集外集补编》一书（全文共7000余字，详见郝盛潮主编《孙中山集外集补编》，上海人民出版社，1994，第117~127页）。本文且就其谈话之要点略加考察。

② 郝盛潮主编《孙中山集外集补编》，第126~127页。

此外，与会者在公司地址、人员、召开股东大会的地点、债券等其他问题上都有一定的争议。其中，在地址方面，大仓主张"总公司一定要设在上海"，① 而益田则表示反对。因意见分歧，众人决定将其与第二项的机构法律问题同样暂行搁置，以后再定。② 在人员问题上，大仓和山本主张应该设两名总办比较妥当，益田仍然反对，孙中山也认为设置两人会导致权力上的冲突，"因此从工作上的便利来考虑，我想设一个人的办法是妥当的"。③ 债券方面，涩泽认为，根据兴业公司董事的决议，中国政府应批准债券的发行，也必须保护其应得利益。不过他也对孙中山解释说，"我们不能够说贵国政府要服从或者不必服从，这只不过是我个人的希望罢了"。④ 但正如孙中山所云，此事尚无前例，故仍属问题，得到政府的批准和保护固有其有利的一面，然另一方面也有受政府干预的不便。最后，涩泽和孙中山一致同意不再把债券之事写入章程。其实，双方之所以在这些方面难以达成一致意见，最重要的还是在于公司的法律依归问题，如果不能确定按照哪一国法律设立，那么后面诸多细节性问题都难以谈清楚，毕竟两国有不同的标准和观念。当然，涩泽荣一也在谈判之时认识到这一点，他曾说："股东大会的事，连同营业所一起，如果是根据日本的法律的话，那不改变是不行的"，"根据第二条组织（即依照哪国法律设立问题，笔者注）的变更，债券的条文也非得修正不可"。⑤ 尽管如此，双方还是在公司的营业项目、资金中介以及第十条的"创立事务"等条款上达成了共识，中国兴业公司的创立计划也决定了下来。会谈结束之时，涩泽向孙中山表达了他对公司能够尽快成立的愿望："大体上，您说的问题解决了，因此希望在这计划书中把要抽的抽出来，把原有的写上去，把彼此之间进行过的这些商议全部确定下来，我十分盼望这件事的实行，……既然完全是为了两国的事业着想，让我们从这件事实开始努力，把精神放到目的上去。"⑥

这次经济合作的会谈是秘密进行的。《民立报》3月3日的东京特约电

① 郝盛潮主编《孙中山集外集补编》，第 120 页。
② 俞辛焞：《辛亥革命时期中日外交史》，第 335 页。
③ 郝盛潮主编《孙中山集外集补编》，第 122 页。
④ 郝盛潮主编《孙中山集外集补编》，第 123 页。
⑤ 郝盛潮主编《孙中山集外集补编》，第 122 页。
⑥ 郝盛潮主编《孙中山集外集补编》，第 127 页。

仅报道这天下午"一时三十分先生（孙中山）参观三井办事处"，而国民党当局的报道是"午后一时先生参观三井株式会社之仓库"，都未将此事透露出来。① 日本方面的《东京每日新闻》《二六新报》等也都未见有此事的报道，与涩泽关系密切的《龙门杂志》曾在 4 月份含蓄地提及中日若有一个"不限事业种类、性质、范围等的金融机关"，就能够在工业和贸易等方面实现双方共同利益的发达，但该媒体仍未点明中国兴业公司之事。② 唯有日本《报知新闻》做了披露，谓"孙氏寄托我国实业界之期待甚迫切。目下正与我国著名实业家在极密中进行设立一所两国共同之经济机关，因此，一日上午在三井集会所，男爵涩泽、山本条太郎、安田善次郎等十余人会于一处，共同磋商一切，谅不久当会具体化"。③ 双方之所以都不愿意向外透露，大概是由于当时复杂的国际形势，彼此都不愿因中日经济合作而引起欧美列强的不满。而《报知新闻》毫不考虑地将此事报道出来，也确实相当难得。

这次协商的第二天，孙中山即离开东京，前往日本其他地方。由于在有了结果之后需要着手准备公司的筹设事宜，双方按照商谈的结果并在对其进行进一步细化的基础上，把中国兴业公司的正式章程连同该公司的发起书一起公布。其中，公司的正式章程共分为 41 条，对公司名称、业务、资本金、股份、股东大会、董事、资金分配等做了规定，但是没有将会谈中产生争议的依照何国法律设立以及发行债券等问题纳入进去。④ 值得一提的是，这个章程与东亚兴业会社的章程非常相似。据李廷江研究称，该章程"除在涉及两国合作的组织、事务所、名称、股份等部分上，有所增补，其他内容几乎完全是东亚兴业会社的再版"，"另外，从出资者来看，中国兴业公司包括了原东亚兴业会社的几乎所有股东。甚至连出资的比例也几乎同东亚兴业会社相同"。⑤ 而由涩泽和孙中山共同署名发出的公司设立发起书则表明双方关于合办事业的缘起、宗旨和目的。现将该发起书全文照

---

① 彭泽周：《近代中国之革命与日本》，第 77 页。

② 《涩沢荣一伝记资料》第三十八卷，第 576 页。

③ 彭泽周：《近代中国之革命与日本》，第 77、78 页。

④ 章程全文详见涩泽青渊纪念财团龙门社编《涩沢荣一伝记资料》第五十四卷，第 517 ~ 519 页。

⑤ 李廷江：《日本财界与辛亥革命》，第 278 ~ 279 页。

录如下。

　　为进一步巩固东亚同种之二大国之密切关系，增进唇齿辅车之交谊，收提携之实，莫若密切国民相互间之经济的连锁。此所以有现今中日两国有实力之实业家相聚，为谋东亚百年之大计而披沥诚意，提倡设立中日合办中国兴业公司之举也。

　　今中华民国新成立，国力之充实，更为急切。即中国兴业公司乃以在中国查探富源，调查有利之事业，作为中日两国人民之责任而求其实际的解决也。试一览另纸之本公司计划书，则相信对其设立之宗旨及必要，自当明瞭。

一九一三年三月

发起人总代表

孙文

涩泽荣一①

　　当孙中山还在继续他的日本之行时，国内传来了宋教仁遇刺的消息。于是孙不得不中断行程，即刻赶回国内。由于宋案的关系，他几乎没有时间去处理中国兴业公司的问题，所以发电报给涩泽荣一称"由于政变，中国兴业公司交涉暂停"。② 但是很快，出于争取日本的支持以同袁世凯进行斗争的考虑，孙又认为应当在很短的时间内完成中国兴业公司的筹建，加强与日本财界及政府的联系，造成孙日联合的事实。所以在4月1日，孙又找到森恪谈起重开中国兴业公司谈判之事。在这样的背景下，中国方面先后于4月3日、5日、9日分别召开了三次发起人会议。因受时局的影响，出席会议的人员除了孙中山等国民党人及森恪外，主要是上海一带的资本家，而其他各省的实业家却难以立即聚在一起。其中，前两次会议主要是确定了中国方面对于股票的认购方案。会议决定在第一次缴纳的62.5万日元中，20万日元由上海当地实业家筹集，剩余之42.5万日元由孙中山一人

---

① 本文取自《孙中山集外集补编》所载之中文版，见郝盛潮主编《孙中山集外集补编》，第130页。日本版见《涩泽荣一伝记资料》第五十四卷，第516页。

② 李廷江：《日本财界与辛亥革命》，第295页。

承担。在此期间，为了强调中国政局的激烈变化将不会影响中日合办事业，孙中山又向涩泽荣一致电保证："尽快设立中国兴业公司，竭力不受政治上影响，请放心。"① 第三次会议讨论的主要是中国兴业公司计划书的全部条文。与之前孙中山的观点一样，实业家们仍对公司应该依据何国法律创设的问题表示疑虑。同时，涩泽荣一、山本条太郎也相当关心中方的筹备工作。高木陆郎在将中方的意见告诉涩泽之后，涩泽通过三井物产上海支店店长藤濑转知孙中山："此时创立公司，应以日本法律为依据。"② 13 日，涩泽和山本又分别致电高木陆郎和森恪，对中方的筹建事宜做出了一些指示。14 日，高木和森恪二人向孙中山转达了涩泽和山本的意见，强调："（1）由于日本承担公司资金的绝大部分，公司依据日本法律有其道理。（2）在中国法律尚未健全时，也应依据日本法律。（3）因此本公司（筹建）依据日本法律似无不便之处。希望中方能同意日方意见。"③ 在这种情况之下，由于急需达成与日本的合作，孙中山在 18 日同日方的会见中只好表示，为尽快成立公司，同意暂时按照日本法律设立，不过也提出条件说，待日后中国法律完善之后，应再改为遵从中国法律，还向日方附上一份《创办中国兴业公司适用中国法律之理由》。这份理由大概就是第三次发起人会议的讨论形成的意见。其中所列出的理由大致包括三点：第一，若适用日本法律，即属外国公司性质，不能自由在内地营业，若适用中国法律，则不受此限制；第二，中国的民、商、诉讼各法多系取法于日本，与日本法律同一渊源，即关于日本人的权利关系，与日本法律上的地位大略相同；第三，若适用日本法律，则发生问题时只根据日本法律解决，困难必多，且恐中国人心渐生歧视，对于公司的发展，怕会有妨碍。④ 在双方就当下的法律依据问题达成一致的情况下，日本方面也对中国方面的意见做了回应。在涩泽荣一 6 月 19 日主持的中国兴业公司创立委员会会议（后文将会提及）决议文中，就决定向中方转达以下观点，即中国兴业公司本应依照中国法律设立，但因中国法制没有十分完备，多有不便，故决定依照日本法律设立，待日后中国法律完备并达到实施之条件时，再改为依照中国法律

---

① 李廷江：《日本财界与辛亥革命》，第 295 页。
② 俞辛焯：《辛亥革命时期中日外交史》，第 337 页。
③ 李廷江：《日本财界与辛亥革命》，第 297 页。
④ 郝盛潮主编《孙中山集外集补编》，第 127 页。

当无异议。① 这样的回复看似与中国方面的意见颇为相似，但是"中国法律完备并达到实施"这样的前提标准却是很有弹性的，究竟达到什么样的程度才符合这一要求就不得而知了。当然，后来的发展走向也无法看到更改法律依据的这一幕。

孙中山为中国兴业公司的事情屡次开会讨论并与日人反复协商，日本方面尤其是涩泽荣一也在为此事而张罗。正如关于中国兴业公司的一份资料中所说的那样，"（中国兴业公司）创立事务所设于东京市麹町区内幸町一丁目三番地万国观内，有书记员二人，勤务人员一人，在涩泽男爵的监督之下，五月二十一日以来每天都在处理事务"。② 在得到孙中山表示公司成立之事继续进行的电报不久，涩泽荣一于 4 月 20 日召集日方的主要人员在三井集会所举行了第二次发起人会（3 月 20 日与孙中山等人的即为第一次发起人会议），讨论了公司的人数、人选、资本、章程及其他事项。5 月 19 日，第三次发起人会议在帝国饭店举行，发起人定为中日双方各 8 人，还就人选、承担股份数额等事进行协商。在举行发起人会议的同时，涩泽也开始着手日本方面的股份认购之事及筹划成立中国兴业公司日本方面的发起人总会。从时间上看来，日本方面第二次会议的时间要稍晚于中国的进展，不过这是有原因的。涩泽对此做出两点解释：第一是自己身体欠佳，有大约一个月时间没有出门；第二是日本方面正在网罗全国金融界和实业界的众多企业和个人入股，这也需要一个过程。③ 他曾于 5 月份向孙中山致信表示，日本方面主张中日实业联络与政局无关，中国兴业公司仍会继续筹设，而且日本各银行和财阀经过协商后也决定了股份的承担比例。④ 6 月 2 日，他致信新上任的第一银行大阪支店经理野口弥三，让其与大阪当地的银行业者负责中国兴业公司在大阪的股份认购之事。⑤ 另外，涩泽荣一也透过媒体向外界透露了中国兴业公司的筹备情形。《读卖新闻》曾于 5 月 23 日刊载了涩泽关于中国兴业公司计划的谈话。这次谈话除介绍该公司由中

---

① 《渋沢栄一伝記資料》第五十四卷，第 523 頁。
② 《渋沢栄一伝記資料》第五十四卷，第 520 頁。
③ 《渋沢栄一伝記資料》第五十四卷，第 520 頁。
④ 《渋沢栄一伝記資料》第五十四卷，第 532、533 頁。这封信是涩泽通过高木陆郎转交给孙中山的。由于高木同孙的会见时间是 5 月 18 日，所以涩泽此信必定在此之前。
⑤ 《渋沢栄一伝記資料》第五十四卷，第 520 頁。

日双方发起之外，还透露出下列三项信息。第一，该公司股份的认购得到日本各地财界的支持。涩泽表示："出资日本之股东，于东京得三井、三菱、第一、第百、第十五之各银行，及大仓组并特殊银行中之兴业、台湾等赞成。……于大阪得鸿池、浪速各银行及小山健三、中桥德五郎等之赞成。至横滨、名古屋方面，得有赞成创立愿为股东多处。"第二，不仅要利用本国资本，还要利用外资。"本公司对于中国铁道其他交通机关之放资及营金融经理业者，故不独内地之资本，依于场合，亦应利用外资。"第三，明示中国兴业公司有与东亚兴业会社合并的可能。他对此表示："又东亚兴业会社，有自应与新兴业公司合并之说。余亦以为两社合并，便于从事也。目下调查关于合并法律上之手续及其他事。"① 而一份注明日期为 6 月 5 日的《关于中国兴业公司创立之协议要项》的资料显示，涩泽等人曾在此前对公司的各项内容做了比较详尽的讨论，并拟定在当月 12、13 日召开日本方面的发起人总会。② 也就是说，发起人会的决议事项草案在此时就已经准备好了。

6 月 14 日，发起人会在帝国饭店举行，确定涩泽荣一、大仓喜八郎、安田善次郎、益田孝、仓知铁吉、三村君平、中桥德五郎、山本条太郎等 8 人为发起人，同时为了办理有关公司创立之诸种事务，选定涩泽、井上准之助、门野重九郎、仓知铁吉等 8 人为创立委员。会议还决定不日选派人员赴华与中方做种种之协商，并规定股份的分配比例为：东京约 18000 股，大阪约 6000 股，其他地方约 1000 股，6 月 23 日至 30 日期间认股并缴款。③ 会议结束后，涩泽荣一于次日即分别致信各大股东，通报会议的决定事项及认购要求。④ 6 月 19 日，涩泽荣一等创立委员召开了会议，围绕中国兴业公司的人选、股份、法律依据、中日两方的业务分工等问题总计形成了 11 项决议。综合起来，决议主要包括以下几点内容。第一，人事方面，增补仓知铁吉、尾崎敬义为候补董事，选派山本条太郎赴华沟通，⑤ 在与中方协

---

① 这则报道亦被中文刊物《中国实业杂志》翻译并转载。见《涩泽男爵谈》，《中国实业杂志》1913 年第 5 期。
② 《渋沢栄一伝記資料》第五十四卷，第 520 頁。
③ 《渋沢栄一伝記資料》第五十四卷，第 522、525、526 頁。
④ 《渋沢栄一伝記資料》第五十四卷，第 522 頁。
⑤ 后来山本因故未能前往，涩泽就让森恪、高木陆郎等人代为交涉。（《渋沢栄一伝記資料》第五十四卷，第 542 頁）

议的基础上选定中方董事，并争取张謇和盛宣怀的加入。第二，股份方面，中方除之前交付的9万日元外，其余由横滨正金银行贷予，6月30日前交付至东京。第三，公司事务的分工，东京方面负责以下事项：（一）关于资金的筹措；（二）关于事业的选择、承担和中介；（三）对顾问、技师的推荐和选任；（四）关于股东总会及董事会；（五）关于公司经费的预算及决算；（六）公司股金的确保及出纳；（七）关于契约及法律事务。而上海方面负责的事务则是：（一）有关企业的调查和选定；（二）对企业资金、各种债券及其他金融之申请优良与否的调查；（三）关于事业的管理与监督；（四）关于公司的管理与监督；（五）有关中国之金融、工商业及其他参考资料的调查搜集；（六）与中国官方的交涉。[①]在这里有两点需要注意：其一，之所以争取盛宣怀和张謇，不仅在于此二人在中国实业界的地位，也在于张謇时任北京政府的工商总长，日本希望同时吸纳中国南北两派的人物，这也同孙袁的斗争及袁世凯拉拢日本有关（后文将会考察此事）；其二，日方此前决定将总公司设于东京，分公司设于上海，这从中日双方关于公司的业务划分也可以体现出来。在某种程度上可以说，东京方面握有公司的掌控权，而上海方面仅仅是一个实施和协作机构而已。随后，涩泽荣一根据此次会议的决议内容，致信高木陆郎和森恪，令其与孙中山协商以尽快完成公司成立手续。在信中，涩泽除了就董事、正金银行的借款、创立总会、发起人等事项做了说明外，还特意提到了公司总裁问题，认为总裁一职由孙中山担任至为妥当，但因目前局势不稳，这一职位先行空置，并要森恪和高木二人向孙解释日方绝没有让其他人担任该职的意图。[②]

涩泽本希望创立总会能够在7月份召开，中国方面也能够选派6人赴日商办设立事务，[③]然而事情并非如他设想的那么顺利。原定于7月21日完成股份的承购及缴纳，并以该款充当第一批公司股金，因为一些手续上的疏忽，这项工作到25日才完成。[④]紧接着，公司的创立委员及专任事务执行人员于次日，即26日在创立事务所集会，决定8月11日在东京商业会议

---

① 《涩沢栄一伝記資料》第五十四卷，第523、524頁。
② 《涩沢栄一伝記資料》第五十四卷，第524、525頁。
③ 《涩沢栄一伝記資料》第五十四卷，第525頁。
④ 《涩沢栄一伝記資料》第五十四卷，第527頁。

所召开创立总会。27 日，创立委员会将召开总会的日期、场所及决议事项通知各股东，并致电森恪，要其代为通知中方代表。① 然而，由于中国局势日益紧张，"二次革命"的爆发使得孙中山已无暇顾及中国兴业公司之事。孙中山在离沪南下前，一面致信涩泽荣一，称"一时不克分身，……为早成立该公司起见，特将所有敝处意见及关系一切文书，托请森恪君回东，代为鄙人等与执事暨请诸君筹议办法一切。森君到时，务请执事会同商酌妥善办法，并代为鄙人开创立总会，是为感佩"；② 一面将该公司在上海的一切事务及经营权移交给上海商务总会，并指示该公司决不可为任何政治目的所利用。③ 但是最终中方人员在总会召开时无一人到场。不仅如此，鉴于中国的混乱局面，日本政府方面也出现了推迟成立公司的声音。日本驻上海总领事有吉明于 8 月 9 日致电牧野外相称："至少目前不宜成立该公司，似以稍延期为宜。"其理由是，由于爆发"二次革命"，"未来该公司不仅难以保持本身之立场，而且与突失众望之一派（指孙中山，笔者注）合作会引起社会上种种议论，从而可能直接或间接地给日本带来不利"。④ 另外，袁世凯方面此时已经频频与日本方面进行联络，力图限制日本同孙中山方面出现什么密切的举动。到"二次革命"爆发时，日本财界已经与袁世凯的北京政府就成立中国兴业公司一事达成谅解。⑤ 而且涩泽荣一等财界人士也坚持认为，设立之事"岂能就此终止，致使前功尽弃"。⑥

最终，中国兴业公司创立总会于 8 月 11 日如期召开。出席会议的人员包括涩泽荣一、大仓喜八郎、中野武营、大桥新太郎、三村君平、山本条太郎、门野重九郎等，而中国方面则由森恪代为出席。会议由涩泽荣一主持，他在简单的致辞之后，又回顾了公司的创立经过并做了事务报告。大会根据涩泽荣一的提名，按照中日各半的原则，选举仓知铁吉、尾崎敬义、森恪（驻上海）、印锡章、王一亭、张人杰（张静江）等六人为董事，大桥

---

① 《渋沢栄一伝記資料》第五十四卷，第 526 页。
② 陈旭麓、郝盛潮主编《孙中山集外集》，第 363 页。
③ 彭泽周：《近代中国之革命与日本》，第 84 页。
④ 俞辛焞：《辛亥革命时期中日外交史》，第 340 页。
⑤ 李廷江：《日本财界与辛亥革命》，第 293 页。
⑥ 此项资料来源不详。俞辛焞的《辛亥革命时期中日外交史》中引用的出处是《渋沢栄一伝記資料》第五十四卷，第 542 页（详见俞辛焞《辛亥革命时期中日外交史》，第 340 页）。但笔者核对后发现该页并无此说。

新太郎和沈缦云二人为监事。此外，涩泽还在会上表明自己不愿做公司的
董事，具体原因我们不得而知，他的说法是可能会在对"本公司的将来及
日支关系"上造成不利。在紧接着的董事会上，经过众人的投票（涩泽荣
一代表中国投票），选出仓知铁吉为副总裁，尾崎敬义、印锡章为常务董
事，森恪则被派驻上海，另外，还选定涩泽、大仓、山本等十人为公司的
顾问。① 此次创立总会结束后，涩泽荣一曾特意向孙中山致信告知会议情
况，还对两人对于该公司的诸多合作以及孙中山当时的处境感慨不已。在
某种程度上，这封信是对二人就该公司设立一事所做的阶段性总结。在此
之后，中国兴业公司的命运以及二人的往来又是另外一幅情形。有鉴于此，
笔者且将该信全文录之于下。

　　本月十一日于东京商业会议所召开创立大会，鄙人任大会主席，
主持一切事务。今中华民国与敝国最初合资经营之中国兴业公司之能
成立，实为今春以来阁下与鄙人共同努力之结果，并承阁下特予赐助，
深表感谢。

　　公司成立后之今后经营，当遵照当初之方针，以加强两国经济界
之关系，增进共同之繁荣而努力。然鄙人现所遗憾者，则为阁下之大
名未能列为新公司之总裁也。关于此事，日前鄙人曾向森恪君吐露其
心情，务请阁下予以慎思，然阁下之意见亦与鄙人相同。根据森恪所
获之贵指示，大会当日之董事选举，贵我双方各以三人为限，其余之
人选，则待他日决定。然鄙人特向阁下陈谢者，则为来函中所示以下
诸点，即：

　　阁下对于公司之设立，以其宗旨在求巩固两国实业上之关系，并
促其发展，故不问南北战况如何，则全与公司无关，并拟将公司设立
之宗旨通告贵国各省都督、商会以及其他实业家，而股票之购买，亦
不受政争之任何影响，以期全国经济之统一。此种大公无私之胸怀，
实出自阁下忧国之衷心真情，不胜感佩之至。鄙人对今日公司之创建
亦不辞辛劳，愿尽其绵力以成其事。

　　回顾今春阁下来敝邦访问时，我国民无不以真挚之情到处欢接之。

① 《涩泽荣一伝記資料》第五十四卷，第538頁。

当时鄙人期阁下之来游有所收获，乃建言创设两国合办之公司，迄至今日，始见其成，实为我辈可庆可贺之事也。但时仅半载，却有隔世之憾，诚不堪其沧桑之感！虽如此，然物极必反，天道之常径也。前鄙人曾以"忍"字一字相劝，及至今日，除此字以外无他也。苏东坡有言：信于久屈之中，而用于至足之后。愿阁下以此语自勉之。即颂

体安

并致歉意

涩泽荣一
大正二年八月①

通观中国兴业公司的整个设立过程，应该说，日本设立该公司的计划早已有之，这家公司在日本整个对华经济扩张的链条中充当了重要的一环，而孙中山拟利用日本的资金与技术以实现振兴产业、建设铁路的计划正好与日本的意图不谋而合，所以涩泽与孙中山商谈合办事业时才会产生共鸣。在整个过程中，涩泽荣一毫无疑问起到了关键性作用。无论是受日本政府之托出面筹划，还是受孙中山之托主持创立总会，他都勉力而为。就其本人而言，他在很大程度上代表着日本的国家利益，这在客观上造成了对中国主权一定程度的损害（尤其反映在依照哪国法律设立问题上），而我们通过他的相关谈话尤其是他同孙中山的书信往来又能够看到，他确实也乐于见到中日双方都能够通过合作而得到利益，对于中国的革命也抱有几分同情。当然，这些观察都难以说是最终的结论。我们需要依据更多的事实，站在更高的角度做进一步探讨，才能得出一个较为准确的认知。

二　涩泽荣一与中日实业公司的成立

中日实业公司的前身即中国兴业公司。从中国兴业公司转变为中日实业公司，最大的原因就在于中国国内政局的变化。这种变化最终导致由孙中山与日本合作创立的公司转而变成袁世凯同日本合作的产物。一方面，

---

① 这里采用彭泽周先生之中译版，见彭泽周《近代中国之革命与日本》，第 86~87 页。该信的日文原文见《渋沢栄一伝记资料》第五十四卷，第 538~539 页。

袁世凯之所以决心在这个合办企业中挤走孙中山取而代之，最大的动机还是离间孙日之间的关系，而不是像孙中山那样着眼于中国的实业发展。另一方面，日本在孙袁对立的初期还试图在二者之间寻求某种平衡，而随着孙中山一方的落败，日方的态度也在向袁世凯一方转移。在这个过程中，由于是中国兴业公司的主要发起者和创办人，涩泽荣一仍然是一个关键性人物，他的观点尽管偶尔会与日本官方有些出入，但在大部分情况下是一致的，而且他在此事中始终保持与官方的密切联系，也得到后者的坚定支持。涩泽不仅在中日实业公司成立过程中起到重要作用，在该公司以后的经营中也扮演着重要角色。下面就以涩泽荣一为中心，对这些问题展开详细探讨。

对于孙中山的访日之行，袁世凯本来就抱着不冷不热的态度。[①] 在宋教仁案发生之后，随着中国南北关系及孙袁关系的日益紧张，为了使日本在中国的南北之争中不要从政治和经济上支持孙中山，袁世凯特派亲信孙宝琦和李盛铎前往东京，以加强中日实业联络为名，了解孙中山同日本筹建中国兴业公司的虚实，并意图鸠占鹊巢，挤走孙中山。孙宝琦、李盛铎二人到日本后即积极奔走于日本各界，尤其是与财界往来密切。1914年7月2日和9日，二人与涩泽荣一有过两次会谈。其中，关于第一次会谈的内容，我们可以通过当天出台的《创立委员会决定要领》窥其一二。该决定包括三点：第一，中国兴业公司在交涉孙宝琦、李盛铎两人的加入时，同孙文商量，尽力允许其加入，不过无论如何也要维持与孙文氏等历来之关系；第二，维持孙中山为公司总裁之已定方案；第三，对于由于孙、李而带来的资本金增加及其他组织变更方面的申请应是创立之后的问题。[②] 根据仓知铁吉向阿部政务局长汇报，涩泽与孙、李二人第二次的谈话内容为：第一，孙、李表示，对于中国兴业公司，北京政府也赞成，而且当事业的性质上有需要中央政府的承认、许可等情况时，当积极给予方便；第二，涩泽表明了，当华北的实业家有加入的愿望时，将会与孙文进行交涉以为他们取得加入的手续。但双方未进一步做具体的商谈。[③] 从两次谈话内容来看，孙

---

① 详见李廷江《日本财界与辛亥革命》，第288页。
② 《涩泽荣一伝記資料》第五十四卷，第535页。
③ 段云章：《孙文与日本史事编年》，广东人民出版社，1996，第359页。

宝琦和李盛铎暂时只是意图加入该公司，涩泽虽然同意，但也主张应该得到孙中山的谅解。而袁世凯对于这种协商情况的态度却颇为暧昧。他一方面放出一些诱饵以博得日本的好感，如在发给时在日本的孙、李二人及驻日大使汪大燮的电文中称："中日同文之国，其亲睦由先天而来，若能结合，亚洲局势方安。实业银行与两国博览会，极表同情。长春至洮南铁路，前经交通部与小田切曾开谈判，因俄事未了停顿，当饬部详筹再定。东省方面苟无影响于主权者，本望与同洲之国，厚结和好，共同经营，此意可婉达之。"① 另一方面，对于孙、李等人提出的对中国兴业公司"加入股本若干，或另扩张改组"的建议，袁世凯又表示："加入股本，易滋隐患，不如另组实业，使日人知所注重，即是隐消彼约孙事，当出于婉宕，容回京再议。"② 很明显，袁世凯此举在于离间孙中山与日本的关系，但他在示好于日本的同时，在入股中国兴业公司的态度上又与孙、李二人向日本的表态不尽一致。在涩泽等人看来，此时中国南北之争局势尚未明朗，贸然偏向于袁也非良策，况且袁世凯政府的表现又有些模棱两可。因此，正如上文所看到的，当创立总会召开之时，中方股东还是以孙中山一派为主。

然而，到了1914年8、9月份时，中国的政局发生巨大变化，袁军攻陷南京，孙中山、黄兴等革命党人先南下广东，继而亡命日本。"二次革命"的失败改变了南北力量的对比，也使得日本方面不得不对中国兴业公司的人员做出调整。白岩龙平在8月中旬致涩泽荣一的信中即向其告知，作为中国兴业公司股东的沈缦云处于逃亡之中，家中亦被搜查，王一亭虽因日清汽船的关系留于上海，却一步也不能外出，而张人杰与孙、黄等人有军资上的关系，王、沈二人也属革命党人，此三人目前皆被袁世凯方面追捕。③涩泽荣一虽然在9月5日的回信中表示"此时（创立总会召开之前，笔者注）由孙中山派销的股份，希望尽力由与政治全无关系之纯粹实业家认购"④，但最终认购的还是有不少是与革命党有关系的实业家。9月份时，由于不少革命党人身在日本，袁世凯更加担心他们会受到日本的支持，所以愈加表现出拉拢日本的倾向。熊希龄内阁成立后不久，袁即授意熊希龄

① 李廷江：《日本财界与辛亥革命》，第292页。
② 李廷江：《日本财界与辛亥革命》，第293页。
③ 《渋沢栄一伝記資料》第五十四卷，第540页。
④ 《渋沢栄一伝記資料》第五十四卷，第542页。

于9月17日向日本驻华公使山座圆次郎表示："中国政府甚不愿孙文继续主持中国兴业公司的事情，希望加以根本改革，刷新人事，为贵我双方利益及两国实业合作起见，中国政府打算以南方实业界巨头，现任工商总长的张謇出面主其事，愿贵国涩泽荣一氏能来北京一次，与此间有关方面直接交换意见，以谋改革。"① 山座对此持有同感，称"孙中山现不仅已不是总经理，中国方面其他在公司任要职者，多与此次动乱关系颇深，故应速将此等淘汰，改由中央政府可信任之人士代替"，并表示涩泽等前来北京，与阁下及北京政府进行直接接触，乃极为希望之事。② 会谈之后，山座立即将这一意见电告牧野外务大臣。10月15日，熊希龄又向横滨正金银行驻北京代表小田切万寿之助表示："袁大总统及我全阁僚都希望涩泽男爵能早日来华，张謇在一两日内即到北京，男爵来期，最好以11月上旬为佳。"同时熊又说："男爵特来北京商讨中日经济合作，恐引起世人注意，最好由中国东北南下，经北京，再游江南，借旅行中国、考察各地实情为名而来，实所至望。"③ 山座在转达熊希龄意见的同时，也提醒涩泽，如果只访问北京一地会引起内外各界注意的话，可以以观光旅游的名义来遮人耳目，至于路线，可先经满洲，再北京，后赴南方，以视察南北两地，单纯的旅游观光面目出现，只请仓知铁吉男爵同行，其他随行者以不要有同中国兴业公司有关者为宜。④

此时，不仅是涩泽荣一，就连日本政府内部对如何妥当处理同孙中山、袁世凯的关系都觉得颇为棘手。一方面，为使涩泽荣一访华之事既不招致孙中山等人的怨恨，又不影响日本推进对华经济扩张政策。10月16日，山座向牧野外相提议，关于改选中国兴业公司中国方面人选的讨论，应该放在涩泽访华之后更为妥当。10月19日，仓知铁吉代表中国兴业公司向外务省政务局长小池张造表示，由于中国方面选出的印锡章等四人除印外已全部辞职，现已内定由周金箴、朱葆三两人为理事，补选张謇、盛宣怀为股东，但由于涩泽访华的原因，同意山座的建议，暂停讨论改选公司人选问

---

① 彭泽周：《近代中国之革命与日本》，第88页。
② 俞辛焞：《辛亥革命时期中日外交史》，第340页。
③ 彭泽周：《近代中国之革命与日本》，第88页。
④ 李廷江：《日本财界与辛亥革命》，第302页。

题。① 另一方面，孙中山在 8 月至 10 月间，曾三次拜访涩泽荣一，提出要求日本给予经济援助。② 另据山本条太郎所云，涩泽、中野武营等人都曾主张答应接受孙中山的要求，但由于外务省和军部的反对，未能实现。③ 也许是因为这样，涩泽对孙中山的要求表示无法同意。例如，10 月 6 日，孙中山就曾偕戴季陶一起至涩泽处约谈。据日本警察侦视报告称，孙一再强调，"现今中国盛衰，直接关系贵国的沉浮，即东洋问题，贵国也不能隔岸观火"，并说此次来访的目的 "是希望借助阁下之力，说服贵国政府，尤其是陆、海军省，对此行动给以援助"。涩泽则回答说，自己本是实业家，与国际关系或政治上的事情甚为疏远。关于孙中山目前计划再举讨袁军，他不赞成。诚然，袁之执政方针，他也颇为忧虑。本来，袁是一个善于玩弄权术的人物，而并非有诚意的外交，随时都会破产。中国目前虽然并不完备，但形式上已是立宪国。如议会机关完备，则不战自胜之日不久就会到来。在此之前，要以先隐忍持重为上策。不过最后他也表示："如若一定举兵，我亦绝不再劝阻。"④ 从这里可以看到，涩泽对于孙中山的确表现出一定程度的理解和同情，但他所说的拒绝原因似乎还表明他对中国的政治缺乏足够的了解，而且真正的原因恐怕还是在于日本无意帮助孙中山。不管中国的内部矛盾如何，涩泽在公司设立一事上还是以经济利益为取向的，他虽对袁世凯的为人及其对日政策不满，但当袁世凯在南北斗争中得势之时，为了实现中国兴业公司的顺利运作，他也只能偏向于袁。因而当北京政府声明 "凡中国乱党运动日本实业家合办中国内地实业，政府概不承认" 时，涩泽就否认日本实业家为孙中山等提供活动资金之事，否认以黄兴为首的

---

① 李廷江：《日本财界与辛亥革命》，第 293 页。

② 李廷江：《日本财界与辛亥革命》，第 300 页。

③ 山本条太郎曾回忆道："关于孙文借款之事，去年涩泽男爵和安川敬一郎等富豪一起曾想承诺予以协助，唯因外务、陆军当局议论纷纭，莫衷一是遂中途而废。" 见程思远主编《中国国民党百年风云录》上册，延边大学出版社，1998，第 298 页。

④ 这则史料引自段云章《孙文与日本史事编年》，第 389、390 页。另外，《孙中山集外集》也收了一则孙中山与涩泽的谈话（见陈旭麓、郝盛潮主编《孙中山集外集》，第 219 页），这则谈话的时间是 1914 年 10 月 16 日，比段书所载晚了 10 天，但在内容方面，除了段书的较为详尽一些外，两者基本相同，可以判断是出自同一则对话，只是时间记载不同。《孙文与日本史事编年》的材料直接引自日本外务省的档案《孙文动静》，而《孙中山集外集》的这则资料则取自俞辛焞的一篇文章，笔者暂取前者。

南方革命派领导人同日本实业家有过接触。①

　　10 月 27 日，涩泽荣一和胜田主计、山本条太郎、仓知铁吉等 8 人齐聚外务次官松井官邸，研究中国时局发生的变化，并就中国兴业公司之事达成如下协议：第一，将股份推向中国北方及其他各地的有实力者；第二，除印锡章留任董事外，由于董事王一亭、张人杰及监事沈缦云的辞任，余下之遗缺由与北京政府有关系者出任；第三，推举中国各地有实力者担任中方顾问；第四，公司的组织，原则上维持现状。如对方要求扩大，又有必要同意时，可以增资至 700 万日元，日方之增资部分由东亚兴业会社之合营股抵充。此外，他们还讨论了建立中日银行，以及制铁和汉冶萍公司、石油事业、币制顾问、福建铁道、安正铁道等正在进行中的对华经济项目。② 孙中山也向涩泽表示："即使是在政治上处于反对的地位，但本来政治与经济并非一个问题，同意欢迎北方加入（这里即是指加入中国兴业公司，笔者注），如果对方希望的话，现在之股东可以果断地将持有之股份全部让与北方，对此无任何异议。"③ 对于孙中山答应转让的原因，学者们似乎还有不同的看法。有人认为孙中山做出这样的表态是涩泽等人施加了压力的结果，④ 也有人认为孙是出于本心。⑤ 不过不管如何，日本方面还是很乐于见到孙中山的这一态度的，因为这就扫清了日本与袁世凯政府就该公司进行进一步合作的障碍。

　　于是在这样的情况之下，涩泽荣一接受了北京的邀请，开始积极筹划访华之事。当时，《龙门杂志》已经事先登出了涩泽荣一一行的行程安排——就如同熊希龄和山座圆次郎所说的那样，从东北入境中国，到达北京，再到汉口，沿江而下至南京、上海，预定出发时间是 11 月 3 日，归国

---

① 李廷江：《日本财界与辛亥革命》，第 301 页。
② 《渋沢栄一伝記資料》第五十四卷，第 546 页。
③ 《渋沢栄一伝記資料》第五十四卷，第 547 页。引用的资料中注明涩泽之前曾向身在广东的孙中山征求意见，而这就是孙所做的答复。然而，孙中山当时应该还在日本。另据《孙文动静》所载，10 月 30 日时，应涩泽荣一的邀请，孙文偕陈其美、戴季陶、何天炯乘车到日本桥区兜町涩泽事务所，和涩泽、中野武营、山本条太郎及其他 3 人在接待室密谈，历时 3 小时（见段云章《孙文与日本史事编年》，第 393 页）。在这次会谈中，涩泽很可能就自己应邀访华一事征询了孙中山的意见，而孙中山的"现在之股东可以果断地将持有之股份全部让与北方"的表态也很可能就是在这个时候做出的。
④ 俞辛焞：《辛亥革命时期中日外交史》，第 344 页。
⑤ 彭泽周：《近代中国之革命与日本》，第 89 页。

时间为 12 月 4 日。① 然而就在涩泽为访华之事与各方进行交涉之际，他突然于 10 月 31 日因感冒、气管炎和腹泻等多病并发而卧床不起。起初他还没有放弃赴华的打算，只是决定推迟一段时间再去，而且到 6 日时，身体渐趋好转，已经可以到事务所上班。② 但在 5 日接受医生的诊断时，医生建议目下病情虽然已经无碍，但时值冬季，不宜长途远涉。涩泽遂从其言，决定来年春天再行访华，而此时的访问则拟由仓知铁吉代往，并派三子涩泽正雄及自己的一名随员一同访华。③

在征得北京方面的同意之后，仓知一行于 11 月 20 日从东京出发，由釜山登陆，再经奉天、长春、抚顺、旅顺、大连、济南、天津等地，于 12 月 5 日到达北京，之后再赴汉口、南京、上海等地，在当月 23 日回到日本。④ 其行程与涩泽的预定路线是大致相同的。就在仓知等人抵达北京前夕，日本方面的中国兴业公司顾问委员会开会做出以下决定（作为公司的头号顾问，涩泽应该也出席了本次会议）：第一，推荐杨士琦为公司总裁；第二，公司名称改为中日企业公司；第三，公司本店设于东京，在北京或天津设支店，并以之为中国总局，统辖中国境内各支店；第四，公司国籍为日本，在中国政府（工商部）注册，与中国公司享有同等之权利。⑤ 这样的一个决定也可以说是仓知铁吉在北京同杨士琦及张謇协议的一个蓝本。在双方最后商定的决议中，确实基本上将这些内容原封不动地涵盖进去。⑥ 此外，仓知在随后同杨士琦的会谈中还趁势要求能够办成一两件事，提出接手交通部五年计划架设电话的项目，希望中方大力协助。中方则提出，为了促进公司早日完成改组工作，决定派代表回访日本。⑦仓知回国后不久，中国方面决定派刘崇杰作为杨士琦的代表赴日。1 月 19 日，刘

① 《渋沢栄一伝記資料》第五十四卷，第 548、549 页。
② 《渋沢栄一伝記資料》第五十四卷，第 549 页。
③ 《渋沢栄一伝記資料》第五十四卷，第 548 页。
④ 《渋沢栄一伝記資料》第五十四卷，第 550 页。
⑤ 《渋沢栄一伝記資料》第五十五卷，1964 年，第 6 页。
⑥ 仓知与张、杨二人协议的大要包括：1. 公司改名为中国企业公司；2. 许可问题，定为要经中日双方政府批准；3. 在北京或天津开设支店，为中国总局，统管该公司中国境内各支店；4. 总裁的职权问题；5. 孙中山名义下的股份由中方袁世凯政府代理人接收；6. 登记问题；7. 在中国境内享受同中国公司一样的待遇；8. 干部配备问题；9. 中方增设顾问；10. 改组中方股东。见李廷江《日本财界与辛亥革命》，第 303 页。
⑦ 李廷江：《日本财界与辛亥革命》，第 304 页。

崇杰携熊希龄、张謇两人手书到达东京。① 2月14日，涩泽荣一在宅邸为刘崇杰一行举行了欢迎宴会，② 双方还具体商定了中国兴业公司改组大会的内容和日程。③

经过一番周折之后，中国兴业公司改组总会最终于1914年4月25日在东京商工会议所召开。北京方面派孙多森等一行8人出席。④ 日本方面出席人员包括涩泽荣一、仓知铁吉、中野武营、森恪等15人。会上通过了公司改名、⑤ 增补干部、修改章程、⑥ 重新分配股份等项议案。在此次会议上，杨士琦和仓知铁吉分别被选为正、副董事长，孙多森、尾崎敬义、周金箴、森恪等四人则被选为常务董事，此外，张謇、尚周馥（前清两广总督）、李经羲（前清云贵总督）、朱葆三（上海总商会总理）、印有模（商务印书馆总经理）等五人为中方顾问。而日本方面除了增设中野武营和近藤廉平为顾问外，在人事上并没有什么变动，涩泽也继续留任顾问。⑦ 这样，由袁世凯政府与日方合办的中日实业公司最终成立。4月30日，涩泽荣一电告日本股东各方，说明公司改组及修改的章程，宣告公司改组工作的结束。⑧

回顾中国兴业公司及中日实业公司的酝酿和设立过程可以看到，这两家公司（甚至也可以说是一家公司）的设立掺杂着孙中山、袁世凯、日本

---

① 手书基本上相当于为刘崇杰赴日所写的介绍信，内容详见《渋沢栄一伝記資料》第五十五卷，第8页。
② 《渋沢栄一伝記資料》第三十六卷，第101页。
③ 李廷江：《日本财界与辛亥革命》，第304页。
④ 此8人中还有前中国兴业公司的大股东周金箴（持有4400股）、印锡章（持有400股）、朱葆三（持有3400股）。他们虽与孙中山有来往，但并非革命党员。他们出席大会，也表示着新旧公司仍有内在的联系。见俞辛焞《辛亥革命时期中日外交史》，第345、346页。
⑤ 根据商讨的结果，原中国兴业公司正式改名，日文称为"中日実業株式会社"，中文称为"中日实业有限公司"，英文名为"The China – Japan Industrial Development Company Limited"。不过中文文献中一般称其为"中日实业公司"。
⑥ 共有九次修改，除了公司名称外，还确定支店设于上海、原来的总裁和副总裁代表各自公司改为共同代表公司，另外还对公司的公告发行、股东会的开会标准、董事及监事任期等问题做了修改，具体的修改内容见日本外务省编纂《日本外交文书》（大正三年）第二册，1965，第599~601页。
⑦ 日本外務省編纂《日本外交文書》（大正三年）第二册，第597页。
⑧ 李廷江：《日本财界与辛亥革命》，第305页。李廷江的书中虽然这样记载，但考其所引的文献（《日本外交文書》（大正三年）第二册，第592~596页），并无涩泽30日电告股东的内容。这里姑且先存此论。

财界、日本外务省乃至日本军方等各个方面的参与，而且各方的动机也不尽一致。大体上，孙中山的目的在于振兴中国实业尤其是中国铁路，当然，也不能完全否认他在与袁公开反目之后有借此公司取得日本支持的意图；而袁世凯则注重于拆散日本与孙中山的合作，在他的眼中，加入或改组中国兴业公司更多是出于一种政治上和策略上的考虑，一旦将日本方面拉拢过来之后，那么他与日本之间的这种经济合作将是另外一回事；日本大体上是在孙、袁之间实现寻求某种平衡，以实现自身利益的最大化，当然，日本国内也不是完全发出一种声音，但是财界和日本政府在对华经济扩张这一点上还是基本一致的，所以涩泽荣一、森恪等人才会在上述的过程中与日本政府特别是外务省有密切的合作。涩泽荣一本人在这整个过程中不仅出面主持，也出钱购股。在中国兴业公司的股东名单中，他的名字也赫然在列。他在该公司草创之初即持有 500 股股份，在发起人中仅次于大仓喜八郎，后又进一步增至 600 股，而他所主持的第一银行也持有 500 股股份。① 在后来的中日实业公司中，涩泽和第一银行也是分别持有 500 股股份。② 在这种情况下，无论是出于日本的国家利益、财界的整体利益，抑或他自身的利益，涩泽荣一都当会利用自己的影响和地位，积极参与中日实业公司的经营。

三 涩泽访华与中日实业公司的运作

几经周折之后，涩泽荣一终于在 1914 年春夏之交开始了他的中国旅程。与原定的自北到南的访问路线不同，这次的访问顺序是自南到北，计划从上海登岸，到访杭州、苏州后，再从上海溯江而上至南京、大冶、汉口、武昌，再从汉口北上至北京，然后到天津、济南、曲阜、大连、旅顺等地，最后回国。这样的路线虽然顺序相反，但所经之处与原来的计划还是颇为相似的，其主要动机也仍在于为中日实业公司的顺利运作而同中国方面进行种种的沟通。

尽管最先提出让涩泽访问中国要求的是袁世凯方面，但涩泽荣一 1914

---

① 《涩泽荣一伝记资料》第五十四卷，第 527、528 页。
② 日本外务省编纂《日本外交文书》（大正三年）第二册，第 598 页。

年的中国之行却是由日本方面首先提出的。外相加藤高明在给驻北京公使山座圆次郎的电文中称："关于去岁来计划的涩泽男爵访华一事，如果支那方面仍然希望继续邀请的话，请抓紧时间安排。涩泽访华，若能促进电话事业早日签约，促进正在进行中的中国实业公司早日改组（此时已经改组，但还没有正式开始经营，笔者注），宜抓紧时间，落实涩泽荣一访华计划。并望了解支那方面意向。"3月3日，山座公使向孙宝琦提起涩泽的访华计划，孙表示要请示熊希龄后方可答复，因为这关系到究竟要把中国兴业公司办成一个什么样公司的大问题。12日，山座面见熊希龄时，熊表示欢迎涩泽近期访华，以解决中国兴业公司等问题。随后，山座在给牧野的电报中说："虽然涉及中国兴业公司的人选、股份分配等问题尚未落实，但是，涩泽访华的重点仍放在促成一两件具体项目或更为有益。如制造业或矿山开采，眼下电话事业则更为紧迫。"[1] 日本政府不仅为涩泽联系访华事宜，还为涩泽在华期间的行程做了周密安排。加藤高明曾于4月30日致电上海代理总领事村上义温，事先告知涩泽的大致访问日程，让其提前安排翻译、住宿事宜，并将此训令告知杭州、苏州、南京的日本领馆。当天，加藤再次电告日本驻北京、上海、杭州、苏州、南京、汉口、天津、奉天、长春、吉林、安东等地领事，重申关照涩泽访华之事，并附上涩泽一行的人员名单和旅行日程。正如下面将要看到的，日本的各驻华使领馆确实为此进行了充分准备。

来华之前，涩泽荣一还专门于4月29日赴日本皇宫，得到了日本皇室的允准。中国驻日公使陆宗舆也专门向北京发出关于涩泽的书面介绍信，并送给涩泽护照，以备使用。[2] 另外，东京银行集会所也于5月1日特意为涩泽举行了送别午餐会。陪同涩泽赴华的随行人员包括：次子涩泽武之助、第一银行营业部副主任明石照男、秘书增田明六、第一银行职员大泽正道、医师堀井宗一、中日实业公司职员野口米次郎和堀江传三郎，此外还有同行的马越恭平（大日本麦酒株式会社社长）、仲田庆三郎（马越的随行者）、尾高次郎（东洋生命保险会社社长）、辻友亲（尾高的随行者）、三岛太郎（朝鲜银行理事）等。涩泽一行13人于5月2日离开东京，经过横滨、静

---

① 李廷江：《日本财界与辛亥革命》，第306页。
② 《涩泽荣一伝记资料》第三十二卷，第501頁。

冈、京都、大阪、神户、长崎等地，于 5 月 6 日抵达上海，此后，到 6 月 2 日从大连启程回国时止，涩泽一行共在中国停留近一个月的时间。为了对其在华期间的活动有个直观的认识，根据《涩泽荣一传记资料》第三十二卷的相关记载，现将其行程列为表 3。

表 3　涩泽荣一 1914 年访华行程

地点	时间	事项	备注
上海	5 月 6 日	抵达上海，接受记者访问，后访盛宣怀、虞汝钧、郑汝成等，晚间出席欢迎宴会并演讲。上海商会协理贝润生、红十字会会长沈仲礼等也在晚宴上致辞	虞为民政局长，郑为镇守使。晚宴由日本代理总领事村上义温主持
杭州	5 月 7 日	访都督衙门及民政局，游西湖，出席都督府所办晚宴，夜宿日本驻杭州领事馆	日本领事森泽等人迎接并为之向导
杭州	5 月 8 日	上午参观岳飞墓、灵隐寺，访杭州商务总会，下午拜朱舜水祠，后赴苏州	日本侨民放烟火送别
苏州	5 月 9 日	抵寒山寺，出席镇守使所办宴会，下午回上海	有骑警护卫，军乐相伴
上海	5 月 9 日	回到上海，出席宴会并观中国剧，席间有沈仲礼代盛宣怀演说等，涩泽亦表谢词	宴会由商务总会、汉冶萍、中日实业中方董事合办
上海	5 月 10 日	先后见安格联、唐绍仪、伍廷芳、李经方，中午出席宴会并演讲，晚上离沪	令涩泽武之助和野口米次郎代表自己探望盛宣怀病情
南京	5 月 11 日	参观鸡鸣寺、明故宫、孝陵、秦淮河等名胜，访都督衙门与民政长官官厅，出席午餐会并致答谢词，下午又有数人来访	到南京时有当地日本领事等迎接，并有军乐队和骑兵护卫
南京	5 月 12 日	参观浦口，离开南京	警察署乐队雨中相送
芜湖	5 月 12 日	下午三点抵达芜湖，后继续前行	寄港小憩
大冶	5 月 14 日	游大冶狮子山铁矿及古代采掘旧迹，出席当地中日官民举行的晚宴	惊叹矿藏之丰富
汉口	5 月 15 日	抵达汉口，参观汉阳铁厂，出席领事馆晚餐会并演说，后与高桥副领事谈话	看到汉阳铁厂设备虽新，但管理不善
武昌	5 月 16 日	访都督府、官钱局，登黄鹤楼，出席当地商务总会晚宴	与官钱局局长高如松谈银行事务
汉口	5 月 17 日	参观东亚制粉会社，出席高等商业学校毕业生的同窗会并谈话，接受记者采访，晚上出席在日本俱乐部举办的欢迎会	涩泽荣一为东京商业高等学校（现一桥大学前身）的创办者
汉口	5 月 18 日	离汉赴京	所乘火车是北京政府为其提供的专列

续表

地点	时间	事项	备注
北京	5月19日	下午抵京，日本公使及中国官员迎接，杨士琦、孙多森到访下榻饭店，出席山座圆次郎所办宴会	
	5月20日	造访梁士诒、孙宝琦、梁启超等，出席小田切万寿之助举办的午餐会，晚上出席大和俱乐部的宴会	
	5月21日	上午继续造访中国官员，下午见袁世凯，后与杨士琦谈中日实业公司事，出席孙宝琦所办晚宴	
	5月22日	游万寿山、昆明湖、植物园等，造访熊希龄，与杨士琦一同见徐世昌谈中日实业公司事	
	5月23日	游北京城、北海，与尾崎敬义谈中日实业公司事，议定下午与杨所谈要件，又与山座会谈，后游故宫，中午出席招待会，下午同山座、小田切会谈，5点时与杨士琦会谈，交付备忘录，出席晚宴	在中午的招待会上，熊希龄和涩泽皆有致辞
	5月24日	章宗祥、小田切、汤化龙、李盛铎、曹汝霖等来访	
	5月25日	抵达十三陵	
	5月26日	游八达岭长城，后访山座等，接受中国勋章，与尾崎、森恪协议中日实业公司事，后又接受记者采访	
	5月27日	离京赴津，山座及中国众官员送行，尾崎、森恪同行	仍乘坐专列
天津	5月27日	天津驻屯军司令官相迎，后访都督和警察署长	身体开始欠佳
	5月28日	因身体不适取消曲阜之行，谢绝商会及官方的宴会	收到山座圆次郎突然去世的消息
	5月29日	令尾高次郎代为前往驻屯军司令部、总领事馆问候	身体状况逐渐好转
	5月30日	前夜腹部不适，前往大连，临行前嘱托尾崎、森恪中日实业公司之事	天津当地官商及日本人前来送别，并有警察署长之乐队奏乐
大连	5月31日	南满洲铁道会社职员前来迎接	
旅顺	6月1日	由民政长官白仁秘书相陪至旅顺，出席白仁所办之午餐会，下午回大连	来去仍乘专列
大连	6月2日	启程回国	4日回到日本

表 3 所列的涩泽在华的一系列活动，基本上就是游览各地名胜和会见中国官商以及在华日本人。涩泽此行可谓相当隆重，所到之处，日本领事和中国官商一起接待，前簇后拥，军警开道，锣鼓相送，甚至还有专列可乘，受到的待遇级别不可谓不高。来华期间，各大媒体也给予了跟踪报道。

按照加藤之前的指示，日本驻华各地领事馆确实为涩泽的中国之行做好充分的接待准备，如表 3 所显示的那样，涩泽每到一地，都会有当地日本领事的热情接待。他们不仅为涩泽安排住宿等问题，还举行欢迎宴会并引荐其与当地的中国官商会面。当涩泽从中国的此地前往彼地时，两地的领事往往还会互相联络，提前通报。如九江的日本领事就向汉口日本领事报称：“涩泽男爵定某日晨到浔，勾留一日，即乘轮上使至大冶石灰窑上岸，前往大冶铁山查勘矿产，立行赴汉，准翌日可到。”接到电报后，汉口领事馆即准备欢迎事宜，“并另柬请江汉关丁监督、夏口县王知事、租界会审委员侯局长、商务总会协理到会参观”。① 另外，各地领事馆还会将涩泽的来华行踪及时地向外务省汇报。② 事实上，一方面是日方高度重视涩泽的此次访华，另一方面，中国的官商也比较看重身为财界领袖的涩泽此行。据当时的报道，涩泽抵达中国后不久，“杭州、汉口等埠商会令俟该实业家抵埠时优为招待，以尽地主之谊而联中日商务上之感情”，③ “闻（汉口）商会诸董以涩氏此次来华游历，实联络感情，研究路况各项实业，亦拟于 16 日假地开欢迎会以资联络”，等等。④ 就官方而言，不仅有各地的都督和民政长官出面接待，为其提供专列、乐队、警卫等，包括袁世凯在内的北京政府各大要员也几乎尽数与其见面乃至设宴款待。问题在于，为什么大家都会对涩泽荣一的访问表现出浓厚的兴趣和空前的重视？

对于日本来说当然比较容易理解，就是借助于涩泽的作用谈妥一些谋划已久的经济项目，并进一步夯实中日实业公司的基础，为强化对华经济扩张乃至对华侵略做准备。而在中国方面，中国的商界与官府对此所抱的想法似乎未必相同。

① 《联络外交感情》，《申报》1914 年 5 月 19 日第 6、7 版。
② 例如，上海、杭州、汉口、北京的日本领事馆就及时向加藤高明会报了涩泽的访华情形。详见日本外务省编纂《日本外交文书》（大正三年）第二册，1965，第 605~620 页。
③ 《日本涩泽男爵来华之目的》，《盛京时报》1914 年 5 月 10 日，第 3 版。
④ 《联络外交感情》，《申报》1914 年 5 月 19 日，第 6、7 版。

　　就商界而言，一方面是出于一种民间外交的礼节，毕竟之前中日实业界已经有过来往。① 此前上海商会总理周金箴作为中日实业公司董事赴日时，涩泽也给予了招待。上海商会协理贝润生在5月6日欢迎涩泽的宴会上还提到此事，并向涩泽表示感谢。② 另一方面，由于涩泽本人在日本财界具有举足轻重的地位，中国的实业家们或许也是希望透过涩泽向日本传递一些自己的声音。如前文曾经提到的，当涩泽与海关总税务司安格联见面时，安格联就向涩泽提及当时受到日本纺织业者抵制的中国关税改革一事，希望借助于涩泽的影响力平息日本的反对之声。③ 这虽然是安格联同日本的对话，但也在很大程度上反映了中国实业界尤其是纺织业界的要求。再则，日本借助于明治维新而走上富强之路，主持兴办了数百家企业的涩泽荣一居功至伟，中国的实业家们也想学习一下日本的富强之路，所以自然就会向涩泽取经。涩泽访华期间，贝润生就对其表示："希望就各方面进行垂示，引导中国实业走向发达之途。"④ 在苏州时，当地一篇为其所做的颂文也提到："男爵对于日本实业之发展，对于所有方面都有努力，其功诚为显著，希望振作我中国实业之精神，教示开发中国富源之良法。"⑤ 在参观汉阳铁厂时，总办吴健更是向涩泽表示："涩泽男爵为日本实业界之泰斗，功绩之显著乃人所共知，……吾人于此点（意指发达实业，笔者注）迫切期待男爵之高教。即使是如卡内基、洛克菲勒之类的产业界巨人来游我邦，也无法像男爵一样能给予恰当之忠言。"⑥ 当然，这里面难免会含有一些恭维和客套之意，但至少从表面上看，中国商界的一些人士确实表露出向涩泽请教的态度。

　　就官方来看，实际上最主要的原因恐怕还是对涩泽等人与孙中山方面的关系抱有怀疑态度，邀请其来华并给予厚待，大概依然是出于拉拢对方的考量。如袁世凯政府统帅办事处的一份密函就称："日本男爵涩泽荣一乃

---

① 日本来华的如1909年日本实业家代表团访华、1913年仓知铁吉率代表访华等；而中国近代东游之人更不在少数，其中就包括张謇、周学熙等实业巨匠。另外，涩泽来华之际，江苏实业参观团也在酝酿着访日之行并于不久后抵达日本。
② 《渋沢栄一伝記資料》第三十二卷，第516頁。
③ 《渋沢栄一伝記資料》第三十二卷，第531頁。
④ 《渋沢栄一伝記資料》第三十二卷，第516頁。
⑤ 《渋沢栄一伝記資料》第三十二卷，第529頁。
⑥ 《渋沢栄一伝記資料》第三十二卷，第535頁。

日之重要人物，与我国党人在东省颇有联络。此次来华游历，应请派探跟护侦查。……如其到境，望选派高等侦探妥为保护，一面侦查情形报告为盼。"① 换句话说，北京方面还在担心革命党人在涩泽来华之际与其有什么联络。涩泽荣一曾在 5 月 21 日得以面见袁世凯。一番寒暄之后，袁世凯向其表示，中日关系源远流长，已非一朝一夕之事，今后欲保持两国亲善之友谊，必定需要进一步密切经济上的关系，并称自己赞同中日实业公司之事，让涩泽与杨士琦做具体交谈。而涩泽则表示该公司依靠"大总统之助力"而得以完全成立，今后也需要大总统的训示。② 袁世凯在这次谈话中可谓投涩泽之所好，因为他所说的就是在复制涩泽来华时反复强调的内容。然而，这恐怕并非袁的真实意愿，在某种程度上，他是在与涩泽做一笔交易。据涩泽后来的描述，在北京期间的一天晚上，有一名中国大官（即曹汝霖，笔者注）到其下榻之处访问，此人以流利的日语就中日商业关系发表了自己的意见之后，感叹目下中日两国间的隔阂，尤其是日本的报纸经常以先入为主的有色眼镜对袁世凯说三道四，妄加非难，因而委婉地提醒涩泽在回国之后呼吁媒体不要再肆意谩骂。另外，该员还向涩泽表示："希望对于潜在日本之中国革命者，日本国民不要采取诸如煽动其革命运动之措施。根据国际法之条规，对于日本为中国亡命者提供庇护没有异议，但日本人中的中国党派人士却依靠煽动中国亡命者而获一己之利，此为吾人最为遗憾之处。"③ 可以看到，袁世凯对于涩泽的让步就是希望能够借助于涩泽的作用使自己在日本有一个正面的形象，且设法断绝同情革命党人的日本人对孙中山的援助。对于袁世凯政府的这一企图，日本外务省其实也看得很清楚，驻华临时代理公使松平在致加藤外相的报告中就认为："总而言之，支那当权者利用男爵（涩泽荣一，笔者注）在日本社会的名望，以图实现国际关系上的缓和和顺畅。抱着这样的意愿，本次来游之际，通过之各地方自不必说，就连来京之后也给予了尽可能的款待。又据其他报告所说，大总统还特别赠予一等嘉禾勋章，无疑在于博取男爵之好感。"④

就涩泽方面而言，如前所述，围绕着来华一事，他与一些媒体就利权

---

① 林开明等编《北洋军阀史料》（徐世昌卷 7），天津古籍出版社，1996，第 70 页。
② 《涩沢荣一传记资料》第三十二卷，第 542 页。
③ 《涩沢荣一传记资料》第三十二卷，第 581 页。
④ 日本外务省编纂《日本外交文书》（大正三年）第二册，第 619 页。

问题展开了激烈的争论。争论的焦点其实就是涩泽来华的目的问题，其背后所隐藏的是中国对日本对华经济扩张的警觉和不满以及其他列强对日本威胁到自己势力范围的不满态度。而涩泽来华的目的，除了观光游览之外，就是设法消除各界所抱持的这种敌意，所以他才会一面向中国方面高呼同文同种、共同获利，一面又通过接受记者采访的方式向英美等国表示相互合作和共同开发中国。当然，从其行程就可以看出来，涩泽访问的重头戏是在北京与中方就中日实业公司之事进行的种种谈判。

在表3中，涩泽与杨士琦围绕着中日实业公司之事共进行了三次会谈（第二次谈话也包括徐世昌在内），而在会谈前后，他又与山座圆次郎、尾崎敬义、小田切万寿之助等日本人有过数次商议。可以判断，涩泽与杨士琦谈判之前，也经过了与山座、尾崎、小田切等人的充分沟通。事实上，在《日本外交文书》的记载中，涩泽正是事前经过了与山座公使的沟通才向杨士琦提出了中日实业公司需要经营的项目。涩泽向中方提出的项目大致包括以下三点。第一，电话事业。1913年12月7日仓知铁吉同杨士琦会谈之时，即已谈妥由日本提供借款1200万日元由中国兴办电话事业，所需电话机械全部从日本购入。涩泽希望该计划能够实现。而杨士琦则回答说，交通部之前已经就电话事业与西门子公司达成协议，如果再由中日实业公司承担将很困难，须先后征得交通部、徐世昌以及袁世凯的同意方可，且最终能否成功还难说。[①] 第二，敷设四平至洮南的铁路。涩泽认为该项事业由中日实业公司承担至为适当，而且公司还要掌有聘用技师和会计师之权。杨回答说，四平—洮南工程已经处于预算阶段，现在看来，有一半把握可以交给日本。[②] 第三，电灯、矿山的经营。杨对于此项似乎并无异议。另外，杨士琦还补充道，为便于事业的经营，可以先在北京设立一家一二十万资本数额的具有兴业性质的储蓄银行，待事业发展后，再进一步推广至天津、上海、香港等其他大商业城市。涩泽最后对此表示待与尾崎和森恪商量之后再作打算。[③] 在5月23日的会谈中，涩泽还向杨士琦提出了一份中日实业公司应从事事业的备忘录。该备忘录包括以下四点。

---

① 日本外务省编纂《日本外交文书》（大正三年）第二册，第618页。
② 李廷江：《日本财界与辛亥革命》，第308页。
③ 日本外务省编纂《日本外交文书》（大正三年）第二册，第619页。

第一，对于中华民国政府计划的电话事业，日本国资本家之间就借款之事正在顺利协商，虽然尚不知后续消息，但其对民国颇为有利，希望迅速恢复原计划，由本合办公司承担此借款业务。

第二，关于中日两国间已经缔结之满蒙铁道敷设契约中四平街至洮南府之铁道，据闻其敷设工程已经开工。该铁路敷设工程及材料器械的订购来源，有明确规定，本公司若能最终成为承担方，此事将成为对本公司尤为有利之事业。

第三，为了对煤炭、铜、铁等矿山进行调查，由本合办公司向民国各方面派遣技师。目下已向长江沿岸派遣技师，如果根据其调查报告认定有可为之事，则应立即同矿山所有者签订草约，如果是官有矿山，应迅速提出采掘申请，以此为今后本合办公司矿山经营之准备。

第四，本合办公司设电灯部，对于民国国内未为设电灯之城市，按照其需求进行，直接或间接地经营电灯业。[①]

涩泽在华期间曾反复地说明中日实业公司是一项纯粹经济性质的事业，与政治无关，更不在于侵略中国。然而，从他向中国方面所提出的这些要求来看，其背后明显存在着日本政府的强力推动（涩泽与驻华公使山座圆次郎频繁商量即是一例），从而使得该公司尽管名义上为中日合办，但实际上带有日本国策会社的色彩。如被涩泽所看好的四平至洮南铁路一项，1913年3月，日本外务省政务局长阿部守太郎就提出"我方正在考虑确定一项有关南满洲及东部内蒙古地区铁路的方针"；同年10月，满铁总裁中村是公就向外务省致函希望修建四平街至郑家屯以及郑家屯至洮南府的铁路线；[②] 随后，熊希龄内阁又同山座圆次郎制订了满蒙铁路借款预约大纲，其中就包括"由四平街起经郑家屯至洮南府"一项。[③] 这条铁路的修建动机一方面在于经济利益的驱动，因为此路蜿蜒于辽西平野，为西满东蒙之富源吞吐要道，南通大连海港，沿线谷物颇丰，货运充足；另一方面更是出于政治和外交上的考虑，日本意在借此与俄国乃至美国争夺在中国东北的势力范围和经济权益。

① 日本外务省编纂《日本外交文书》（大正三年）第二册，第619页。
② 章伯锋、李宗一主编《北洋军阀（1912—1928）》，武汉出版社，1990，第624页。
③ 朱偰：《日本侵略满蒙之研究》，商务印书馆，1930，第11页。

　　对于这次访华之行，日本的《时事新报》曾以《涩泽大成功》为题进行了报道，对双方关于中日实业公司事务的谈判相当满意，[1]并且还称："又据支那报纸所报，男爵之来京对日支实业关系上带来绝大之效果，亦解开北方实业家之误解，人缘普遍良好。"[2]涩泽荣一也声称，他此行达到了预定目的，一方面得以探赏彼地之风景名胜，另一方面也就中日实业公司事务与对方达成了协议，[3]另外，还使得中国对于日本对华经济事业的怀疑和恐惧之感一扫而光。[4]值得一提的是，北京方面的热情招待及对其所提要求的慷慨允诺，成功获取了涩泽的认可。涩泽自此对袁的态度为之一变。《时事新报》曾专门登载了一篇关于涩泽荣一评价袁世凯的北京特电，其中就报道说："涩泽男爵昨日谒见大总统，虽然是做经济上之会谈，然相互之意见吻合，该男爵称赞袁世凯不仅仅是一武人政治家，还是近世罕见之实际经济家。"[5]涩泽在回国之后也屡次从正面谈及袁世凯，如他在一次演讲中称，原来想象中的袁世凯应该是如同拿破仑三世一般的人物，且仪容颇为尊大，而见到之后，则感觉其始终不失谦逊之态度，临别时还出门相送。[6]这样的描述也可以说是对此前曹汝霖夜访时所提要求的一种回应。

　　对照涩泽在访华前后对袁世凯的评价就会发现，他先前对其的印象基本上是负面的（这一点通过他同孙中山的一次谈话即可看出），而此时却完全视其为一个正面人物。其间的缘由，从表面上看，似乎是袁世凯对涩泽的礼遇起到了很大作用。当然，我们也可以理解为他对中国事务尤其是像袁世凯这样城府很深的政治人物缺乏足够的了解，但是更重要的应该在于此时已经就中日实业公司与袁实现了合作，该公司以后的运作也必须要得到袁的认可和支持，所以才要对其示好。然而，由于袁世凯更多是视此公司为一种政治上的工具，一旦失去政治价值便会改变原来的态度，再加上此后中日因"二十一条"等问题，矛盾日益尖锐，中国方面更是无意对中日实业公司的运作给予实质性支持。

---

[1]　《渋沢栄一伝記資料》第三十二卷，第558页。
[2]　《渋沢栄一伝記資料》第三十二卷，第558页。
[3]　《渋沢栄一伝記資料》第三十二卷，第592页。
[4]　《渋沢栄一伝記資料》第三十二卷，第567页。
[5]　《渋沢栄一伝記資料》第三十二卷，第546页。
[6]　《渋沢栄一伝記資料》第三十二卷，第597页。

涩泽 1914 年的访华之行，在很大程度上可以说是为了中日实业公司而来的"公差"，之后虽然只是作为一名顾问而退居幕后，但他还是密切关注该公司的经营状况，并且在一些重要的决策上发挥作用。概括说来，他此后对于公司事务的参与主要有以下几种途径。第一是通过与公司董事仓知铁吉、森恪、尾崎敬义、高木陆郎、春天茂躬等人频繁的谈话和书信往来了解公司事务并做出指示。第二是公司会不定期地将营业报告书以及一些重要业务的进展状况向涩泽报告。如 1924 年中国政局动荡之时，公司就向涩泽报告总裁袁乃宽、常务董事吕均等人的政治立场。另如公司所接手的参展借款、兵器借款的处理情形也会向其告知。第三是涩泽以财界领袖和公司顾问的身份接待和宴请到访日本的中方股东，参加由中日实业公司为到访中国客人举办的欢迎宴会。如 1917 年 12 月梁士诒的到访以及 1918 年 4 月唐绍仪的到访，中日实业公司都在东京帝国饭店举行了欢迎晚宴，而涩泽也都应邀出席。此外，他还专门在其寓所宴请过时任该公司总裁的李士伟（1918 年 5 月 2 日）、中方的股东周晋镳（1920 年 5 月 2 日）、中方常务董事吕均（1926 年 5 月 31 日）等。第四是出席顾问会议和一些重要时刻的股东会议，为公司的经营提出意见，推举公司新的领导人选。第五是充当公司和政府之间的斡旋者。在公司有重大变动或有求于政府之时，涩泽会代表公司或作为中间人同政府进行沟通。

以下再结合公司的经营状况对涩泽的一些具体参与事项做一简要考察。

从涩泽的日记以及他所保存的集会日时通知表中可以看到，在中日实业公司成立之后，涩泽荣一与公司的董事们有过多次的交流，交流的内容虽然没有详细记载下来，但基本上就是有关该公司在中国的一些具体经营业务。一般情况下，涩泽在了解相关事务的概况之后会给他们提出一些建议和指示，不过偶尔还会对一些比较重要的事项进行直接干预。从有限的记载来看，他曾先后过问过中日实业公司的电话借款、矿山开采以及公司今后应该插手和经营的对华经济事业等。电话事业是他访华之时与杨士琦会谈的主要事项之一。后来电话借款一事因故延期，他曾在致佐佐木勇之助的信中表示让其到北京与仓知铁吉对此做详细调查并进行汇报。[①] 1915 年10 月，他从尾崎那里得知自己所关注的电话借款虽然经过了很多交涉，但

---

① 《涩泽荣一伝记资料》第五十五卷，第 13 页。

因外务省存有异议，而日本的银行界有意接受此事。涩泽便称，对于此事，纵使日本政府反对袁世凯的政策，但它却是使双方共同获利之事，其借款方法像此前的四郑铁路那样来处理绝无悬念。[①] 又如采矿事业，在他的日记中有这样的记录："（1915年4月29日）横堀技师、尾崎敬义氏一起前来，谈支那铁矿之事"；"（1915年7月3日）抵达中日实业公司，与尾崎敬义一起听横堀博士关于支那铁矿山的视察谈"。[②] 另外，他还专门就桃冲山铁矿之事致信增田明六，让其向仓知铁吉转达自己对此事的意见。[③] 在涩泽荣一的密切关注和指导之下，再加上森恪、仓知铁吉、尾崎敬义等"一线人员"的奔走，中日实业公司的经营开始初见成效。截止到1918年，公司的投资项目已经包括安徽裕繁公司借款[④]、武汉电话借款、交通部电话借款、汉口造纸厂借款、上海申新纺织公司借款、天津华新纺织公司借款、湖南泰记电灯公司借款、河南洛阳电灯公司借款、湖南志记和记两锑制炼厂借款、湖北沙市普照电灯公司借款、安徽明新电灯公司借款、江苏清江浦振淮电灯公司借款、山东实业借款、江苏淮安普明电灯公司借款等等。[⑤] 这些投资大多集中于电灯、电话、矿山、纺织等事业，与涩泽此前同中方的谈判项目大致是一致的。而从中日实业公司1914～1919年的营业报告书中更能够发现，除了上述最终敲定的投资以外，公司还对江西、河南、奉天等地的煤矿以及其他一些地方的电灯公司，或是派技师前往调查论证，或是派人接洽投资和开办事宜。此外，"关于自来水、森林、油房、轮船各种事业，亦均正在磋商调查中，将来可望成功者，为数正复不鲜"。[⑥]

中日实业公司之所以能够进行范围如此广泛的投资，除了涩泽荣一、仓知铁吉、森恪等人以及日本其他资本家的对华投资热情之外，一个很重要的原因还在于，第一次世界大战给了日本一个难得的对中国进行大规模投资的机会，这一时期也是日本对华投资增长的高峰期。值得注意的一个现象是，中日实业公司的对华投资虽然在1915年4月出现过一次（裕繁公

① 《渋沢栄一伝記資料》第五十五卷，第19页。
② 《渋沢栄一伝記資料》第五十五卷，第17、18页。
③ 《渋沢栄一伝記資料》第五十五卷，第21页。
④ 安徽繁昌的桃冲山铁矿也为该公司经营。
⑤ 国家资本输出研究会编《日本の資本輸出》，第197、198页。
⑥ 关于这几年营业报告书的全文，详见中国社会科学院近代史研究所、中国第二历史档案馆史料编辑部编《五四爱国运动档案资料》，中国社会科学出版社，1980，第68～77页。

司第一笔 20 万日元的借款），但真正开始大规模投资的时间却是在 1916 年
8 月以后，尤其是在 1918 年时，一年之内签订了 14 项贷款协议，投资额呈
井喷之势。那么，为什么在 1916 年之前却很少有投资项目？原因并不在于
公司起步晚或者说日本人不够积极，这从涩泽与杨士琦的谈判项目就可以
看出来。另外，涩泽一行回国后不久，森恪就向中方催促尽快落实一些项
目。杨士琦在 1914 年 8 月致张謇等人的密函中就称："连日森恪到公司陈述
日本股东意见，种种关系太巨，迥非前比，均告以公司，日内不能备举，
而无征不信，对付屡穷。"① 至于真实的原因，正如时任公司副总裁的高木
陆郎在 1924 年回顾公司发展历程时所提到的，公司没能取得预期的发展成
就的一大要因就在于袁世凯的权谋。他将袁世凯称为"权谋万能主义者"。在
高木看来，"袁政府对本公司的态度相当冷淡，存在动辄就暗中牵制公司之发
展的倾向。在支那国土萌芽之事业，若受到支那政府的压制，是绝不会顺利
壮大起来的"。② 只是到了袁世凯政府倒台、段祺瑞执政之后，中日实业公司
才出现了上述所说的繁荣景象。然而这种景象并没有持续多久。众所周知，
北洋政府的政局极为动荡，再加上日本提出"二十一条"、山东问题等引起中
国强烈的抵制和反对，以及日本本身的经济在"一战"之后的不景气，中日
实业公司的业务发展终究不能像日本预想的那样顺利进行。此外，公司也存
在着放款回收困难、投资过于庞大、利润率低下等问题。③ 这些都导致了中日
实业公司在"一战"结束之后的经营面临严峻挑战。正如高木所言，此时
"大体上我邦资本家投资支那之大半，此际陷于全损之悲境，本社亦未幸
免。……大正十一年（1922）年末之际，面临着完全破产的命运"。④

　　在严峻的形势之下，中日实业公司召开了临时股东大会，精通中国事

① 中国第二历史档案馆编《中华民国史档案资料汇编》第 3 辑《工矿业》，江苏古籍出版社，
1991，第 853～854 页。
② 《涩泽荣一传记资料》第五十五卷，第 100 页。另外，有一个需要注意的问题是，袁世凯
将公司中国方面的股权从孙中山那里夺到自己手中后，中方的股份名为商人持有，实则除
原来的股东朱葆三等持有 49500 日元的股份外，其余皆由政府持有。朱葆三持有的商股
到 1916 年时也被政府所收购。见中国社会科学院近代史研究所、中国第二历史档案馆史料
编辑部《五四爱国运动档案资料》，第 66～67 页。
③ 仓知铁吉就曾言，公司历来各项事业中唯一应当稍见成功的是桃冲山的铁矿石，每年向日
本的制铁所输入二十万吨，但却无一厘收益，因为在上海要花费一笔很大的事务费。见
《涩泽荣一传记资料》第五十五卷，第 35 页。
④ 《涩泽荣一传记资料》第五十五卷，第 101 页。

务的高木陆郎被选为董事。在随后的董事会上，涩泽荣一等顾问一致推举高木为副总裁。涩泽对高木抱有相当高的期待，他随后带高木一起去见大藏大臣市来已彦，寻求政府对中日实业公司的强力支持。涩泽向市来表示，公司虽然处于困境之中，但高木的进入绝不是为了埋葬公司，而是为了使中日实业公司恢复生机。他还提出公司的拯救规划并希望得到政府的支持。涩泽进一步谈道，"中日实业公司无论如何也要存续下去，在顾问的共同援助下，首先断行整理旧债，进而为中日实业公司本来的目的而竭诚努力，考虑到这一点，希望今后不吝关照"。[①] 当然，市来对于涩泽所言也深表赞同，声称将给予尽可能的援助。当高木上任后开始推行一系列改革和整顿措施时，涩泽也给其以坚定支持。如在整顿措施中最为迫切的一项就是整理债务，高木的计划是以长期低息的大额借款置换众多小额短期之借款。这显然需要一笔条件优惠且数额巨大的贷款，高木为此颇感头痛，后来在涩泽等顾问的热心帮助之下，才以桃冲山矿石为担保从政府那里借得款项。[②]

除此之外，还有两件事不能不提。第一是 1926 年的公司整理案。尽管高木为中日实业公司的经营和存续做了不少努力，但凭他一己之力很难使公司的状况出现根本好转。1926 年，受战乱影响，公司业务萎靡不振。在从高木那里了解到公司的境遇之后，是年 4 月 1 日，涩泽等人在东京集会所召开顾问会议，讨论关于公司的根本整理事务。会议认为此案要得到大藏次官田健治郎的理解和支持，决定由涩泽和另一名财界领袖级人物乡诚之助前往大藏省沟通。[③] 4 月 6 日，涩泽和乡诚之助如约面见田健治郎，涩泽还特意向其说明了公司的设立沿革以及现今出于困境的缘由。第二是 1931 年的居间斡旋。当是之时，中日实业公司与中国交通部签订的电话借款本金合计已超过 1000 万日元，交通部无力偿还，按照事前双方签订的契约，中日实业公司有权取得吉昌铁路的余利以抵作积欠利息。[④] 由于此时的公司

---

① 《渋沢栄一伝記資料》第五十五卷，第 102 页。

② 《渋沢栄一伝記資料》第五十五卷，第 103 页。

③ 整理案全文见《渋沢栄一伝記資料》第五十五卷，第 59～60 页。

④ 1923 年 6 月，中日实业公司与交通部签订的《中日实业公司电话借款展期及拨付欠息条件》规定了对于积欠利息的付款方法是："指定吉长铁路余利充作付款财源，按照另附表件所定日期数目支给之。万一遇有不敷支付或支付不能等情时，即以扩充电话借款日金一千万合同内所定之担保，提作本次付息合同之同一担保。"见交通部交通史编纂委员会、铁道部交通史编纂委员会编《交通史电政编》第 2 集，1936，第三章第 92 页。

财务已极端窘迫，这笔款项显得异常重要。然而问题是吉长铁路并不在中国手中，而是由满铁经营的。高木陆郎不好直接向满铁要钱，只好请外务大臣币原喜重郎代为调解，并希望涩泽也能够给予帮助。高木为此致信涩泽，附上有关公司的资料以及致外务大臣的信件，希望涩泽与满铁副总裁江口定条在面谈之时促成此事。看到此信之后，涩泽在 6 月 17 日同江口的会谈中将这些文件悉数交给对方。① 在此之前，币原已经向满铁方面要求满足中日实业公司的愿望。但满铁大概也是心存不满，迟迟不肯答应。于是 6月 26 日，涩泽和乡诚之助特意将满铁及中日实业方面的人物召至银行俱乐部，主持了一场见面会，使双方能够就此事有充分的沟通。也许是此次的会议见到成效，涩泽在 7 月 2 日致币原的信中表示，满铁会社干部最近有交付之意。② 8 月 5 日，币原外相再次致电满铁，称"本大臣决心对其给予彻底之援助"，督促满铁尽快给中日实业公司援助。③

说起来，涩泽所参与的这两件事情并不是什么惊天动地的大事，他只是关心公司的状况，并尽力在公司和政府乃至满铁之间斡旋调解而已。然而这两件事对于中日实业公司本身的重要性却非同小可，无论是公司业务整理还是索要吉常铁路利润，也许都在相当程度上决定着处于困境中的中日实业公司的命运。另外，此时的涩泽已是老态龙钟，行动不便，不久就于同年 11 月逝世了。生前还能如此活动，可以说是为该公司尽了最后一份力。

在以上的考察当中，不仅是涩泽荣一尽其所能地扶植和维护中日实业公司，日本政府也对其给予了鼎力支持。日方之所以如此重视该公司，就在于其非同寻常的企业性质。如高木所描述的，中日实业公司"与其他所谓民间合办企业完全不同，……在法律上是支那法人的同时，也是日本法人，完全具有双重性格。在对支事业上是吾日本拥有的独一无二的机关，具有若得到善用即不再求之于他之特点。也即是说，在日本自不用说，在支那十八省范围内的任何地方都可以与纯支那法人同样自由地享有土地占有、设立工厂、采掘矿山、敷设铁道等百般事业之特权"。④ 如此特殊的企

① 《渋沢栄一伝記資料》第五十五卷，第 91 頁。
② 《渋沢栄一伝記資料》第五十五卷，第 97 頁。
③ 《渋沢栄一伝記資料》第五十五卷，第 91 頁。
④ 《渋沢栄一伝記資料》第五十五卷，第 100 頁。

业，一旦解散，要想再度成立恐怕并非易事，因而涩泽等人才会想方设法地使其存续下去。在涩泽的眼中，这家公司既是日本在中国扩充经济力量的重要工具，也能够实现中日双方的共同发展。那么，相对于他的这种观点，中国方面又对该公司在中国的经营抱有什么样的态度？事实证明，中国民众和舆论对它的在华活动还是抱有排斥意见的。这里仅举两例略做说明。1915年，传言日本将通过中日实业公司在长沙设立日华银行（或曰中日银行），中国舆论界对此反应强烈，在抨击日本经济侵占的同时，还将矛头指向中日实业公司。一篇题为《中日实业公司之流毒》的报道就称："中日实业公司为孙文与日人涩泽所结之亡国托拉斯。向之英人灭印度即用此法。龟鉴在侧，不知孙文当时是何居心也。正式政府成立后，始终未将此亡国机关打消，遂至日人屡思活动。"[1]将中日实业公司看作日本灭亡中国的工具，强烈的反对之意已跃然纸上。而对于涩泽荣一颇为关注，也是中日实业公司一项主要对华投资项目之一的电话贷款，陈独秀后来的一篇文章也在言语之间对其大加挞伐。该文本意在于批判曹汝霖的卖国行径，而列出的罪证之一就是1918年1月与中日实业公司签订的电话借款合同，认为合同内容有损中国交通主权，并提到江苏省县各团体反对正在进行的沪宁长途电话工程（所需资本应系中日实业公司之贷款）。作者还呼吁道："这种损失全国交通主权的秘密合同，全中国人都应该起来反对，绝不是江苏一省的事。"[2]

　　中国方面的这种反应恐怕会让热心于建立中日实业公司及其前身中国兴业公司的涩泽荣一颇感失望，但是鉴于中日实业公司在一定程度上的"国策会社"性质，中方的抗议也不能被武断地视为某种激进民族主义情绪的宣泄，更应当被看成在国家主权受到侵害时的抗争。当然，我们不能否认涩泽荣一对华积极性的一面，例如他对孙中山的革命事业就抱有几分同情之意。尽管这层意思还是要让位于中日实业公司的建立，我们也不能由此而将其完全否定。客观而言，涩泽在追求日本国家利益的过程中于孙中山和袁世凯之间的抉择，也显出一些无奈。

---

[1]　《中日实业公司之流毒》，《中华全国商会联合会会报》1915年第8号，第2版。

[2]　陈独秀著，三联书店编辑《陈独秀文章选编》中册，三联书店，1984，第413页。

第六章　以"忠恕"相交：涩泽荣一的对华外交思想与日华实业协会

涩泽荣一不仅在经济事务方面成就斐然，其晚年退出实业界后所大力推行的民间经济外交也同样为人所瞩目。他在积极同美国方面进行民间外交的同时，也将中日关系视为一个相当重要的部分并为之做了种种努力。大体而言，涩泽对日本当时的对华外交政策并不满意，在对之进行反思的基础上提出了以"忠恕""敬爱"之道相交的对华外交理念，并在这一理念的引导之下出任日华实业协会会长一职，以该协会为平台对中国展开了种种交流与交涉。本章先考察涩泽荣一对华外交理念的提出和日华实业协会的建立，以及涩泽在此基础上与若干中国人士的交往，而日华实业协会围绕中日间关税和排日纠纷等问题的一些具体情形留待下一章再做考察。

一　涩泽荣一的对华外交思想

（一）涩泽提出对华外交思想的背景

众所周知，中日之间的矛盾和摩擦在近代历史中频频出现，而且绝大部分情况下表现为日本对中国的步步紧逼。从日本出兵台湾、中日甲午战争、日俄战争、八国联军侵华，一直到"一战"时日军出兵山东、"二十一条"的提出乃至西原借款等等，这些军事和经济上的侵略可以说构成了近代中日关系史的一个主要部分，同时也是两国交恶的最主要原因。伴随着日本近代化的深入和国力的一步步增强，以及日本在与中国的"交涉"中处于一种相对强势的地位，日本人对待中国和中国人的态度也经历了一个从崇拜、学习，到鄙视、贬低的过程。以福泽谕吉为代表的众多日本人不仅高唱"脱亚入欧"，还以"先进文明"自居，以"东洋之文明代表"自讷。日本人的一个奇怪的恶性循环的逻辑是，由于日本强大起来，所以有理由蔑视"支那"；蔑视"支那"，也就会鄙视"支那"人；相应地，对"支那"人的鄙视又成为蔑视"支那"的新证据，并逐渐成为日本政府确定对华政策的基本假定。日本学者野村浩一就发现，近代日本对中国社会的认识就建立在这样的假定性前提之下——"支那人"是劣等民族。[1] 井上哲次郎也曾经指出："虽然我国不少文化得自支那，西洋学术传来，反而凌驾支那之上，国人因此严重鄙视支那，辫发奴连儿童都不齿，更何况堂堂的男子汉？"[2] 这样的思想普遍存在于日本社会，也对日本的对华外交有着深刻的影响。

正是由于日本对中国侵略的逐渐加深，以及日本人明显的对华蔑视心理，造成了两国尤其是两国民众之间的隔阂和中国的强烈反弹。中国方面频频出现的反帝爱国运动和形形色色的抵制日货运动就是很好的证明。而赴日留学的中国学生，在遭受到日本的歧视之后，大多在回国后也成为抵制日本侵略的重要力量。这种反抗势必会影响到日本的在华经济利益。如在为反对"二十一条"而发动的全国性抵制日货运动中，据日本所办的奉天商业会议所调查，抵制日货以来，在奉天的日货迅速为国货所代替，整个东北的抵制日货运动，"大有日泻千里之势"。[3] 另据日本驻上海领事的报告，五四运动期间，日本的正金和台湾两银行的纸币几乎完全不能流通，除极少数之外国商品或中国土产品外，对日本商人之交易完全停顿，报关、运输行的日货完全不能搬动。其他一般商店，除日货商店及少数贩卖当地日本工厂制品者外，期货交易已不存在，已定契约之商品，亦不履行，交易成为完全停止状态。[4] 从整个的进出口货物总额来看，抵制的效应也是相当明显的。在 1918 年的时候，日本在列强商品输出的总量上占 44.9%，但由于五四运动的爆发，从 1919 年就持续走低，到 1921 年时降低至 24.5%，1922 年略有回升，但在 1923 年时，又因为收回旅顺和大连问题，抵制日货

① 张龙林：《富士山下的匆匆岁月》，百花文艺出版社，2004，第 189 页。
② 川合康三：《中国文学史的诞生：二十世纪日本的中国文学研究之一面》，载陈明姿、叶国良编《日本汉学研究续探·文学篇》，华东师范大学出版社，2008，第 167～168 页。
③ 张洪军：《"九·一八"全史》第 3 卷，辽海出版社，2001，第 9 页。
④ 吴志国：《近代中国抵制洋货运动研究（1905—1937）》，华中师范大学博士学位论文，2009，第 154 页。

再起，当年日本对华输出量只占各国对华输出总量的 24.2%。① 除了这种看得见的数据之外，更重要的还在于中国对于日本有着看不见但可以明显感受到的强烈的抵触情绪。这两者都抑制了日本在各个领域进一步的对华扩张。基于这样的情形，日本国内才出现了反思对华政策和对华基调的声音，而涩泽荣一的观点即是其中之一。他不仅切身地体会到了中日交恶对日本对华经济势力的负面影响，也是考虑到两国有着友好交往的悠久历史而痛感改善当前中日关系的必要。

（二）有恩威而无敬爱：对日本对华外交的批判

除了在日本近代资本主义工商业的发轫和发展中建立了卓越的功勋之外，涩泽荣一的另外一大亮点就是晚年时致力于以和平、对话、互利、双赢为特征的对外民间交往。在对华问题上，他也针对中日两国关系上存在的问题，在对照两国古代友好交往和日本受益于中国文化的基础上，对日本的对华外交现状进行了深刻反思，并进一步提出了自己的对华外交理念。

在涩泽荣一的眼中，中日两国由于交往历史悠久，地理位置、风俗习惯都比较接近，理应成为关系密切的友好邻邦，而实际上却非然，"民国屡屡发生有排日运动，而日本方面又嫌弃民国"。② 涩泽认为，造成这种局面的一大原因就在于日本长久以来错误的对华外交政策。他将日本的外交主体分为四种：第一种是外务省的外交，"它对于日英同盟及与其他列国的协约，顾虑重重，左顾右盼，犹豫不定，有动辄沦为附和外交之嫌"；第二种是参谋本部的外交，"主要立足于军治，动辄狂奔激进，引来支那国民及列强的猜疑眼光"；第三种是浪人外交，"或援助南方闹革命，或祖护北方而陷害南方，总之就是有介于其间贼害政府，并有引起支那国民嫌恶之倾向"；第四种是实业家外交，"主要是高唱日中亲善，以日中经济的提携和结合为最终目的"。③ 这四种外交常常难以统一，而且在观念上更是不尽相同，在对华外交行动上也难以表现出一致性和连贯性。就如同他所描述的："最近我国的对支政策，动辄不能于列国之中先发制人而蒙受支那国民误

---

① 印少云：《抵制日货运动的历史与现实》，《徐州教育学院学报》2007 年第 1 期。
② 《渋沢栄一伝記資料》别卷第八，談話四，余録，第 87 頁。
③ 《渋沢栄一伝記資料》别卷第七，談話三，第 183 頁。

解，或时而以干涉、警告之事而成为猜疑、中伤、反感之焦点，又或是时而标榜不干涉主义而被他国侵占优先权，总之即是一次次的外交失败。"① 若长久下去，这种前后的不一致就很容易造成日本失信于中国，从而"酿成非常之不利益"。

这四种外交主体不仅造成了对华外交的混乱，而且其内部的力量也不均衡，在对华交往中占有话语权的往往限于前两者，也就是他所说的"霞关外交"和"军人外交"。涩泽特别是对军人外交颇有微词，认为"其主义多非世界性的，受到支那及世人的疑惑，而来自其他外国的胡乱猜测和疑惑又将其进一步放大，今日持续进行的排斥日货，说是原因在此也绝不为过"。② 它与外务省外交、大陆浪人外交等结合在一起，常常表现出软硬兼施、恩威并行的对华外交景象。涩泽荣一对这种恩威外交做了严厉批判。他曾于1915年6月刊行的《龙门杂志》上发表意见指出，日本的对华外交是"仅止于致力于恩威并行之事，其间很少有怀着友爱之念及含有亲善之情的态度以对彼"。③ 这大概是他第一次用"恩威"来概括日本的对华外交，之后，他又对这一外交特征做了进一步说明。例如，涩泽曾在1921年的一次演讲中谈及日华关系时称，明治以后日支的政治关系也好，社交和实业界方面也罢，不啻为施之以恩威之力，若简单来说，威是鞭，恩是豆，威是棍棒，恩是金钱，施以暴力，又以黄金怀柔，以如此之精神，如何才能够实现真正的交往？④

他将日本方面的问题归结为中日关系紧张的主因。涩泽在谈到加藤高明内阁的对华外交时就表示，尽管日本向中国提出了"二十一条"要求并基本实现了预期目标，在青岛还付问题上也得到了不少利权，然而这种成功却被"（伤害）列国的感情"和"日货排斥的事实"所抵消。⑤ 在此之后，涩泽认为日本几乎没有一丝的对华情爱之外交，或是进行一通狡辩，或是仅限于形式，他对此表示"诚为遗憾万千"。⑥ 而当中国爆发五四运动

---

① 《渋沢栄一伝記資料》别卷第七，談話三，第183頁。
② 《渋沢栄一伝記資料》别卷第七，談話三，第413頁。
③ 《渋沢栄一伝記資料》第五十五卷，第117頁。
④ 《渋沢栄一伝記資料》别卷第五，講演，談話一，第308頁。
⑤ 《渋沢栄一伝記資料》第五十五卷，第141頁。
⑥ 《渋沢栄一伝記資料》第三十二卷，第583頁。

抵制日货之时，涩泽更是将其视为日本多年对华外交失败的总决算。他对此提出，"我对支政策在明治二十七八年战役（指甲午战争，笔者注）以来原本就不合宜。一方面施以武力，另一方面又进行借款，徒有充分引起支那人误解猜疑之行为"，认为当时的排日实际上就是日本人自己种下的苦果而只能忍受此痛苦。① 涩泽认为，"必须要说的是，对于全体支那的外交从根本上就是错误的"，② 日本会有这样的错误，不单单是政府当局或政治人物的责任，而是"日本国民全体的责任"。③ 在他看来，依照眼前的态势，也就是在中国以排日为唯一之国策的情况下，日本人对此漠视不管并继续实行恩威外交，则"其结局是两国共同陷于悲境"。④

（三）以"忠恕"之道相交

其实，早在1914年的中国之行中，他就注意到了日本在对华外交上的偏见和缺陷。后来在回忆此行时，他曾经提到日本对华徒以恩威相交，缺乏甚至没有敬爱之情。他的看法是，大凡人与人的交往，没有敬爱之情则难保交谊的长久，而所谓身份的尊卑、财富的多寡，或者是力量的强弱、人的智愚等并不一致，乃是上天的安排，各有差异是在所难免，但其间必定要有敬爱之心，在力与恩之外，有了人情才会有和缓之交际。⑤ 更何况，在他的眼中，中国人并非像日本人所污蔑的那么低劣，相反，还有很多比日本人还有优异，例如学生就非常勤奋，所以就呼吁日本国民"今后一定要改变对支那人的态度"。⑥ 而解决的方法，就是"真正地基于道理而亲切交往"，因为"即使国家的制度、国体、风俗等相异，人情道义亦相同，历经数千年而不变"。⑦ 这里的道理就是"忠恕"之道。

涩泽对"忠恕"做了如下解释：

> 这里的忠恕，就如同朱文公所解释说明的"内不自欺忠是体，推

① 《渋沢栄一伝記資料》別卷第七，談話三，第359頁。
② 《渋沢栄一伝記資料》別卷第七，談話三，第414頁。
③ 《渋沢栄一伝記資料》別卷第七，談話三，第360頁。
④ 《渋沢栄一伝記資料》別卷第七，談話三，第401頁。
⑤ 《渋沢栄一伝記資料》第三十二卷，第582頁。
⑥ 《渋沢栄一伝記資料》別卷第七，談話三，第618頁。
⑦ 《渋沢栄一伝記資料》別卷第八，談話四，余録，第176頁。

己及物恕行焉"那样，忠是正直坦率，不偏向于任何一方；恕是设身处地地为对方着想而行事。也就是说，对于道理并不狡辩，基于人情而实行。而此忠恕之说虽在《论语》中被反复论及，其实它就是指对上也好，对下也罢，君臣、朋友之间自不必说，在所有人与人的接触中都是必要的、"一以贯之"的东西。再说一遍就是，忠之正直而非其他，恕之体谅及相爱相交，此两者相协调，即能够有出色之行动。①

"忠恕"确实是儒家思想中的话语。中国古代也比较推崇"忠恕"，视其为修身养性、治国齐家的重要手段。《论语·里仁》有曰："夫子之道，忠恕而已矣。"《后汉书·章帝纪》中说道："体之以忠恕，文之以礼乐。"苏轼的《东坡志林·赵高李斯》也曾言："夫以忠恕为心，而以平易为政，则上易知而下易达，虽有卖国之奸，无所投其隙，仓卒之变，无自发焉。"按照朱熹"尽己之谓忠，推己之谓恕"的解释，忠即为尽心为人，恕则是推己及人。涩泽的上述解释虽然多少有些不同，但大致意思是一样的。而他之所以引用儒家的道德规范并做如是解，无非是想从他所推崇的中国文化中找到处理日中关系的新原则和途径。如果按照他所说的那样，日本能够不以自身利益为是，同时兼顾中国方面的利益和感受，双方有敬爱之心、体谅之情，自然是国家间交往的理想状态。他自己也相信，若日本依"忠恕"之道与中国来往，必使两国之间的交谊愈加亲善，而日本人若一改对华傲慢不逊的态度，对中国人以对等之情谊相交，将会成为比武力、资本等都要强大的力量。不过，他提出这种外交理念的直接动机是对当时处于困境中的中日关系的一种矫正，这一理念本身也是原则性的导向，很难真正地得以实现。不过在那个鄙视中国的观念盛行、对华屡屡侵略的年代，涩泽提出这样的观念还是难能可贵的。不唯如此，他还殷切地希望能认真贯彻这一理念，自己也在努力地身体力行，只是高龄老迈，常有力不从心之感："我现在如果年轻一些的话，希望尽充分之力，然而（由于年迈）已经不行了。"②

回过头来，我们也可以对日本当时一些与涩泽类似的论点做一简单的

---

① 《渋沢栄一伝記資料》别卷第八，談話四，余録，第 176 頁。
② 《渋沢栄一伝記資料》别卷第八，談話四，余録，第 87、178 頁。

比较。批评日本当时的对华政策和对华态度的不止涩泽一人。宫崎滔天就对大正时期的对华政策表示愤慨。他批评日本的军人外交是："近买邻邦之怨恨，远招欧美之疑惑，是使我国现今陷于孤立之境之所以也。……要之，军阀外交乃低脑外交也，盲目外交也。托人类于此一国之外交，天下岂不有如此之危机耶。"① 对于日本对中国的歧视，他更是感到不满："我国人对支那人，过于倨傲也。以'腔阔罗'呼之，以'腔阔罗'待之，故引起彼等之反感"，即便是日本的车夫"彼等对支那人之态度实污秽之极，毫无羞耻地发挥其暴利主义"。② 日本政友会总裁原敬对于大隈内阁和寺内内阁露骨的对华政策也持消极甚至是反对态度。他对日本的对德宣战就显得比较谨慎，而在日本就"二十一条"向中国发出最后通牒之时，他也曾感叹道："总之，对中国外交失败之极。"③ 值得注意的是，日本政府内部的官员也有不同的声音。出席巴黎和会的代表牧野伸显就曾表态说："日本过去的外交，是表里不一的权谋术数外交和威压外交，表面上倡导日华亲善，骨子里却是霞关外交、私人外交和军人外交鼎力，因此招致各国猜疑。今天当和平主义得到尊重，威压主义受到排斥，'新外交'成为世界潮流的时候，为了帝国的利益，对外应积极倡导顺应世界大势，对内必须祈求避免陷于茫然自失的窘境，今后日本应排斥威压权谋的手段，以履行正道助弱国为主义。"④

但是应当注意的是上述各方做出如是表态的背景和动机。宫崎滔天自不必说，他是一名同情并参与中国革命的人物，他的批评乃是痛惜日益紧张的中日关系，同情中国的处境。而原敬虽然也是倡导"中日亲善"，也是属于日本对华的温和派，但他并非对日本的侵华政策本身不满，在确保日本在大战中攫取的山东权益问题上，原敬却没有丝毫让步的意思。⑤ 他之所以谨慎，乃是担心刺激中国出现强烈的反日浪潮和民族主义的高涨，以及引起列强的不满而使日本在国际环境中处于不利地位。牧野的发言实际上

---

① 野村浩一著，张学锋译《近代日本的中国认识：走向亚洲的航踪》，中央编译出版社，1998，第 154 页。
② 野村浩一著，张学锋译《近代日本的中国认识：走向亚洲的航踪》，第 149 页。
③ 陈月娥：《近代日本对美协调之路》，中国社会科学出版社，第 105 页。
④ 李广民：《准战争状态研究》，社会科学文献出版社，2003，第 56 页。
⑤ 陈月娥：《近代日本对美协调之路》，中国社会科学出版社，第 205～206 页。

只是对威尔逊关于世界和平的"十四条原则"的一种口头回应，他在做出上述表态的同时，却使尽浑身解数维护日本的既得权益。而且牧野此语也遭到了众多日本政界要人如犬养毅、伊东巳代治、田中义一等的强烈批评。那么，涩泽荣一批评日本的对华外交并提出以敬爱和忠恕相交的应对之道，除了促进中日亲善、改善两国邦交之外，他还有没有其他考量？

事实上，巩固和扩大日本在华经济利益正是涩泽最为直接的动因和立足点。涩泽荣一一方面认为实业家的对华态度和行为亦是改善日中关系的一个重要方面，认为实业界的人士也为中国着想的话，"支那同业诸人虽然不敢说可以信赖日本的实业家，但至少不会再有如此嫌忌之情"①；另一方面，他也强调双方经济上的合作对于日本的重大意义，"密切日支两国经济上的联系本来就是我邦存立的关键，而把握住支那又是国家生存上的根轴"②，所以才会大力呼吁两国实业家秉承"己所不欲，勿施于人"之道，敬爱忠恕，实现经济协同，相互伸张国运。③ 其实，涩泽之所以忧心日本错误的对华政策和态度，毋宁说是由此引发的中国的抵日情绪会影响到日本的在华经济利益。涩泽本人也体会到这一点，如他就曾抱怨说自己曾经一手创建的东亚兴业会社和中日实业公司都奄奄一息，或只剩下一副空壳，或依赖于政府的补助而苟延残喘。因而，他才会一再地呼吁："对于支那，要以忠恕广施于民、济于众，使两国事业上的提携圆满发达。对此，两国民间之有力实业家，不仅要考虑到自己的利益，也要实现己欲立而立人、己欲达而达人，希望永远基于共存共荣之主旨行事。"④

二 日华实业协会的成立

20 世纪上半叶，被称为日华实业协会或中日实业协会的组织不止一家。1913 年之前，日人大井宪太郎等曾组织发起过一个名为日华实业协会的组织。另有资料显示，在孙中山 1913 年访日期间，此人又于 12 月 8 日向孙中山提出建立日中实业协会的计划，以兴办实业。孙中山对此表示赞同，并

---

① 《渋沢栄一伝記資料》第三十二卷，第 583 頁。
② 《渋沢栄一伝記資料》别卷第七，談話三，第 429 頁。
③ 《渋沢栄一伝記資料》别卷第七，談話三，第 401 頁。
④ 《渋沢栄一伝記資料》别卷第八，談話四，余録，第 178 頁。

给上海一带的实业家写介绍信，为其提供方便。① 1914 年，孙宝琦、李盛铎二人受袁世凯之托赴日交涉时，也曾表达了建立中日实业协会的愿望。② 而1917 年成立的日支实业协会则是以在日华商和阪神一带的工商界人士为主体而发起成立的。③ 1928 年，营口也有一家中日实业协会成立，会长为郝相臣，协会的目的号称是"联络中日双方商人振兴实业"。④ 1935 年，国民政府派出的赴日经济考察团也在日本与日方协定筹备成立中日实业协会，并议定会章十七条，规定该机构在日本东京和中国上海各设一家。⑤ 这里所要考察的是 1920 年成立于东京的日华实业协会。相比于以上这些组织，它更像是一个日本工商界人士发起成立的以集中处理对华经济事务为目的的民间经济团体。

其实，这里所考察的日华实业协会的成立与上文涩泽荣一提出对华交往思想有着相同的背景。1915 年，因为"二十一条"问题，中国爆发了声势浩大的抵日浪潮，中日关系跌入低谷。为确保日本在华经济利益，尽快修复对华关系，有鉴于孙宝琦、李盛铎两人有同日本协商成立日中实业协会的先河，此时的涩泽等人便主动再次与此二人接洽，希望成立一个由两国共同组织的经济团体来改善两国实业界关系。1915 年 7 月，涩泽荣一委托高木陆郎向孙宝琦和李盛铎二人各带去一封信，希望两国实业家能够联合成立中日实业协会。两信内容基本相同，谓："虽贵我实业之关系近年渐次接近，然物情消长，气运通塞，于数不可免，其间不保无复忧患矣。今日当贵我实业渐次接近之时，不可不完提携发展之长策，以计其基础之巩固。其法设立中日实业协会，举贵我绅商数名为会员，协议事业发展上事宜。如此，则一可以交通意思，一可以取舍利害。"⑥ 孙、李二人也积极响应，声称："惟中日为唇齿之邦，实业上之关系尤为密接。近年虽渐次接近，要在两国明达之绅商，以诚实恳挚之意思交通而提携之，庶于两国实

① 段云章：《孙文与日本史事编年》，第 398 ~ 399 页。
② 李廷江：《日本财界与辛亥革命》，第 290 页。
③ 虞和平：《吴锦堂与日支实业协会》，载宁波市政协文史委编《吴锦堂研究》，中国文史出版社，2005，第 146 页。
④ 营口市地方志编纂委员会办公室编《营口市志》第 1 卷，中国书籍出版社，1992，第 80 页。
⑤ 张蓬舟主编《中日关系五十年大事记（1932—1982）》第 1 卷（1932—1937），文化艺术出版社，2006，第 96 页。
⑥ 《涩泽荣一传记资料》第五十五卷，第 141 页。

业基础巩固发展可期。"① 接到二人的回复后，涩泽即对该协会的一些基本
构想谈了自己的看法。在会员资格方面，他的意思是："日本方面，愿限于
纯粹实业家充之，务须不糅官界或政派之缙绅；至于贵国方面，因情形自
殊，应推举与实业缘由最深之官绅，以暨著名实业家，是不可当。"② 他之
所以希望日本方面不要夹杂与政治有关的会员，大概也是不满于日本政界
乃至军界糟糕的对华外交政策，希望借助于一个纯粹的民间机关而实行他
的"实业家外交"。另外，他希望中国的会员能够是与实业关系密切的官绅
以及一些有名实业家，也是基于中国官商密不可分的实际。应该说，这样
的要求同时也显示出他并不愿意受到太多来自中国政治的干扰，这大概也
是他从中日实业公司一事中吸取的教训。后来在成立日华实业协会之时，
也可以看到一些类似的要求。除此之外，他还希望会员的人数"不庸饶
多"，"务须慎重选举专诚热心而有力者为要"，而关于协会的筹备事项，则
是"应由贵我两方面各自举定少数人士，嘱为委员，令其切实办理筹备事
宜。俟有头绪方发表之，似乎妥当"。③ 虽然涩泽对此有明确的安排和要求，
中国方面似乎也比较积极，但是不知何故，此次交涉并没有继续下去。不
过，它也成为1920年日华实业协会成立的先声。

众所周知，由于巴黎和会上日本提出霸占山东权益等无理要求，以及
中国外交交涉的失利，中国国内爆发了轰轰烈烈的五四运动，与此相伴的
大规模抵制日货运动使日商损失惨重。而这就是日华实业协会成立的直接
原因。围绕着抵日一事，日本国内虽然也有主张采取强硬措施的声音，然
而日本的实业家却很清楚，如果采取高压手段，将会使自身的损失更加巨
大，就像日人所编的《对华回忆录》所说的那样："日本的实业家，向来就
为中国一再发生的抵制日货运动所苦，其中有志之士，在这时候，更迫切
感到有讲求某种根本对策的必要。"④ 为此，1920年1月，日本全国八大商
业会议所以及与中国有关的银行、实业家等，组成中国恳谈会代表者协议
会，在东京商业会议所商讨对策。自1920年2月15日起，由上述恳谈会的
代表、10个商业会议所的代表，以及在华各商业会议所与实业团体的代表

① 《渋沢栄一伝記資料》第五十五卷，第142页。
② 《渋沢栄一伝記資料》第五十五卷，第142～143页。
③ 《渋沢栄一伝記資料》第五十五卷，第143页。
④ 东亚同文会编，胡锡年译《对华回忆录》，商务印书馆，1959，第479页。

等举行了联席会议。① 另据《中外商业新报》所载，根据全国商业会议所联合大会的决议，日货排斥问题根本解决实行委员会经过协商后认为："作为日本国是之门户开放、机会均等和领土保全，与吾人历来之主张相一致，而确保远东之和平亦即维持世界和平之所由。然而，最近日华两国关系动辄产生疏隔、发生误解，至为遗憾，毕竟是因两国间缺少了解。一扫此双方之误解、贯彻共存共益之主旨、增进两国国民之利益，以及密切两国经济之联系，乃目前之最大急务。"为此，会议决定采取如下几项措施："第一，本邦商业会议所要谋求与支那各地商务总会之联络；第二，本邦商业会议所与在支日本人商业会议所及实业协会等取得联系，至少每年协议一次；第三，奖励各种事业经营上之提携；第四，尽快组织成立日支协会。"②而为了使这个网罗了日本全国实业家的协会得以成立，会议还表决通过了《日支协会规约》，对该会的名称（日支协会）、设立地点（东京）、人员构成、会费缴纳等事项做了明确规定。③ 这里的"日支协会"即是日华实业协会的前身，它在后来酝酿成立的过程中被改称为"日华实业协会"。

1920 年 3 月 25 日，围绕日华实业协会的设立事宜，日本实业界在东京商业会议所召开了发起人准备协议会。在出席的会议人员中，东京方面除东京商业会议所副会长杉原荣三郎之外，还有三井、三菱、古河、大仓、高田、森村、村井等财团以及其他对华贸易会社的代表 50 名，大阪方面则有藤田、住友、久原、片冈、菊池等 50 人，京都方面有 10 人，神户方面包括武藤山治、川崎芳太郎、松方幸次郎等 15 人，横滨方面有原富太郎、大谷嘉兵卫、阿部幸兵卫等 10 名，函馆也有 10 人参加，到会者共计达 160人，再加上未到会人员，发起人总数多达 250 余名。这可以说是网罗了几乎所有与中国有经济关系的日本财界团体。会议决定于 4 月 10 日至 15 日召开发起人总会，继而再决定创立总会的召开事宜，并初步定下了会长、副会长及干事人选。④

最终，日华实业协会创立总会于同年 6 月 18 日在东京帝国饭店召开，出席者 40 人。会议由东京商业会议所会长藤山雷太主持，在杉原荣三郎报

① 东亚同文会编，胡锡年译《对华回忆录》，第 479 页。
② 《涩沢荣一伝记资料》第五十五卷，第 150 页。
③ 《涩沢荣一伝记资料》第五十五卷，第 150 ~ 151 页。
④ 《涩沢荣一伝记资料》第五十五卷，第 166 页。

告了协会的设立动机及筹备过程之后，经藤田提名，大会决定该协会人事安排如下。会长：涩泽荣一；副会长：藤田平太郎、和田丰治；名誉顾问：三井八郎右卫门、岩崎小弥太、大仓喜八郎、近藤廉平、古河虎之助、井上准之助等人；干事：伊东米次郎（日本邮船）、伊藤忠兵卫（伊藤忠商事）、荻野元太郎（日清汽船）、门野重九郎（东亚兴业）、中川小十郎（台湾银行）、喜多又藏（日本棉花）、铃木岛吉（横滨正金银行）、土佐孝太郎（日清汽船）、藤濑政次郎（三井物产）、杉原荣三郎（东京商业会议所副会长）、奥村政雄（三菱合资）、田村新吉（神户商业会议所会长）、今西林三郎（北浜银行）、白岩龙平（日清汽船）等人，后又增加了仓知铁吉（中日实业）、儿玉谦次（横滨正金银行）、船津辰一郎（在华纺绩同业会理事）、米里纹吉（上海日本商业会议所会长）、森弁治郎（日清汽船）、角田隆郎（东洋拓殖）、安川雄之助（三井物产）、森广藏（台湾银行）、野中清（朝鲜银行）、白仁武（日本邮船）、入江海平（满铁）、渡边铁藏（日本商工会议所理事）、三宅川百太郎（三菱商事）、武居绫藏（内外棉）、村田省藏（大阪商船）、深尾隆太郎（日清汽船）等人。此外，还包括评议员47名（名单从略）等。① 这些评议员和干事主要由来自商业会议所和恳话会的人员，而单从这些名誉顾问的身份也能够看出，这是一个由日本商界重要人士构成和主导的对华经济团体，如三井八郎右卫门代表三井财阀、岩崎小弥太来自三菱、大仓喜八郎是大仓财阀的创立者、近藤廉平是日本邮船会社社长、古河虎之助和井上准之助则分别是古河财阀的首脑和日本银行总裁等。

　　藤山雷太在会上就协会的特征和使命指出：“日中友好知易行难。盖（日华实业协会由）全国实业家有感日中友好之必要而设立，与普通协会不同，亲善之效果不能直接得到实现，只有到将来始可显现，需要有不屈不挠精神之觉悟与决心。且对于日中友好，美国等诸外国之有识之士，不少误认为日中友好即是日本干涉中国内政，获取利权。阐明此误解，并向中外宣示两国亲善之真正意义，乃协会首先应着手之事。”② 该协会的宗旨，

---

① 《涩泽荣一伝记资料》第五十五卷，第 166、167 页；中村義：《日中経済提携への模索》，载涩泽研究会编《公益の追求者・涩泽荣一》，第 140 页。
② 《涩泽荣一伝记资料》第五十五卷，第 167 页。

就如《日华实业协会主意书》中所说的那样："日华共存，应置其基础于经济提携之中为其第一要义，固无异议。然而今年以来，致使两国国民互相反目排挤者，两国为政当局应食其咎者固多，然而两国国民之责任，亦决不轻。何况吾等在中日两国之间，从事实业之人，为其直接利害之感受者，其责任亦更觉重大。当今大战以后，以中国为舞台之战后和平竞争，正在最最剧烈展开之日，使为政者方针不误，消除过去政策中造成两国国民误解之原因，协力促成民间的必要措施，借以改善两国国交，增进相互福利，实为我人之急务。"① 此外，创立总会还议定了协会的 38 条会则（此会则在最后召开的第一回总会上又做了少许改动，这里且以改定版为准），其中就明确规定，协会"以谋求日华两国之亲善、增进相互经济之发展为目的"，本部设于东京，必要时在各地设立支部，而会员则"仅限于与日华经济有关系之会社、银行、商店及个人"，新加入的会员须"根据两名以上会员之介绍，经干事会全会一致之同意"。另外，会则还对人员的定额、遴选、任期、职权，以及会议的召开、会费的缴纳等做了规定。②

下面再回过头来考察一下涩泽荣一与日华实业协会的关系。之所以说上文中不了了之的中日实业协会是日华实业协会的先声，除了两者存在时间上的先后关系以及相似的成立背景之外，一个很重要的因素还在于在这两个协会中涩泽荣一都起到了重要的作用。在日华实业协会成立的过程中，涩泽荣一虽然没有亲自参加，却始终关注中日两国的关系和该协会的成立事宜。根据涩泽荣一日记的记载，在日华实业协会成立之前，他频频与各界人士交换关于中国事务以及日华关系的看法。如，1920 年 1 月 12 日，"十一时半抵达如水会，召开关于日支国交问题之协议会，大仓、仓知、山科、安川、江口诸氏到会，报告去年冬白岩氏支那地方旅行中斡旋之经过，且对于将来之处置交换种种之意见"；1 月 19 日，"上午十时，白岩龙平氏自东京来访，就最近围绕在如水会内议之日支交涉问题与牧野男爵之谈话以及三菱江口氏之回答要旨来报"；1 月 25 日，"上午 11 时半，到访近藤廉平家，协议支那问题，白岩龙平氏来会"；1 月 27 日，"下午六时于事务所晚餐，后与近藤廉平一同访原（敬）总理大臣，一起商谈关于支那国交之

---

① 东亚同文会编，胡锡年译《对华回忆录》，第 479～480 页。
② 《渋沢栄一伝記資料》第五十五卷，第 179、180 頁。

要件"。① 这里所谓的"日支交涉""支那国交"一方面是指中日之间关于山东问题的交涉以及日货被排斥问题，另一方面也含有如何加强两国亲善的意味。大概也是鉴于涩泽荣一对于日华问题的长期关注以及在对华态度上比较温和的倾向，再加上他本人在日本财界的重要地位，日华实业协会的筹备人员才将其视为会长的不二人选。据白岩龙平所言，由于日华实业协会是网罗了东京、大阪等地实业家中的重要人物而成立，为了有效囊括全国各商业会议所会长及各团体首脑，会长非涩泽莫属。因此，白岩与协会的其他发起人进行多方讨论并达成一致之后，才与杉原荣三郎、伊东米次郎二人一同至涩泽处征求涩泽的意见。此时的涩泽虽然早已退出实业界，且年迈高龄，其同族会也无意允其出面，但由于白岩等人的诚挚恳求，以及其本人对于日华关系的关心，还是毅然答应担当会长一职。② 关于他答应担任的具体日期，据涩泽的日记显示，在 1920 年 3 月 13 日时，杉原荣三郎、伊东米次郎、白岩龙平等人推举他为设立中的日华实业协会会长。而 3 月 19 日的《中外商业新报》也很快报道了他被推举为会长的消息。③ 其实，正如上文提到的那样，为巩固日华国交，他愿意竭尽全力。涩泽正是抱着这样的态度才出任会长一职的。涩泽后来在回顾此事时曾经谈到，在被推为会长之际，他曾附加了一个要求，那就是"希望从根本上改革日支人交际的心理，否则无论成立什么样的组织都几乎不会收到任何效果。至少日华实业协会的会员要除去历来如是之偏见，如果实行困难，自己希望辞去会长之职"。④ 据其所言，在提出这项要求之后，经过协商，会员们对此表示谅解，同时也没有其他更好的人选，且该组织与政治无关，纯属实业上的联谊机关，带有政治色彩的人也不适合参加，故而最终才出任会长一职。⑤

涩泽在出任会长后不久，就在协会的第一回总会上主持通过了一项旨在规避军事色彩浓厚的对华政策的决议，要求日本政府撤退山东铁路的守备队，将该铁路改为中日民间合办，汉口驻屯军因有招致中国官民及列国

---

① 《涩泽荣一伝记资料》第五十五卷，第 149 页。
② 《涩泽荣一伝记资料》第五十五卷，第 170 页。
③ 《涩泽荣一伝记资料》第五十五卷，第 151 页。
④ 《涩泽荣一伝记资料》别卷第七，谈话三，第 429 页。
⑤ 《涩泽荣一伝记资料》别卷第七，谈话三，第 429 页。

之疑惑及反感的危险而应该撤退等。① 这项决定后来以建言书的形式提交至日本政府，作为财界的意见以供参考。在后来的一段时期内，围绕着抵制日货、动荡的中国局势、关税谈判、人员交流等问题，涩泽荣一和其领导下的日华实业协会做了大量的工作。而对于涩泽此后的表现，正如白岩龙平所说的那样，自从担任会长之后，除生病之外，他几乎出席了日华实业协会所有的会议，而且还不辞辛劳地与当局者进行沟通，当中国有"有志家、实业家团体"赴日之时，也会以赤诚之心诚恳接待。② 下面先探讨一下涩泽荣一以日华实业协会会长为平台与若干中国人士进行的交往活动。

三 涩泽荣一与中国人士的交往

日华实业协会一方面是就中日双方之间的抵制日货、关税等问题通过种种形式表达日本财界的意见，另一方面也极力通过资助创办学校、赈济中国灾害、加强与中国政商界人士的交往等方式以求增进双方的了解和增加互信，这在某种程度上就是在践行涩泽的所谓以"敬爱"和"忠恕"之道对华交往的思想。在这个过程中，身为日华实业协会会长的涩泽荣一也有着积极的参与。在与中国的个人交往方面，涩泽利用其会长的身份以及在日本财界的地位，充分发挥他善于交际、精于沟通的能力，与中国政界和商界的众多重要人物或团体都有往来。这种往来不单单是个人意义上的交往，也与日华实业协会的设立宗旨相一致。在不少情况下，我们往往还可以从交往当中看出日本缓解中国的抵日情绪、扫除对华扩张障碍的欲图。

（一）与孙中山、蒋介石的联络

追溯起来，涩泽荣一与孙中山早在 1912 年谋划设立中国中央银行一事时就有了间接的联系，而孙中山 1913 年的赴日之行则是二人正式接触的开始。围绕着成立中国兴业公司之事，他们有过数次的当面讨论和书信往来。这一点前文已有论述。此后，由于孙退出了该合办公司，专注于国内政治事务，与涩泽的联络也基本中断。直到 1924 年时，我们才又见到二人的

---

① 《渋沢栄一伝記資料》第五十五卷，第178頁。
② 《渋沢栄一伝記資料》第五十五卷，第170頁。

来往。

1924 年 9 月，孙中山致信涩泽荣一，希望他为前往日本的李烈钧提供必要的便利。信中称："世界潮流已为民气所激荡，有一日千里之势。吾人内观国情，外察大局，惟本互助之主义、奋斗之精神，以顺应趋势，积极进行。迹其所至，岂惟两国人民蒙其幸福而已。执事领袖名流，高掌远跖，知有同情。吾国方从事于讨贼，文已率师北伐，以答国人望治之殷。特派李参谋部长代表东渡，奉侯左右，兼致鄙怀，讦谟所及，并望随时接洽，不胜驰情。"[①] 孙中山此时所抱持的大亚洲主义思想乃是各国之间基于平等基础上的交往和团结，他派李烈钧赴日也是让其宣扬这一思想，并争取得到日本的理解和帮助，希望日本至少不要援助北方军阀而阻碍中国的统一大业。这从孙致涩泽的信中也可以看出一二。涩泽后来在回信中称，他在见到李烈钧之后，还特意召集了东京的一些实业家与其共同进餐，李也借机宣扬孙中山的思想。之后，涩泽还与李烈钧专门进行会晤。[②] 李烈钧在涩泽那里并没有受到冷遇，他在回到上海之后还特意致信涩泽表达谢意。然而，就李烈钧的总体行程而言，他并没有取得预期的效果。除涩泽以外，他在日本期间还见到了日本加藤首相、众议院粕谷议长、高桥农相、上原元帅、田中及福田两大将，以及政友会总裁床次、头山满等人。但是日本对于李烈钧的说辞基本采取敷衍态度，以至李在国内准备好的意见，"日本方面却连十分之一的转达机会也没有给他"。李在事后也失望地说，日本"官民没有给予充分说明的机会，遗憾之极"，而与日本政府和军部的谈判"只是得到一些无研究、欠熟考的回答，无任何实质性的内容"。[③] 日本方面之所以显得冷漠，主要是由于李所宣扬的有关孙中山废除不平等条约的主张触犯了日本的在华利益。事实上，当孙中山北上途中欲图访问日本时，日本方面大体上也是采取了这种态度，拒绝孙中山前往东京，只准其在神户停留并提供必要的方便。日本官方这样的态度不仅使孙中山的访日活动局限在神户一隅，也制约了孙中山与日本旧友及朝野各方的广泛沟通。他原本寄予厚望的犬养毅对其避而不见，希望"枉驾一谈"的日本政界要人

---

① 《渋沢栄一伝記資料》第三十八卷，第 578~579 頁。
② 《渋沢栄一伝記資料》第三十八卷，第 579 頁。
③ 李吉奎：《孙中山与日本》，广东人民出版社，1996，第 299 页。

田中义一也退避三舍。① 那么，对于孙中山的邀请，涩泽荣一又是一种什么样的态度？

孙中山 1924 年 11 月 20 日致电涩泽荣一称："契阔多年，恒怀雅度。远闻高节，至慰私衷。特布极拳，曷禁神往。"② 表达了期待二人会面的愿望。涩泽遂于 22 日致电第一银行神户支店长大泽佳郎，要其在孙中山自神户登岸时带话给孙称："已拜读来自上海之贵电，深谢厚意。不与会面即于情意不通。遥察在国家多事之际所费之苦心关怀，深表同情，切望自爱。若来京而得时隔许久之面会之机，幸甚。"③ 依此来看，涩泽大概还不知道孙中山日本之行的确切行程，以为他会去到东京而准备在那里与其见面。但在同月 23 日，孙又致电涩泽曰："此次为收拾敝国时局，前往北京，将乘二十二日启航之'上海丸'取道贵国，愿与诸贤恳谈东亚之大局，阁下如能光临神户，幸甚。并望向朝野贤达广为传布。"④ 孙在电文中明确表达了欲让涩泽亲赴神户与之一谈的意思，这也在暗示他将不再前往东京，希望能够在神户接触到日本的实业界人士。对于孙的邀请，涩泽回复说自己正在与其他人商量。⑤ 24 日下午，孙中山抵达神户港，大泽佳郎也在第一时间见到了孙，并向其转达了涩泽的问候，随即又向涩泽报告了孙中山不到东京的消息。大概是在 24 日下午或 25 日上午，涩泽再次致电大泽，让其向孙转达称，自己卧病在床，而其他实业界人士也都不方便前往神户，还望谅解。⑥ 同时，他又派日华实业协会理事角田隆郎携其信函至神户面见孙中山。涩泽在这封名为《欢迎孙文氏大要》的信中称：

> 阔别以来，时在报章上得悉阁下为国事奔劳，不辞辛苦，鞠躬尽瘁，感佩万分。阁下此次来游，邀请神户一谈，以贱体为病疾所缠，不能前往，至为抱歉；所嘱之事，已与诸同志磋商，均以事忙，不能前往神户，甚感可惜。兹派友人角田君前来致意，请多关注。我于数年

① 茅家琦等：《孙中山评传》，南京大学出版社，2001，第 840 页。
② 广东省社会科学院编《孙中山全集》第 11 卷，中华书局，1986，第 351 页。
③ 《涩沢栄一伝記資料》第三十八卷，第 581 页。
④ 广东省社会科学院编《孙中山全集》第 11 卷，第 371、372 页。
⑤ 《涩沢栄一伝記資料》第三十八卷，第 581、582 页。
⑥ 《涩沢栄一伝記資料》第三十八卷，第 582 页。

前摆脱政界及实业界关系，对于现状之观察，甚为迂远。今晨捧读《中外商业新报》所载阁下宣言，颇合我意，如能当面一谈，岂不更加有趣？

角田君所尽力之日华实业协会，由与贵国实业有关之人所组成，我被推为该会会长，故对贵国之近况甚关心。自前年至去年，贵国学生及工商界所掀起之排斥日货运动，深感不妥，本会亦曾提出抗议，幸而最近这种运动已沉静下去，实为可喜之事。然而两国之邦交，不管从政治上或经济上而言，总之，痛感未能达到成熟圆满阶段。关于此一问题，不应互相责难，应各自反省，以巩固两国之友情，此实所至望也。

我从来力倡"道德经济合一"论。今虽脱身经济界，但致力于道德之心未敢稍懈。关于此点，可由角田君处得知一二。

阁下不日抵北京，与段张诸氏会谈时，务期国交圆滑，与其从大处着眼，不如从小事入手。由一家而至一村，由一村而至一郡，由一郡而至一国，更扩而至全世界。即是所谓由小至大也。此为事物之妙谛，"道德经济合一"论之基础亦在此。故希望讨论国家大问题时，不可忽视些微小事。

又，以前与阁下所组之中日实业公司，其后无任何进展，愿今后与贵国继续努力。最后，衷心祝福阁下身体健康，事业顺利。①

从信中可以见出，涩泽未能亲赴神户面见孙中山的原因在于他身体欠佳，但值得注意的是，东京实业界的"诸同志"也"均以事忙"而不见孙中山，这与日本政府对孙的访日之行采取冷处理的态度却是基本一致的。另外，该信中还提到了日本向来比较关心的排斥日货一事，涩泽主张"巩固两国之友情"，无非也是希望孙中山能够考虑到这一点而努力减少中国人对日本人的抵触情绪。

涩泽没能亲往神户，但从他与孙中山的电文往来以及派人前往接洽来看，也不失礼节。孙中山在离开神户之际，曾致电涩泽对其病情表示慰问，

---

① 李吉奎：《孙中山与日本》，第593、594页。日文原文详见《涩泽荣一伝記資料》第三十八卷，第583页。这里暂且参照彭泽周先生的翻译，详见彭泽周《近代中国之革命与日本》，第307～308页。

并希望他能够在两国经济合作方面继续发挥作用。① 涩泽随后也复电称自己渐次康复，希望孙中山也关心将来两国的共同亲善。② 在孙中山于北京病重期间，涩泽还特意致电表达慰问之情，而孙逝世之后，他也托人前往吊唁并献上花圈。

涩泽与孙中山的交往随着孙的逝世而结束，但是这种交情却以某种形式得到了延续。无论是对于涩泽还是中国的其他一些政治人物而言，它都是双方接触和交流的一项重要资本。例如蒋介石于 1927 年访日之际，就以孙中山的衣钵继承者自居，借以同涩泽等财界人物接触，涩泽也以孙中山的这层关系为基础，先后与蒋介石举行了两次会谈。对于涩泽与蒋介石之间的这种接触，有学者曾有过探讨。③ 在这里，本书再结合蒋介石的访日动机，在考察了涩泽与孙的交往的基础上，对双方的交往及其背后的主旨再做一番梳理。

1927 年 9 月下旬，蒋介石利用国民党各派互相厮杀、争吵不休的机会，决定去日本一游。他前往日本的目的，一是试图说服宋老夫人而与宋美龄结婚，二是设法使日本不再支持张作霖，扫除北伐的障碍。其实，为了达成后一目的，蒋介石在 1927 年 1 月底时就同日本人有过接触。他曾在庐山向日本人小室敬二郎说道：“如果日本正确评价我们的主义和主张，我很乐意和日本握手言欢。不过日本至今一直支持北方派系，我们……很难理解日本的真实意图。”④ 在币原外交之后，日本当时所采取的对华政策已经趋向强硬，其在反共方面与蒋介石存在着一致性，但却不希望国民革命军继续北伐，而是试图使张作霖与南方达成和解，从而保存日本自身在中国东北的特殊利益。如田中在 5 月 20 日就曾指示日本驻华公使芳泽和上海总领事矢田，如果蒋介石方面继续镇压共产党和稳定内部，日本政府将予以“道义上的支持”，并帮助其达到政治目的。相应地，如果他们对武汉政府作战，应避免北方干涉。如果张作霖和蒋介石希望达成妥协，（日本）应该鼓励这种行动。⑤ 蒋介石也认识到这个问题，他曾在日记中指出日本对华政

---

① 《渋沢栄一伝記資料》第三十八卷，第 584 页。
② 《渋沢栄一伝記資料》第三十八卷，第 585 页。
③ 中村義：《日中経済提携への模索》，载渋沢研究会編《公益の追求者·渋沢栄一》，第 140 页。
④ 郭曦晓：《评蒋介石 1927 年秋访日》，《近代史研究》1989 年第 4 期。
⑤ 郭曦晓：《评蒋介石 1927 年秋访日》，《近代史研究》1989 年第 4 期。

策的三点错误之处："（一）以为中国革命功成，其东亚地位动摇。（二）利用中国南北分裂，从中操纵。（三）利用无知军阀，压制民众。"① 也正因如此，相对于赴日与宋美龄结婚，促使日本放弃支援张作霖似乎更是他日本之行的主因。1927 年 9 月 29 日，以"个人身份"访日的蒋介石抵达长崎，并发表谈话称："余此次来日，乃欲视察及研究十三年来进步足以惊人之日本，以定未来之计划。且余之友人居日者甚多，欲乘此机会重温旧好，并愿借此与日本名流相晋接。此外并无何等之目的。"② 蒋介石有意使其日本之行显得低调，但言外之意，他也愿意借机与日本各界人士沟通联络。抵达东京时，蒋介石发表《告日本国民书》，明确宣告他的访日目的是要求日本抛弃以张作霖为首的北方军阀并转而支持自己："吾人今后努力亲善之工作，首当扫除国民间以前之污秽与恶感，以及亲善障碍之军阀，并切望日本七千万同文同种之民族，对于我中国革命运动彻底了解，而予以道德及精神上之援助。"③ 一面是"并愿借此与日本名流相晋接"，一面又是"扫除国民间以前之污秽与恶感，以及亲善障碍之军阀"，这就构成了他与涩泽会面的两大背景。

就涩泽方面而言，接待这样一名虽然一时下野但却未可小觑的中国新兴的权势人物，也是很好的一次拉近中日双方距离及探听对方虚实的机会。最终，在张群等人的沟通之下，双方的会见水到渠成。

1927 年 10 月 26 日，在张群的陪同下，蒋介石到访涩泽的飞鸟山宅邸，与其进行了一个多小时的会谈。谈话人除涩泽、蒋介石之外，还包括白岩龙平，张群任翻译。随后的 11 月 4 日，涩泽荣一以及添田寿一、白岩龙平、儿玉谦次等日华实业协会的人员又与蒋介石和张群在东京银行俱乐部举行了第二次会谈。在这两次会谈中，涩泽的形象，就像白岩龙平向蒋介石所介绍的那样，"涩泽子爵与孙大人（孙中山，笔者注）关系密切，以经济道理合一为信条，尽力于日支之经济者颇多。所以就如同头山翁（头山满，笔者注）或犬养先生（犬养毅，笔者注）在政治上抱有同情一样，涩泽子爵对于支那的经济发展也深表关心"。④ 此时的涩泽被塑造成一位与孙中山

---

① 张秀章编著《蒋介石日记揭秘》（下），团结出版社，2007，第 76 页。
② 郭曦晓：《评蒋介石 1927 年秋访日》，《近代史研究》1989 年第 4 期。
③ 郭曦晓：《评蒋介石 1927 年秋访日》，《近代史研究》1989 年第 4 期。
④ 《渋沢栄一伝記資料》第三十九卷，第 27 頁。

有着很深交情、持有"道德经济合一"论并关心中国经济发展的财界元老。在第一次谈话中，涩泽荣一在比较谦逊地简要介绍了自己之后，也向蒋回顾了自己与孙的交往。蒋介石表示，业已了解涩泽不仅为日本也为中国的经济而尽力，而中国的经济发展不仅是中国的利益，也涉及日本的利益，希望涩泽能够给予指导和帮助。① 涩泽则以"孤掌难鸣"为喻回应道，日本虽然较为先进，但天惠不多，而中国却国土广阔且天惠丰富，若与日本相亲相助则可实现共存共荣的理想，而单凭一方则一事无成。② 可以说，在两国的经济合作方面，双方基本上没有分歧。当涩泽发现蒋介石并不排斥两国的经济合作时，显得颇为高兴。他向蒋说道："说起来有些失礼，我是从报纸上了解蒋先生的，以为无非就是武夫，并不注意经济事务，进而也不知道国家的繁荣、真正的和平在于经济。刚才的讲话跟我的想象完全相反，真是非常高兴。"③ 双方不仅在两国的经济合作上意见比较一致，在中国的统一特别是经济的统一上，也基本持同样的态度。涩泽在第二次会谈中曾以日本明治维新的经验向蒋介石说明，经济和政治是不能分开的，否则国家将陷于分裂。他继而谈道："贵国天然产物富足，也有一定的国力，然而国内陷于分裂，政治上的没有统一的同时，经济上也缺乏统一，财政的基础几乎没有。……中国天惠丰富、资源肥沃，国民勤奋努力，具有智识，所以就想统一国内之经济，增进国民之福利。这样就不会出现群雄割据的局面。"④ 蒋介石对此也颇有同感。

不过需要看到的是，这种共识是建立在不同的动机之上的。蒋介石希望日本专注于对华经济事业而放弃对中国政治（尤其是北伐）的干预，涩泽却是基于向来秉承的对华经济扩张理念以及缓和中国对日本的抵触思想的考虑。这种差异很快在他们随后的谈话中表现出来。涩泽在与蒋介石第一次见面时就委婉表达了欲图修复两国关系的希望。他曾借自己所一贯倡导的"《论语》算盘主义"说道："在《论语》中，子贡问以'有一言而可以终身行之者乎？'对此，孔子回答以'其恕乎'，仰赖于'己所不欲，勿施于人'。然而无论是贵国的青年还是日本的青年，今日却有将不欲之处施

① 《渋沢栄一伝記資料》第三十九卷，第 28 頁。
② 《渋沢栄一伝記資料》第三十九卷，第 28 頁。
③ 《渋沢栄一伝記資料》第三十九卷，第 29 頁。
④ 《渋沢栄一伝記資料》第三十九卷，第 31 頁。

之于人之风气。这些虽然只是一些小事，但却破坏了日支两国的和平。殷切希望像蒋先生这样有地位的人，能够给予青年以指导，以使其不受误导。对于日本的青年，我们也会充分注意。"① 而在与蒋的第二次会谈中，涩泽更是明确提出了中国的反日问题："……然而最近出现这样一种风气，所谓新的坏学问或坏思想在两国间传染，贵国排斥日货，日本有妨碍贵国之事。两者原本必定亲善，遗憾的是事实上却没有如此。"针对涩泽所提到的排日问题，蒋介石的回应是，中国的国民不了解日本及世界情况，不知道中日两国之间存在的利害关系。不过对于中国人排斥日货的原因，他更加强调的是日本政府的责任，"由于日本政府援助中国之军阀，这种趋势得以强化，则国民因对军阀抱有反感，为了中止这种援助之事，采取有关之行动，所以也把日本的实业家想象成和日本政府一样地援助军阀，或有种种之野心，才会有日货排斥之事。另外，由于是认为若排斥日货的话自然就不会援助军阀，所以实际上并非日本不好，而是北方的军阀不好"。由于涩泽随后因故离席，后来也没有继续这一对话，我们无从直接了解他将如何回应，但日方的陪同人员添田寿一和白岩龙平的补充则可以提供一些暗示。添田也承认日本政府在对华问题的处理上存在欠妥之处，认为日本的舆论不单单包括政府，毋宁说是政府的想法与全体国民的思想是不一致的，而涩泽就是"日本国民的真正的代表者，且其本人对于政治也是超越政党而专注于日美问题和日支关系"。白岩也进一步说道："日本政府的方针不仅是常常不固定，且在内阁更替之时其政策也会变化。虽然有这样一种风气，但国民的意见是不会变化的，这样的意见也即是涩泽子爵的意见。"② 也就是说，日本实行了错误的对华政策，但日本国民并不愿意这样，而涩泽荣一则恰好代表了日本国民的意见。观上述涩泽的对华交往思想，似乎也恰好是与日本咄咄逼人的对华政策相左。

遗憾的是，尽管蒋介石与涩泽以及其他一些财界人物的沟通大体顺利，但他与首相田中义一的对话虽然在反共问题上没有异议，却没有就最为重要的北伐问题达成一致。蒋介石明确向田中提出要继续进行北伐以建立全国性政权和完成中国的统一。然而令人失望的是，田中却要他固守江南，

---

① 《涩沢荣一伝记资料》第三十九卷，第29页。
② 《涩沢荣一伝记资料》第三十九卷，第32页。

应以"整顿江南为当务之急"，缓期北伐。他对蒋说："您不必过分急于北伐，首先在于巩固自己的地盘"，"日本对此将给予最大限度的援助"。① 蒋对此显然不满，他在会谈之后于日记中如是写道："综合今日与田中谈话之结果，可断言其毫无诚意，中日亦决无合作之可能，且知其必不许我革命成功。而其后必将妨碍我革命北伐之行动，以阻止中国之统一，更灼然可见矣！"②

中日关系在以后的几十年中如众所周知的那样不断恶化，最终双方兵戈相见。不过在日本逐渐强化对华侵略的同时，涩泽与蒋介石的这层关系却得到了延续。就在"九一八"事变爆发前的1931年3月，也就是涩泽弥留之际，他还曾为日本人古仁所丰的访华而向蒋介石写了一封介绍信，信中也有中日友好及经济提携等语。③ 而在抗日战争全面爆发前夕的1937年3月，"后涩泽时代"的日华实业协会会长儿玉谦次和朝鲜银行总裁加藤敬三郎、三菱商事会董事长三宅川百太郎、日清纺绩会社社长宫岛情次郎等人组成日本经济考察团访问中国。访华期间，他们也受到了蒋介石的接见。蒋在对他们的讲话中就提及了涩泽荣一。原话如下。

> 还记得兄弟在民国十七年旅居日本时，曾见了日本实业界泰斗涩泽子爵，子爵亲自送给我自己特别校印的一部《论语》，特别提出"己所不欲，勿施于人"的两句话，说他生平最服膺这句格言，并且时常提示给日本的青年，认为这是我们东方精神的特点。同时很亲切地告诉兄弟，希望以努力发扬东方文化相共勉。可惜涩泽子爵今日已经去世了，但他的话，使我留着很深的感谢与回忆，直到如今，都不能忘却。今天见到各位实业界先辈，正如见到涩泽子爵一样，所以又把旧话重提了一次，现在请大家起立对涩泽子爵致敬（宾主全体起立，默念一分钟），今天招待各位，一切都很简单，形式上没有表示到隆重的礼仪，而且也没有很多的意思向各位贡献，只是本于同为东方人的亲爱的感情，对于各位德望甚高的邻邦的实业界先辈，奉赠很

---

① 郭曦晓：《评蒋介石1927年秋访日》，《近代史研究》1989年第4期。
② 张秀章编著《蒋介石日记揭秘》（下），第79页。
③ 书信全文详见《渋沢荣一伝记资料》第三十九卷，第35页。

简单的一句话就是"仁亲以为实"。这一句话，想必各位早已洞澈其意义。盖唯有仁与亲，才是人类维系感情与推动文明进步的原动力，在我们东方民族，尤其是重要，希望中日两国经济实业界，以及两国国民，大家都在亲仁善邻这一点上共同努力，敬祝儿玉会长和各位的健康！①

蒋介石向日本代表团的讲话，正是以同为日本人的涩泽荣一的话来反过来告诫日本人。蒋致辞之后，儿玉也回应表示："本人对于蒋院长所说之意义，十分同感，我人虽不敢比涩泽先生，但今后当秉承涩泽先生之遗志，继续努力，以期两国关系之明朗化。蒋院长于百忙之中，特惠临赐教，并赏我人以茶点，本人谨代表此行同人，向蒋院长敬表谢意。"② 然而日本代表团表面上虽如是说，实际上却并非完全如此。据一份中国情报透露："日本考察团谓：中国对既成事实之认识，不足以解决华北问题，作调整一切国交的前提，日除使用武力外，无他途。该团将建议军部强化华北工作。"③ 涩泽希望中国不要再抵制日货的同时，也要求日本不要推行赤裸裸的政治和军事侵略。然而他的这种期望随着中日关系的不断紧张乃至日本侵华战争的全面爆发而落空。不过无论如何，相对于逐渐恶化的两国关系，他与孙中山和蒋介石的交往在这一时期的中日关系史上却还是显得比较正面和难得的。

（二） 与虞洽卿的交锋

1937 年日本经济考察团访华之时，上海商界的领袖人物虞洽卿曾经对考察团说过这样一番话："中日两国为兄弟之邦，自有历史地理可资依据。共存共荣为千古不易之理论。我国古谚有言'唇亡则齿寒'，所以两国决不能有不相融洽之事存在其间。我国素以道德礼义为处世之本，贵国亦如此，是以鄙见欲谋两国之融洽，并非难事。又忆贵国实业界前辈涩泽子爵，鄙人曾数度订交，弥留时，尚蒙将自己特别校印的一部《论语》相寄，以作

---

① 国讯社编《视仁录》，国讯社，1937，第 43 页。
② 国讯社编《视仁录》，国讯社，第 19 页。
③ "教育部"主编《中华民国建国史》第 4 篇《抗战建国》2，编译馆，1990，第 205 ~ 206 页。

纪念，鄙人至今未能相忘。"① 他在这里主要想说的是，在当时中日关系已经十分紧张的情况下，仍向日方传递友爱之情，降低战争爆发的危险。而其提到的与涩泽"曾数度订交"，一个不得不提的往事就是 1926 年以虞洽卿为团长的中国赴日实业考察团的日本之行。正是在这次行程中，涩泽荣一与虞洽卿二人曾有过数次互动。② 本书拟在既有研究的基础上，参照当时的一些资料，分别从涩泽和虞洽卿两个视角对中日之间的这次接触进行考察。由于涩泽是以日华实业协会会长的身份接待虞洽卿一行的，在某种意义上，这次接触也是日华实业协会沟通两国经济关系的一次实践。

据有关资料显示，虞洽卿曾于 1906 年参加官方代表团赴日观操，并考察商务。在日期间，他也结识了明治维新的重要人物大隈重信、涩泽荣一以及旅日爱国侨商吴锦堂等人。③ 也就是说，涩泽与虞洽卿二人早在 1926 年之前就有过接触。中日之间也有过几次实业团体的交流互动。前文曾经提及，日本实业团曾于 1910 年赴华参加中国举办的南洋劝业会，而日本方面也在 1911 时积极邀请中国方面组成实业考察团赴日访问。这次邀请是由日本外务省官员与日本各大商业会议所共同商议决定的，涩泽本人也参加了讨论。④ 不过就在中国代表团准备出发之际，却因时局变故而未成行。此后，直至 1926 年，赴日实业考察团的日本之行才标志着中国实业家以团体访问的形式正式访问日本。所以可以说，无论是对于日本实业界还是对涩泽个人而言，接待虞洽卿一行在整个对华实业交往活动中都具有标志性意义。

1926 年 4 月，日本商业联合会和日本外务省先后致信虞洽卿，声称

---

① 国讯社编《视仁录》，国讯社，第 55～56 页。

② 其实，学术界已经出现了一些关于赴日实业考察团的专门研究，如顾莹惠的《中国实业代表团的赴日外交》（《民国春秋》1994 年第 3 期）、郭太风的《从商战到政治论争——中国实业代表团首次访日述评》（该文完成于 1990 年，载郭太风《迈向现代化的沉重步履——军政改革·商会变异·思潮激荡》，学林出版社，2004，第 118～132 页），另外，在有关虞洽卿的传记中，也多会提及他的 1926 年日本之行。

③ 虞洽卿在 1926 年访日时曾在东京称"鄙人三十三年前（即 1893 年，笔者注）曾到过贵国"，后来他又说三十年前赴日（详见郭太风、徐有威《虞洽卿》，载陈祖恩、王金海主编《海上十闻人》，上海人民出版社，1990，第 51 页）。也有文章称他曾在 1906 年去过日本考察，接触日本要人，这成为他一生发展的转机（详见童茂遐整理《三北虞洽卿》，载《慈禧文史资料》第 2 辑，政协慈溪市文史资料研究委员会，1988，第 50 页）。本文暂取后者。

④ 《渋沢栄一伝記資料》第四十卷，1961，第 496 页。

"为增进两国人民敦睦亲密之感情"，希望中国商界派代表赴日参加在大阪举行的电气博览会。不久之后，日本驻上海总领事矢田及商会会长田边也表达了邀请之意。日方邀请中国实业界访问日本的原因，其实从时间上就可以看出一二。1926 年正是五卅运动后不久。在那次运动中，因日本纱厂资本家枪杀中国工人的惨案引起了中国民众的严重不满，日本商品也被国人视为仇货，往往要经过改头换面才能在中国市场出售。同时，中国民族资产阶级也难以忍受日本经济侵略带来的压力，时常会不同程度地支持或参与抵制日货运动。不唯如此，中国国内日益高涨的反帝爱国运动也将矛头指向日本帝国主义，强烈要求废除中日间的不平等关系，尤其是"二十一条"。这种情形使得日本的对华经济扩张前景变得相当严峻。日方向中国实业界伸出橄榄枝，在很大程度上就是为拉拢中国商人，改变目前的状况，缓和两国关系。

接到日方的邀请后，虞洽卿认为这是一个"考察实业以资借鉴"以及提升中国实业家政治地位的好机会。身为全国商会联合会副会长、上海总商会会长的他，便承担了代表团的组织工作，电邀各地总商会派员参加。经过一个半月的准备，一个 58 人的参观代表团组成了。虞洽卿任代表团团长，秘书长为郭东泉，秘书邓岐冰、盛冠中、张振远，交际员郭外峰、袁履登、孙梅堂、谢继武、戴耕莘、李和聊、陈伯藩、邱端浩。[①] 代表团成员来自上海、奉天、北京、汉口、江西、柳江、蚌埠、芜湖、无锡等地区的电气、船运、纺织、机器、银行等 20 多个行业，皆为各业巨子，具有广泛的代表性。没有选派代表的各地商会也纷纷电呈原委，并承认访日团的权威性和代表性。在那样一个动荡的年代，能够组成这样一个跨行业、跨地域的代表团也确非易事。正如驻日公使汪荣宝所说的："纯由民间组织，且集合如此多数有力之实业家成一团体而来者，实以此次为创举。此为中日交通史国民交欢之第一幕。"[②]

代表团于 5 月 20 日乘"上海丸"离开上海，21 日抵达首站长崎，开始了访问行程，之后历经神户、大阪、京都、名古屋、东京等地，于 6 月 9 日起分批回国。对于中方代表团的准备工作以及行程和接待安排，在上海日

---

① 郭太风：《迈向现代化的沉重步履——军政改革·商会变异·思潮激荡》，第 120 页。
② 郭太风：《迈向现代化的沉重步履——军政改革·商会变异·思潮激荡》，第 121 页。

本商业会议所的居间斡旋之下，上海总商会还曾与日本商业会议所联合会等机构进行了密切沟通。而这些具体的联络情形，日华实业协会也详细告知了涩泽荣一。① 5 月 11 日，日华实业协会告知涩泽出席于 14 日举行的干事会议，讨论接待将于下月上旬到访日本的中国访日实业团之事。在 14 日的干事会上，出席者涩泽荣一、儿玉谦次、白岩龙平、仓知铁吉等人在论及实业团时，就决定于 6 月 5 日中午在涩泽的飞鸟山宅邸举行欢迎午餐会。② 5 月 21 日，协会再次致函涩泽，望其出席协会 24 日的干事会，讨论访问团的接待事宜，而涩泽也如期参加。22 日，涩泽以日华实业协会会长的名义与日华恳话会干事藤山雷太、森弁治郎一起向访问团发出了 6 月 5 日到飞鸟山赴宴的邀请。③ 6 月 5 日上午 11 点半，欢迎宴会在涩泽宅邸如期举行，饭后，涩泽和虞洽卿也分别发表欢迎词和答谢词，宴会至下午 4 时半才散场。对于访问团的这项行程，第二天的《申报》也予以报道，称："中国实业团五日……五刻赴市外飞鸟山涩泽子爵邸之午餐会。此次之会合，日本第一流之实业家参加者凡一百三十名，中日两方面互相畅谈，甚为欢悦。"④ 而当日的重头戏还在于晚上八点在东京银行俱乐部举行的恳谈会。出席恳谈会的日华实业协会的人员包括：涩泽荣一、儿玉谦次、安川雄之助、森广藏、奥村正雄、白岩龙平、白仁武、森弁治郎、角田隆郎、荻野元太郎、河野久太郎等，而中国实业团方面则有虞洽卿、余日章、谢仲笙、郭东泉、袁履登、郭外峰、钱孙卿、顾子磐、谭明卿、陈文生、乐振葆等人。⑤

在这次的午餐会上，涩泽首先发表了热情洋溢的讲话。他声称："迄今为止，我与各类的客人有过种种会面，发表的欢迎演说也不在少数，然而今天这次才是最为愉快也是最合时宜的陈述。"⑥ 其实，回顾涩泽有关改善日华关系的言论以及他与中国各界人士的交往历程便不难理解，他向来主张两国国民尤其是两国的实业界加强交流，而中国代表团的这次访问，既

---

① 《涩沢荣一伝記資料》第五十五卷，第 417～419 页。
② 《涩沢荣一伝記資料》第五十五卷，第 419 页。
③ 《涩沢荣一伝記資料》第五十五卷，第 420 页。
④ 《华商参观团在日之行动》，《申报》1926 年 6 月 6 日，第 13 版。
⑤ 《涩沢荣一伝記資料》第五十五卷，第 421 页。
⑥ 《涩沢荣一伝記資料》第五十五卷，第 423 页。

是中国实业界第一次颇具规模的赴日之行，也是在中国国内反帝爱国运动的浪潮中成行的，所以，涩泽此言确系有感而发。不过，尽管做了长篇致词，他的谈话总体上并没有超出以往的范围，大都还是中日地理和人种相近、渊源深厚、中日经济应当互补遗缺之类，还引用《论语》中的内容，鼓吹他的"道德经济合一"说。值得一提的是，他还希望访问团能够在短短的访日期间，在双方协议的基础上成立某种经济组织。①

然而出乎涩泽意料的是，虞洽卿的答词却与涩泽的本意大有出入。首先，在谈到日方大谈特谈的"中日亲善"时，虞洽卿认为："'中日亲善'四字，十数年来已熟闻之矣。抵贵国后，每日此四字，几不离口。此固善矣，敝团同人以为中日亲善固须鼓吹唤醒两国人民，使知亲善之重要，非徒注重鼓吹，而不于鼓吹之外，加以实力。俾能及早实现。有济于事乎。窃恐非惟于无济于事，且系建筑'亲善'于沙土之上。风吹雨淋坍塌之祸不待智者而后知之。"② 其次，他还批判了日本人所言的"在商言商"的说法，认为这是在有意回避日本在政治上对中国造成的伤害。他对此说道："倘敝国以相同之方针及办法待遇贵国，贵国人民亦必有同样之感情。以敝团同人眼光看来，贸易与政治二者不能分离。因政治而发生恶感影响贸易，今欲去贸易上之影响，俾贸易能发展而不先设法改变政治上的方针及办法，将所有障碍物除去，减少恶感并商定一切应有之合作事业，增进好感能乎否乎？"进一步地，他还向日方道明，中国民众已经惊醒，"敝国人民确已黄粱梦醒，国家思想澎湃全国。无论何界人民，皆承认'天下兴亡匹夫有责'。……人民放弃其政治上义务已属不可。况对于贸易上发生恶果之政治，岂可置之不问乎？"③ 最后，他认为，中国政治上存在的困难，除了所谓的"在商言商"之外，就是"不平等条约之束缚"。这也是他在访日期间一再强调之处。虞洽卿向日方称，强加于中国的不平等条约，"如领事裁判权、租界关税协定、陆海军自由上陆等，将敝国束缚毫无弹动余地。固不待言。且足为国内军阀战争之背影。贵国四十年前，亦曾饱受此种痛苦，贵国人民对敝国之取消不平等条约运动早日成功之义举，我国人民竭诚欢

① 致辞全文详见《涩泽荣一传记资料》第五十五卷，第423～425页。
② 金普森主编《虞洽卿研究》，宁波出版社，1997，第356页。
③ 金普森主编《虞洽卿研究》，第357页。

迎。无论如何，我国人民对此不平等条约早已决心取消，不达目的不止。凡首先助我成功者，我必亲之，善之"。①

听到虞洽卿的这般言论之后，涩泽显然相当惊讶。他继而对此做出了回应，大意如下：虞团长刚才的演说，作为此次宴会的演说显得相当沉痛，但如此吐露心情，也是将我协会诸人视为真正朋友的表现。深察团长一行的心事，然而，商人虽说并非厌恶政治，但政治并非玩具，政治问题需要按照政治的方式解决。如果只是将问题简单地归于政治，那么国家的政治将沦为小孩的玩具。近来如此之弊风于贵国存在，我日本也每每出现。我因年迈，还请对此尽量注意，而在察知贵方心事的同时，也深望将来能够做详谈。② 涩泽的这番话语，可以理解成对中方态度表示谅解，但同时也不难看出，涩泽还在隐隐反驳虞洽卿的发言，认为政治非商人所应为，并提醒中方着眼于将来，注意中国国内的仇日情绪。

实际上，若回头来看，在虞洽卿一行访日期间，双方早前就存在类似的分歧。在访问的一开始，虞洽卿的言论还显得比较温和。他于5月21日在长崎的招待会上宣布此行的目的，一是做好实业方面的观摩，二是促进两国民间外交。第二天，他在神户的欢迎会上致答谢词时更是挑动听的话说："往者贵国地震，我国人士正值抵货热烈之时，一闻电讯，一致暂止抵货，急谋救灾。……去年五卅惨案，劝日本纺厂工人上工，贵国纱商得免损失，有海关册可证。凡此种种，均为我人增进亲善之诚意。"③ 然而，在后来的一段时间里，一方面，虞洽卿一行目睹了在日华侨所遭受的不公正待遇，而另一方面，中华国货维持会等21个团体于5月22日电告虞洽卿注意维护主权，上海对日市民外交大会与旅日华侨各团体也发表公开信，揭露日本"亲善"姿态的实质，要求中国实业代表团维护中华民族利益。这都给了代表团很大震撼，他们的言辞也开始变得强硬起来。虞洽卿于24日在大阪的招待宴会上就直截了当地指出了不平等条约才是中日之间缺乏亲善的真正原因。26日，受大阪每日新闻社邀请，他和余日章一起又借此舆论机关公开宣传废约主张。到访名古屋之时，代表团一行严正指出日本的

① 金普森主编《虞洽卿研究》，第357页。
② 《涩泽荣一传记资料》第五十五卷，第426页。
③ 陈祖恩、王金海主编《海上十闻人》，第52页。

侵华国策给中国带来的严重后果，势必影响到两国的民间正常关系。到达东京之后，虞洽卿在日本外务省为他们举办的欢迎宴会上也是单刀直入地质疑：日本对中日亲善究竟有无实行的诚意和切实办法？"敝团同人以为中日亲善决不可作为口头禅"。① 日本方面觉察中国实业代表团意志坚决，直接洽谈贸易缺乏感情基础，便改用恳谈会方式全面交换观点，先后由大阪朝日新闻社、明治大学和日本实业团体连续举办 4 次。其实，日华实业协会为访问团所举办的欢迎会即是上述恳谈会之一。

在 6 月 5 日的午餐会上，待涩泽和虞洽卿分别致辞之后，双方也表明了各自的立场。中国方面依旧坚持己见，要求首先要废除不平等条约。日本方面则由涩泽荣一和儿玉谦次声明如下："日本有过去苦心除去不平等条约的经验，也同情今日之支那，然而不平等条约的撤废等乃是政治外交上的问题，并非今日聚集于经济界人士所能解决。这些属于政府的事情，我们对于此问题之解决会尽量努力，但在经济关系上，还是希望能够协议有关经济之问题。今天的聚会上，日本方面所希望的是两国实业家组织一经济团体，能够始终会面，协议合办事业及其他经济上的实际问题，举日支提携之实。"② 由于双方的分歧比较明显，这天的会谈并没有达成什么共识。

6 月 8 日，虞洽卿、郭外峰、余日章、郭东泉等人再次赴涩泽宅邸，与涩泽、儿玉、白岩、角田隆郎等人会谈。然而，双方的分歧依旧难以弥合。日方认为，中方所要求的废除"二十一条"等问题属于政治家的事情，绝非一小部分实业家所能解决，应当将"二十一条"问题同经济议题分开讨论。但中方则坚称，政治与经济原本就无法分离，将政治除外而单论经济，这至少在中国是不可能的，在讨论中日经济提携之前，必须先解决"二十一条"问题。③ 在双方争执不下的情况下，涩泽荣一再一次提出了共同设立一个经济组织的折中方案。中日两国的媒体对此也予以披露。如《申报》就曾以《中日经济提携之实现》为题报道说："中国实业视察团与日本有力实业家，关于中日两国之经济的提携，以组织商务协议会，八日在涩泽子爵家中开会，已内定组织中日联合之经济团体，即以此为中心机关。……

---

① 郭太风：《迈向现代化的沉重步履——军政改革·商会变异·思潮激荡》，第 129 页。
② 《涩泽荣一传记资料》第五十五卷，第 427 页。
③ 《涩泽荣一传记资料》第五十五卷，第 427 页。

讨论之结果，遂意见一致赞成组织中日联合之经济团体。"① 日本的《中外商业新报》就对日方的主张报道称："日华经济提携之必要毋庸多论，为图彼我通商贸易之圆滑，由日华两国实业家中分别推举适当之人物，设置日华混合委员会。"既然涩泽一再提出这种提议，而且也不至于直接损害中方的利益，更何况，虞在赴日之前就称此行的目的之一是"谋求中日商会合作，共同处理中日贸易中的纠纷，避免动辄上诉法庭，累日耗资，诸多不便"。② 在看到双方分歧明显的情况下，虞洽卿等人对此提议也没有表示反对，只是说要待回国广泛征求意见后才能决定，同时决定留下余日章和郭东泉继续洽谈具体的筹设事宜。然而，余日章素以对日强硬闻名，郭东泉在中国实业界资望欠高，这似乎也表明中方对该机构并没有太大的兴趣。涩泽的提议尽管也得到了币原外务大臣的支持，③ 然而后来的资料显示，由于种种原因，它并没有得到实现。④

虞洽卿在回到上海之后，还曾专门向日方致电，就所受到的款待，要求代为转达向涩泽荣一的谢意。⑤ 此外，就像本节一开始所提到的那样，他在 1937 年同日本经济考察团的谈话中还特意提及自己与涩泽的交往。然而，这种礼节和交情却难以掩饰双方的分歧。在接待了实业团的访问之后，涩泽荣一曾经向报界发表谈话称："日华经济提携最近之倾向是愈加紧密，诚为两国国民幸甚。本次中华实业团来朝之际，政治且不论，两国实业家之和解协调、共图相互之繁荣当真是刻下之急务。为了协商具体办法，虽然能力有限，但仍然试图从中斡旋，将来若能有结果，则至为幸甚。"⑥ 他后来在回忆此事时还曾如是说道："先前，虞洽卿氏等人一行之实业团来朝访问，说是调查日本的经济情况后回国。我作为日华实业协会的代表，或是欢迎，或是特别召开协议会而交换种种之意见。……（对于所提议组织的经济团体）并非空论，希望能够变为现实。这些虽然只是模糊的议论，但

---

① 《中日经济提携之实现》，《申报》1926 年 6 月 10 日，第 13 版。
② 顾莹惠：《中国实业代表团的赴日外交》，《民国春秋》1994 年第 3 期。
③ 币原在 1926 年 6 月的一封致日本驻上海领事矢田的信中表明了他的赞成态度。详见《涩泽荣一伝記資料》第五十五卷，第 432～433 页。
④ 《涩泽荣一伝記資料》第五十五卷，第 435 页。
⑤ 《涩泽荣一伝記資料》第五十五卷，第 431 页。
⑥ 《涩泽荣一伝記資料》第五十五卷，第 428 页。

总而言之我却是如此思考的。"① 这些言论仍然能够清晰地表明，他侧重于通过某种以双方共同成立的组织来减少和处理双方的纠纷，缓和两国矛盾。而虞洽卿等人却一直坚持必须取消横亘于两国之间的不平等条约。他后来在回顾这次访问时说，在所接触的各界人士当中，只有一个小林博士主张组织委员会协商取消中日间的不平等条约，虞洽卿对此相当欣慰，"鄙人对小林博士之意见，非常满意，因敝团在二十余日内，从未闻日人口中之取消不平等条约，故鄙人即告抱手，将其小照摄取回国，将来中日间之不平等条约能达取消目的，皆此公之功也"。反过来，他对日本的政商界人士的态度却非常不满，认为"现时日本人民，均已觉悟。惟政府当局及资本家之迷梦未醒，尚抱侵略主义，以致中日邦交未能尽善"。② 不唯如此，在此之前的五卅运动中，虞洽卿就说过反对不平等条约之类的话，③ 而在以后的历次抵制日货运动中，他也是一名坚定的支持者。

对于中国的赴日实业考察团而言，与涩泽等日华实业协会人员的会面只是整个行程的一部分；对于涩泽荣一及日华实业协会来说，同虞洽卿等人的接触也仅为诸多对华交往活动的一个片段。然而重要的是，这次接触是两国实业团体在日本的一次面对面的交流。通过这次交流，双方都清楚地了解到对方的诉求。尽管这中间存在着巨大的隔阂，然而接触还是好于封闭，这对双方都不是坏事。具体到涩泽个人来说，相对于中国方面所提出的正当诉求，他还是要袒护日本实业界的既得利益。不过相对而言，他的组建一个由两国实业家共同组成的经济团体的建议，还是显得比较温和。毕竟这样一个组织可以为双方的经济联络、商事纠纷乃至废除不平等条约问题提供讨论的平台。对于这个计划的不了了之，涩泽还是相当失望的，他后来在提及此事时曾说："……（计划提出之后）对方（指中国方面，笔者注）究竟是如何评议的，还是尚在考量之中，抑或是认为没有必要成立特殊的组织，其意见终究没有传达过来。"④

---

① 《涩沢荣一伝记资料》第五十五卷，第 435 页。
② 《欢迎赴日参观团回国宴会记》，《申报》1926 年 6 月 18 日，第 13 版。
③ 如虞洽卿在 1925 年 10 月 1 日的一个华侨代表招待会上说："现在爱国运动仍在继续，其目的不仅在争五卅一案，而尤在取消不平等条约。而不平等条约之根株，尤在关税不能自由。"详见金普森主编《虞洽卿研究》，第 346 页。
④ 《涩沢荣一伝记资料》第五十五卷，第 435 页。

（三）与张謇父子的往来

涩泽荣一和张謇分别是日中两国近代经济史上的著名人物，后人也经常将此二人做种种之比较。这里要说的是，他们不仅在实业、教育、慈善等方面有诸多可比之处，而且也一度有过直接的交往。前文曾经提及，1910年时，日本实业团曾经以参加在南京举办的南洋博览会为名来华访问，涩泽荣一本欲作为团长一同前往，但因身体原因而作罢，最后由日本邮船的近藤廉平代替出任团长，涩泽本人则留在国内继续关注此事。该实业团访华期间，亦曾得到时为谘议局议长的张謇的接待。① 在这个意义上可以说，张謇与涩泽错过了第一次谋面的机会。此后的1914年，涩泽在访华期间到达北京时，时任农商总长的张謇却正与荷兰工程师贝龙猛在南方勘测淮河，只能由章宗祥代为宴请涩泽。这样二人又一次错过了见面的机会。尽管如此，两人却是有音声互闻的，涩泽知道中国南通的张謇，张謇也对涩泽的事业与成就比较了解，例如他对袁世凯就曾谈起过涩泽荣一。② 此后，虽然双方一直未能谋面，但南通向日本借款一事却将他们直接联系在了一起。

在经过一段时间的辉煌之后，张謇的大生资本集团由于盲目扩大规模、设备和技术上的落后、国内军阀混战以及"一战"后帝国主义的卷土重来等原因，在运作和经营方面危机重重，到1922年时，集团旗下的大豫、大赉、大丰三家公司的负债总额多达2548310元，集团向银钱业的抵押借款已达397万两之多，但这些借款仍然如同杯水车薪，无济于事。③ 张謇无计可施，只能寄希望于"利用外资"。而在此前，苏北农垦区曾派有"日本通"之称的殷汝耕前往日本寻求贷款。殷找到了时在外务省工作的驹井德三，并告知对方称，如果条件允许，苏北方面将会要求更多的贷款。驹井德三为此与日本银行、东洋拓殖会社等机构进行了联络和磋商。最终，苏北的新农垦公司从日本借到了35万日元，裕华垦殖公司也借到了145万

---

① 张謇在1910年6月14日向日本实业团发表了一份热情洋溢的颂词。颂词全文详见张謇研究中心、南通市图书馆、江苏古籍出版社编《张謇全集》第1卷《政治》，江苏古籍出版社，1994，第149页。

② 羽离子：《东方乌托邦——近代南通》，人民出版社，2007，第283页。

③ 章开沅：《张謇传》，中华工商联合出版社，2001，第306页。

日元。①这次借款的成功，成为促使张謇决定向日本大举借债的一个先导性因素。

1922 年春，张謇派遣时为裕华公司经理的陈仪、大生纱厂的高级职员张同寿、大有晋公司的经理章亮元等三人赴日本寻求借款。他们到达日本后，在驹井的斡旋之下，很快拜访了财界领袖涩泽荣一，并转交了张謇致涩泽的亲笔信。张謇在信中提到，自己虽然想在金融上有所作为，但力有不逮，希望日本能够贷予 300 万日元左右的借款，以图中日经济上的联络。他还向涩泽称，尽管没有相见，但了解到涩泽为了日本的国家利益和经济的发展而尽力，"诚为可喜之事"，并表示希望涩泽能够为自己在南通的事业助上一臂之力。他最后还提出："在国与国的交往上，两国相应之人物的相知是必要的。也即是说，您与我的相知，无论是对于日本还是支那而言都是必要的。因此，如果首先能够在经济问题上相互谋利、推进事业的话，最终两国之亲善也会愈加增进。"② 张謇在信中向日本明确发出了借款兴办实业、推进两国经济合作的信号。而这恰好与涩泽荣一一直积极倡导的合作开发论不谋而合。他因此也表现得相当积极。在与中方代表、驹井德三等人会面时，涩泽就借款之事说了这样的话："这是一个非常重要的问题，对于中日两方来说都是个非常有意义的工作，我自己虽然隐退下来了，但愿意为这份工作尽自己微薄的力量。"③ 章亮元等人听闻此言，便认为借款已经没有悬念，于是很快向张謇致电报喜。张謇的日记对此有确切记载："（8 月 29 日）陈、张、章电：'东事和谐'；（9 月 1 日）张、章电，消息佳；（9 月 11 日）电张、章：以涩泽为主体。"④ 这里的"陈、张、章"显然分别是指陈仪、张同寿、章亮元三人，"东事和谐"则是指借款之事顺利进行，而张謇的"以涩泽为主体"的回复，应该是说明他对涩泽的积极态度相当满意，将此事寄希望于涩泽。南通的地方报纸《通海新报》随即在 9 月 12 日也做了如下报道：

---

① 羽离子：《东方乌托邦——近代南通》，第 280~281 页。
② 张謇致涩泽手书的原文已无处可查，这里所引的为涩泽转述之语。详见《涩泽荣一伝记资料》第五十五卷，第 195 页。
③ 浅田泰三：《张謇与驹井德三——张謇向日本借款始末》，载许惟贤、王相宝主编《当代海外汉学研究》，江苏人民出版社，1997，第 377 页。
④ 管劲丞：《〈张謇关系事业调查报告书〉前记》，载中国人民政治协商会议江苏省委员会文史资料研究委员会编《江苏文史资料》第 10 辑，江苏人民出版社，1982，第 132 页。

南通张啬公为欲完成海州南通间开垦及治水之事业，需费八百万元，特派代表陈仪、章亮元、张同寿三人搭轮东渡，与日本实业家洽商借款，日人涩泽子及和田二氏已将此问题提出与日华实业讨论，结果大体赞成。惟对于此事，抑仅为借款之形式，或尚须订定更永久之关系，及海州南通土地种植棉稻出产如何，认为尚须郑重考虑，现在三代表尚在与各实业接洽中，本月中旬啬公及其子孝若将偕行入京，此时或可有具体之决定云。①

事实上，涩泽确实为此事在日本财界进行了积极沟通。他于 8 月 23 日在日华实业协会的干事会上同和田丰治、伊东米次郎、儿玉谦次、白岩龙平等人认真进行了协商，在对张謇本人及其所经营的事业进行详细了解之后，认为借款所办的棉花事业亦与日本的纺织业者利益相关，还特意与外务省次官仔细探讨了此事。② 然而事情的进展并非如中方所想象的那样顺利。依照和田丰治的希望，日本方面可由大阪的纺绩联合会出面进行交涉并与中方签订协议，继而由东亚兴业会社具体负责办理。然而大阪纺绩联合会却有人提出反对意见。在这种情况下，涩泽提出一个折中方案，认为可以"由一有力之纺绩会社与东亚兴业会社组成一个临时辛迪加组织"代为办理，并就此事致信东洋纺绩株式会社社长斋藤恒三，希望能与后者面谈并得到其支持。不过，由于张謇长期以来以日本为竞争对手，日本方面对于此次借款也显得相当小心。尽管涩泽荣一居间积极沟通，但日本财界内部并没有就此达成一致意见。三四周之后，当中国代表再次向涩泽催促时，得到了如下答复：因为中国方面所需要的是比较长期的投资，用于开垦农田等，与日本纺织公司用于原棉采购的剩余资金的性质不一样，所以经过多次社长会议都没有得出一致意见，涩泽也决定对贷款问题重新进行研究。③ 另外，北京方面在闻知借款之事后也传出了反对之声。④ 据驹井德

---

① 管劲丞：《〈张謇关系事业调查报告书〉前记》，载中国人民政治协商会议江苏省委员会文史资料研究委员会编《江苏文史资料》第 10 辑，第 133 页。
② 《涩泽荣一伝记资料》第五十五卷，第 194 页。
③ 浅田泰三：《张謇与驹井德三——张謇向日本借款始末》，载许惟贤、王相宝主编《当代海外汉学研究》，第 377 页。
④ 《涩泽荣一伝记资料》第五十五卷，第 194 页。

三称："……前此有他日人介绍中国商人周旋于涩泽子爵，子爵偶以本问题谋于日华实业协会。此事见于报上，传至中国北京，遂闻反对该借款之声。"①

为了进一步摸清情况，日方决定派驹井德三前往南通做详细调查。驹井在到南通之前，先从北京得知，发起反对的主要人物"为前农商部参谋某，反对性质，亦不过有意玩弄。余遂与某说明，相约为助"。② 在消除北京方面的疑虑之后，驹井最终于 1922 年 11 月 21 日到达南通，在张謇等人的协助之下，对南通做了为期半个多月的考察。他在实地考察之后认为，日本应当在南通大有作为，日本资本家应该"于此际进而与该国（中国）之实业家提携，给以资金或技术上之援助，使其国人得完成棉花改良增植之大事业者，最紧要之事也。今日幸而中国之大资本家且已棉业为中心事业之张謇，先望与日本提携矣，此岂非天与之好机会乎"？③ 而张謇也向驹井德三表态称："今予对于日本申请之贷款，若互相由光明正大之方针而行，不论何人反对，断无所恐。就个人而言，倘该借款合同成立，不惮发表其条件于中外也。现今对于此次借款问题，在中国有二三报纸及议员等之某某发种种之议论者，然以余过去之经验，自信可使彼等明了。"④ 张謇此时的态度十分明确，只要日本以一定的条件同意借款，自己将不顾国内的反对之声而毅然接受。然而，这项看起来很有希望达成协议的借款谈判还是中途搁浅。1923 年 9 月，日本突然发生关东大地震，日本的金融界处于瘫痪状态。时在上海出差的驹井担心借款受挫，急忙与东京方面联络，但是日本银行总裁井上准之助却表示无能为力，天灾使希望成为泡影，向日本借款的大门被关上了。⑤ 而在张謇看来，无论是对日借款还是后来的对美借款，最终都没有成功的原因在于中国的军阀混战和社会动荡不安妨碍

① 驹井德三：《张謇关系事业调查报告书》，载中国人民政治协商会议江苏省委员会文史资料研究委员会编《江苏文史资料》第 10 辑，江苏人民出版社，1982，第 143 页。
② 驹井德三：《张謇关系事业调查报告书》，载中国人民政治协商会议江苏省委员会文史资料研究委员会编《江苏文史资料》第 10 辑，第 143 页。
③ 章开沅：《张謇传》，第 307 页。
④ 驹井德三：《张謇关系事业调查报告书》，载中国人民政治协商会议江苏省委员会文史资料研究委员会编《江苏文史资料》第 10 辑，第 145 页。
⑤ 浅田泰三：《张謇与驹井德三——张謇向日本借款始末》，载许惟贤、王相宝主编《当代海外汉学研究》，第 381 页。

了外国财团向中国投资。但后人的研究则表明，"并不是军阀混战阻碍了帝国主义的对华投资，相反地，帝国主义正是为了争夺对华投资的独占地位而不断支持军阀混战"，"……江浙局势尤其是变化多端，这才是美、日垄断资本暂时不愿向张謇大量贷款的根本原因"。① 不过有意思的是，涩泽荣一对于此次借款搁浅的认识似乎显得与事实有些偏差。当驹井归国之际，涩泽并不在东京，后来才从驹井那里获悉借款未成的消息。然而他在致张謇的信中却说，自己从驹井那里得知张謇旗下的事业发展良好，已无借款的必要，还表示自己对此"欣快至极"。②

尽管涩泽误以为张謇在南通的事业暂时不需要贷款，但他同时依旧表明，自己虽然已经退出实业界，仍愿与张謇一道以"忠恕相爱为基础"，推动经济提携，增进两国亲善。从这可以看出，他仍然希望与南通方面再达成某种合作。这种姿态也让张謇仍然对日本的借款抱有几分希望。一方面，日本在地震的动乱中发生了震惊中外的中国留学生被害事件，北京政府派出以外交部长王正廷为特使的代表团赴日调查真相。而据 1923 年 12 月 5 日日本驻奉天的总领事馆给外务省亚洲局长的联络信所言，王正廷访日的任务之一便是受张謇委托尽快促成为棉花改良的借款之事。③ 另据《涩泽荣一传记资料》，涩泽荣一也曾在 12 月 22 日设宴款待王正廷一行。④ 不过双方具体商谈了哪些事宜我们还无从得知。另一方面，在 1923 年下半年，张謇的次子张孝若曾率考察团访问欧美日等地，进行了一次长达 7 个多月的实业考察。借此机会，张謇也希望张孝若能进一步交涉举借外债事宜。在寄给其子的家书中，张謇曾说："上海银根本紧，又有兵事风声，益觉恐慌。是非唯一注意输入外资不可。除日外，止有美，皆如泡如电，急亦无用，不如任之；又不可徒任，有法可想，须是平心静气四面想去，儿须知此意。"⑤ 该信显示出张謇仍然是对日美两国抱有希望的，而他安慰

---

① 章开沅：《张謇传》，第 309 页。
② 《涩泽荣一传记资料》第五十五卷，第 195 页。笔者并没有看到涩泽致张謇之信的原文，文中所引为涩泽后来的回忆。当然，也不排除他回忆有误的可能。
③ 浅田泰三：《张謇与驹井德三——张謇向日本借款始末》，载许惟贤、王相宝主编《当代海外汉学研究》，第 381 页。
④ 《涩泽荣一传记资料》第三十九卷，第 265~266 页。
⑤ 管劲丞：《〈张謇关系事业调查报告书〉前记》，载中国人民政治协商会议江苏省委员会文史资料研究委员会编《江苏文史资料》第 10 辑，第 141 页。

张孝若之语，恰好也反映出自己内心的焦虑。当得知张孝若将到日本之际，他又在幕后积极活动，"总不外商量进行对日借款事"。① 张孝若一行到达日本之后，分别在 1924 年 4 月 2 日、5 日、9 日与涩泽荣一进行了三次会面。② 双方会谈的详细内容虽然不得而知，不过可以猜测出应该是有关张的欧美旅行经历、中日经济合作以及南通借款事宜之类。张謇在 4 月 17 日的日记中曾如是记载："得怡讯，知事谐，静缓行。"③ 这里的怡即是其子张孝若，"知事谐"或许是张孝若告知借款之事已有眉目。据后人研究推知，也许是张孝若看到日方提出的条件，以为可成，而回来一经研讨，却是接受不了，才死心塌地地不再想了。④ "事谐"最终还是变成了"事不谐"。

涩泽荣一与张謇的关系，在很大程度上就是以此次南通借款为中心结成的，而在这场借款的背后，却反映出他们在中日经济合作问题上存在着交集，也就是双方都有意通过合作来各取所需，实现双方共同得利。涩泽荣一为此一再强调日本在对华经济扩张时要行之以忠恕之道以顾及中国方面的诉求；张謇则一反自己此前谨慎利用外资的态度，而且还对其他人提出的反对意见予以辩驳。这就在客观上使得双方有了某种一致性。这种默契也是他们将来有可能进一步合作的重要基础，而且还由此衍生出二人（甚至包括张孝若）的交情。张孝若在结束实业考察之后，曾于 1924 年 8 月特地致信涩泽荣一，介绍了自己回国之后的一系列活动，并进而表达了自己投身于中国工商业发展的决心，期待着涩泽的指导和帮助。涩泽在回信中也予以积极回应，认为在中国政治混乱的局面下，欲实现实业的改良扩张非张謇莫能胜任，希望他们父子能够"互相提携，奋励指导"。⑤ 当日本方面有投资于南通实业的意向之时，涩泽更是利用他与张謇父子的关系，积极从中沟通介绍。如在 1925 年 2 月，日人安东义乔等人就找到涩泽，与

---

① 管劲丞：《〈张謇关系事业调查报告书〉前记》，载中国人民政治协商会议江苏省委员会文史资料研究委员会编《江苏文史资料》第 10 辑，第 140 页。
② 《涩泽荣一伝记资料》第三十九卷，第 274 页。
③ 管劲丞：《〈张謇关系事业调查报告书〉前记》，载中国人民政治协商会议江苏省委员会文史资料研究委员会编《江苏文史资料》第 10 辑，第 140 页。
④ 管劲丞：《〈张謇关系事业调查报告书〉前记》，载中国人民政治协商会议江苏省委员会文史资料研究委员会编《江苏文史资料》第 10 辑，第 141 页。
⑤ 《涩泽荣一伝记资料》第三十九卷，第 282 页。

其谈论了南通的棉花栽培之事。谈论的结果是，他们一致同意鼓动京阪两地的纺织业者投资于此。涩泽随后还就此事与日本的纺织业者有过多次联络。① 又如，同年 5 月，闻知大仓喜八郎欲前往中国，涩泽便告知其"南通张家之盛名"，并为此向张孝若致信，希望双方能够在北京见上一面，以期达成某种经济上的合作。② 而在此前，涩泽曾托安东义乔向张謇致信。张謇在回信中称："涩泽先生惠鉴：儿子去春在日诸辱优遇，至今心感。安东先生来奉手书，至为感荷。询悉道履胜常，尤深慰颂。敝国人士对于棉业渐知注重，南通实业循序改进，旧观渐复。重承远注，均敬奉闻。复请大安。"③ 张謇的回信既是在表达对涩泽礼遇张孝若的感谢之意，同时似乎也对日本投资于南通实业有所期待。而涩泽上述的两封介绍信，则又称得上是对张謇之信的一种呼应。应该说，尽管涩泽荣一和张謇一直未能谋面，但双方因经济合作的需要而能够实现频繁往来和形成某种私人交情。这种私交反过来往往又与经济上的联络相伴而行，并为进一步的沟通和合作提供便利。不过对于涩泽荣一而言，这种交情说到底也还不是纯粹的私人交谊，而是基于经济上的需要才出现的。当闻知张謇去世的消息之时，涩泽曾以日华实业协会会长的名义发去唁电。然而，他在为这位中国朋友的离去而惋惜的同时，更是痛感日本的对华经济事业少了一个合作的渠道。如他就张謇的去世曾言道，日本对于中国之事业，"虽然有中日实业、东亚兴业等事业在扎实推进，然而却处在不得要领之状态，如果与张謇氏的提携事业得以实行的话，不是可以很好地进行吗？一想到此，就感到更加遗憾"。④

总体而言，涩泽荣一主张以"忠恕""敬爱"等理念进行对华交往的外交思想是在认真反思日本对华外交得失的基础上提出来的。他把日本的对华外交分为外务省、军人、大陆浪人和财界等四个主体。在他的眼中，财界所推动的外交无疑是最合理的，它不是恩威交加、前后不一的霸道外交，而是追求互利共赢、以情相待的王道外交。也正是为了践行这一外交理念，涩泽荣一才同意出任日华实业协会会长一职，并在中日民间经济外交中积

① 《渋沢栄一伝記資料》第五十二卷，1963，第 300 頁。
② 《渋沢栄一伝記資料》第三十九卷，第 283 頁。
③ 引自羽离子《东方乌托邦——近代南通》，第 284 頁所载图片。
④ 《渋沢栄一伝記資料》第五十五卷，第 196 頁。

极奔走。通过对涩泽与孙中山、蒋介石、虞洽卿以及张謇父子的交往历程的考察，我们也会发现，涩泽与中国方面的一些政商界人士也确实有了某种程度的交情。尽管双方还是存在着一定的分歧，但是对话总是好过对峙，交流总是强于僵持。

第七章 恩威还是敬爱：对华交涉中的日华实业协会

日华实业协会秉承涩泽荣一的对华外交理念而设立，成为广泛代表日本实业界利益的一个以交涉中日经济事务为主要目的的外交组织。它名义上是一个与官方脱钩的民间团体，实际上仍然与日本政府有着密切的联系。涩泽荣一以该协会为平台与中方的不少人士进行多方联络和沟通。问题在于，当中日之间经济上的矛盾变得相当尖锐之时，涩泽荣一和他所担任会长的日华实业协会究竟会扮演一个什么样的角色？还能否切实遵守涩泽荣一以"忠恕""敬爱"相交的对华外交理念？能否顾及中国方面的诉求和有效缓解两国存在的矛盾？本章将在前人研究的基础上，围绕中国的关税问题和排日问题，对日华实业协会及涩泽荣一的有关行为进行详细考察。

一 日华实业协会与中国关税问题

对中国关税变动的关注和参与是日华实业协会的一项重要活动。学术界对于民国时期中国关税的研究（包括北京关税会议、南京政府的关税自主及关税税率等）已经相当丰富，但是在日华实业协会乃至日本工商界与中国关税关系问题的研究方面，既有的成果还比较少见，多是集中于探讨日本政府的态度和反应上。[①] 就笔者浅见所及，仅有片桐庸夫和洪之涓两人

---

① 单冠初：《中国收复关税自主权的历程——以 1927—1930 年中日关税交涉为中心》，学林出版社，2004；刘咏华：《北京关税会议与日本》，《日本研究》2000 年第 3 期；刘咏华：《中国关税自主与中日交涉》，《日本学论坛》2000 年第 2 期；单冠初：《日本与南京国民政府初期的关税自主运动》，《档案与史学》2002 年第 2 期；王蓉霞：《对日本在 1925 年关税特别会议前夕对华策略的考察》，《学术探索》2003 年第 S1 期；王建朗：《日本与国民政府的"革命外交"：对关税自主交涉的考察》，《历史研究》2002 年第 4 期；等等。

分别在各自的文章中对此有所论及。其中，片桐的论文将关税问题置于日华实业协会的整个对华活动中进行考察，但只论及了几个片段；洪之渭主要侧重于日本棉纺织业者的态度，而且基本上是一种静态的分析。① 然而，以日华实业协会为代表的日本实业界在中国关税问题上的态度并非一成不变的。笔者拟在参照已有研究成果的前提下，以北京关税会议和南京国民政府的关税改革为中心，集中考察以涩泽荣一为会长的日华实业协会对中国关税问题的认知和反应。

（一）关税问题的提出和日本方面的考量

中国收回关税自主权的呼声，早在晚清时期即已出现，清政府内部也曾经讨论过这一问题，但一直没有正式付诸实施，更没有得到列强的允可。北京政府曾于 1917 年 12 月公布《国定关税条例》，规定对与中国没有条约关系的国家实行新的进口税率，惜因英、美、日、法等列强的反对而未果。在 1919 年的巴黎和会上，北京政府迫于国内舆论的压力，正式提出关税自主的要求，但却遭到与会列强的拒绝。直到 1921 年 11 月，中国代表顾维钧在华盛顿会议上再次提出"以关税自由归中国"的要求，虽未得到满足，不过却迫使会议通过了一个《九国间关于中国关税税则之条约及附件》的决议。决议中规定，在该条约生效后的三个月内召开关税特别会议以讨论废除厘金和 1902 年、1903 年中国与列强所订条约中规定的征收 12.5% 关税等问题，而在问题解决之前，关税特别会议应允许中国征收 2.5% 的附加税。然而，根据条约规定召开的关税特别会议却因"金法郎案"的问题而一再延迟，直到 1925 年才得以召开。

1925 年 6 月 24 日，段祺瑞政府向外交使团发出照会，要求修改不平等条约。照会指出，不平等条约的存在"常为人民怨望之原因，甚至发生冲突，以扰乱中外和好之友谊"，希望外国政府"对于中国政府，依公平正义，修正条约之提议，予以满足之答复"。② 8 月 18 日，中国政府向各国发出召开关税特别会议的正式请柬。然而，对于中国召开关税会议和收回关

---

① 片桐庸夫：《渋沢栄一と中国——その対中姿勢を中心として（二）》，《渋沢研究》2000 年第 17 号；洪之渭：《近代日本阻挠中国恢复关税自主权的社会背景——日本棉纺织业者的反对运动及其对华经营思想分析》，《产业经济研究》2008 年第 5 期。

② 祝曙光：《北京关税会议与远东国际关系》，《历史教学问题》2006 年第 4 期。

税自主权的要求，日本的态度却相当复杂。据报道，当中国方面在 1925 年 8 月 20 日向日本外务省递交有关关税会议的邀请函及备忘录时，日本媒体非常关注此事，但普遍认为中国申请关税自主为时太早。日本"《国民新闻》劝华人忍耐，至国家状况已合关税完全自主，再行提出；《时事新报》谓列强对于中国关税自主，不早决定定允可否，致中国今日乃提出扩张关税会议范围逾于原定之计划；《朝日新闻》与《日日新闻》均恐关税自主问题将不利于日本，盖英国之意见与美国异，故日本恐将被迫单独行动，要知此事须三国合作始能胜利云"。① 即便是有媒体表达了一些善意，"《读卖新闻》与《朝日新闻》劝勿以所增关税之收入整理外债，盖此举是妨碍中国幸福之发展"，但却是有条件的，如"《朝日新闻》又谓各国对中国增加关税取同情惠善之态度，则可便劝告中国关税自主时期今尚未至"。②

日本媒体之所以不愿赞同中国争取关税自主的正当要求，正是缘于日本当时的外贸结构以及对华经济关系。此时的日本正在为严重的入超所困扰。财政大臣浜口雄幸在 1925 年初的帝国议会上曾对入超的严重性进行过详细说明。日本 1924 年度的对外贸易由于大地震的影响，出现严重赤字，创贸易史上的最高纪录，入超 6.46 亿日元。③ 因而，抑制输入、振兴输出就成为日本经济当时重要的课题，而中国又是日本出口贸易的主要目的地，加强对华商品输出是减少日本贸易赤字的有效办法。但若中国收回了关税自主权并提高关税税率，日本的商品输出势必会受到影响。对于这一点，日本政府自然心知肚明。

8 月 18 日，日本外务省专门讨论对中国关税会议的对策事宜。而从会议的讨论情况可以看出，政府方面也十分注意保护日本工商业者尤其是对华出口商的利益。会议讨论中就有"谓日本对于中国关税会议，应从保护日本内地产业及输出业者之立场着想，务使其得极有利益之解决"。会议决定了如下方针："（一）中国因关税提高而增加之收入，以之整理中国之财政，而尤以整理对华借款为最要。（二）使中国实行取消厘金之准备，务从速将厘金取消。（三）按照对华之贸易额，使日本之正金银行，得为中国关

---

① 《日本关于关税会议之态度》，《申报》1925 年 8 月 21 日，第 7 版。
② 《各国对于关税会议之态度》，《申报》1925 年 8 月 27 日，第 7 版。
③ 刘咏华：《北京关税会议与日本》，《日本研究》2000 年第 3 期。

税收入之保管银行。（四）讲求防遏抵制日货之适当而切要的方法。（五）务使日本输出业者之立场有利。（六）增加日本在中国税制之吏员。"在这些方针之下，会议还决定对有关细目，特别是对于对华借款的整理以及"关于使日本输出业者之立场有利"的"方法与程度"等，再做进一步的研究。① 在各国普遍同意提高中国关税税率的情况下，日本若一味坚持抵制势必将在国际上陷入孤立，也会招致中国方面更为激烈的反对，所以才会改变态度而去正面面对。然而从上述的决定来看，日本所提出的条件也相当苛刻。这些条件正是为了确保能够在即将举行的关税会议上最大限度地减少对日本的贸易损害，尽可能地维护日本工商业者的利益。

日本政府如此关照日本工商业者，日本实业界显然也不会无动于衷。日华实业协会的儿玉谦次、白岩龙平、油谷恭一等人专门屡屡就此召开干事会，商定对策，并制订了一份意见书计划递交给日本政府以供参考。经过修改后的意见书以涩泽荣一的名义，由儿玉谦次于 9 月 22 日交给了外务次官。意见书包括增加关税的范围、限度、用途，以及所希望的条件等。在关税增加的范围和限度方面，意见书提出，中国在现行税率基础上增加输入税率，对于日本的对华贸易影响将最为重大，所以本次会议上增税程度无论如何要限于华盛顿会议所限定的范围之内（二分五厘）。而对于增加关税的条件和用途，意见书中则列出了如下 4 点：第一，"为确保各国依据条约而得到的在支那通商方面的权利，对于以前屡有发生之国内排外运动、暴动及其煽动者，以及各地之不法课金，支那政府要保证予以彻底取缔"；第二，"以前作为悬案而未决的因暴动和其他不法行为而带来的我邦人的损失，要在借款整理之前先予以赔偿"；第三，"要整理不确实之对支外债"；第四，"对于作为原来借款担保的盐税和铁道收入等私自留用以及不履行契约义务的行为，要有根本性的禁止"。② 除此之外，意见书的"希望条件"一项中还包括了诸如扩大通商区域、增设商埠、改善关税保管制度和关吏任用、调整陆境关税税率、尽快改订税目等内容。③ 另外，涩泽荣一在致外务大臣币原喜重郎的信中还特别提到，希望日本在谈判时要求"关于意见

---

① 之主：《日政府讨论对华关会方针之会议》，《申报》1925 年 8 月 26 日，第 7 版。
② 《涩泽荣一伝记资料》第五十五卷，第 367 页。
③ 《涩泽荣一伝记资料》第五十五卷，第 367 页。

书中我之不确实之债权的整理顺序，要首先考虑赊销金及民间实业借款的整理，其次才是其他的借款整理"。① 当时，中日实业公司、东亚兴业会社等企业在中国放出大量的贷款而无法收回，而这些企业的领导人物同时亦是日华实业协会的重要成员，日华实业协会的上述表示正反映出他们的诉求。

如果将这些内容与上述日本外务省的决定相对照就会发现，除了厘金一项之外，日华实业协会的意见书几乎涵盖了外务省决定的所有内容，而且要比后者更为具体和全面。日华实业协会在关税会议尚未开始之际所做出的这些决议，显示出日本实业界对于此次会议的期望。不唯如此，据该协会的有关文件记载，当闻知日本派往参加关税特别会议的全权代表日置益将要动身赴华之时，日华实业协会的干事儿玉谦次、白岩龙平、仓知铁吉、角田隆郎、森广藏、门野重九郎、小野英二郎等人于 9 月 29 日在东京银行俱乐部还特意为其安排了一次招待会，身体状况还处于恢复之中的涩泽荣一也特意参加，宾主双方就关税会议的有关问题深入交换了意见。② 日华实业协会之所以如此款待日置，乃是因为他是日本政府特意物色的会议代表，而这正可以表现出日本工商界对此次关税会议的重视。据报载，"日置氏曾为驻华公使，熟谙华情，故即以日置氏为首席全权代表。其实日政府之用日置益，尚另有特别用意，盖日政府以此次关税会议，关系日本，非常重大。日本在此会议中，拟立于主动的地位，而支配一切。日置氏为订中日通商条约之当事人，又曾任驻美代理大使，尽力于石井蓝辛协约之基础，与美国之关系，亦复不浅。且日置氏为大使级之人物，精通各国语言，各国多以驻华公使为出席关税会议首席全权代表，而日本乃以大使级人物为首席代表者，盖欲在关税会议席上，日本取得有利之地位"。如此一位受到政府器重的全权代表赴华参加会议，日华实业协会的诸人特意约其商谈并为其饯行也就不足为奇了。而且，从日置的谈话中也可以看出，他也相当注重日本工商界的利益："此次会议，对于各国之利害关系，固非浅鲜，就中对于日本，尤有经济上贸易上之密切关系，因关税会议之结果如何，于日本国内工业之发展，大有关系。"正由于此，他才提出此次参会的

---

① 《渋沢栄一伝記資料》第五十五卷，第 368 頁。
② 《渋沢栄一伝記資料》第五十五卷，第 368、369 頁。

一个重要要求就是"须使日本之经济的利益，不受损失"。①

（二）围绕关税特别会议的磨合

经过多方的协调，关税特别会议最终于 1925 年 10 月 26 日上午 10 时在北京居仁堂开幕。在此之后的为期数月的会议期间，各国代表先后讨论了中国的关税自主权、裁撤厘金、关税税率以及附加税的征收等问题。经过各方代表的反复磋商，会议于 1925 年 11 月 19 日的第一、第二委员会联合会上通过了中国关税自主并裁撤厘金的议案，承认中国享有关税自主的权利，允许中国国定关税定率条例于 1929 年 1 月 1 日起发生效力，同时，中国政府声明裁撤厘金与中国国定关税定率条例同时施行。② 而进入 11 月份以后，代表们则围绕着关税附加税的加征及用途问题展开了激烈争论。对于中国方面提出的加征附加税的要求，日本代表表示坚决反对。日本只是希望能够坚持所谓华盛顿会议所确定的有关规定，将附加税限定于值百抽 2.5 的范围内，以确保日本商品的对华输出不受影响。美国虽主张突破这一限制，但提出以 12.5% 作为最高税率，而这都未能达到中国方面的要求。各方争执不下，会议一度陷入僵局。另外，北京政府意在通过加税而实现增加财政收入的目标，各国最后均同意使附加税收入增加到每年 9000 万元，而日本却不同意这一点，显得相当孤立。在这个过程中，日华实业协会也仍然高度关注着会议的进展。1926 年 2 月 1 日，在日方代表外务省通商局长佐分利贞男等人回国之际，日华实业协会特意邀请其介绍关税会议的进展情况和中国政情，并与之进一步交换了意见。涩泽荣一当天的日记中对此有如下记载："三时抵达银行俱乐部，出席日华实业协会主办的与佐分利通商局长的协议会。儿玉副会长以下的干事及评议员等与支那有关系之有力人士十数名来会。对现今支那的政况及关税改正、各国委员协议会的始末做了详细说明，各人也发表了种种之意见及问题，谈话会颇有成效。"③

为了摆脱在关税会议上的孤立立场，日本政府决定做出让步，"以中国所要求的增加税收 9000 万元为前提，把附加税按类定为七级税率，最低百

---

① 之圭：《日本决以日置芳泽为关会代表之经过》，《申报》1925 年 9 月 6 日，第 7 版。
② 杨天宏：《北洋外交与华府会议条约规定的突破——关税会议的事实梳理与问题分析》，《历史研究》2007 年第 5 期。
③ 《渋沢栄一伝記資料》第五十五卷，第 409 頁。

分之二点五，最高百分之二十五，并使之承认日本输出品中百分之五十以上列为最低税率"。① 佐分利贞男在返回北京之后，正式提出了承认加征二五以上附加税的方案，但前提是订立中日互惠条约，而这无非是为了规避因税率的提高而给日商带来的损失。其实，在关税会议开始之前，东京日日新闻社的特约评论员小村俊三郎就提出议案称，日本率先于各国之前承认中国的关税自主权，同时在中日间制定一协定税率或特定税率，将日本的损失控制在最小限度。② 这个建议也很快成为日本的对华政策。1926 年 1 月 20 日，在停顿多日后的关税会议重新召开之际，驻华公使芳泽照会北京外交部，就缔结中日关税互惠条约提出意见，要求日本货品不受征加附加税之影响，对中国向日输出原料亦须减税。27 日，外交部回复表示赞成开议中日关税互惠条约。③ 29 日，双方确定了条约的缔结原则。④

在这种背景之下，日华实业协会经过多次讨论，再一次出台了一份名为《对支那特别关税会议之意见》的意见书，并在征得涩泽的首肯之后，由后者于 1926 年 2 月致信递交给外务大臣币原喜重郎。与上次一样，这次的意见书依旧要求要对日商在抵日运动中的损失进行赔偿，在偿还不确实债务问题上，也是希望能够尽快偿还对民间的债务。需要注意的是，意见书在以下三个方面提出了不同看法。第一，关于恢复关税自主权和裁撤厘金问题。意见书认为："鉴于支那现状，废除厘金至难实行，应该从去年十二月一日开始的关于厘金的调查到现在还未着手进行。由此来看，在厘金三年后没有完全撤废的情况下，支那方面会强行实施国定税率，因而酿成国际间的纷扰。"因此，相对于裁撤厘金，意见书更加注重的是"确保支那政府的与自主权恢复相关联之重大条件的履行"。第二，中日关税互惠条约之事。日华实业协会也对此表达了赞成态度，认为在三年后厘金废止没有完成的情况下，预料到中国方面会实施国定税率，作为应对之策，首先要完成互惠协定的交涉，并使日本人进入税务机关的领导部门。第三，要求

---

① 祝曙光：《北京关税会议与远东国际关系》，《历史教学问题》2006 年第 4 期。

② 刘咏华：《北京关税会议与日本》，《日本研究》2000 年第 3 期。

③ 王芸生：《六十年来中国与日本》第 8 卷，三联书店，1982，第 110 页。

④ 中日关税互惠条约缔结原则的主要内容为：条约限于特殊货物种类；务期从速缔结；双方须各有互惠性质；互惠条约与国定税率同时实行；最惠国条款不适用于互惠条约。缔结之后，因中国的政局不稳，并没有正式地签署中日关税互惠条约。直到 1930 年时，两国政府才签订了《中日关税协定》。

对日本的重要输出品须征以最低税率（2.5%）的附加税，并附带一份重要输出品的清单，包括棉织品、金属制品、玩具、水泥等等。① 显然，日华实业协会对中国能否按时完成厘金的裁撤缺乏信心，更担心中国政府会不顾一切地按时依照国定税率征收关税，所以才将中日关税互惠条约的缔结视为一种预防机制，另一方面，又积极支持日本政府所提出的等级税率机制，并主动提出对一些重要输出品征以最低限度的税率。从关税会议的讨论结果来看，虽然关税互惠条约没有签订，但最终通过的附加税方案就是日方提出的七级差等税率提案。这份提案对于日本的商品输出也比较有利。由于日本有 60% 以上的输出品只需交 2.5% 的关税，18% 的输出品只需交 5% 的关税，故日本的"损失"不大。②

　　然而，当会议逐渐朝向对日本有利的方面发展时，段祺瑞政府却被推翻了，北京政局再次陷于混乱，会议只好也宣告无限期休会。对此，日华实业协会还表示遗憾，希望会议能够待政局安定之后早日再开。

　　在张作霖上台之后，由于南方革命军的顺利北伐，列强逐渐倾向于南方政权，对于北京政府提出的召开关税会议的要求，借口中央政权不稳而迟迟不允。为了解决严重的财政问题，北京政府便依照华盛顿会议的决议实施二五加税。③ 1927 年 1 月 3 日，关税委员会召开临时会议，梁士诒在会上提出立即实行二五附税案，并主张由内阁以命令的形式公布。顾维钧、颜惠庆、王宠惠等外交官员也一致表示愿为恢复国权而奔走。④ 1 月 12 日，顾维钧内阁发布关于关税会议及先行征收附加税的命令。1 月 13 日，外交部又将实行征收附加税的照会送交各国使馆。有趣的是，几乎与此同时，南方的国民政府在宣布迁都武汉之际，也要求海关"增征普通品百分之二五，奢侈品百分之五之新税率"。在没有与各国协商的情况之下，中国南北政府宣布征收附加税的举动显然难以获得列强的同意，尤其是对华经济关

---

① 《涩泽荣一伝记资料》第五十五卷，第 412、413 页。
② 刘咏华：《中国关税自主与中日交涉》，《日本学论坛》2000 年第 2 期。
③ 华盛顿会议同意中国在过渡期内对普通品增征值百抽二点五的附加税，并在"特别会议"认为"不致有碍商务"时对奢侈品增征"不得逾值百抽五"的附加税，但有规定过渡办法的实施条件及关税增收之用途等，须在"三个月内另行召开"特别会议"议决"（引自单冠初《中国收复关税自主权的历程——以 1927—1930 年中日关税交涉为中心》，第 9 ~ 10 页）。
④ 李新、陈铁建主编《中国新民主革命通史》第 3 卷，上海人民出版社，2001，第 690 页。

系密切的日本反应更为强烈。日本公开宣称的理由虽然是"此时承认征收附税，将使中国更加无视现行条约"，但实际上更在于，"日人满期去年的关税会议就新征关税内，觅一固定担保"，①担心此次单方面的征收会使其多项无担保借款失去着落，更不希望附加税在未征得其许可的情况下提前征收，加重本国工商界的负担，削弱日本商品在中国市场的竞争力。对于这种情况，日华实业协会也毫不犹豫地站在日本政府一边来抵制中国的征税政策。协会在1927年1月上旬的一份针对中国时局的意见书中提到，对于单方面增加关税税率之类的"不法、无理解"的行为，如果列国间无法协调一致，日本将采取单独行动以寻求自卫之途。②由于健康上的原因，涩泽荣一并没有直接参与这份意见书的制订，当意见书被递交给涩泽以征求其意见时，见到其间的言辞如此激烈，涩泽还特意提醒参与制订的儿玉、白岩、角田等人要对实际情形进行充分调查，冷静应对，避免陷于过激的旧循。③尽管如此，这并不能说明涩泽赞同中国增税的举动。我们更应看到的是，在涩泽的许可之下，日华实业协会还以其为会长的名义致信币原喜重郎，就北京政府宣言增税一事表示拥护日本政府"绝对反对"的声明，要求政府对这种"不法的课税"坚决拒绝，声称增税之事无论如何要通过合法的途径，也就是在列强同意的情况下加以解决。④无独有偶，除日华实业协会之外，大阪的实业组合联合会也于17日召开理事会，就关税附加税问题协商应对之法，并在其决议文中声称："北京政府之关税附加税万一实行，或南方之排外运动，蔓延他处，首受其害者即为日本，此际政府关于条约上既得权之主张，宜一步勿让，凡有碍输出贸易之要求，概勿应允，从事断然之处置，以保护日人之生命财产及投资事业。"⑤

之后，尽管关税会议没有立即召开，但日华实业协会仍在关注着局势的进展，如1927年2月时，包括涩泽在内的日华实业协会诸人就邀请通商局长佐分利贞男介绍中国政情和有关关税会议再开事宜的最新进展。⑥不久

---

① 单冠初：《中国收复关税自主权的历程——以1927—1930年中日关税交涉为中心》，第16页。
② 《涩泽荣一传记资料》第五十五卷，第449页。
③ 《涩泽荣一传记资料》第五十五卷，第449页。
④ 《涩泽荣一传记资料》第五十五卷，第450页。
⑤ 《日实业界对我国附税态度》，《申报》1927年1月24日，第5版。
⑥ 《涩泽荣一传记资料》第五十五卷，第455、456页。

之后，情况又有了新的变化。

（三） 与南京国民政府的争执

1927 年 7 月，南京国民政府颁行《国定进口关税暂行条例》，并发出了关税自主的公告，声明"自 9 月 1 日起在江苏、安徽、浙江、福建、广东、广西六省实施关税自主，裁撤厘金，外国货品进本国通商口岸，普通品值百抽七点五，甲种奢侈品值百抽十，乙种奢侈品值百抽二十五，丙种值百抽五十七点五"。① 8 月 13 日，外交部长伍朝枢又代表国民政府对外发表宣言称："凡经前北京政府与各国所订各种不平等条约，现今再无存在之理由，当由国民政府以正常之手续，概予废除。"② 宣言公告之后，列强大为不满，"各国驻华公使举行使团会议，谋联合对我之道。一方面对我之布告宣言不加正式表示，一方则调集兵舰，分驻各处海关，借以恐吓我国"。而日本更是显得气急败坏。日本驻华公使芳泽"公然谓中国如未得日本同意，实行关税自主，日本将采取适当手段对付云云"。③ 对于这种情况，上海日本商业会议所也特意致电日华实业协会，在历数因山东出兵等问题所引发的中国排日浪潮对日商带来的损失的同时，也抗议"南京政府无视条约，最近陆续发布实施输出附加税、奢侈品附加税、煤炭消费税、正税、现银及杂项输出禁止令等不当课税和不当法令"，要求日华实业协会向政府建议施以经济上及其他方面的报复手段。④ 在这种情形之下，日华实业协会也对国民政府的"不当课税"给予了极大的关注。1927 年 8 月 6 日，协会会长涩泽、副会长儿玉等人在事务所召开干事会，集中讨论国民政府的税收问题。协会干事荻野元太郎在会上报告了如下内容。

南京政府虽然宣布以 9 月 1 日为期实施裁撤厘金、关税自主，但这明显违反条约，绝对不能承认。近来支那只主张权利而全然不负义务，一味采取不合理之行动。根据南京政府的这个布告，若实施国定输入关税暂行条例，普通商品在现行五分税率的基础上再增加七分五厘，

---

① 郑备军：《中国近代厘金制度研究》，中国财政经济出版社，2004，第 116 页。
② 洪钧培编《国民政府外交史》，华通书局，1930，第 237 页。
③ 洪钧培编《国民政府外交史》，第 238 页。
④ 《渋沢栄一伝記資料》第五十五卷，第 482 頁。

即课以一成二分五厘，奢侈品则增税三成以内，这个结果自不用说，将使我之对支贸易蒙受莫大之影响，恐怕对支年输出额也难免会有四千四五百万日元的减少，同时，关税负担额一年至少会增加三千八百万日元。另一方面，作为裁撤通过税的补偿，将会新增与国定输入暂行税率同等税率的出厂税，结局将使在支日本人所经营的企业从根本上受到破坏，陷入全灭也未可知。这个结果，将使自注入投资额约二亿日元之上海的邦人所经营的纺织业始的各种企业蒙受莫大之打击。鉴于这等事情，我国对于上述南京政府的新征税因违反条约而要坚决反对的同时，也有必要在与列国的共同行动之下，不承认此等不当课税，在仅仅纳付正税的同时，对于关税收入的存款也要限定在外国银行，促使南方政府之反省。①

在听取了上述报告后，会议决定加入由关西地区大日本纺绩联合会等十五个团体组成的"对支商权拥护联盟"，并派角田隆郎、荻野元太郎二人作为协会的代表前往参加联盟会议。而涩泽本人也对关西方面的联盟组织表达了赞同之意。② 8月8日，"对支商权拥护联盟"召开大会并做出了决议。决议中再次提到，"最近南京政府不顾列国的抗议而征收各种不当附加税，又即将自九月一日起擅自行使关税自主权，妨害通商贸易，开设出厂税而欲消灭外人之企业，等等，可谓故意践踏通商条约、无视国际信义之暴举"，有鉴于此，遂向政府提议："帝国政府宜与列国协同，对于南京政府首先要以强硬之态度促其反省，寻求使其尊重条约规定之法，若列国协调不成，帝国政府应鉴于日支两国政治及经济上的特殊关系而断然采取单独自卫之策，以拥护受破坏之我商权。"③ 这个决议的内容与上述荻野的报告大致相同，但语气明显更为激烈，态度更为强硬。当然，在参加讨论并通过该决议的成员团体中，日华实业协会的名字也赫然在列。日本经济界对南京国民政府的这些税收决定的强烈反应引起了很大反响，中国的媒体也进行了报道。如《申报》就对"对支商权拥护联盟"的这次会议报道称：

---

① 《渋沢栄一伝記資料》第五十五卷，第483、484页。
② 《渋沢栄一伝記資料》第五十五卷，第483页。
③ 《渋沢栄一伝記資料》第五十五卷，第484页。

"日本关西之二十六实业团体，为拥护商业起见，对于南京政府之关税自主权，决议以强硬之态度，促其反省，而尊重条约权。"① 另据日华实业协会的报告书记载，同月16日，针对中国关税问题，该协会的干事诸人和东京其他的工商界人士在东京讨论联盟运动的方法，上海的日本商业会议所也派员参加。众人议定联合东京、横滨等地的各个团体共同发起一场旨在反对中国宣布裁厘加税和关税自主的运动。② 除了日华实业协会所参与的这些活动之外，在华日商也坚决表示反对。上海、汉口等地的日本商业会议所分别声明要求日本政府采取强硬措施以促使南京国民政府反省。③ 上海的日商纺织联合会也决定，如南京政府不取消9月1日之课税，日本9家纱厂将全体停业，"与其蒙受损失于将来，不如采取停业手段于今日"。而顺天驻沪日商纱厂同业会也宣布响应上海日商的行动。④

由于包括日本在内的列强的一致反对，再加上国内局势尚不稳固、准备尚不充分等因素，南京国民政府不得不在8月底发布公告，宣布暂缓实行《裁撤国内通过税条例》等三个新订条例。此事最终以令日华实业协会比较满意的结局告一段落。不过，关税会议的前途仍然充满着变数，中国的政治局势虽然呈现出南方政府逐渐居于上风的倾向，但全国仍未统一。这也使得日本的实业界对于中国经济环境和关税问题的走向感到担忧。他们希望中国能够出现一个具有代表性的中央政府与列国签订一个对日方有利的关税协定。

关税会议虽然终止，但对于该会议再开的酝酿却一直在进行之中。1927年8月23日，取代安格联而任代理总税务司的易纨士在北京政府的授意之下，拟定了一个名为《总税务司就中国恢复关税自主权问题致中国南北两政府备忘录》的文件，提议召开中国南北政府及列强联席关税会议。⑤ 起初，南京政府对这个提议并不感兴趣，但进入1928年之后，在提出的废约要求遭到列强一致反对的情况下，由于财政困难，南京政府遂响应易纨士

① 《日实业界与关税问题》，《申报》1927年8月10日，第4版。
② 《涩泽荣一伝记资料》第五十五卷，第486页。
③ 《涩泽荣一伝记资料》第五十五卷，第485、486页。
④ 单冠初：《中国收复关税自主权的历程——以1927—1930年中日关税交涉为中心》，第57页。
⑤ 备忘录内容详见单冠初《中国收复关税自主权的历程——以1927—1930年中日关税交涉为中心》，第70页。

的提议，决定派人参加拟在上海举行的南北关税会议。对于这个酝酿中的关税会议，在日本外务省与中国及英美等列强密切磋商的同时，日华实业协会也相当关心。1928 年 2 月 27 日，日华实业协会将拟定的对华时局意见书草案交由涩泽审阅，并请其在 3 月 2 日出席协会的干事会会议上进一步讨论此事。这个草案包括三个方面内容，其一是对于恢复中国和平的劝告意见，其二是关于关税会议的再开问题，其三是对于日本设立外交委员会的意见。单就关税问题来看，草案中肯定关税会议有再开的必要，认为这对中国的关税改革、解决各种不当课税以及整理内外债等问题都有促进作用，而这些也有利于促进中国统一形势的出现。① 3 月 2 日，涩泽、儿玉等人出席了在协会事务所举行的干事会，就中国时局问题进一步交换了意见。15日，干事会再次讨论了意见书草案，并邀请亚细亚局长有田介绍了当下关税问题的最近进展。涩泽荣一也应邀出席了此次会议。② 23 日，涩泽与儿玉、白岩等人专门访问了首相兼外务大臣田中义一，正式向其陈述了协会关于中国南北和平、对华贸易以及对经济关系上影响最为重大的关税问题的解决等问题的意见。30 日，涩泽、儿玉、白岩等人在干事会上详细报告了访问田中的始末。会议一致决定，在上述意见草案的基础上，正式发表关于中国时局及关税问题的意见书，并将其发送至政府当局及其他各方。③这份正式的意见书的内容虽然与先前的草案有所不同，但也大体一致。其中提到，日方愿意遵照原北京关税会议以来的主义和方针，舍小异而顾大同，努力实现关税会议的再开。同时，意见书也强调重开关税会议的一个前提即是中国要有一个具有代表性的强有力的中央政府，认为实现中国国内的和平和统一更为迫切。④ 从日华实业协会的一系列言行来看，其之所以提出"舍小异而顾大同"，乃是避免再次在会议中陷于孤立，但同时也强调坚持向来的原则。另外，协会之所以赞成重开关税会议，主要的目的即是要求中国政府废除各种"不当课税"和尽快偿还长年累积下来的对日债务，尤其是那些无担保债务。另外需要提出的是，除了上述各项活动之外，日华实业协会还连同日本商工会议所、日本经济联盟会、大日本纺绩联合会

---

① 《渋沢栄一伝記資料》第五十五卷，第 491、492 页。
② 《渋沢栄一伝記資料》第五十五卷，第 492、493 页。
③ 《渋沢栄一伝記資料》第五十五卷，第 493、494 页。
④ 《渋沢栄一伝記資料》第五十五卷，第 494 页。

等经济团体一同召开了"支那问题联合协议会"，在 5 月 17 日、18 日两天的时间内开会协商对华问题，并发表了一份包括日本对华方针、劝告中国和平、敦促中国尊重条约以及有关关税问题的意见书，而在关税问题方面，则与之前日华实业协会意见书的内容基本一致。① 在某种意义上可以说，通过这种联合会议的形式，日华实业协会将自己关于关税会议的看法上升为日本实业界的全体意志。

在"二次北伐"及"济案"发生之后，易纨士备忘录提议的中国南北政府及列强关税会议实际上已经流产，军事上的胜利使南京国民政府对这个提议不再感兴趣。取而代之的是，南京国民政府于 1928 年 6 月开始，提出"实行重订新约，以完成平等及相互尊重主权之宗旨"，发表《关于重订新条约之宣言》，意图与有关国家废除旧约、重订新约。对此，包括美国、法国、意大利、葡萄牙等国在内的西方国家都声称愿意根据相互平等的原则与中国开展新约谈判。然而，以对华强硬著称的田中义一内阁却拒不同意与中国谈判，认为中国的废约声明系单方面宣布，"乃蔑视国际信义之暴举"，如中国坚持实行，日本将"不得已而实施认为适当之处置"，并威胁"当采取认为必要的行动，以维护其利益"。② 不唯如此，日本还与其他国家积极展开沟通，妄图共同抵制中国的声明。然而，1928 年 7 月 1 日《中美关税条约》的签订却使日本的处境极为不利，美国等国家基本上承认了中国的关税自主，这使日本再一次孤立起来。相应地，中国的反帝运动也开始将矛头对准日本，国民党激进派抓住这一机会进一步煽动民众以向日本施压，排斥日货的团体势力也变得更加壮大。在这种情况下，日本内部也有人开始反省对华政策。例如，上海总领事矢田就对田中政府的对华方针提出了某些批评，希望能够改变这一局面。③

对此，日华实业协会的态度也变得灵活起来。9 月 11 日，副会长儿玉、干事白岩等人连同大阪日华经济协会的人员一起向田中义一提交一份由日华实业协会会长涩泽荣一和日华经济协会会长谷口房藏署名的关于中国关税问题的意见书。意见书中称，关于新近发生的关税问题，中国方面希望

① 意见书内容详见《涩泽荣一传记资料》第五十五卷，第 500、501 页。
② 刘咏华：《北京关税会议与日本》，《日本研究》2003 年第 3 期。
③ 王建朗：《日本与国民政府的"革命外交"：对关税自主交涉的考察》，《历史研究》2002 年第 4 期。

今年 10 月起暂行差等税率，明年 1 月起实施自主的国定税率，对此，一方面，听闻其他的重要关系国表示原则上赞同，而有最重要关系之日本政府如果维持现状的话，其结果不仅是日本将在继续抗议暂行差等税率的同时而被强制征收，陷于不利之状态，而且难保不会出现诸如中国对日本的特殊商品随意更定税率、使日本贸易蒙受打击之类的行为；另一方面，对于整理日本的巨额债权，如果关税增收时无视附带条件而任意行动的话，日本将难保不会实际上失去债权回收的途径。基于这样的担心，意见书呼吁日本与其他各国进行充分协商，在关税税率问题上，在维持以先前各主要代表国一致同意的七种差等税率为基准的同时，确保关税的用途符合日本所提的条件。① 明显可以看出，日华实业协会敦促日本政府在中国关税问题上改变态度，原因就在于担心日本一味地强硬会使日本的债权收回、关税交纳等经济利益受到影响，而这些关切与上文呼吁关税会议再开的目的是高度一致的。

将意见书递交给田中之后，协会又屡屡召开干事会讨论这一问题。如据日华实业协会报告书所称，9 月 18 日，干事会在事务所开会继续讨论关税问题；9 月 25 日，干事会开会报告了最近关于关税问题的情报；10 月 8日，协会的干事诸人审议最近日中两国间交涉中的关税问题及附带条件；儿玉和白岩等人先后于 10 月 9 日和 12 日两次面见外务当局，就关税问题交涉之际的增征关税附带条件问题，陈述协会的希望；10 月 18 日，干事会详细报告了上海的船津干事和北京芳泽公使关于关税等问题的电报；等等。②

日华实业协会向田中的进言起到了作用。在国内出现质疑声音的同时，田中内阁在中国关税一事上同列强的外交也屡屡碰壁。1929 年初，田中内阁不得不决定缓和对华政策。7 月 3 日，在日本国内的一片反对声中，田中内阁被迫辞职，民政党浜口雄幸组成新内阁，币原外交重返中日交涉舞台，中日关税交涉也正式提上议事日程。③

与关税交涉同步进行的还有两国之间的商约修改问题。到 1928 年底，南京国民政府已同除日本以外的所有相关国家签署了关税协定，达成了新

---

① 《渋沢栄一伝記資料》第五十五卷，第 505、506 頁。
② 详见《渋沢栄一伝記資料》第五十五卷，第 506、507 頁。
③ 刘咏华：《中国关税自主与中日交涉》，《日本学论坛》2000 年第 2 期。

的商约，唯独日本迟迟不肯签订新约。直到 1929 年 3 月就济南问题达成协定之后，双方才开始着手修约交涉。5 月 2 日，两国的代表举行了修订中日商约的第一次会议。由于商约谈判牵扯的范围广，对两国的经济贸易影响比较大，日本的经济界对此也表现出了高度关注。1929 年 7 月 9 日，主要由东京、大阪、京都、名古屋、神户、横滨等地的商工会议所组成的日本商工会议所日中通商条约改订委员会，向日本政府提出了《关于日华通商条约改订的意见》。该意见书指出，尽管中国政府收回关税自主权，令人对将来的日华通商贸易产生一些担心，但各国政府都承认中国关税主权，而只有日本独力抗拒，这对日本不利。不如提出条件，对中国的要求做出回应。他们提出，应对日中之间重要商品的关税订立一个长期的互惠协定，并开列了棉布等 27 类应予互惠的商品。另外还提出了其他要求。① 而日华实业协会更没有袖手旁观。该协会在频频召开干事会进行商谈的同时，自 1929 年 6 月起，还与日本经济联盟会召开了 10 余次会议，专门讨论商约修订问题，并邀请外务省官员介绍中日谈判的最新进展以及听取日本各行业商工业者的意见，最终形成了一份名为"关于改订日支通商条约之意见书"的文件。这份意见书的内容刚一问世，就作为日本商界意见的代表而广受重视。当时中国方面的一篇文章在论及日本商界对于中日商约的意见时就援引说："关于中日商约问题，日本经济联盟会与日华实业协会，迭开联合会议，决议要旨如下：一、关于撤废治外法权，必须根据各国法权会议决定之调查书之主旨，将该调查书记载之劝告事项，一一完备实行，使外人得于中国法权之下安居乐业，实为必要，今立即撤废领事裁判权，为时尚早。二、关于内河航行权撤废问题，对于此后新开始之航路，承认特许主义，而对于既得权之航行权，则承认继续之。又关于与经济界有重大关系之关税问题，将决定希望编入互惠条约之商品目录。"② 这则资料将关税问题的内容一带而过，然而事实上原意见书中对关税问题和中日通商条约的意见还是比较详细的。

这份意见书提到，日本同中国缔结关税互惠协定极为必要，"盖在恢复

① 王建朗：《日本与国民政府的"革命外交"：对关税自主交涉的考察》，《历史研究》2002 年第 4 期。
② 张旭光：《中日商约问题》，《新民半月刊》1929 年第 1 期。

关税自主权的同时，支那政府作为增加岁入和保护国内产业之手段，必会大幅提升关税税率，将对我邦之对支输出品造成显著影响"，而互惠协定则可以有效规避这一点。进一步地，意见书还就关税的若干细节性问题阐明如下。一、互惠条约的年限至少为 10 年，而频繁改订互惠品目和税率则会给经济界带来不安；二、享受互惠税率的商品的选定标准包括：当下在数量和金额上比较重要的对华输出品、现在不重要但将来有望发达的对华输出品、受中国国内产业勃兴影响显著的商品、因中国关税提高而需求减退且对日本国内产业影响显著的商品；三、互惠税率的标准以中国现行七种差等税率为准；四、即便与原则相符，但在交涉中也有可能会有删减，适用互惠税率之商品总价格，在现行差等税率实施之际，要达到日本方面要求的最低总价格。① 与前述日本商工会议所日中通商条约改订委员会的意见书相比较，二者在内容上尽管不尽相同，但在关税一事上的总体取向还是基本一致的。

在 8 月 26 日的日华实业协会干事会上，与会成员一致决定以日本经济联盟会会长团琢磨和日华实业协会会长涩泽荣一联名的形式将意见书递交给外务大臣。而从中日双方的谈判过程来看，意见书中的内容也有相当一部分被日本拿到了谈判桌上。例如，日方代表在谈判中就一再要求与中方订立一个长期的关税互惠协定。在 1929 年 10 月 20 日的会谈中，日本新任驻华公使佐分利贞男将恢复关税自主权与订立互惠税率联系起来。② 两国最终于 1930 年 5 月 6 日订立了新的《中日关税协定》。在该协定中，中方同意日本主要输华商品的税率分别维持一年至三年不变，还确认整理"日本债权人借与中国无担保及担保不足之款"，承诺从关税中每年提存 500 万元，以作整理内外债之用。③ 这样一个结果，尽管没有完全符合日华实业协会的要求，但也在相当大的程度上对其予以满足。

从北京关税会议到 1930 年《中日关税协定》的签订，日华实业协会通过种种途径探知关税议题的进展，开会加以讨论，并向政府反映自己的意

---

① 《涩泽荣一传记资料》第五十五卷，1964，第 513 页。
② 王建朗：《日本与国民政府的"革命外交"：对关税自主交涉的考察》，《历史研究》2002 年第 4 期。
③ 王建朗：《日本与国民政府的"革命外交"：对关税自主交涉的考察》，《历史研究》2002 年第 4 期。

见。在整个过程当中，其充当日本经济界代言者的作用显露无遗，无论是要求压低税率、签订互惠协定，还是敦促整理对华债权，似乎都是出于维护日本经济界利益的考量。由于此时的涩泽荣一已经年迈，日华实业协会在处理中国关税问题之际也许并非由涩泽直接主持交涉，很多时候只是挂着他的名义。而且正如前文提到的，当协会出台一个对华措辞强硬的决定时，涩泽的态度还一度显得有些慎重。然而总体来看，在整个交涉过程中，他还是比较关注此事的，甚至协会的一些重要决定还需经过他的许可才能够得到通过和执行。在某种程度上，协会的决定亦反映出涩泽本人的意愿。

二　日华实业协会与中国抵日问题

在 20 世纪前半叶的中日关系史上，中国的抵制日货运动是一个重要主题。从 1908 年的辰丸事件一直到抗日战争全面爆发前夕，共发生了不下 10 次大规模抵制日货运动，其中又以 20 世纪 20 年代的几次抵制运动最为突出。以往的研究虽然已经对这些运动有了许多探讨，但大多是从中国方面进行论述的，而对于日本方面的反应尤其是日本经济团体的反应所做的探讨还比较少见。在这里，本书在以日华实业协会为中心考察日本经济界在抵日运动中的作为的同时，也再一次通过具体事例来探讨日华实业协会对涉华事务的参与，进而从实践层面反观涩泽荣一的对华外交理念。

（一）在 1923 年抵制日货运动中的作为

1923 年，被日本所控制的旅顺、大连两地的租借权到期，而日本却援引一直未受中国国会承认的"二十一条"，要求延长租借期限。中国民众为此群情激奋，抵制日货运动因之而起。在抵制运动的初期，日本国内并没有充分重视这一问题，直到这个运动逐渐壮大并导致日商受损之时，才开始变成一个"举国上下关注的问题"。据中国旅日学生旅大收回后援会报告："查排货初起，彼国舆论颇抱乐观。谓不过往年之续，五分之热度，少数之煽动，其势不振，不足虑顾。今者则何如乎？排货对策，几为彼国问题之中心矣。影响之巨，非彼始料所及也。据彼商界调查，则棉丝也，砂糖也，出口皆大行减少。正金、台湾在华各行，营业皆大受打击。日清公司之汽船，皆无装运，其结果多至停驶。天津一埠，损失约 1200 万元，上海约 4000 万元，通计各埠损失，已达 1 亿元。再就日本本年 6 月份全国贸易观之，输入计超过输出 9600 万元，较之前月增加 500 万元。"① 日本商业受到这样的损失之后，日本国内的各个商业团体开始紧张起来。自 6 月份起，日华实业协会、日本全国商业联合会、东京商业会议所、日本贸易协会、东京实业联合会、日本纺织联合会、实业同志会、大阪商业会议所、大阪日本棉花同业会及输出棉丝同业会、棉丝商同盟会等，连日"开会请愿，奔走呼号，日不暇给"。此外，日本国会两院议员以及民间有力团体，又联合组织"对华同盟会"。这些日本团体一致主张，"要求日本政府对中国采取最强硬之外交手段，以取消排日运动"。②

一方面是日本的媒体对中国抵制运动铺天盖地的报道，另一方面，各个在华日人商业团体也纷纷致电日本政府和实业团体，以求后援。日华实业协会在 1923 年 3 月时就已经开始注意到中国方面的一些抵货行为，但还没有很快采取相应的对策，直到感觉到形势越来越不利时，才开始认真起来，不断将相关的资料发给协会会员，并召开协议会商讨对策。据日华实业协会的有关资料记载，协会最早讨论此次抵制日货运动是在 6 月 9 日的干事会会议上。会议决定事项如下：第一，根据以上之方针而访问外务大臣，要求采取适当的措施；第二，与商业会议所和其他实业组合联合会联络，采取共同行动；第三，向与中国关系密切的会员进一步了解实情并征求意见；第四，与外务当局随时接洽，交换意见。③ 事实上，该协会在以后的行动中基本上就是按照这些决定做出反应的——通过来自中国的日本商人的报告、派员前往调查、邀请官员介绍等途径了解抵制运动的详细进展，继而召开干事会以及与其他经济团体的联合会议做出具体对策，再将这些决定呈送给政府或公开登报，以发出自己的声音。按照 9 日的决议，协会会长涩泽荣一和副会长和田丰治于 11 日拜访内田外相，向其报告日华实业协会对于中国抵制日货的意见。而外务省也表示欢迎和认可协会的决议，答复说已经向北京代理公使训电要求采取措施，希望协会今后能够密切关注此

---

① 马建标：《湖南外交后援会、湘案交涉与 1923 年的国民外交运动》，载金光耀、王建朗主编《北洋时期的中国外交》，复旦大学出版社，2006，第 314 ~ 315 页。

② 马建标：《湖南外交后援会、湘案交涉与 1923 年的国民外交运动》，载金光耀、王建朗主编《北洋时期的中国外交》，第 315 页。

③ 《涩泽荣一传记资料》第五十五卷，第 205 页。

事并随时提出对策。

与以往的抵货运动不同，这次抵制日货运动中有中国商界的积极参与。"此次抵货运动，与前数次又复不同。盖前此抵货运动主动者为学生，对于商家之不卖日货类多强制执行。此次则由各地商会自动相约不购日货，其已购进之日货，准其登记，至售完为止。"① 日华实业协会也充分认识到了这一点，认为这必须予以充分重视。在与内田外相会面后，涩泽就对此发表看法，这在很大程度上也代表着协会的意见。他指出，以前的排日运动主要以学生为中心，而从最近的实情来看，商务总会却突然参加到运动中去，"本应阻止此等运动的商务总会，毋宁说是运动的中心"，其影响绝非浅鲜。在涩泽看来，日华实业协会是因弥合两国关系、追求经济合作而建立的，致力于日中经济亲善。而中国商会的行为却无异于用脚投票，拒不与日华实业协会合作。更何况，有了商界参与的抵制日货运动，会对日本商人更为不利。所以涩泽荣一以及日华实业协会才会表现得比较强硬，希望外务当局要求中国政府予以坚决制止。②

6 月 15 日，协会再次召开干事会议，决定在与日本全国及在华各日本实业团体充分联络协商的基础上，圆满解决抵制日货问题，并于最近同外务省当局会面做进一步的恳谈。③ 按此计划，19 日，协会在日本工业俱乐部与外务省的官员亚细亚局长出渊、情报部次长广田以及坪井、粟野、冈部等科长举行了恳谈会。对于此次会商，涩泽对外介绍称："日华实业协会与外务当局的协议，不过只是就排斥日货问题而交换意见。外务省方面希望问答的内容不要对外公布。不过总而言之，吾人的希望在于，利用此次机会，从根本上解决支那屡屡发生的排斥日货问题，即是不仅要依靠政府，我等实业家们也要献出一己之力，一致协同，无论如何也要期待该问题的圆满解决。"涩泽声称以公正稳健之态度，尽快寻求对于中国排日的具体方法，④ 而这种方法的求得就是通过日华实业协会的内部讨论以及与其他实业团体充分联络协议而成。从时间上而言，这两种途径并非截然分开，而是交替进行的。

---

① 傅勤先：《二十五年来抵制日货运动之经过及其影响》，《力行月刊》1933 年第 10 期。
② 《涩沢荣一伝记资料》第五十五卷，第 200、201 页。
③ 《涩沢荣一伝记资料》第五十五卷，第 200、201 页。
④ 《涩沢荣一伝记资料》第五十五卷，第 201、202 页。

协会于 6 月 21 日仔细审议了由角田隆郎起草的应对意见，7 月 2 日时，再次开会议决了作为应对抵制日货的若干项应急之策，并最终形成了一份公开发表的声明书。声明书大致包括有关处治排日责任者、取缔和禁止排日运动、损害赔偿、善后保障以及以口头形式向政府当局提出希望等内容。① 声明提出："……吾人的希望是，通过东洋两大民族完全的谅解和提携，为世界的和平做出贡献。此即为本会所深信不疑之使命。"② 这样的声明，既是向日本政府和日本国民告知协会的立场和态度，更是在向中国方面隔空喊话，言语间一再强调日华实业协会的对华友好立场，然而却是软中带硬，意在促使中国停止抵制日货活动。7 月 3 日，协会的涩泽、和田、白岩等人再次与外务省官员公使芳泽、通商局长永井、亚细亚局长出渊等人会谈，向后者陈述了协会关于排货问题的意见以及应对之策。外务省方面对此大体表示认可，声明将采取适当的措施加以应对。③ 即便是在 1923 年的排日风潮因东京震灾、中国政府的压制等原因而走向低潮之后，但凡有在华日人就抵制日货之事向其求助，日华实业协会仍然会不遗余力。例如，1923 年 11 月间，因为汉口的抵制运动并没有因为赈济日灾而减弱，汉口日本棉花株式会社及日华制油株式会社社长，同时也是日华实业协会干事的喜多又藏先后几次致信涩泽荣一，向日华实业协会控诉汉口等地的抵制日货运动给当地日商以及经营日本产品的当地华商带来的损失。接到来信后，协会于该月 19 日召开协议会讨论此事，涩泽本人也有出席。会上决定，虽然中国各地的排日运动自震灾以来大为减弱，但鉴于湖南、湖北等地其势仍炽，由涩泽向外务大臣陈述协会对此的关切之情，并望政府有所作为。④

在单独协议并向政府呈递意见的同时，日华实业协会也积极谋求与其他日本实业团体的合作，以求共同协商，形成了中国的抵制日货声势浩大、日本的反制行动同样不容小视的景象。1923 年 6 月 12 日，协会副会长和田丰治专门造访东京商业会议所，就抵制日货一事进行先期接洽。同时，协会也就此与东京实业组合联合会取得了联系。经过多方沟通，在涩泽的主持之下，日华实业协会与这两个经济团体于 6 月 25 日举行了第一次联合协

---

① 《渋沢栄一伝記資料》第五十五卷，第 204、206 页。
② 这些只是声明书的大意，全文详见《渋沢栄一伝記資料》第五十五卷，第 202～203 页。
③ 《渋沢栄一伝記資料》第五十五卷，第 204 页。
④ 《渋沢栄一伝記資料》第五十五卷，第 231、232 页。

议会。出席的人员中，日华实业协会方面包括涩泽等四人，东京实业组合联合会和东京商业会议所则分别派出 14 名代表参加。在会议上，涩泽荣一详细阐述了自己关于日货排斥的意见和希望，并介绍了之前访问外务省及在日本工业俱乐部与外务省官员会谈的经过，而会议也决定尽快出台具体的应对方案。① 不唯如此，1923 年 7 月 8 日，为了进一步唤起日本针对中国抵制日货活动的舆论氛围，由日本贵族院和众议院两院议员中的有力人士及民间人员组成的"对支国民同盟会"召集日华实业协会、全国商业会议所联合会、东京实业组合联合会等团体，在东京华族会馆召开协议会，并选定 16 名实行委员，筹备召开"对华国民大会"。而来自日华实业协会的涩泽荣一、和田丰治、白岩龙平等三人，也名列其中。除此之外，为了最大限度地起到唤起舆论的效果，此次会议还决定国民大会在日本的六大都市依次举行。② 9 日和 13 日，涩泽荣一等实行委员即召开委员会会议，议决一些大会召开前的筹备事宜。③ 按照既定的安排，7 月 15 日，"对支国民大会"首先在东京日本工业俱乐部召开，出席者包括上述四大团体的代表共计达 500 名之多。涩泽在会上发言声称："支那现在到处频发排日运动，我们对支那一直虚心坦怀，以非常之友谊而尽力于彼地之开发。然而支那却不知邻邦之谊，事事每以排日相应，这不能不说是对于邻邦无视所谓邦交。故而，比起探索排日运动如何兴起之既往原因，今后如何方能镇压这一现象才是当下国家之紧要事情。因此，希望两国的当局者对此有充分注意。切望能对本会主旨有所裨益。"④ 此次会议上，众人决议如下："目前支那频发之排日暴动，对我国民表现了明显的敌意，岂非有悖国交之通义、损害东洋之和平也？这大概是源于当事者的煽动，非支那全体国民之本心，然而恐怕会因此而对日支两国间酿成重大之影响。吾人在此披沥诚意，敬告支那官民从速改善现状、防止局面之恶化。若没有什么改正的话，日本国民将为了自卫而不得不采取适当的措施。若事情不幸至此，其责任全在支那官民。"⑤ 上述涩泽的发言已经是罕见的严厉，而"对支国民大会"的决议与其说是决

---

① 《渋沢栄一伝記資料》第五十五卷，第 208 頁。
② 《渋沢栄一伝記資料》第五十五卷，第 210 頁。
③ 《渋沢栄一伝記資料》第五十五卷，第 215、216 頁。
④ 《渋沢栄一伝記資料》第五十五卷，第 211 頁。
⑤ 《渋沢栄一伝記資料》第五十五卷，第 212 頁。

议，毋宁说是赤裸裸的威胁。这种语调充分显示出日本商界对于抵制日货的强烈不满，也是他们在此次抵制活动中情绪上的最高峰。此后的一段时间里，涩泽荣一也出席过"对华国民大会"后续的一些委员会会议，日华实业协会亦曾派员同其他团体的代表一道将大会决议上报给日本政府。

当然，单单是施以强硬之态度不足以平息此次运动，中国民众也不会被日本的威胁所吓倒。日华实业协会还采取另一种方式，即同中国商界直接展开联络，借以缓和中国内部的抵日情绪。1923 年 8 月，日本驻天津领事吉田茂向外务大臣内田康哉致信，望其向日华实业协会转交中国商人的一封信件，信中内容如下："涩泽子爵阁下，敬启者。中日两国唇齿相依，利害与共。近年虽倡中日亲善之论，而成效未彰，龃龉时有，识者尝引为遗憾。不特为敝国忧，而亦为贵国惜也。素念阁下创立日华实业协会，以研求两国亲善之实现。以德等钦佩无似，深表同情，故不揣绵薄，特为函商如荷。贵会赞成即请函复，以便协力研究，共策进行，以敦睦谊。云天翘首，无任钦迟，专此即颂，勋绥不尽缕缕。"① 署名为叶登榜、宁世福、杨以德、卞荫昌、王贤宾五人。在这五人当中，除杨以德为天津警察厅长外，其他四人皆是天津商界的有力人士，卞荫昌更是时任天津总商会会长。吉田茂在信中声称，中国商会致信日华实业协会乃是向日本商界表示共同提携之情，还希望该协会能够进一步拓展联络范围，与上海、汉口等地的中国商会建立合作关系。② 顺带要说的是，天津商会并非原本就与日本方面采取合作态度。在杨以德试图拉拢商会之时，卞荫昌的态度还比较坚决，谓中国商人不买日货，皆出于爱国义理；再者，商民自己决定不买日货，商会采取此法，完全出于商人要求，确系保护商人。几天后，他与日商会长谈判时亦指出，中日两国绅商应该要求本国政府与国民不要走向极端，请日本各大绅商转请日本政府改变其侵略中国的政策。③

虽然天津商会向日华实业协会致信的直接原因暂时无从知晓，④ 但在日

① 《渋沢栄一伝記資料》第五十五卷，第 219 页。
② 《渋沢栄一伝記資料》第五十五卷，第 218、219 页。
③ 宋美云：《近代天津商会》，天津社会科学院出版社，2002，第 194 页。
④ 在日本的压力之下，北京政府对抵制日货的态度开始由默许逐渐转为压制，天津警察厅也自 5 月起开始插手干预抵货运动，并要求天津商会予以配合，而后者也不得不采取妥协的态度。抵货运动到 6 月中下旬渐趋低落，到 8 月份时则被正式取缔。天津警察厅厅长杨以德后来也试图化解中日商界的矛盾，积极居间调停。文中的信函应该就是在这一背景下发出的。

华实业协会对中国商会参与排货感到十分失望的情况下，这封来自天津商会的信函自然让协会喜出望外。然而，这时突然发生了东京大地震，受此影响，协会直到10月初才开始就该信展开协商。10月2日，协会专门召开干事会讨论此事，涩泽亦受邀出席。4日，干事会又为即将再次赴津的吉田茂举行了午餐会，在征求了吉田的意见之后，进一步商讨天津商务总会在信中提到的共策进行之事。6日，协会以涩泽荣一的名义正式回复中国方面。信中首先解释了来信迟迟未回的原因，并对天津方面的主动态度表示感谢。而对于天津商会提出的"协力研究，共策进行，以敦睦谊"等语，日华实业协会表示这虽然是其向来之夙愿，会员们亦非常赞同，但当下忙于救灾之事，无暇多顾，并嘱托天津方面届时再详细听取吉田关于日华实业协会的介绍，并同天津当地的日商"协力共策"。① 在这里，日华实业协会并非也绝无理由搪塞来自天津商会的合作意愿，只因东京地震、"百事匆忙"，才未及进行详细商讨。不过，作为协会的既定方针之一，日华实业协会自成立后便通过赈济中国灾害、联络中国绅商、在华建立多种文化设施等形式做了大量工作，拉近与中国民众的感情，从而为中国的抵制日货运动降温乃至试图杜绝这一现象的发生。就在1923年的抵日运动结束后不久，该协会还特意派干事角田隆郎在中国各地积极联络当地尤其是商界人士，通过共同成立一些所谓的"亲交机关"来拉拢对方，以防止抵制日货运动的再起。②

当然，事情远非如此简单。时隔两年之后，抵制日货运动随着"五卅运动"的发生而再一次爆发。

（二）在"五卅运动"中的作为

在"五卅惨案"发生之前的1925年2月，上海的日商纱厂就发生过一场规模不小的"二月罢工"运动。五卅惨案发生之后，6月1日，上海租界内的中国商店一律罢市。6月23日，上海总商会宣告全市闭市，25日发表对英对日经济绝交宣言。进一步地，全国各地也相继爆发了打倒帝国主义、取消不平等条约、收回领事裁判权的大规模反帝爱国运动。在英国、日本商店服务的中方人员也被要求一并退出，断绝英、日人食品、饮用水等的

---

① 《涩泽荣一伝記資料》第五十五卷，1964，第220、221頁。
② 《涩泽荣一伝記資料》第五十五卷，第271、272頁。

供给。直到 8 月 12 日日本承诺惩办凶手、道歉及抚恤死者家属，"五卅运动"中的反日风潮才告一段落，而此后的排英运动则持续数月之久。日本商人虽然因中国将反对的矛头对准英国而免遭严重的损失，但是在运动期间，面对中国民众的反抗斗争，包括日华实业协会在内的日本商界乃至日本政府也都为此颇费周折。

在"二月罢工"期间，日华实业协会就收到过来自在华日商的求助信息。2 月 20 日，上海日本商业会议所致电协会称："此次当地日商纱厂爆发之罢工风潮，日益恶化。现在九社三十二厂几全部不能开工，生命财产颇受危害，事态严重。"① 电文最后，上海日本商业会议所希望日华实业协会能够对其主张表示支持，并电告外务大臣。23 日，上海日本商业会议所再次致电日华实业协会，将罢工的若干详细情形予以介绍，并且强调此次罢工的性质与以往不同，并非"普通的劳动争议"，而是有"国民党干部"充当幕后的指使人，"其真正的目的，不仅仅是一场反对日本纺织业者的运动，而是进一步地反抗资产阶级，从而可能逐次将运动范围蔓延至中国各地"。② 我们暂时没有资料可以直接证明日华实业协会在收到这些电文之后做了哪些具体的工作。但从后来上海日本商业会议所的感谢信中可以看出，日华实业协会也的确为此事尽了不少力气。3 月 23 日，上海日本商业会议所会长田边辉雄再次致电日华实业协会的涩泽荣一等人，信中称"最近有劳相烦之本件（即'二月罢工'之事，笔者注），其后在贵方有力帮助之下，风潮逐渐归于平静，各社工厂全部归于开工之常态，……对于贵方之深切同情及大力帮助，兹表满腔之谢意"。③ 不过，罢工虽然告一段落，但是日本方面并未掉以轻心。在试图就一些善后问题继续进行纠缠的同时，日本也意识到类似的运动不会到此为止。如上文的感谢信中仍然提到，这次的罢工不仅给日本工厂带来了损失，还导致"丰田纺绩原田事务长"的

---

① 《涩泽荣一伝记资料》第五十五卷，第 320 页。《五卅运动史料》第 1 卷中的资料显示上海日本商业会议所于 2 月 29 日召开职员会，经慎重审议后向日本政府及各大商业会议所发出了上述电文（详见上海社会科学院历史研究所编《五卅运动史料》第 1 卷，上海人民出版社，1981，第 349～350 页）。但据《涩泽荣一伝记资料》所载，19 日时电文的内容就已经向上述机构做了报告。
② 《涩泽荣一伝记资料》第五十五卷，第 321 页。
③ 《涩泽荣一伝记资料》第五十五卷，第 322 页。

死亡，希望日华实业协会能够在后来的交涉中再助上一臂之力。①

在"五卅惨案"发生后不久的 6 月 10 日，日华实业协会特意召开干事会讨论此事，并邀请外务省的官员以及刚从中国回国的人员介绍局势的最新情况。会议认为，在租界发生的骚动并非全由英国负责，而是应该由包括日本在内的各国共同承担；对于此次运动大规模爆发的原因，认为除了俄国的影响之外，更在于国民党以及"劳动争议经纪人"的煽动，而日商工厂的工作条件和待遇欠佳亦是一大原因。值得一提的是，在这次的干事会上，干事喜多又藏曾提交了一份关于上海暴动的意见书。这份意见书几天后还交到了涩泽荣一手中。意见书将"五卅运动"定性为一场"国权回收运动"，认为它"与劳资争议性质迥异，其根本上起源于反帝国主义思想，标榜的主义、列举的诸要素皆不出政治问题范畴之外"。对于应对之道，意见书明确呼吁日本摒弃"自华盛顿会议以来标榜的对华不干涉主义"，而是要"不问租界内外，对于本国人的工业以及生命财产，如果引起支那人暴动的话，我政府一直要以国家之权威而丝毫不加宽恕，断然采取使彼等不再染指之手段"。② 这份意见书在认识到"五卅运动"具有新的属性的同时，更呼吁日本改变对华标榜的温和态度（即币原式外交），而转为采取对华强硬的新的对华政策。涩泽荣一看到以后，也对喜多又藏的意见相当重视，在意见书上批注道："对于眼下情形，本书喜田氏之意见论及政治、经济两个方面，虽然有些错综复杂，但本协会应在仔细审议的基础上，务必做出回应。希望常任干事诸君尽快对此进行调查。"③ 后来协议的结果虽然无从知晓，但从日华实业协会随后向日本外务省所提交的意见书的内容可以推断，日华实业协会的态度也还是相当强硬的。

"五卅运动"期间，为了使事态尽快得到平息，北京公使团认为上海公共租界当局负有责任，决定对工部局主要官员以及相关责任者给予处分。7月 1 日，公使团做出谴责工部局总董、撤换警务处总巡、斥责捕头以及修正捕房章程等决议。然而，上海工部局以及英国方面却对这一决定相当不满，工部局甚至还直接否决了公使团的决议。在此情景之下，日华实业协会在 7

① 《渋沢栄一伝記資料》第五十五卷，第 322 頁。
② 《渋沢栄一伝記資料》第五十五卷，第 324、325 頁。
③ 《渋沢栄一伝記資料》第五十五卷，第 325 頁。

月 8 日征得涩泽同意的基础上，于 22 日的干事会上正式做出决议，并向币原外相递交一份意见书，就此事发表自己的见解。其间提到，对于上海工部局事件的解决方针，虽然以基于华盛顿会议精神而援助中国的发展为第一要义，但为维持和确保租界将来的秩序和安宁，也需要充实足够的警察力量，善后策的关键在于确保其威信而不能为中国一时之感情所左右。进一步地，意见书对北京公使团的做法提出了批评，认为"即使北京公使团的决定在原则上是公正的处置，但在支那方面以不法手段继续对抗之际，首先发表仅对于工部局的惩戒处分，若欲强行为之则难免落于片面。这种手段与其说是使事件归于和平，毋宁说是长支那方面之气势而使局面恶化之拙策"。此时，日本国内有人提出日本应该利用这一机会来排挤英国的实力，单独向中国示好。而这份意见书中却坚称应当采取与列国协调的路线，特别是，"现在与中国之实际利害占有最为紧要位置之日英两国的协调，此时绝对必要"。①

"五卅运动"自上海爆发后不久即迅速向全国蔓延，很快遍及全国 25 个省区（当时全国为 29 个省区）600 ～ 700 个县，各地约有 1700 万人直接参加了运动。北京、广州、南京、重庆、青岛、汉口、天津、九江等几十个大中城市和唐山、焦作等重要矿区，都举行了成千上万人的集会、游行示威和罢工、罢课、罢市活动。这些活动自然也使日商大受影响。到 6 月份时，日本对华贸易骤降，华中各地日货进口额下跌到 300 万美元，只有前 5 个月月平均额的一半；7 月，华南日货销售由 300 万美元降为 18.2 万美元。② 为此，日华实业协会很快又于 7 月 22 日再次致信币原外相，提出"对于上海、汉口、重庆、九江及广东等地的暴行所带来的损害，无论如何也要追究支那方面的责任"，而不管中国方面到底有没有赔偿能力，"如若不然，依照支那年年暴动不绝之现状，我在华邦人不管业务种类、资产多少，将来都不能安心侨居营业。这确实是事情虽小，关系甚大"。③ 这份建议在征得涩泽的首肯之后，由协会副会长直接呈送给外务次官。据后续的

---

① 《涩泽荣一伝記資料》第五十五卷，第 326 页。
② 王蓉霞：《"五卅"运动中的英国与日本》，《山西大学学报》（哲学社会科学版）2000 年第 4 期。
③ 《涩泽荣一伝記資料》第五十五卷，第 327 页。

资料显示，外务省对建议的旨趣深有同感，答应采取最为妥善之处置。① 而对于 7 月 8 日的那份意见书，涩泽在后来致币原的信中虽然说过它与"现在帝国政府所采取之方针大体一致"之类的话，日本政府虽然对工部局否决北京公使团决议表示不满，事后也答应与英国一起联合进行司法调查，但这并不等于说真正与英国密切合作，也没有像日华实业协会所要求的那样一味采取强硬的立场。恰恰相反，日本外务省采取了一个"低姿态"的策略，在武力镇压上放慢行动，在外交上采取"追随英美"的策略，以回避锋芒。当英国敦促日本一同出兵中国镇压罢工时，发现"日本人已经显出躲到背后去的某种意图"。日本甚至还通过"单独解决上海罢工"谋求尽早脱身，把中国反帝斗争的锋芒引到英国的头上去。② 事实上，代表经济界利益的日华实业协会在感到自身利益受损时会直接敦促政府采取有利于己的对策，而主张与列国的协同应对也是涩泽荣一及协会向来所主张的原则。然而，在处理外交问题时，日本外务省会根据错综复杂的局势做出一些调整和变通。这样，在日华实业协会提出的意见原则性地被政府接受的情况下，双方在具体的对策上还是会有所不同。当然，双方的立场大体上是一致的，所以才能保持着密切沟通。正是由于此，在华日本商人团体和个人，乃至日本驻华官员也会及时地与日华实业协会取得联系。例如，在"五卅运动"后期，当日本与中国方面达成协议时，日本驻华领事就很快告知了涩泽等人，而对于一些具体的罢工等情形，外务省的官员和在华日商更是会在第一时间告知日华实业协会，以寻求后者的协同和帮助。

（三）日华实业协会与 1927 年的中国局势

中国的诸多论著在提及日华实业协会对 1927 年初中国局势的意见时经常会引用日本学者所编写的《日本外交史》一书中的材料："吾人决信，对今日中国之无理行动，万一各国不能一致行动，我国也只好不得不单独出兵。"③ 这则材料是 1927 年 1 月 14 日日华实业协会所决议的对华时局意见

---

① 《涩沢荣一伝记资料》第五十五卷，第 328 页。
② 沈予：《五卅运动与日本对华政策》，《档案与历史》1988 年第 4 期。
③ 如刘继增所编《武汉国民政府史》（湖北人民出版社，1986，第 167 页）就曾如是引用。引文出处详见信夫清三郎编，天津社会科学院日本问题研究所译《日本外交史》下册，商务印书馆，1980，第 517 页。

书的一部分。同以往的对华基本态度一样，意见书也是在对华问题上持强硬态度，认为中国局势的混乱所带来的"不法无礼的行动"（包括收回英租界等）影响到日本的在华利益，日本在与列国保持协调合作的同时，也会在特殊情况下采取单方面行动。① 这份意见书的提出起因于中国轰轰烈烈的北伐战争（被协会称为"南军势力的扩大"）强烈地冲击了列强的在华利益格局，日本也密切地关注事态的进展。在此前的 1926 年底，日华实业协会还特意邀请外务省亚细亚局长木村锐市向干事会介绍中国的政治形势。在与木村的问答中，我们就不难发现日华实业协会的干事们对日本在华利益的关注和担心。例如，他们在向木村的提问中就讲道："可以预见今后南军势力的扩大将会使在汉口那样狂暴的罢工事件在各地频繁发生，而现在没有任何监控取缔的方法，担心对我企业上有重大之影响。"② 尽管木村回答说革命军内部会力图使罢工运动不朝对外运动的方向进行，但这并没有减轻日华实业协会的担忧。一旦看到局面有所变动，他们便又会紧张起来。这才出现了 1 月 14 日的那份意见书。而在此之后，随着南京事件、汉口"四三"事件、山东出兵等问题的相继而起，中日关系波折不断，日华实业协会也频频有所举动。

南京事件发生于 3 月 24 日。北伐军第六军和第二军在击败直鲁联军之后，攻入南京。英、美两国借口侨民和领事馆受到"暴民侵害"，下令停泊在下关的军舰对南京和下关炮击，制造了轰动世界的南京事件。这一事件起因是，当北伐军于 24 日凌晨入城之际，由于主要将领还在后面督战，进城的六军、二军又不是一个系统的部队，城内秩序一时无法统一维持。加之大部分敌军虽已退出，一些残兵溃勇却远未肃清，这更增加了城内的不安定因素。在这种情况之下，一些溃兵和地痞流氓趁火打劫，甚至以北伐名义袭击英、美、日等国领事馆。这样才给了英、美发起炮击的借口。日本虽然没有参与炮击，但在其看来，日本在南京的侨民以及一些机构受到很大冲击，因而态度也显得相当强硬，尤其是利益密切相关的日本商界。事件发生后不久，日本上海商业会议所就致电日华实业协会称，"很明显，发生于南京的蛮行是专门以外国人为目的而由将校指挥的光天化日之下公

---

① 《涩沢荣一伝记资料》第五十五卷，第 451 页。
② 《涩沢荣一伝记资料》第五十五卷，第 447 页。

然采取的有组织的行动，与战乱时的暴行全然不一样"，希望日本政府在这一问题上能够与英、美两国保持一致。① 另有资料显示，南京事件后不久的3月31日，上海日本商业会议所向日本政府和政党以及社会各界提出强烈建议，要求派出陆军与英美两国合作。② 得知南京事件的消息之后，日华实业协会很快于3月30日召开干事会议，专门就中国问题交换意见。讨论的结果，决定"对汉口的侨居国人以及南京避难者发送慰问电报"。③ 4月1日，会长涩泽荣一在听取了协会秘书长油谷恭一关于事件经过的报告之后，于次日即同副会长儿玉谦次一同拜谒了若规首相以及外务大臣和海陆军各大臣等人，陈述协会关于此事的意见，并进一步了解政府的看法。随后，该协会又于2日下午继续召开干事会协商对策。④ 在会见上述政界人物之时，涩泽声称："和平政策固然不错，然而我们不能一味高唱不抵抗主义而置在华国人而不顾，切望我政府实行断然、明确之行动。"⑤

南京事件的善后工作尚未结束，汉口又发生了"四三"事件。在汉口事件发生之前，日本媒体就开始渲染汉口的紧张气氛，东方通讯社报道谓"当地便衣队、纠察队暴行日剧。日本人被害者亦有相当之数。租界外者悉退入租界内"，"汉口形势刻刻危险，何时发生第二、第三之南京事件，亦不可知。日舰安宅急赴该地保护日侨"等等。⑥ 4月3日，因两个日本水兵乘坐人力车支付车资问题，引发当地民众与日本人的冲突，日本领事急招大批水兵登岸，扳动机枪、步枪追杀群众，打死中国群众9人、重伤8人、轻伤数十人。惨案发生后，中国方面既有外交部的抗议，也有工会组织的各种抗议活动。而原本就已经出现的民族主义情绪和反帝爱国运动，此时再度高涨起来，波及范围也从南京、汉口等地到达天津、青岛、长沙等城市，而动乱也迫使一部分日本人从南京、汉口、长沙等地撤离至上海乃至回到日本本土。面对这种情形，此时的日本朝野更是一片反华的叫嚣。日本政府一面下令关闭在汉口的工厂、商店、银行、企业，加入了英美对武

① 《涩泽荣一传记资料》第五十五卷，第459、460页。
② 信夫清三郎编，天津社会科学院日本问题研究所译《日本外交史》下册，第517页。
③ 《涩泽荣一传记资料》第五十五卷，第459页。
④ 《涩泽荣一传记资料》第五十五卷，第459、460页。
⑤ 《涩泽荣一传记资料》第五十五卷，第461页。
⑥ 刘继增编《武汉国民政府史》，第174页。

汉的经济封锁行列，一面调兵遣将，准备诉诸武力。东方通讯社 4 日报道称："日下停泊在汉口之日舰，计有安宅、嵯峨、浦风、比良四只，昨日自大冶急派之天津风本日午前可抵汉。又天龙本日午前六时自上海、矶风自镇江、时津风自南京，一律急赴汉口。此外，伏见、鸟羽、滨风，预定护送大吉丸、岳阳丸、大贞丸赴汉口。又青岛之第十六驱逐舰队之十一号、十二号、十八号被命急赴汉口。"到 4 月 14 日，汉口日舰已达十一艘，连同英国四艘、美国六艘、法国四艘、意大利四艘，共有外国军舰二十九艘，在汉口沿岸摆成了长达一英里半的包围线。① 天津日本人商业会议所致电日华实业协会称，天津的日本居留民担心发生于南京、汉口的情况或将于近期爆发于天津，希望"此时帝国在北中国住屯军的临时大增员"，以"防止不祥事件的发生，使居留民免于出现如丧家狗一般穷迫鼠奔之丑态"，期待日华实业协会能够从中协助斡旋。②

对此，日华实业协会自然也频频召开干事会商讨对策。4 月 18 日，涩泽等人在协会事务所协议决定发表一篇措辞强硬的对华时局声明书。声明书于次日正式公开发表。其中声称，自南京事件到汉口事件，事态一路恶化，现在已非着眼于经济问题来讲求对策之时，而是要"直面如何保护在支邦人的生命财产"。声明书声称日本在华的"邦人义勇队员"人数不足，呼吁日本在与列强各国协调行动的基础上，实行"更加有力的自卫手段"。③除此之外，为便于就中国的时局进展交换意见，协会又决定自 4 月 26 日起，每日上午召集干事定期商议，其中，第一日还邀请了从汉口撤离的该地居留民团长宝妻和自长沙撤离的山本介绍当时撤离的状况。④

不过，此后不久，中国的反日形势又有所缓和。"四一二"反革命政变之后，上海及其附近一带的工人组织被大量取缔，反帝爱国运动随之也陷入低潮。而在武汉方面，到了 4 月中旬，随着列强和国内反对力量对武汉国民政府的军事威胁和经济封锁，武汉地区的形势日益恶化。武汉国民政府遂决定在外交上"战略退却"，企图缓和帝国主义对其的封锁、威胁和颠覆活动。这种"战略退却"的表现之一就是外交部长陈友仁同日本驻汉领事

① 刘继增编《武汉国民政府史》，第 176 页。
② 《涩泽荣一伝记资料》第五十五卷，第 466 页。
③ 声明书全文详见《涩泽荣一伝记资料》第五十五卷，第 468 页。
④ 《涩泽荣一伝记资料》第五十五卷，第 467 页。

在 4 月 25 日就"四三"事件达成了非正式解决的六条办法。① 双方达成协议之后，武汉的局势出现了缓和景象。陈友仁 27 日向武汉国民政府报告说："关于日租界的情形，现在好得多。日本水兵业已撤退了一部分，没有撤退的，枪上的刺刀也取下来了。商店已开门，交通也恢复了。"当时的报刊也报道称，日本在汉口的大公司、商店，一齐将事务所、仓库开门，开始整理事务。② 然而，日本侨民并没有因此而善罢甘休，他们尽管表面上表示"武汉民众，对于日侨并无不利行为，国民政府亦一再声明保护，日商复业已久，实无须兵舰保护"，并声称准备"去电日本政府，要求所有在汉兵舰撤退回国，以免伤中国人民之感情"，③ 实际上却认为目前的缓和局势并不稳固，还没有从根本上解决问题。5 月 5 日，日华实业协会干事喜多又藏就其位于汉口的泰安纺绩株式会社的情形向协会致陈情书说，尽管汉口近况缓和，泰安工厂也有望复业，但是工人的惩罚任免权、工厂的开闭等权力要悉数归于日人手中，而且在看到上海工会失势、工人无条件复工的情况下，还乐观地预测汉口方面也将迟早解决此问题。④ 而汉口日本商业会议所致日华实业协会的电文口吻更加强硬。这个电文是该会议所的临时总会一致表决做出的决议。其间提到，最近的平稳局势是武汉政府鉴于列国态度的强硬而采取的权宜之策，"并非国家百年之大计"，因而主张"我等要讲求一举排击武汉政府以使彼等不复有暴政妄举之对策"，以达到"我汉口之利权像上海一样绝对把持"的目的。为此，决议中提出如下办法：要求防备力量要从现在的日本租界扩展至原来五国租界的全部地带；要求国民政府废除各种暴令，进而驱逐激进分子并改组总工会；上述要求须在一定期限内完成，否则将直接向武汉三地施以武力以达到这些目的。⑤ 收到这两封电文之后，日华实业协会于 5 月 10 日召开干事会认真讨论了此事，决定由涩泽、儿玉、喜多等人与担任首相兼外务大臣的田中义一面谈此事，并就向汉口残留的日本人发放慰问金以及为长江一带的撤退日人设置事务所

---

① 这六条办法包括：一、日本撤兵并撤出各种防御武器；二、日商复业，发给华人工资；三、武汉政府撤退驻防华界军警及工人纠察队；四、工人绝对服从政府命令，决不仇视日人；五、武汉政府负责保护日人财产；六、"四三"案保留，俟适当时期再开谈判。
② 刘继增编《武汉国民政府史》，第 181 页。
③ 刘继增编《武汉国民政府史》，第 182 页。
④ 《渋沢栄一伝記資料》第五十五卷，第 471 頁。
⑤ 《渋沢栄一伝記資料》第五十五卷，第 473 頁。

之事寻求田中的援助。① 在 5 月 14 日同田中的会谈中，涩泽等人并没有对汉口日人商业会议所的要求做出正面表态，只是在将其向田中传达的基础上，再敦促政府能够为汉口日人"通商工业的复活"计，尽力予以援助。田中对此表示谅解，并指出当下的急务是重新建设受到破坏的设施，为了调查汉口情形和为决策提供参考，还指派三名科长紧急前往。见到田中后的当天，协会便将会谈情形电告汉口，让汉口日人暂行隐忍，静候当局之处置，并表示已决定选派协会的代表随三名科长一同前往，朝野共同协商此事。

依此来看，日本政府和日华实业协会并没有立即响应汉口方面的日人所提要求，所谓"暂时隐忍""调查状况"之语也许是意为外务省和协会待进一步摸清情况之后再做决断。然而，要求对华强硬、抨击日本外交政策软弱的远不止汉口日人商业会议所一家。5 月 25 日，由重庆、南京、杭州、镇江、芜湖、宜昌、苏州、汉口、上海等地的所谓日本"居留民代表"和商业团体代表以"扬子江流域在留民代表者"的名义，联合向田中义一、陆海军各大臣、枢密院议长、日本驻华公使以及日华实业协会的涩泽荣一等人分别发送一份关于日本对华外交的陈情书。陈情书认为，日本政府历来唯以满蒙政策为重，却忽略了华中、华南地区，但从贸易趋势和对华势力的消长来看，华中才是"我对支经济的中心"，进而批评日本在这一带所遭受的损失是日本奉行"偏跛优柔的对支政策的灾祸"，呼吁日本政府改弦更张，先设法救济撤离之日侨，"进而为了民族发展和增进国富起见，特别是要断绝中支（及华中，笔者注）方面如此之祸根，……从速确立巩固而无危害之积极方针"。② 这封具有联名性质的陈情书无疑具有一定的代表性，也使日华实业协会意识到在华日人的强烈诉求。而在 6 月 7 日听取了旅华归来的角田的报告之后，日华实业协会更加坚定了对华的强硬态度。根据 7 日干事会的决定，涩泽、儿玉同角田一起面见了田中义一和亚细亚局长木村。会见当中，在结合之前收到的决议书和陈情书的基础上，涩泽等人提出：为使现存条约得到遵守、确保居住安全和通商自由、使避难国人得以复归，要使武汉政府撤废各种暴令、改组总工会、驱逐过激派，军事防备也要扩

① 《渋沢栄一伝記資料》第五十五卷，第 472 页。
② 陈情书全文详见《渋沢栄一伝記資料》第五十五卷，第 475、476 页。

张至原来五租界之全部范围，此外还提出保证船舶航行的绝对安全、常年停泊大型军舰于汉口等要求。对于这些请求，田中义一虽然没有完全答复，不过除了表示扩张防备之五租界等需要认真考量外，也认为撤废暴令、停泊军舰等是绝对必要的，并言日本已经开始避难至长崎的日本人发放了每人 30 日元的补助。①

时隔不久，由于日本不顾中国主权悍然出兵山东。6 月 6 日，上海全国总工会召开反对日本出兵大会，通电全国实行对日经济绝交。风声所及，全国响应，中日关系再生波澜。其间虽有短暂平息，但日本在 7 月 6 日进一步由青岛派兵至济南时，抵制日货风潮又再次掀起。在此期间，日华实业协会在听取在华日人商业会议所的讲述并进行反复讨论的基础上，一方面要求中国尽快撤除现银集中条例、土豪劣绅条例等不利于日商在华经营的措施，彻底禁止总工会的反日行为，另一方面呼吁日本与英国密切协调以共同应对中国问题，必要时还要凭借实力采取强制措施，对于最近各地频发的抵制日货之事，也须依照这些方针妥善处理。② 而对于次年因济南惨案而引发的排日运动，日华实业协会依旧发表强硬声明，将责任归于中方，认为中国政府"无视合法缔结之国际条约"，日本"徒以口舌文书抗议"没有丝毫效果，呼吁"在排日运动没有终结的情况下，我在支商民团只有采取共同自卫手段"。③ 此外，协会还特意将此次抵制行动提交至 1929 年在京都举行的太平洋问题调查会上，希望借此向中国施以更大的压力。④

伴随着日本对华侵略的步步紧逼，中国也相应地频频出现排斥日本和抵制日货的运动。这种态势随着双方矛盾的上升而愈演愈烈。抵制日货的运动持续下去，日华实业协会的应对也就不会停止。当然，这些已是后话。

日华实业协会为应对中国的排日运动而成立，而在 20 世纪 20 年代的大部分时间里，应对经常出现的排日运动也成为协会的一项主要工作。通过上文的梳理，我们可以体会到，在对待中国排日问题上，日华实业协会通过获取情报—开会讨论—公布决议的方式发挥自己的影响。在不少情况下，在华日商团体向日华实业协会报告排日情形后，日华实业协会在将其传达

---

① 《渋沢栄一伝記資料》第五十五卷，第 478 頁。
② 《渋沢栄一伝記資料》第五十五卷，第 481 頁。
③ 《渋沢栄一伝記資料》第五十五卷，第 519 頁。
④ 《渋沢栄一伝記資料》第五十五卷，第 522 頁。

给日本政府的同时，也会形成自己的意见并影响政府的决策。而出于维护切身利益起见，无论是在华日商的报告或决议内容还是日华实业协会的意见，在绝大部分情况下对于中国的排日和抵制日货都是相当强硬的。当然，日华实业协会在这一方面做出大量工作的同时，也积极与中国方面的政商界人士进行联络，在对华教育和慈善方面亦有所作为（这一点将留待后文考察）。由于这类举动的基本动机在于增进双方交流、扩大日本的对华影响以及增强中国国民对日本的好感，客观上也有助于防止排日运动的产生以及化解运动爆发后带来的不利影响。因而从广义上言之，它们都属于排日运动的应对方式，甚至有些时候还转化为协会表达抗议的工具。如在1923年的抵制日货期间，日华实业协会就采取一系列措施以表达不满，终止一切对华文化事业就是其中之一。① 同前述处理关税问题时的情形一样，也许是由于年龄上的原因，涩泽荣一在一些时候并没有直接参与协会的对华声明或意见书的讨论和制定，但这些决议草案在做出之后，仍然需要征求涩泽的意见，最后的通过一般也要得到他的首肯。而当需要面见日本政府官员表达协会的意愿之时，也还是需要涩泽的出面。再则，他还会出席协会的一些干事会议，听取有关中国局势和抵制日货的报告并参与协商。

收回关税自主权、提高关税税率以及中国民众的抵日运动，都可以纳入反帝爱国运动的范畴中去，都是中国民众觉醒的表现，也都是值得肯定和赞扬的。然而，包括涩泽荣一在内的众多日本人站在他们的立场却不这么认为。他们看到的是自身在华利益受到了威胁或者损害。这种着眼点的不同就注定了中日双方会在处理诸多具体问题时会矛盾重重。从上文日华实业协会在交涉关税问题、排日问题上的作为可以看到，在功能上，它很好地发挥了为日本工商业者代言的作用，在日本对华扩张中也扮演了一个不可或缺的角色，涩泽本人的活动能力亦不容忽视。然而在取向上，日华实业协会在这两大事例中所持的态度似乎与前文涩泽荣一一再倡导的所谓以"忠恕""敬爱"相交的对华外交理念有所出入。这种看似矛盾的现象其实也是涩泽所要面对的问题。他既期盼日中关系的缓和，又不愿意见到日本的在华利益受损，在很多情况下只能徘徊于两者之间。但是无论如何，

---

① 周石峰：《1923年抵制日货运动的经济效果与政治制约》，《贵州师范大学学报》（社会科学版）2010年第1期。

日华实业协会此时所持的对华强硬态度与其他日本经济团体并无二致，这在事实上构成了促进和支持日本对华外交转为强硬的助推器。在这个意义上可以认为，涩泽荣一理念中的"王道"付诸实践之时，却难以避免地带有明显的"霸道"色彩。

第八章 对华慈善活动及对日本对华军事扩张之态度

通过对前面几章的考察，我们对作为实业家和民间外交活动家的涩泽荣一的对华思想与行动有了大致的了解。然而，涩泽荣一亦曾花费了很多精力致力于慈善教育、灾害救济等事业，而且这些事业的涉及范围不仅包括日本国内，亦含有中国在内。涩泽荣一提出了对华行之以忠恕的外交思想，如果说日华实业协会在体现这种外交理念方面的表现不尽如人意的话，那么涩泽荣一所组织和参与的一系列对华慈善活动是否能够对其加以更好的诠释？这些慈善活动的背后还有没有其他的考量？另外，涩泽虽然自称是一个和平主义者，但在日本对华经济扩张与武力侵略的关系上，他又如何处理？事实上，这里的慈善并非完全是一种道义上的行为，涩泽对武力也并非绝对地排斥。本章将集中考察涩泽在慈善与武力这两个看似对立的主题上是如何思考和践行的。

一 对华灾害救助

大凡对于中国近代救灾史的研究，多是注重于中国官商对于各种灾害的救济，而在涉及来自外国的赈灾行为时，则基本上集中于探讨外国传教士的赈灾活动以及其他个别国际赈济组织的救灾行为。① 事实上，近代中国

---

① 夏明方：《清季"丁戊奇荒"的赈济及善后问题初探》，《近代史研究》1993 年第 2 期；夏明方：《论 1876 至 1879 年间西方新教传教士的对华赈济事业》，《清史研究》1997 年第 3 期；高鹏程：《李提摩太在"丁戊奇荒"时期的赈灾活动》，《社会科学》2008 年第 11 期；王兰娟：《在华传教士灾荒观之探究》，福建师范大学硕士学位论文，2008；向常水：《教会对战地的慈善救济——以民国时期的湖南地区为例》，《湖南第一师范学报》2006 年第 2 期；方竞、蔡传斌：《民国时期的世界红卍字会及其赈济活动》，《中国社会经济史研究》2005 年第 2 期；王德春：《联合国善后救济总署与中国（1945—1947）》，人民出版社，2004；等等。

遇到大的自然灾害之时，包括日本在内的外国政府和商人也会有不少解囊相助、赈灾救济的行为。有些著述中偶尔会对此有所提及，然而关于这方面的研究似乎还没有引起人们的足够重视。就涩泽荣一个人而言，他也屡次有过积极组织或参与对华灾害救济的行为，这构成了他与近代中国关系的一个重要方面。从《涩泽荣一传记资料》中的相关记载来看，他曾经以不同的方式予以救济的中国灾害就包括：1878 至 1879 年的"丁戊奇荒"、1907 年长江流域的饥荒、1915 年的广东水灾、1917 年的天津水灾、1920 年的华北大旱、1931 年的长江水灾等等。本书以时间为维度，在对其所参与的这些救灾行为从救济组织、善款募集、款项用途等方面进行大致考察的基础上，再进一步考察其背后的动机以及涩泽荣一本人的考量。

（一）"丁戊奇荒"时的救济

"丁戊奇荒"发生于 19 世纪 70 年代后半期，遍及华北五省的罕见大旱致使数以百万计的人食不果腹、流离失所以至横尸遍野。面对这场被称为"千古巨祲"的灾害，不仅清朝官绅、外国传教士们在想方设法地进行赈灾，外国政府和民众也对其高度关注。如英国领事馆哲美森在烟台成立了救济委员会，同时，一个由外国商人、外交官和传教士组成的赈灾委员会也在山东成立。[1] 在日本，"兹闻中国晋豫灾区甚广，需赈孔殷。日人集资助赈，自王宫以迄商肆，不分畛域，咸切救济之心，多方劝助有加无已"。[2] 而最具影响的赈济活动之一，便是时任第一银行经理的涩泽荣一与三井物产会社社长益田孝、三菱会社社长岩崎弥太郎、广业商会社长笠野熊吉等人号召组织的对华救济活动。

1878 年 3 月初，这四人开始筹议救助事宜，经过商量后，决定由第一银行和三井银行作为赈款的受理机构，并由该四人分别代表第一银行、三井物产、三菱会社和广业商会在日本的主要报纸上发表倡议书，希望日本民众对中国的灾荒给予帮助。倡议书称：

> 闻支那北部诸省歉食，自去岁至今年，陕西、山西二省与直隶之

---

[1] 夏明方：《论 1876 至 1879 年间西方新教传教士的对华赈济事业》，《清史研究》1997 年第 3 期。
[2] 《日本酒业捐赈》，《万国公报》第 10 年第 489 卷，1878 年 5 月 18 日。

南、河南之北最属不登。米谷蔬菜之类既尽于去冬间，现今诸省数千万人求食不得，道殣相望。清国政府锐意救恤，远移南部之粟以周其急。各省绅士豪族亦掷财醵金，孜孜匪懈。无如疆域之广，穷民之多，未足救其冻饿，至今日益极，惨状使人不忍耳闻。虽邦域不同，言语风俗各异，均是坤舆之民也。彼诸省之民独遭穷厄如此，而恬不之顾，岂得谓之生人之道乎。夫悯穷救厄者发乎慈善之情，人生德行莫大焉。今也邻邦人民际此厄运，吾人亦宜处于救悯之义举，公则表善邻之交谊，私则发恻隐之心情也。兹欲合集若干醵金，以供赈恤之资，并劝奖世之有志诸君。盖琐琐捐资，固知不足救四省几千万之饥死，然若有数元金可以系一人数日之命，则数千元金可援数千人，是吾辈之志也。冀诸君各随其家产丰厚捐多少金，金多勿吝，金少勿惭，吾辈之心欲，随分捐之，无吝无惭而已，诸君幸谅之。①

除了鼓励人们解囊相助之外，涩泽等人还在倡议书中注明了款项募集的方法。其中规定："一曰凡醵金皆托之第一国立银行及三井银行两行；二曰凡地方有两行支铺之处则托之其支铺，无支铺之处则邮送支铺；三曰各本行揭金额人名于日报、朝野、报知三新闻，以表领受之意，两行支铺既受醵金则报其员数、人名于本行；四曰募集醵金以四月三十日为限；五曰募集金额务要易诸本邦米谷输送彼国；六曰实地赈济方法及募集金额使用计算等，则待异日揭诸三新闻仔细报告。"②

该项倡议书在当时日本国内较有影响的《东京日日新闻》《报知新闻》等报纸上开辟专栏连续登载，引起了人们的广泛关注。上自日本天皇，下到普通民众，均有捐款。据《东京日日新闻》3月8日的报道，日本天皇及后宫捐金2000日元，日本的政界要人三条由美、岩仓具视、大久保利通、大隈重信、大木乔任、寺岛宗则、山县有朋、伊藤博文、黑田清隆等人也一起捐助了1000日元。③ 涩泽荣一除了本人捐出200日元外，还代表第一银行捐出了1000日元，并动员银行员工捐献500日元。而同为捐款发起者的

① 《渋沢栄一伝記資料》第二十五卷，1959，第731頁。
② 《渋沢栄一伝記資料》第二十五卷，第731頁。
③ 《渋沢栄一伝記資料》第二十五卷，第723、724頁。

三井物产和三井银行也各捐出 1000 日元，广业商会的笠野熊吉则捐款多达 1500 日元。① 从捐款总额来看，特别是在倡议书登报初期，总数快速增加，这也说明倡议的效果还是比较明显的。倡议书自 3 月 5 日登载于报，到 3 月 6 日时，捐款总数为 5820 日元，到 7 日时就增至 10760 日元。② 此后虽然没有迅速增加，但也在增长之中。据《东京日日新闻》19 日所载，由涩泽、益田、岩崎、笠野四人发起组织的这一"义会"，"未及数日已得募金一万五千元以上"。③ 到 4 月初时，捐款总额更增加到了 27800 余日元。此时，天津港的结冰已经融化，船只开始通行。为了将救灾物资送至灾民手中，涩泽荣一等人做出如下决定：第一，将原来所定的捐款截止日期推迟至 4 月 15 日；第二，将捐款换成米谷，比重是米占六七成，小麦为二三成，并购买少许大麦和粟；第三，上述谷物尽可能选廉价者购买，不论其品质好坏，以量多为先；第四，于合适的地方雇用西洋型风帆一只，以之将谷物及随行的保管员运至天津；第五，谷物送至中国后，委托竹添进一郎实施救济。④

到了 4 月 15 日的截止期限时，捐款总额已增加至 31000 余日元。于是，涩泽、益田、岩崎、笠野等人按照既定的计划，一面采购米谷，雇船运送，一面令竹添进一郎赶赴中国为物资的派送做先期准备。最终，三菱会社的一艘名为"敦贺丸"的风帆船满载着采购的米谷，于 4 月 28 日从大阪拔锚驶向了天津。随后不久，涩泽等人又将募集到的旧铜钱和日本银币发往上海，并由上海再转运至天津。这样一来，到达天津的赈灾物品就包括了共计 6258 石的大米和小麦、100 万枚旧铜钱以及 3500 日元的日本银币。⑤ 在给竹添的委托书中，涩泽等人曾特意交代，让其在清朝官员的周旋和保护下，将救灾物资运送至受灾最为严重的地区，斟酌实际情形进行煮粥、投谷等，不要与政府的救灾相混合，要重在表现出日本的不忍之情。⑥ 依照这一要求，竹添本欲将这些赈济之物运往灾情最为严重的山西，后来考虑到

---

① 《涩沢栄一伝记资料》第二十五卷，第 721 页。
② 《涩沢栄一伝记资料》第二十五卷，第 723、724 页。
③ 《涩沢栄一伝记资料》第二十五卷，第 728 页。
④ 《涩沢栄一伝记资料》第二十五卷，第 731、732 页。
⑤ 《涩沢栄一伝记资料》第二十五卷，第 709 页。
⑥ 《涩沢栄一伝记资料》第二十五卷，第 732 页。

路途遥远、搬运不便，才决定交由李鸿章以及天津道台丁寿昌处理，向聚集于天津的数万灾民发放。为确保日本的赈济物品能够切实足额发放，同时也意在表现涩泽等人"重在表现不忍之情"的希望，即使交由中方办理，竹添等人也几乎是全程跟踪监督。从其后来向涩泽的报告来看，这些物品中，米谷被用于天津的八处粥厂，每日向灾民施粥，而旧铜钱等也被分拨于此八粥厂，用于购买"盐藏野菜"，每日发放于灾民以与粥同食。①

（二）天津水灾救济

涩泽 1878 年所发起的救济中国旱灾的行动在中日两国都有很大的影响。在沉寂数十年之后，涩泽荣一又再度开始了他的对华赈济行动。在 1907 年中国长江流域遭遇饥荒之际，他曾出席外务大臣林权助召集的会议，同与会人员一同协商对华中地区饥民的救济办法。事后，他也代表第一银行捐出了 2500 日元。② 1915 年，珠江流域洪水泛滥，广东一带几成泽国。涩泽遂于 7 月 22 日召集与中国有关系之实业家商讨救济之策，募集到 20000 日元，并委托中日实业公司代为办理。在广东领事赤塚的斡旋下，中日实业公司致信广东省主席龙济光和巡按使张鸣岐，将赈款送至广东的赈务善后局和专门收容因水灾患病之灾民的城西方便医院，以作救治之资。③ 不过，相对于这两次捐款，涩泽荣一随后所倡导发起的天津水灾救助则更为突出。

1917 年秋夏之时，受台风影响，海河流域普降暴雨。此次大水造成 70 条河流先后决口，所有 600 年来所筑堤坝全被冲毁。受灾范围遍及直隶全境，北自张家口，西至西陵房山以西，东至山海关，南抵黄河。一时大水泛溢，近畿东南及天津一带尽成泽国。洪水平地数尺至数丈不等，田禾被淹，巨庐冲塌巨万，淹毙人口无算，遍地哀鸿枏腹，已成大灾难。④ 总计全省受灾县份达 104 个，被灾村庄 1.9 万余，受灾人口 620 万。⑤ 受灾区域之中，尤以天津、保定两地为重。

一方面，由于地处京畿，地理位置极为重要，灾情发生之后，北京也

---

① 《涩沢栄一伝記資料》第二十五卷，第 710、711 頁。
② 《涩沢栄一伝記資料》第二十五卷，第 745 頁。
③ 《涩沢栄一伝記資料》第四十卷，第 6、7 頁。
④ 王秋华：《1917 年京直水灾与赈济情况略述》，《北京社会科学》2005 年第 3 期。
⑤ 刘宏：《外国人对 1917 年天津水灾的救援》，《民国春秋》2001 年第 6 期。

非常重视，特派曾任平政院长的熊希龄督办水灾河工善后事宜，并设立京畿水灾河工善后事宜处，专做救灾。财政部在紧急向灾区拨付款项的同时，也积极向外国接洽，商谈办理水灾救济贷款事宜。另一方面，民间的各种义赈团体，如中国红十字会、中国济生会、京直奉水灾义赈会、上海广仁善堂等组织也积极展开救助活动。除此之外，外国政府和团体也不同程度地参与到了救援之中。9 月 27 日，日本公使馆开会协议救济天津水灾，最后决议如下："一、设立天津水灾义赈会，推举公使为会长；二、选定实行救济委员；三、派遣调查天津实况委员；四、募集捐款，因捐款一时难以筹措，议暂挪借北京日本商工会积存之款一千元、民会积存之款八百元，购买罐头食物送往天津；五、由北京、天津各公司、银行将灾情报告总行，求其援助，电请东京、大阪地方报馆布告一般国民，求得其同情和援助，并将会议议决结果通电上海、汉口、奉天、济南、青岛、大连各埠，又由林公使电请本国政府救助。"① 一如以上决议所说的那样，日本媒体对此次灾害给予了大量报道，而与日本公使馆所成立的天津水灾义赈会相对应，日本国内也组建了相应的赈济组织，其中影响最大的即是由涩泽荣一任会长的东京天津水害义助会。

起初，提出建立这一组织建议的并非涩泽本人。据《天津水害义助会报告书》所载，1917 年 10 月 24 日，东京商业会议所的小幡与三井物产的安川以及国会议员加藤定吉三人向东京商业会议所会长藤山雷太提出救助计划。藤山对此表示赞同，并介绍三人于 26 日面见了涩泽荣一，希望得到涩泽的帮助。本来只是计划救助在天津受灾的日本本国人，而在与涩泽会面时，涩泽极力赞同将水灾救济推及中国民众，众人于是商定同与中国有关系之"有力者"进行进一步的商谈。27 日，涩泽荣一、中野武营和藤山雷太联名向这些"有力者"发出邀请函，其间言道："支那地方发生非常之洪水，尤以天津为甚，惨状多呈。我同胞自不待言，众多之支那人也因此而陷于穷困之状态，见之不忍。对此，此时救济我同胞并兼及慰藉支那人可一助日支亲善，我国给予相当之慰问最为必要。"因而希望收函者能够 30 日到东京商业会议所共商救济之法。② 10 月 30 日上午 10 时，关于天津水灾

<hr>

① 刘宏：《外国人对 1917 年天津水灾的救援》，《民国春秋》2001 年第 6 期。
② 《涩泽荣一伝记资料》第四十卷，第 14 页。

救济的协议会在东京商业会议所准时召开。出席会议的除涩泽等人外，包括了来自日本邮船会社、横滨正金银行、南满铁道会社、日清汽船、中日实业等对华关系密切的企业代表数十人。讨论的结果，会议决定按照涩泽等人的意愿，在赈济在津日人的同时，也向中国民众提供救助。此外，涩泽还在会议上指定了10名委员，以具体制定捐款募集方法。这10名委员中，除了三井物产、三菱会社、南满铁道、正金银行、日本油船、东京建物等企业的代表外，还包括中野武营、藤山雷太、大仓喜八郎以及涩泽荣一本人。① 在以后捐款募集以及义助会的筹建和运作的过程中，以涩泽为首的这些委员起到了重要作用。

11月3日，涩泽召集这些委员召开发起人协议会。会议鉴于捐款数额如果过少而达不到预定数额，将在国际上脸面无光，经过商议，决定在极力鼓动上述企业解囊捐赠的同时，希望关西地区的"支那关系者"也能同样尽力。为实现这一愿望，涩泽等人决定劝说关西地区也成立同东京一样的义助会，同时，依照原来东京水灾时所成立的东京水害救济会的先例，还在东京商业会议所召开了发起人会。② 5日，涩泽荣一和其他委员再次向共计65名"支那关系者"发出邀请函，邀请参加即将举行的天津水害义助会成立总会。7日上午9时，成立总会在东京会议所准时召开。涩泽在会上回顾了义助会的筹备过程之后，再一次强调义助会在救助受灾日人的同时，也应该"一视同仁"地救助那些"与我国民陷于同样之穷境"的中国人。他由此谈到，该义助活动起初只是计划募集50000日元左右的捐款赈济日本人，现在既然扩大了救助对象，就"必须募集至少十四五万日元以上的捐助金"。除涩泽外，中野武营、藤山雷太等人也相继做了发言。会议最后一致推举涩泽荣一为天津水害义助会会长，并通过了该义助会的设立旨趣书及组织规约。这些文件既界定了义助会的设立缘由和宗旨，也为日后的运转提供了基本的制度保证。设立旨趣书中特别提出了此次水灾的严重程度以及它与一般洪水的区别，声称，"此等（洪水）的出水并不容易减退，恐将在冬天到来时最终结冰，如果到明年春天才融解的话其惨害将更甚"，所以才设立此会，"以广求社会之同情"，"与当局者协力而大肆收集救济资

---

① 《渋沢栄一伝記資料》第四十卷，第15页。
② 《渋沢栄一伝記資料》第四十卷，第15页。

金，以举罹灾救护之实"。《天津水害义助会规约》则包括以下十二条内容：

第一条　本会称为天津水害义助会；

第二条　本会之事务所设于东京商业会议所内；

第三条　本会救济逢水害之厄之天津在住之我国民，以及天津及其附近之支那水害罹灾者，以对之施以必要之施设为目的；

第四条　本会接受有志者的捐赠；

第五条　本会设下列人员：会长一名、副会长二名、常务委员若干名、评议员若干名；

第六条　本会人员由创立委员中推举；

第七条　会长统辖本会之一切事务，作为常务委员及评议委员会之议长而代表本会，副会长辅佐会长并为会长之代理，常务委员处理本会日常事务，评议员应会长之谘问而参与重要事项之协议；

第八条　本会所议之事由出席人员之过半数决定；

第九条　本会之经费以捐助金及杂项收入充之；

第十条　会务之经过及收支决算登于报纸报告之；

第十一条　本会达到预期之目的后解散；

第十二条　关于本规约施行之必要事项经常务委员会议决，由会长确定。①

东京的天津水害义助会成立之后，涩泽荣一、中野武营、藤山雷太等人一方面联络大阪、名古屋、京都、神户、博多、北海道、下关等地的商人组织，鼓励他们尽快展开对天津水灾的救助行动。这些地方的团体对于东京方面的呼吁大多也做出了回应，在日后的捐款募集过程中，也时常与东京的义助会相联络。另外，涩泽等人还频频召开常务会议，积极展开募捐。在义助会于11月3日首次召开常委会之时，就确定了三井的代表有贺长文和三菱的代表庄清次郎各捐款10000日元、大仓喜八郎的代理门野重九郎3000日元、横滨正金银行和日本邮船会社各7500日元。② 涩泽本人也曾

① 《渋沢栄一伝記資料》第四十卷，第17、18頁。

② 《渋沢栄一伝記資料》第四十卷，第18頁。

于 11 月 14 日捐赠了 1000 日元。为了壮大募捐的声势，涩泽、中野、藤山和义助会的其他常务委员特意邀请日本各主要媒体的记者，于 16 日在帝国饭店举行了一次记者招待会，宣传此次灾害救济的方法，并请各媒体予以大力协助。到会的媒体代表对此也积极响应，谓涩泽等人此举"是基于人类相爱之至情，更能极为圆满国际关系而为国民外交之大成功"，愿为将此诚意完全告知一般国民而努力。① 在该义助会的倡导之下，到 12 月 13 日时，东京一带的捐款总额已达 11 万日元。另外，日本天皇也捐献了 20000 日元。② 到次年捐助活动截止时，义助会共募集赈款 141120 日元，其中，东京方面募集 129040 日元，大阪方面 10390 日元，神户方面 182 日元，下关方面 145 日元，函馆方面 725 日元。③ 不难看出，涩泽所主持的东京方面的赈款为数最多，大阪方面则逊色许多，而神户等其他地方更是捐之寥寥。义助会在初创之时曾经预定募集捐款 30 万日元，④ 而最终的结果却不到预定的一半，这虽然有些遗憾，但从上述各地的捐款比例就可以看出，我们不宜将原因归于东京方面，因为涩泽等人募集之数已经超过预定数额的三分之一，如果其他地方再加大募集力度的话，想来达到预期目标应当不难。

1918 年 3 月 2 日，涩泽荣一将募集到的全部捐款悉数交给外务省，又委托本野外相将其用于赈济天津之受灾日人及中国民众。⑤ 从赈款的最终用途来看，据外务省官员向涩泽荣一的通告，除了 40200 日元用于天津日本租界的救助外，其余的 10 万余日元赈款皆换算成银元，由三井物产天津支店在大连市场购买高粱发往灾区。附带说明的是，日本在向中国灾民发放高粱不可能遍及整个直隶，只能有选择地进行投放，而这也是有着一定的选择标准的：第一，灾情严重而中国官绅及各地方慈善团体、红十字会及外国传教士救济所不能达到的地方；第二，日本商人购买棉花、麻等土产品较多的地方。根据这些标准，日方与熊希龄商议之后，选定任丘、雄县、新镇、文安、大城等县以及天津附近的天津县和静海县的一部分作为发放区域，高粱的放赈数量则依当地县治大小、人口多寡及灾情轻重而定。基

---

① 《涩泽荣一伝记资料》第四十卷，第 21 页。
② 《涩泽荣一伝记资料》第四十卷，第 13 页。
③ 《涩泽荣一伝记资料》第四十卷，第 23 页。
④ 《涩泽荣一伝记资料》第四十卷，第 12 页。
⑤ 《涩泽荣一伝记资料》第四十卷，第 23 页。

于这样的考虑，日方在任丘、雄县、新镇、文安、大城和天津附近分别分配了 2800 担、2000 担、1200 担、4300 担、4200 担和 3095 担高粱。[①]

（三）1920 年的华北饥荒救济

1920 年中国北方的大旱，涉及山东、河北、河南、陕西、山西等五省，计 317 个县，面积约 30 万平方公里，灾民达 2000 万人，死亡约 50 万人，灾情奇重。[②] 面对空前的大旱灾，不仅中国国内各界积极进行救灾，国际社会也对其相当重视，通过种种途径予以援助。例如，1920 年 9 月，英国政府向中国提供了 50 万元赈款，并在国内组织多处赈济华北灾区的机构。10 月，意大利政府拨出巨款购买救灾物资运往中国。10 月下旬，美军驻菲律宾司令克南表示，凡菲律宾捐助赈济中国旱灾的粮食等物，将由美国运输舰免费运输。[③] 另据资料显示，对于华北大旱，美国总统威尔逊特设一全国募捐委员会，募集巨款以救济中国灾民，前后共汇银 6549000 元。加拿大政府亦踊跃提倡，曾汇寄 842844 余元，以供河南救灾之用。英国殖民地亦助捐款，包括驻华英国人士在内，共得 386076 余元；而日本各个机构和个人则捐助日金 421332 余元及银 434341 余元。[④] 在日本的捐助当中，涩泽荣一领导下的日华实业协会功不可没。

闻知中国的旱灾之后，日华实业协会 9 月 21 日在讨论所谓"对支问题"时，初步决定实施对华救济，但尚未确定具体的救济方式。22 日，涩泽荣一偕副会长和田丰治就救灾问题先后访问了日本陆相田中义一、首相原敬、外相内田康哉等人。在会见之时，原敬等人对于涩泽的意向极表赞同，有意借当时日本丰收之际，下拨 40 万担大米进行救济。涩泽则进而表示，愿意成立一家与政府无关的慈善团体，通过募集捐款来承买政府所特别出售的大米以作赈济。然而，日本内阁在 24 日讨论此问题时，并没有达成具体的决议。据当时报载，政府踌躇的原因在于，一方面，如果日本政府与其他各国政府一律募集捐款以充救济之资，恐怕也就数百万元而已，要救济号称 2000 万的灾民，终究无法满足；另一方面，如果按照北京政府

---

① 《涩泽荣一传记资料》第四十卷，第 26 页。
② 廖建林：《1920 年北方五省大旱灾及赈灾述论》，《咸宁学院学报》2004 年第 4 期。
③ 廖建林：《1920 年北方五省大旱灾及赈灾述论》，《咸宁学院学报》2004 年第 4 期。
④ 陈凌：《1920 年华北五省旱灾与赈务研究》，山东师范大学硕士学位论文，2006，第 169 页。

的意愿，以目前处于非正式交涉中的外债救济的话，又担心中方官员私肥中饱，如果不考虑这些因素而贸然救济的话则有害无益，或将助长中国政局的混乱。① 涩泽在同政府进行接洽之后，又在协会 28 日举行的协议会上将会谈情形做了报告，并同协会的干事们进一步商谈与政府的交涉及救济的方法等。然而，由于政府方面的踌躇以及具体实行方面存在的问题，承购政府大米一事最终未成，此次干事会一时也没有得出什么具体结果。涩泽荣一在事后说，虽然有说将政府所藏之米相送，但即使出售的话钱该如何办，即使组织一个救济团体从一般民众中募集捐款，也未必能够达到预期目的。② 涩泽此言并非是说他对赈济中国旱灾不够积极，而是对日本举棋不定的应对态度进行开脱。

虽然以米相赈未果，但日华实业协会并没有就此作罢。11 月 6 日，协会副会长和田丰治在帝国饭店与藤田平太郎等人协议之后，决定成立"北支那救灾特别委员会"，在与全国各地的商业会议所等公共团体交涉的基础上，从普通民众中募集捐款。协会延请大仓喜八郎为该委员会的委员长，并有顾问及评议员数十人，还拉了 20 余家日本的新闻媒体作为赞助团为其宣传。涩泽荣一虽然因为健康问题没有参加"北支那救灾特别会员会"的成立大会，也没有担任其间的任何职务，但因该委员会设于协会之内，也受身为会长的涩泽的领导。围绕着该委员会的成立，他还特意邀请白岩龙平至其住处进行协商。11 月 11 日，委员会正式向外界发表了捐款倡议书，其内容如下。

> 今岁北支那五省发生近年来未曾有之饥馑，灾害所及，约五万平哩。田野已无生机，家中颗粒既尽，糠秕亦不易求，以草根树皮充饥者，比比皆是。灾民大体已达三千余万，更有甚者，据言以至鬻妻子以作一餐之资，或者亲手毒之，以脱家累，岂非悲惨之极哉！救济之实为焦眉之急务，如若不救，善邻之谊将置于何处？吾人出于人道之本义，鉴于善邻之交情，不能默问不管。本会虽以微力，但仗日支共存大义，以图求两国国交之亲善及增进两国国民相互之福利为目的，

---

① 《涩泽荣一伝記资料》第四十卷，第 29 頁。
② 《涩泽荣一伝記资料》第四十卷，第 31 頁。

接到灾报即急忙寻求因应之策。今其议既熟，乃普告天下之仁人，广为义捐。①

　　此外，委员会还规定了捐款方式：第一，捐款在 1 日元以上；第二，寄赠之物品包括衣物、布料、毛毯类、食品等；第三，在捐款和捐物时附上金额或数量以及捐赠者的住所和姓名，送至协会的义捐金经办处；第四，协会对于捐款和捐物发领收证；第五，救恤将依据最好之方法实行之；第六，第一批捐赠截止时间为 12 月 15 日。②捐助活动开始之后，应者颇众。仅在 16 日至 19 日间，募集金额就达 184714 日元。到年底时，累计金额已达 535615 日元。而到次年 6 月 10 日的最后期限时止，募集金额共计 643000 余日元。③ 其中也包含涩泽本人所捐的 2000 日元。④ 募集完成之后，日华实业协会遂开始协议资金的运用方法。从涩泽荣一日记的记载来看，在协议的过程中以及捐款运用期间，涩泽荣一也有过数度的参与。例如，1 月 6 日，他与协会的诸干事协议"支那饥馑救助之捐助金分配之事"；1 月 9 日，收到田村治平关于中国饥民救恤的意见书，看完后还将其送给白岩龙平；1 月 18 日，再次到协会事务所协商"支那饥民救恤之方法"；3 月 4 日，在协会听取奥村关于中国饥民现状的报告；3 月 7 日，与日华实业协会的书记谈论饥民救济的实施事宜；等等。⑤

　　事实上，日华实业协会在灾民的救助上确实费了不少功夫。根据协会所编的《北支那旱灾救济事业报告》所载，协会的救灾形式比较多样化，包括向灾民施粥、收容灾区儿童、救治灾民、发放粮食、给予现金等等。具体来说，协会在通县、彰德两地建立了施粥厂，在北京朝阳门外和郑州石平街设立了儿童收容所，在通县、北京、天津、郑州四地设立了救治灾民的施疗所，在山东、河南两省发放赈粮，依托天津救灾会、北京《顺天时报》施与部等向灾民发放赈款，向山西旱灾救济会、河北救灾会、直隶

---

① 《渋沢栄一伝記資料》第四十卷，第 34 页。
② 《渋沢栄一伝記資料》第四十卷，第 34 页。
③ 《渋沢栄一伝記資料》第四十卷，第 37 页。
④ 《渋沢栄一伝記資料》第四十卷，第 38 页。
⑤ 详见《渋沢栄一伝記資料》第四十卷，第 39、40 页。

义赈会、天津急募赈款大会、北京急募会等组织捐赠赈款等等。①

值得注意的是，由于灾区传染病流行，协会在决定直接着手开始救济的同时，还同日本红十字会交涉，望其派出救护班共同救灾。经过协商，双方最终达成如下协议：决定由红十字会派往中国的救护班与协会的华北救济事业相协调而救治患者；治疗期限大体预定为两个月；治疗期间，除救护员的薪金、医疗器械、药物、绷带由日本红十字会负担外，其他一概由协会负担；患者治疗所需的房屋等设施以及翻译、杂务人员等也由协会提供。② 上述通县、北京、天津、郑州四地的施疗所就是日华实业协会与日本红十字会共办的。

（四）1931 年的长江水灾救济

1931 年，长江大水，以武汉为代表的长江流域受灾极为严重。此时正值"九一八"事变前夕，日本的对华态度虽已渐趋强硬，但也在谋划对中国受灾区域予以救济。8 月 24 日，日本首相若规在永田官邸召集财界和媒体人士 30 余人协商对华救济事宜。出席会议的政府官员不仅有首相本人，还包括其他众多内阁大臣，而派代表参会的民间团体则有日本工业俱乐部、日华实业协会、日本商工会议所、大日本纺绩联合会、在华日本纺绩联合会、日华经济协会、同仁会、日本红十字会、东亚同文会、日华学会、爱国妇人会以及东京和大阪的各个新闻媒体等等。从出席的人员来看，尽管数量不多，但这些人员本人或其所代表的团体不可谓不惹眼。这些团体几乎囊括了所有与中国相关的组织。会上，在若规介绍了中国的灾情之后，在正金银行经理儿玉谦次的主持之下，决定成立"中华民国水灾同情会"以专门筹办对华救济。会议还决定由涩泽荣一任会长，乡诚之助任委员长，副委员长则为儿玉谦次和时任大日本纺绩联合会会长的阿部房次郎，同情会的事务所设于日本商工会议所内，该会委员和干事人选则在次日公布。③ 同情会在成立的当天，即收到天皇的捐款 10 万日元，遂通过驻上海领事重光葵交给中国水灾救济委员会委员长宋子文，26 日，召开第一次干事会议，

---

① 《涩泽荣一伝記資料》第四十卷，第 41～43 頁。
② 《涩泽荣一伝記資料》第四十卷，第 37、38 頁。
③ 《涩泽荣一伝記資料》第四十卷，第 76 頁。

协商捐款募集的实行方法。27 日，同情会又进而邀请所谓"有力实业家"参会，意在鼓动他们解囊相助，同时，还在东京、大阪两地的报纸上登载募集的广告。这则广告是以同情会会长涩泽荣一和委员长乡诚之助两人的名义发出的。大意谓："今夏中华民国发生之洪水灾害，据现在所判明之报道，浸水面积大致相当于我日本本土之广，濒于饥饿之灾民据言达一千万人以上，实为过去一世纪纪录所未见，受害地之实况惨不忍睹。惟邻邦苦于连年兵乱之余殃，今又遇此天灾，吾人本着人道之本义，鉴于善邻之交谊，不忍漠然视之，兹广诉天下之仁人，普为募捐，期望得到积极赞同。"31 日，同情会召开第一次常任委员会议，就所募集到的捐款讨论处置之策，同时于东京、大阪两地报纸上登载第一批捐款者名单。①

水灾同情会在成立之后随即就投入募集过程当中。然而，涩泽虽然为会长，但因此时年迈多病，并不能亲自过问赈济事务。而通过该同情会的设立过程也明显可见，它几乎是在政府的主持之下成立的，涩泽荣一并非该会的发起者，他之所以被任为会长，大概很大程度上缘于他的威望，具体事务更多是交由乡诚之助办理。难能可贵的是，涩泽荣一所在的涩泽同族株式会社以涩泽荣一的名义捐出了 3000 日元，涩泽本人所做的广播演说更是影响甚大。

9 月 5 日，同情会副委员长儿玉谦次造访涩泽。在听闻关于该会成立以来的诸种事项的报告之后，"为使国民对于邻邦之水灾的同情更进一步"，涩泽决定于次日以"关于中华民国水害"为题，通过中央放送局的无线电向日本全国呼吁支持中国赈灾。为了尽可能避免影响涩泽的健康，放送局还特意将无线电设备搬至涩泽家中。② 在讲话中，涩泽首先简要介绍了水灾同情会的成立过程，以及自己心有余而力不足的现状，还对放送局对自己的特别关照表示感谢。当然，他在讲话中最为强调的还是中国的灾情，谓"中国民国之水灾，其范围非常广大，其中受害最重的是扬子江沿岸之湖北、湖南、江西、安徽、江苏五省，其面积约等于我日本本土之广，罹难者人数至少达一千万人。罹灾者人数虽然现在尚未完全确定，不过，调查比较有进展的以汉口为中心的都市一带，当前需要救济有五十万人，溺死

① 《渋沢栄一伝記資料》第四十卷，第 72、73 頁。
② 《渋沢栄一伝記資料》第四十卷，第 76、77 頁。

人数升至三千，其中之病死者及饿死者也攀升至相当多之人数。诚为同情不已"。继而，涩泽还回顾日本在发生东京大地震时，中国对于日本的莫大同情和帮助，呼吁日本国民对于此次灾害表达同情，进行慰问，并且认为，"从人情或人道上自不必言，况且从民国与吾国关系上言之大概也是当然之事。受取他人之恩谊而装聋作哑绝非人道上所允许"。① 此外，9月份刊出的《龙门杂志》还以《中华民国的水害与日支之经济提携》为题，登载了涩泽荣一9月9日的一次谈话。在此次谈话中，涩泽从其幼年所受的教育开始，比较系统地回顾了自己几十年来与中国的交往历程，他尽管也很清楚中日之间存在着很深的矛盾，但在谈话的最后仍然相信，两国以"同文同人种之国交，理应利害一致"，有鉴于此，主张对于如本次水灾之类的灾害无论如何也要予以救援。②

涩泽的两次谈话既是在提醒人们要感恩于当年中国对东京大地震的大力援助，又试图唤起人们对于国际灾害救济的人道主义精神。尤其是他通过无线电所做的那次谈话，在日本国内产生了不小的影响。9月11日的《中外商业新报》就以《令人感动的对水灾的同情 感激于涩泽会长的放送 向同情会大笔小笔的捐赠》为题，介绍日本社会各界有感于涩泽的谈话而慷慨捐赠之事。据该则报道所言，涩泽讲话后的9日至10日间，计有来自日本邮船会社和近海邮船会社（10000日元）、男爵古川虎之助（5000日元）、野田酱油的茂木一家（1000日元）、清水组的清水钉吉（1000日元）、田中银之助（500日元）等的大宗捐款，此外，更有不少来自小学儿童及普通的家庭主妇50钱、1元不等的小额捐款，甚至有人特别致信同情会，表示正是在听到涩泽的讲话后有感而发才进行捐助的。③ 当然，我们不可能将涩泽讲话后的捐款都归因于受其谈话影响所致。然而，涩泽以年迈的病体向全国发出如是号召无疑对日本对华水灾的捐助行动起到了推动的作用。正如当时一个名为盐谷温的日本人所说的，涩泽荣一的无线电讲话"满怀着同情，言以善邻之厚谊，诉以国民之侠义，悲壮沉痛且充满慈爱，朗朗

---

① 谈话全文详见《涩泽荣一伝记资料》第四十卷，第78页。需要指出的是，这里所援引的讲话是"中华民国水灾同情会"所作的稿件，与讲话原文有所不同，但因原文不易查寻，想来也与该讲话稿差别不大，姑且直接加以引用。

② 全文详见《涩泽荣一伝记资料》第四十卷，第81~83页。

③ 《涩泽荣一伝记资料》第四十卷，第79页。

之声通过实况回响在各都市及全国的各个角落，产生了莫大之影响"。《涩泽荣一传记资料》中还记载了时人为涩泽此举所作的数十篇诗作，兹摘选数首录之于下，以窥其影响。

> 百龄剩八气凌空，起为邻邦说赈务。
> 泛滥长江先赴急，分明放送一机功。（国府种德）

> 九十年来志不坚，济民经世道无穷。
> 尤钦一视同仁事，欲为邻邦补禹功。（村上寿夫）

> 万夫束手仰苍空，洪水滔滔民厄穷。
> 忘病百翁情热烈，呼醒天下济仁功。（辻尚邨）①

　　此外，中国方面也对涩泽此次举动给予了很大关注。《申报》先是报道了涩泽荣一准备发表讲话的消息，称"著名富商涩泽子爵虽因撄疾家居，但为中国水灾惨烈，定明日出临无线电播音室，亲为受灾者呼将伯"。② 在涩泽讲话之后，该报又如是报道："九十二岁之涩泽子爵，为唤起日本国民对中国水灾表示同情起见，昨夜六时半，在泷川自邸立于放送局特设无线电话机之前，为沉痛之演说。子爵最近衰老多病，公共事业概不与闻，专心静养，乃昨夜至六时半，不错一刻，现于电话机之前演说三十分钟之久，大致不外希望日本国民速起救济邻邦水灾，与听众以多大之感动。"③ 言语之间，也流露出对于涩泽的称赞和感激之情。

　　到截止日期 9 月 25 日止，包括东京本部和大阪支部在内，"中华民国水灾同情会"募集赈款总额约为 60 万日元。④ 而在此之前，同情会就已经利用捐款购置了大米、面粉、绒布、药品及炼乳等价值 275000 日元的物资，作为第一批救灾品由天城丸于 9 月 14 日从日本出发，发往汉口。同时，同情会委任男爵深尾隆太郎作为该会的慰问使在上海将物资交付中华民国水

---

① 《涩沢荣一伝记资料》第四十卷，第 92、93 页。
② 《日人募集赈款》，《申报》1931 年 9 月 6 日，第 4 版。
③ 《日本老人涩泽劝赈华灾》，《申报》1931 年 9 月 8 日，第 4 版。
④ 《涩沢荣一伝记资料》第四十卷，第 99 页。

灾救济委员会委员长宋子文。① 本来，中日双方已经就交接一事达成协议，当深尾隆太郎到达上海时，中方派出多名官员迎接，实业部长孔祥熙还特意宴请深尾，宋子文也对日方的赈济之举深表感谢，并答应于 21 日出席赈济物品的交接仪式。然而，就在 18 日夜间，双方都收到了东北有事的消息。宋子文很快赶赴南京商讨应对时局之策，并托人告知日方将延迟接收物资。然而，日军在东北的暴行激起了中国人民的强烈反对，中国政府也对此极为不满。为捍卫民族尊严，尽管深尾表示希望将此次事变作为一个地方性事件来对待，同情会和涩泽荣一也希望中国方面能够接受这批物资，但宋子文后来还是予以坚决拒绝。此外，日方也从汉口方面收到了"状况险恶"的消息，② 另据《申报》21 日报载，"日金城丸所运赈灾麦米，二十一日可运到，但武汉灾民，宁死不愿收受，已电拒该轮来汉"。③ 武汉方面对待金城丸的态度如此，对待天城丸恐怕也并无二致。日方在无奈之下，只好于 26 日将天城丸再原封不动地驶回日本，已经募集到的捐款也不同程度地返还给捐赠者。

（五）对华灾荒救济行为的透视

事实上，涩泽荣一对于灾害的救济和其他一些慈善活动更多的是面向日本国内的，他本人是东京养育院的院长、中央慈善协会的会长，同时还在东京府社会事业协会、东京感化院、慈惠会、济生会等慈善组织中担任职务，而在东京大地震等发生于日本本土的一些自然灾害的善后活动中，也时常可以看到涩泽的身影。此外，当时日本一些国际性的救灾活动，如1922 年对德国难民的救助、1926 年对佛罗里达州大风灾的捐助、1930 年对法国西南部水灾的捐助等等，都有涩泽荣一的参与。相对来说，以上所梳理的他的对华灾害救助活动只是其众多慈善活动的一部分。在论及涩泽所从事的一些慈善救济活动时，日本学者山名敦子就指出，涩泽的意向包含了两个方面，一是个人的慈悲、怜悯心理，二是作为明治时期指导者的社会责任感。④ 而姜克实则提出，相对于宗教层面的"恻隐""慈悲""博爱"

---

① 《渋沢栄一伝記資料》第四十卷，第 105 頁。
② 《渋沢栄一伝記資料》第四十卷，第 101 頁。
③ 《武汉灾民拒受日方赈米》，《申报》1931 年 9 月 21 日，第 10 版。
④ 渋沢研究会：《公益の追求者・渋沢栄一》，第 286 頁。

等，涩泽在这些活动中更加看重的是社会层面的所谓"治国平天下"的"公益思想"。① 问题在于，这些研究考察的对象都仅限于涩泽在日本国内的慈善救济活动，而他的对外救济活动却几乎没被纳入考察范围。那么，涩泽荣一的对华救济行为究竟是否为公与私之间的协调，抑或其间反映出的经世思想的分量是否要高于慈悲、仁爱之类的情感力量，似乎还要做进一步讨论。

毋庸置疑，从1878年筹划救助"丁戊奇荒"，到1931年的无线电放送，涩泽荣一历次所参与的对华救济活动都有人道主义精神包含其间。例如，在几乎每次捐款募集活动中，对外所发出的倡议书中都有所谓"人道之本义""善邻之交谊"之类的话，涩泽本人在92岁（虚岁）高龄时对日本国民的讲话，更是几为肺腑之语，打动人心。这其实也同他的对华外交理念以及晚年对日本对华政策的反思有关。退一步说，在某种意义上，人道主义是一种普遍的情感，人们在看到自己的同类面临灾难之时，总会生起怜悯之心、救助之意。只是到了涩泽那里，他又在这个基础上加上自己对于中国的某种情感（受中国文化的熏陶，对中国抱有好感，等等）。当然，要说他丝毫没有功利之图，没有附加目的，似乎也不全面。如果从这一系列赈灾活动的整体观察，我们更能够了解到其间的一些"额外"考虑。

首先，在捐赠赈灾物资时，日本方面也想借此机会扩大日货在中国的影响，为对华贸易创造便利，或者借其解决国内的经济问题，达到一石二鸟的目的。以1878年的对华赈济为例，涩泽荣一的传记《青渊先生六十年史》在论及此事时就曾提到，它不单单是慈善方面的一大美举，从东洋政略的意味而言，在日清两国政治上及贸易上也有深远之关系。② 在当时的日本国内，其实也有反对救助的声音，略谓日本财政困难，近代化刚刚起步，无须再救助中国灾害，还抱怨赈款募捐有摊派之嫌疑，甚至有传言说涩泽和益田孝等人借此谋取私利。③ 然而，正如有日本报纸所说的那样，"支那在我邦贸易上有重大之关系，苟能乘此机会进行灾民之救恤，风声将在一夜间传至支那，将自会爱上我之物品，看重我之货币，借助于引发此心情，

---

① 姜克实：《渋沢栄一の慈善思想の特徴——治国平天下の儒学倫理》，《岡山大学文学部紀要》2006年第46号。
② 《渋沢栄一伝記資料》第二十五卷，第707頁。
③ 《渋沢栄一伝記資料》第二十五卷，第727頁。

以后必将大开通商之便"。① 日本的货物作为救灾物资发放给灾民，自然这些物品会为中国灾民所熟知，日本此举也会赢得中国方面的好感，从而有助于日本商品在中国的销售。而 1920 年的救助当中虽然因实行上的困难放弃了原本提出的以大米相赈的计划，但这个计划实际上也是一石二鸟之举。当时的日本内相就认为，日本该年度大米丰收，米价日益下落，而如果将所存的一部分大米运至中国，在救济灾民的同时，无形中也起到了平衡米价的作用。② 涩泽荣一更是认为，此举在有利于调节日本米价的同时，也是开通两国间米价共通行情的一个机会，"防谷令"也会归于消失。③

其次，在日方看来，作为人道主义援助的灾害救济行为，也是缓解和消除中国的抵日情绪、缓和中日间紧张关系的一个手段。在救助 1915 年的广东水灾之时，正值中日关系因"二十一条"问题而紧张之际，日本国内有人就认为，排斥日货的中国民众并不值得日本同情。但是涩泽荣一却称："认为不去怜悯排斥日货的国民的说法是错误的，送救济金也绝非借此使对方感恩。"④ 这样的话固然更应当从人道主义的角度正面进行理解，但若从当时的背景来看，此次借款在客观上势必会对中国的抵日起到抵消和化解的作用。换句话说，正是由于中国抵制日货，作为应对之策，才更应该救助中国灾害。因而，涩泽等人在 1917 年的天津水灾时一再强调在救助在华日人的同时，要兼顾中国灾民，这样可以"对日支亲善略有益处"。⑤ 而对于日华实业协会 1920 年对华北旱灾的救济行为，日本就有报道称，这是挽回对中国人信用的绝好机会，也是在缔结与中国亲善上所绝对必要的。⑥

当然，一个不能不提的问题就是中国方面对于日本赈灾的反应。一般来说，在中国民众面临各种自然灾害的威胁时，来自国际的人道主义援助自然会获得中国方面的首肯和感谢。1878 年，对于涩泽、益田孝等人的赈济，时任直隶总督的李鸿章曾特意到日本驻华公使森有礼处表达感谢之意（森有礼随后也将这层意思转达给涩泽等人），后又令驻日公使何如璋代为

---

① 《渋沢栄一伝記資料》第二十五卷，第 726 頁。
② 《渋沢栄一伝記資料》第四十卷，第 30 頁。
③ 《渋沢栄一伝記資料》第四十卷，第 28 頁。
④ 《渋沢栄一伝記資料》第四十卷，第 8 頁。
⑤ 《渋沢栄一伝記資料》第四十卷，第 15 頁。
⑥ 《渋沢栄一伝記資料》第四十卷，第 39 頁。

面谢对华援助之人，何如璋后来亦亲自来到第一银行面晤涩泽荣一并诚恳致谢。[①] 而在 1920 年华北旱灾救济告一段落之后，中国方面曾发布大总统令，对包括日华实业协会在内的众多外国团体和个人的援助表示感谢。除此之外，日华实业协会还在这段时期收到了来自山西督军阎锡山、陕西省督办赈务处、河南灾区救济会、华北救灾会、直隶义赈会、中国红十字会以及通州商民等的谢意。然而，如果说中国民众在面对抵制日货和赈济日灾时，能够演奏出一首悦耳的民族主义与人道主义交响曲的话，[②] 那么，在来自日本的侵略和慈善面前，中国又当如何应对？虽然缺乏详尽的论据而不能很好地回答这一问题，但也可以从一两个案例中窥其一二。1915 年，在中国方面的抵日声中，涩泽荣一等人将募集的款项由日本驻广州领事转交给中国方面。而据《申报》所载，曾有一日本外交官谓 "中国近惯以恶意观察日本"，表现之一就是对于日本驻粤领事的救济行为，"乃名为假慈悲"，"希望中国报馆实业并官界有力人物须互相往来疏通意思"。[③] 这里反映的就是处于排日之中的中国民众，对于对华怀有侵略倾向的日本所实施赈济的动机，抱有很大的怀疑。另外，在 "九一八" 事变爆发之后，中国方面果断地拒绝了日方的援助物资，这不能说是出于一时冲动，而更应视为一种民族气节。而且即使在拒绝的情况下，中方对日方的救助仍然表达了谢意。也许会有人认为，发动事变的责任多在日本军方，而日本民间人士乃至政府的救济则是另一回事。但这个由涩泽担任会长的中华民国水灾同情会基本上是在日本政府的主持下设立的，而此时日本政要的对华态度已经开始强硬，即便不是直接由其策动事变，政府方面也脱不了关系。在这个意义上，中国方面拒绝接收赈物也不无道理。就这些来看，中方在面对日本的救济时也做到了礼节与气节兼备。

就涩泽荣一来说，晚年的他并不赞成赤裸裸的武力侵华政策。1931 年日本救灾物资因突发事变而遭退回，涩泽荣一并无过错。可以说，他的人道主义精神也被强硬的侵略政策连累了。当然，不管涩泽是否认可，他所主持或参与的这些救助活动不免有些实际的利益掺杂其间，但更应该看到

---

① 《渋沢栄一伝記資料》第二十五卷，第 736 页。

② 详见彭南生《民族主义与人道主义的交织：1923 年上海民间团体的抵制日货与赈济日灾》，《学术月刊》2008 年第 6 期。

③ 《专电》，《申报》1915 年 8 月 1 日，第 2 版。

的是，这些利益上的算计与对灾害的救助并不构成冲突。如果一定要分辨利益追求与人道救助孰轻孰重也不容易，不过如果结合其"《论语》算盘说"哲学以及对华交往主张来看的话，出于修好两国关系和人道主义考虑的一面似乎更不应受到忽视。

二　涩泽荣一的对华慈善教育活动

在近代中日关系史上，尽管日本对华的经济和军事侵略对两国关系产生了严重伤害，双方在文化和教育方面也存在着交流与合作。在一般有关日本对华文化和教育事业的研究中，通常侧重于强调日本侵略性的一面，而对于一些日本人的对华慈善教育方面的探讨却比较少见，且多集中于考察松本龟次郎之类的职业教育家群体，对日本实业家相关活动的探讨则比较罕见。事实上，涩泽荣一等财界人士就通过各种途径先后数次有过对中国留学生和中国教育事业的扶助行为。由于日本实业家与政府之间的密切关系以及其自身的利益追求等原因，在推行相关的对华慈善教育活动时，并不如松本龟次郎等人那么单纯。本节将以涩泽荣一发起或参与过的"支那留学生同情会"、日华学会、日华实业协会的相关活动为载体，集中考察他在不同时空下的对华教育慈善活动，并从中探求这些慈善活动的不同特质及其背后的缘由。①

（一）"支那留学生同情会"

在对中国灾民进行救济的同时，涩泽荣一也对中国的留日学生予以关注和救助。

甲午战争之后，尤其是清末新政之际，中国开始向日本大规模地派遣

---

① 有关"支那留学生同情会"、日华学会以及日华实业协会对华教育活动的研究，也散见于一些学者的著述当中，如徐志民的《1918—1926 年日本政府改善中国留日学生政策初探》（《史学月刊》2010 年第 3 期）和《大正中后期日本政府改善中国留日学生政策述论》（《徐州师范大学学报》（哲学社会科学版）2009 年第 6 期）、孙颖的《二十世纪上半叶日本的"对支文化事业"研究——基于"东方文化事业总委员会"与"日华学会"的考察》（东北师范大学博士学位论文，2008）、片桐庸夫的《渋沢栄一と中国——その对中姿势を中心として（二）》（《渋沢研究》2004 年第 17 号）等等。然而，这些研究虽然不同程度地对上述团体的活动予以考察，却未能以涩泽荣一为线索人物做纵向分析。

留学生。据统计，在辛亥革命之前，中国留学生数量最多的时期大致在1902~1908年。其中，1904年时，留日学生总数为1300人，而到次年末就达8000人，1906年时，更有超过10000人之多。鉴于留日学生良莠不齐，日本通过颁行《清国留学生取缔规则》《选派游学限制办法》等措施，开始着手推行减少人数、提高教育质量的教育方式。在此之后，中国留学生数量开始逐年递减。据当时日本外务省的统计，1908年时，留学生数量已减至5200人，而到了辛亥革命爆发前夕，这一数字更进一步降至3000人。[①]当然，这一时期的赴日留学热潮，不仅使得国人在邻国学习了近代的科学技术，也深入接触了来自西方的自由、民主等近代的思想观念，中国革命的力量也在这里酝酿和萌发。留日学生逐年递减的原因也不完全在于日本方面的举措，还在于中国国内局势的变化。一方面，辛亥革命及此前的黄花岗起义等革命运动中都有归国留日学生的身影，而这些革命运动所引发的中国局势的变化也进一步吸引着更多的留日学生回国加入革命的潮流之中。另一方面，中日双方1907年签订的所谓"五校特约"，规定东京高师、东京高工、山口高商、千叶医专、第一高等五校为特约学校，分别规定名额，计划该五校在15年间收容中国留学生并由中国政府给予补助费。这就相当于清政府以补助的形式往日本派遣公费留学生。"五校特约"签订后，也得到了较好的执行。1908至1909年间，考入五所公立学校的留学生达460多人，基本上按照协议取得了补助费用。[②] 而其他大部分留日学生则自费就读于其他私立及各种简易学校。然而，这种公费与自费并行的模式在1911年时却被突然爆发的辛亥革命打破了。

辛亥革命的爆发使清政府对留日学生的补助被迫中断，而中国国内动荡的局势又使得依靠国内寄钱度日的自费生陷入困境。有鉴于此，加之对于革命的向往，留学生开始大批回国，到1911年12月中旬时，留在日本的中国学生仅剩500余人。[③] 他们或是潜心于学业而无暇归国，或是回国受阻而滞留日本，但都因财源断绝而陷入进退维谷的困境。见此情形，涩

---

① 阿部洋：《解说》，载佐藤尚子等编《中国近代教育文献资料集》第一卷，日本图书センター，2005，第7页。

② 徐志民：《近代日本政府对中国留日学生政策研究（1896~1931年）》，载庄子健、潘晨光主编《中国人才前沿 No.4》，社会科学文献出版社，2009，第500页。

③ 《涩泽荣一传记资料》第三十六卷，第88頁。

泽荣一与高桥是清、近藤廉平、益田孝、白岩龙平等人于 1911 年 12 月 25 日发起成立了"支那留学生同情会"。涩泽本人不仅为发起人，也与近藤、益田以及丰川良平三人一起同为同情会的委员，而三井物产的山本条太郎和日清汽船的白岩龙平则为干事。在成立之际，同情会宣称其动机为："本次支那扰乱的结果，本邦在留之该国学生中有不少因学费断绝而不得不退学，实在值得同情。因此，兹有有志者相谋，募集资金，贷与学资，安顿留学生，以达修学之目的。"①同情会成立之后，资金的募集进展颇为顺利，到 28 日时，共计已达 45000 日元。② 另据资料显示，同情会最后募集总额为 46000 日元，其中，三井、三菱、日本银行、台湾银行、日本邮船、南满铁道、正金银行各捐出了 5000 日元，涩泽荣一也捐了 1000 日元。③ 为了有效地分配这些资金，同情会还制定贷方标准：第一，学费借款方要以所在学校监理者的证明为基础；第二，若认为已无学费贷与的必要时，任何时候皆可废止；第三，贷与金额 12 月份为每人 10 日元，其后每月定为 20 日元，25 日交付；第四，贷款期限暂定为 6 个月；第五，下列之人无贷款资格：旷课者、1911 年 12 月 1 日之后入学者；第六，下列之人将停止贷款并将其除外：无正当理由而不入学者、怠慢玩忽且品行不端者。④

尽管制定了上述的目的和原则，但如何甄别救济名单及核定救济资格也不是一件易事。同情会就此同日本文部省、中国公使馆、各省留学生监督及日本各学校进行了反复交涉。从最后的结果来看，同情会的救济事业也取得了不小的成绩。在滞留日本的 500 余人当中，同情会于 1911 年 12 月份拨付贷款的有 240 人，次年 1 月为 340 人，2 月为 274 人，几乎每月所贷与的人数都占了留日中国学生总数的大半，"没有接受同情会救济的仅在百名上下"。⑤ 这些受助学生来自日本的东京帝国大学、法政大学等公办及私立共计 47 所学校。若以学生的出身地划分，则遍及中国的 21 个省份。详见表 4。

---

① 《渋沢栄一伝記資料》第三十六卷，第 89 頁。
② 《渋沢栄一伝記資料》第三十六卷，第 88 頁。
③ 《渋沢栄一伝記資料》第三十六卷，第 93 頁。
④ 《渋沢栄一伝記資料》第三十六卷，第 89 頁。
⑤ 《渋沢栄一伝記資料》第三十六卷，第 88 頁。

表 4　受"支那留学生同情会"资助之留日中国学生籍贯分布

省份	人数	省份	人数	省份	人数
直隶	32	山东	1	山西	21
河南	6	湖南	42	湖北	33
安徽	13	江西	36	江苏	27
浙江	27	福建	6	广东	20
广西	5	四川	42	贵州	15
云南	7	陕西	6	甘肃	1
奉天	2	吉林	1	蒙古	1

資料来源：渋沢青淵記念財団竜門社編《渋沢栄一伝記資料》第三十六巻，渋沢栄一伝記資料刊行会，1961，第 91 頁。

留日学生获得日本方面的贷款之后，或得以继续完成学业，或能够顺利踏上归国之途。对于此次救助，同情会在与中国公使馆及日本各学校协议的基础上，在外务省的协助下，通过中国各地所在之日本领事向留学生的家人进行了传达。而这些家人和"地方有力者"也对日本此举表示感谢，还频频向同情会发去了感谢信。① 涩泽等人帮助中国学生的举动也受到社会舆论的关注。当时的《申报》曾对此进行了报道，谓："留学日本中国学生经济问题现已解决。日本富户三井、长崎、涩泽、大仓、古小等亦皆捐助，合计已有四万八千元，足以救济目前之困难，并请各学堂延期收取其寄宿费及月脩。"② 《民立报》也对此报道称："中国留学生四百名，自民军起事后官费停止，异常困难。现日本富豪发起捐助四万八千元协助，一面并由各学校暂停收学费。"③ 不唯如此，南京临时政府在成立之后，也对日本的救助之举表达了感谢之情，并表示愿意偿还这笔贷款费用。时任教育总长的蔡元培还于 1912 年 6 月 22 日专门致信"支那留学生同情会"，谓：

> 敬启者，据徐协贞君来述及，自去冬以至于今，敝国官私费学生之留学贵国者，多承贵会贷助之惠。诸君子豪情盛举，义薄云天。不独学界同人私衷钦仰，抑亦敝国临时政府所当极感者也。至于贵会陆

① 《渋沢栄一伝記資料》第三十六巻，第 88 頁。
② 《专电》，《申报》1911 年 12 月 30 号，第 3 版。
③ 《革命外电》，《民立报》1911 年 12 月 30 日，第 3 版。

续贷助之款，虽为敝国在留学生个人所领受而积数既巨，一俟敝国时局大定，即当如数偿还，以□贵会睦邻之雅谊。①

随后不久，中国教育部偿还了这笔贷款，再加之当时尚未贷出的余额，同情会回笼和保有的资金共计仍有 37000 余日元。而在辛亥革命结束之后，该组织偶尔还会有一些帮助中国学生的举动。例如，同情会本将学资的贷款日期限定至 1912 年 9 月，也将此告知了日本各学校，然而根据一些学校的恳请，又另外在 1912 年 10 月至 12 月间对早稻田大学和明治大学的两名中国留学生给予特别救济。在此之后的 1913 年和 1914 年，同情会还对另外七名中国留学生予以同样的救济。除了这些救济行为外，同情会还向大森浩然学舍、善邻书院、东亚高等预备学校、东京同文书院、东京美术学校、法政学堂等培养中国留学生的学校给予了资金上的援助，并在 1916 年时，应四川省学生监督之请，对于出身于该省的约 100 名留学生予以特别帮助。②

应当说，此时的日本已经在推行对华扩张政策，也有人认为，"如果将在日本受感化的中国新人才散布于古老帝国，是为日后树立日本势力于东亚大陆的最佳策略"，③ 但这种动机还没有正式转化成为日本对华教育政策制定的出发点，也尚未完全将留学生视为将来培养在华亲善势力的一个工具，甚至还有人对培养中国留学生抱有一种报恩的态度。而涩泽荣一等人此次救助中国受困留日学生的行为，也基本上属于单纯的慈善性质，在推动中日友好交流方面起到了积极作用。

（二）日华学会

继"支那留学生同情会"之后，还有一个以为中国留日学生和赴日参观学习者提供各种便利的正式组织——日华学会。

与"支那留学生同情会"的设立存在一致之处的是，日华学会也是意在帮助和救济处于困境之中的中国留学生。上文曾论及，在辛亥革命之前的一段时期内，中国的留日学生数量呈递减之势。而在辛亥之后的几年间，

---

① 《涩沢栄一伝记资料》第三十六卷，第 91 頁。
② 《涩沢栄一伝记资料》第三十六卷，第 91 頁。
③ 王桂等编《中日教育关系史》，山东教育出版社，1993，第 330～331 页。

由于中日间的矛盾以及中国国内教育的兴起，这种趋势仍然在持续。到了1919～1920 年前后，留日学生总数已减至 2000～4000 人。然而，这些学生在日本的学习和生活条件仍旧相当艰苦。一方面是日本国内普遍存在轻视中国和中国人的现象，这一点已毋庸赘言，留日学生自然也在邻国深受其害；另一方面则是衣食住行上的诸多实际困难。由于经济上的原因，留日学生的住宿条件大多比较恶劣，长期居住于一些低矮破旧、阴冷潮湿的房屋里面，他们在日本也是处于社会的底层。在日华学会的创立者看来，这样一种既受歧视、生活条件又差的状况，导致中国学生无法广泛接触日本上下各个阶层的人士，不了解日本"健全之社会及家庭的情况"，所感受到的东西难免失于偏颇，继而对日本产生误解和嫌恶之情。① 除此之外，也有不少中国人士赴日实地考察日本的学术、工艺等一般性文化设施，然而却没有一个正式的组织为他们做介绍和斡旋，而中国公使馆和留学生监督处的协助亦比较有限，这让他们也深感不便。所以从留日学生到赴日参观学习者，都容易产生不满情绪。而反观日本在外国留学者，凡是对彼国抱有好感的都是寄宿于当地中等以上家庭之人，中国留学欧美者所受到的待遇也优于在日本求学者，回国后还对欧美等国心存感激，从而出现所谓亲美、亲英之人。有鉴于此，日华学会创立的一个首要动机就是"介绍留学生到中流以上的家庭，（将他们）从冰一样的出租屋的暗室中解救出来，真正地给以日本人的温情拥抱"，② 也借此培养留日学生对日本的好感。

当时的一位著名日本实业家——日本石油业巨头内藤久宽深感有必要成立一家专门机构以为中国留学生提供帮助。对于内藤的这一想法，向来就对中国留学生持同情态度的涩泽也极表赞同。随后，内藤又向时任东邦协会会长的枢密院顾问官小松原英太郎进言此事，以求得后者的支持。小松原也对此颇感兴趣，他和白岩龙平都有意致力于改善中国留学生的境遇。这几人经过数次商议，最终决定以"支那留学生同情会"为基础，成立一个帮助中国留学生的组织。③ 1918 年 5 月，日华学会在东京正式成立。其对外宣称的宗旨是："为对中国留日学生聊表薄意，稍减其作客异乡之不便，

---

① 《涩沢栄一伝記資料》第三十六卷，第 101 页。
② 《涩沢栄一伝記資料》第三十六卷，第 95 页。
③ 孙颖：《二十世纪上半叶日本的"对支文化事业"研究——基于"东方文化事业总委员会"与"日华学会"的考察》，东北师范大学博士学位论文，2008，第 94 页。

兼为中国赴日视察观光之人士作东道，期效斡旋之劳。"① 学会首任会长为小松原英太郎，内藤久宽、山本条太郎、白岩龙平、浜野虎吉等四人为理事，而涩泽荣一则在顾问之列。另外，学会还聘任日本各公立及私立学校的职员和日本文部、农商务部、外务省的官员及其他知名人士为评议员。②之所以说日华学会与"支那留学生同情会"之间存在着继承关系，一个很重要的因素就是两者之间有着资金上的传承。为了向即将成立的日华学会提供基本的资金保证，1918 年 4 月，涩泽荣一等人决定将"支那留学生同情会"所有的资金余额 37000 余日元全部充作日华学会的资金，再加上内藤久宽捐赠的 10000 日元，这才构成了日华学会得以设立和运转的基本金。③在以后的活动中，学会的资金又通过政府的拨付和民间的捐款而进一步得到充实。1921 年，学会又以事业渐次得到发展、与外界的交流日益频繁为由，申请并被准许升级为"财团法人日华学会"。④

就涩泽与学会的关系来说，他不仅将同情会的余款全部划作学会的初期款项，更是学会的发起者和创建人之一，不仅在日华学会成立之后长期担任顾问一职，也曾担任过一段时期的会长之职。1919 年年底，首任会长小松原因病去世。此后，会长一职一直虚位以待，涩泽荣一只好不顾年迈，于 1920 年 4 月继任该职，但毕竟此时年事已高，无暇顾及整个学会的大小事务，大概是在物色好继任人选之后，很快又辞去该职。如果说我们将其辞职时间暂取 1920 年 9 月的话⑤，那么涩泽就在日华学会担任了五个月的会长之职。在此之后，他仍然在学会内担任着顾问一职。虽然只是顾问，但他却像普通的理事一样，频繁地参加学会的协议会，为学会的各项活动

---

① 徐志民：《大正中后期日本政府改善中国留日学生政策述论》，《徐州师范大学学报》（哲学社会科学版）2009 年第 6 期。
② 《渋沢栄一伝記資料》第三十六卷，第 99 页。
③ 《渋沢栄一伝記資料》第三十六卷，第 92、98 页。
④ 《渋沢栄一伝記資料》第三十六卷，第 122 页。
⑤ 涩泽就任会长的时间可以确定为 1920 年 4 月，然而他辞职的日期却存在着争议。雨夜谭会所编的《青渊先生关系事业调》所记的时间为 1921 年 6 月，《财团法人日华学会第八回年报》记载的时间也是 1921 年 6 月，然而《日华学会第四回报告》以及砂田实所编的《日华学会二十年史》却称是 1920 年 9 月。我们从另外一则材料中发现，在 1921 年 6 月日华学会申请升级为财团法人时，所注明的"日华学会设立者总代"为德川庆久。就此可以推断，涩泽这时已经不再担任学会的会长。故本文暂取 1920 年 9 月之说。详见《渋沢栄一伝記資料》第三十六卷，第 106、110、111、114、122 页。

出谋划策，甚至还代表学会发表言论和出席各种活动。后来的《日华学会二十年史》在谈到涩泽对学会的贡献时曾说："对于昭和六年十一月十一日逝去之顾问涩泽荣一氏的功劳，……作为本会创立者的轴心，毫无疑问作用重大。尽管已是高龄，但仍一概出席理事会及其他本会相关人员的会议，参与协议，指导会务，致力于事业的进行和发达。对此，（本会）全体人员感激不尽，并永久铭记。"① 为了进一步明晰涩泽参与日华学会运作的详细情形，有必要再对学会的一些具体事务进行考察。

日华学会在成立之际，曾声称其具体事务包括如下几个方面：第一，介绍留日中国学生的入学与退学；第二，介绍学生的实习与参观；第三，收集留学生在研究上有必要之图书，以供其阅览；第四，在体育方面提供便利；第五，致力于联络学生所在之各学校及教育者；第六，在学生宿舍的选择方面提供便利；第七，为赴日参观学习者提供方便。② 在升级为财团法人之后，学会还重新制订了一份"财团法人日华学会寄附行为"，其中规定所推行的具体事业包括：第一，在留学生的宿舍方面提供方便；第二，介绍留学生的实地练习及参观；第三，为调查研究教育技术者提供便利；第四，介绍留学生的入学与转学；第五，致力于联络学生所在之各学校及教育者；第六，除以上外，还实行为达到本会之目的而有必要之事业。③ 实际上，无论是成立之初还是升级之后，日华学会的具体事务并不是均匀地涵盖以上几点，在大多数情况下，只是集中于接待中方到访者、扶助和救济中国学生以及为其提供住宿上的便利。

首先，日华学会认为留日中国学生对日抱有恶感的原因之一就是住宿条件太差，所以就将为留日中国学生提供住宿上的便利视为学会的一项主要工作。学会在成立后不久，鉴于留日中国学生住宿条件恶劣，加之1918年10月份时留日中国学生宿舍严重不足，而中国方面也有人希望学会能够予以帮助，日华学会遂在仔细商议之后，决定先设立一个小规模的宿舍进行试验，视其效果如何而决定以后是否增加。于是，1918年10月，学会租借汤岛天神町的一处仅能容纳二十人的房屋作为第一中华学舍，并于当年

---

① 《渋沢栄一伝記資料》第三十六卷，第114頁。
② 《渋沢栄一伝記資料》第三十六卷，第100頁。
③ 《渋沢栄一伝記資料》第三十六卷，第123頁。

12 月开始接纳中国学生。据学会的报告书称，开舍之初，应者寥寥，但到 1919 年 1 月之后，申请者就开始增加，以致后来收纳了 23 人，还不得不拒绝了一些申请。[①] 这种结果令日华学会相当满意，为了扩大宿舍的容量，加上其他一些经营上的问题，学会在 1921 年退掉了原来的房屋，并在东京下谷区购得了一栋能够容纳 55 人的三层建筑，作为第一中华学舍的新房。在此之后，日华学会又陆续设置了第二中华学舍（58 人容量）、翠松寮（16 人容量）、中华女学生寄宿舍（16 人容量）、大和町女子寄宿舍（5 人容量）等其他一些宿舍。而在置办这些设施的过程中，涩泽荣一也积极参与其间，或共同筹划，或慷慨解囊。我们无法仔细考察这一参与过程的细节，姑且列举几则相关的记录一窥全豹。例如，涩泽家所藏的《集会日时通知表》显示，1920 年 4 月 9 日，涩泽荣一"前往中华学舍（即搬迁之前的第一中华学舍，笔者注）"。[②] 据《日华学会第七回年报》载，1924 年 3 月，涩泽荣一、白岩龙平、细川护立、山本条太郎等人齐聚日本工业俱乐部，协议宿舍翠松寮建筑的捐助接收、对于翠松寮和中华女学生寄宿舍的补助费等事务。[③] 而在 1924 年 5 月涩泽所参加的日华学会的一次协议会上，商谈的内容就包括第一、第二学舍的修缮费，女子寄宿舍的购入费，大和町女子寄宿舍、白山增建女子寄宿舍以及翠松寮的火灾保险等。[④] 另据学会第十一回年报所记，1927 年 4 月 19 日时，涩泽荣一出席了学会的理事会，参与商议中国留学生寄宿舍处置之事。[⑤] 此外，1928 年 11 月，他还因翠松寮之事捐助了 300 日元。[⑥]

其次，其他一些扶助和救济中国留学生的行为。1923 年秋季，北京政府声明官费留学生截止到当年为止，以后不再继续，而日本方面则援引之前两国所签订的协议，欲废除第一高等学校、高等师范学校、高等工业学校所特设的特别预科。这样一来，以进入这些学校为目的的 400 余名中国留学生便陷于困境，他们转而寻求日华学会的帮助。受此请求，学会便与文

---

① 《渋沢栄一伝記資料》第三十六卷，第 108 頁。
② 《渋沢栄一伝記資料》第三十六卷，第 110 頁。
③ 《渋沢栄一伝記資料》第三十六卷，第 136 頁。
④ 《渋沢栄一伝記資料》第三十六卷，第 141 頁。
⑤ 《渋沢栄一伝記資料》第三十六卷，第 145 頁。
⑥ 《渋沢栄一伝記資料》第三十六卷，第 144 頁。

部省以及第一高等学校和高等工业学校的校长做种种之沟通，最终得以保存这些特别预科。① 同年东京大震灾之际，日本曾发生了轰动一时的中国留学生被杀事件。天灾再加上人祸，使得留日学生的处境相当严峻。对此，日华学会设立收容所，救护受伤的中国留日学生，对于希望回国者也主动承担行李的搬运和护送等费用，次年，还为受难的学生建立了招魂碑。② 对于同样在地震期间发生的留日中华基督教青年会会馆严重受损一事，日华学会等团体经过多方努力，募集到 40000 日元以修复受损建筑。涩泽荣一不仅出席后来的建成仪式并发表讲话，还积极从中斡旋募捐，并亲自捐助了500 日元。为此，北京政府的总统曹锟特意向其授予一枚头等宝光嘉禾章。③1927 年，由于中国国内局势动荡，留日学生再一次面临学资不济的窘境，"尤其是湖南、江西两省的学生……不仅官费被取消，自费者也因家庭汇款受到阻止而极度困难"。日华学会乃为此着手积极募集捐款，自 5 月末至 7月下旬，共得款项 3900 日元，而这其中也包括涩泽所捐的 200 日元。对于涩泽荣一的救助之举，中国代理公使张元节和代理留学生监督张振汉事后还向其致信感谢，谓"此次阁下捐助日金贰百元送交日华学会山井先生处，本培成邻邦人才之至意援助留学生之困难者，洵堪钦佩，兹特裁笺申谢，并颂时祉"。④

最后，以为来日参观访问者提供便利为名，日华学会接待了大批中国教育界、文化界人士，这一方面是在践行学会成立时所定的宗旨，另一方面，此举也成为沟通两国感情、促进彼此交流的一个良好方式。在某种程度上，学会本身也演化成对华国民外交的一个窗口。这里仅列出涩泽参与的几个交流事例略做说明。1921 年 1 月，日方为到访的奉天教育参观团各成员举行盛大的招待宴会，日方出席的包括外务省和文部省以及东京市府的官员、满铁会社及朝鲜银行等企业的代表，再就是日华学会的会员及顾问涩泽荣一。同年 4 月，学会在帝国饭店招待日本内阁总理原敬、中国公使胡惟德等人，涩泽在会上特意回顾了学会创立以来的沿革，胡惟德则发表

① 《渋沢栄一伝記資料》第三十六卷，第 106 頁。
② 《渋沢栄一伝記資料》第三十六卷，第 107 頁。
③ 《渋沢栄一伝記資料》第三十六卷，第 129 頁。
④ 《渋沢栄一伝記資料》第三十六卷，第 147、148 頁。

了感谢演说。① 1923 年 4 月，涩泽荣一又在其宅邸招待中华基督教青年会以及日华学会所属的中华学舍的在住人员。② 同年 12 月 1 日，学会同日华实业协会一起在东京银行俱乐部为中国宗教家举办送别会，涩泽荣一应邀出席。22 日，涩泽又代表日华学会和日华实业协会，在其飞鸟山宅邸为中国前外交部长王正廷一行举办招待午餐会。③ 1924 年，学会与日华实业协会一同在工业俱乐部为 1 月到达东京的中国文化界人士鲁嗣香、李克己两人举行晚餐会，涩泽荣一也有出席。④ 这些交往的例子，无论是对涩泽荣一还是日华学会而言，都是对华人员交流的冰山一角。但不管怎样，这种文化层面上的交流无疑对中日关系的缓和和改善起到促进作用。

如果回过头来从一个更广的层次上考察就会发现，日华学会的成立及其对中国学生的种种帮助以及与中方各界人士的交流都有着特定的时代背景。在日华学会成立前后，日本官方已经开始注意中国留学生问题，在1918～1922 年间，日本的历届国会都曾先后辩论过对待中国留学生的态度问题，对中国留学生的教育管理进行总结和反思。在一连串的质询、建议和请愿之下，⑤ 日本政府开始对中国留学生采取怀柔手段，而支持和补贴日华学会就是措施之一。例如，1920 年，日本文部省曾向学会拨付特别补助金 15 万日元充当宿舍设置费；1924 年，外务省先后两次拨款，以作学会事务所及男女宿舍的购入和修缮之用；1927 年，为设立《日华学报》部，外务省再次拨付 4700 日元；1928 年，作为对《日华学报》的追加投资以及补助东亚高等预备学校校舍建筑费用，又分别向日华学会拨款 5600 日元和 7 万日元。⑥ 日本政府之所以如此支持日华学会的事业，无非就是想借此挽回日本在留学生心目中的形象，培养一批亲日力量。涩泽荣一和日华学会在出于两国友谊及人道主义精神而对中国学生出手相助的同时，大概也会有这样一层意思。对于寄宿于"第一中华学舍"的中国留学生，日华学会就乐观地预言，这一批人将来有望成为"日支亲善"的核心人物，且可以以

---

① 《涩泽荣一伝记资料》第三十六卷，第 120、121 页。
② 《涩泽荣一伝记资料》第三十六卷，第 127 页。
③ 《涩泽荣一伝记资料》第三十六卷，第 135 页。
④ 《涩泽荣一伝记资料》第三十六卷，第 132 页。
⑤ 有关日本国会讨论的情况，详见实藤惠秀著，谭汝谦、林启彦译《中国人留学日本史》，三联书店，1983，第 95～101 页的"日本国会中关于留日学生问题的议论"一节。
⑥ 《涩泽荣一伝记资料》第三十六卷，第 132 页。

他们为媒介，实现与一般中国学生的"联络接触"。① 涩泽荣一也将日华协会的一些救助行为与中国的排日运动联系起来。例如，他在 1923 年的中华留日基督教青年会馆的修筑落成仪式上就称，"眼下支那本国排日运动正旺，不祥之报道不绝入耳，尽管如此，这次在日本人的尽力之下，为留日学生诸君所修筑的会馆宣告落成却是极为可喜之事"。② 这虽是故作"以德报怨""高风亮节"之语，但若反过来解读，似乎也有借为留日学生提供帮助而缓和中国排日的意思。其实，日华学会很清楚中国留学生对日本不抱好感的根本原因在于日本推行的对华侵略扩张政策。就在学会成立前夕，留日学生还因反对和抗议中日军事协定而大量回国。日华学会从改善留学生生活和学习条件入手，似乎并非对症下药，而是避重就轻之举。

（三）日华实业协会的对华教育事业

在近代中日教育史上，日本的对华教育事业大致可以分为两大类，一类是对于中国留日学生的教育，另一类则是直接在华举办的教育事业。其中，后者又可以进一步分为派遣日本教习来华及在华参与或独立设立学校两种形式。如果说以上所考察的"支那留学生同情会"和日华学会属于前一类事业的话，那么日华实业协会的对华教育事业则是后一类事业。

涩泽荣一领导下的日华实业协会在成立后不久，即开始着手推行对华教育事业。1921 年 9 月 9 日，会长涩泽荣一、副会长和田丰治等人在协会事务所开始协商下一年度即将推行的"支那文化设施"，初步决定在山东、直隶两省选定适当的地方，成立一家相当于大学程度的学校。为了向中国广为宣传日华实业协会的创办宗旨并就设立学校一事取得中国当局的谅解，协会还决定派遣和田丰治赴华进行沟通。③ 1922 年 2 月 2 日，包括涩泽荣一、和田丰治等人在内的日华实业协会诸人再次召开协议会，进一步讨论落实计划中的"对支文化事业"。会上初步决定，先在青岛设立商科大学，在济州设立医科大学，所需之经费从作为会员的有关银行和企业中募集，而具体实行方法则有待进一步协商。④ 至此，青岛商科大学设立一事开始浮

---

① 《渋沢栄一伝記資料》第三十六卷，第 118 頁。
② 《渋沢栄一伝記資料》第三十六卷，第 128 頁。
③ 《渋沢栄一伝記資料》第五十五卷，第 187 頁。
④ 《渋沢栄一伝記資料》第五十五卷，第 187 頁。

出水面。当是之时，依照华盛顿会议的有关决议，中日双方开始谈判山东问题有关事宜。按照谈判的总体原则，中方要收回被日本侵占的山东各项权益。尽管日本表面上愿意将山东主权交还中国政府，但并不愿意悉数放弃其在鲁各种权益。日华实业协会设立青岛商科大学之举即是在这一背景下发生的。

2月2日的协议会之后，日华实业协会已经开始筹划商科大学的设立事宜，据协会干事白岩龙平后来所称，为建立这所学校，协会决定先期拨付21700余日元以完成先期的筹备工作。① 而在1922年6月23日举行的日华实业协会第二回总会会议上，作为议长的涩泽荣一详细说明了设立青岛商科大学的初衷和设想。在他看来，中日交涉的结果，必然是将山东交还给中国，然而如果日本在当地的权益没有任何遗留的话，也会有欠缺之感，恰好青岛的万年兵营非常适合建立一所学校，而一步到位地建成综合大学并不合适，可以先行设立商科大学。基于这样的想法，他主张应当通过日本外交当局积极争取无偿租借万年兵营，而且为了将来成立的综合大学，还应该租借其周围的土地。② 按照日华实业协会的计划，将以原海军防备司令官舍为商科大学的事务所，以万年兵营的一部分作为校舍，并定于1923年4月开校，学校的学制为预科两年、本科三年，第一学年自1923年4月1日开始，至次年3月30日结束。③

从1922年6月开始，不仅日华实业协会设法取得了日本外务省当局的支持，后者甚至还与中国方面的交涉委员长王正廷进行直接交涉和沟通。然而，中国方面并没有答应日本的要求。当日本谈判代表小蟠提出"万年町兵营及原防卫队司令官舍希望无偿让渡青岛商科大学"时，王正廷则回复称："万年町兵营及原防备队司令官为中国自办青岛大学之必要房屋，不作他用。"④ 小蟠又辩解曰："万年町兵营及原防备队司令官舍由青岛民政部于去年二月三日对日华实业协会立无偿期限之贷借契约，供其经营之商科

① 《涩沢栄一伝記資料》第五十五卷，第191页。

② 《涩沢栄一伝記資料》第五十五卷，第190、191页。

③ 《88年前筹办未成的青岛商科大学》，2010年6月3日，http://club.qingdaonews.com/show-Announce_1038_3829012_1_1.htm。

④ 督办鲁案善后事宜公署秘书处编《鲁案善后月报特刊》（影印版），文海出版社，1987，第495、499页。

大学之用。此系基于正当之行政权之动作，不能谓为不当。日华实业协会有此种正当之契约上权利，应在既得权之列，望中国委员再加考量。"王正廷没有就此从正面直接回应，而是直接将矛头指向商科大学本身，认为"日华实业协会设立青岛商科大学固属可嘉，第民政部之处置，要谓不当，总望移交中国。中国对于商科大学选择适当土地房屋当极力援助"。① 此后，尽管日方仍然坚持日华实业协会前述所签租界契约"系基于正当行政权之发动，毫无不当"，② 但是由于中方的一再反对，此议最终未成。见此情形，日华实业协会一度决定放弃在青岛设立商科大学的计划。然而进入11月之后，事情又有了转机，中方后来决定以与万年兵营略同的旭兵营作为青岛商科大学之用。旭兵营为德国人所建造，原称为伊尔底斯兵营。据有关资料显示，它占地面积65932平方米，总建筑面积约60000平方米，由兵舍、官舍各两栋，平房20栋共同组成。主楼建筑东西向展开，总长为110米，背山面海，地理位置优越，设施良好。③ 日华实业协会自然也对此校舍相当满意，乃有意继续原来的计划，并聘请今田实为校长，东京高师的教授川村主持组织事务所，着手在旭兵营筹备商科大学成立事宜。④ 然而，当日华实业协会正在百般筹备此事时，东京大地震突发，该项计划不得不暂停。⑤

　　1924年6、7月间，听闻中国方面欲成立私立青岛大学，日本外务省认为这是日华实业协会在青岛推进对华文化事业的好时机。在外务省的官员看来，受日本经济低迷和地震灾害的影响，日华实业协会再想募集款项设立青岛商科大学已经非常困难，况且在中方已经开始成立青岛大学的情况下，再继续实施原来的计划"难免有屋上架屋之讥"，而若反过来向青岛大学注资而"助成支那自发之事业"却符合"日支文化提携之本义"，一方面可以实现日华实业协会之素志，另一方面又能够在这一有众多日本侨民并与日本有密切贸易关系之商埠促进"日支文化的联络"。⑥ 出于这样的动机，外务省致信涩泽荣一，向日华实业协会详细介绍了私立青岛大学的设立计

---

① 督办鲁案善后事宜公署秘书处编《鲁案善后月报特刊》（影印版），第501、502页。
② 督办鲁案善后事宜公署秘书处编《鲁案善后月报特刊》（影印版），第507页。
③ 宋连威：《青岛城市老建筑》，青岛出版社，2005，第47页。
④ 鲁海：《老楼故事》，青岛出版社，2003，第19页。
⑤ 《涩泽荣一伝记资料》第五十五卷，第199页。
⑥ 《涩泽荣一伝记资料》第五十五卷，第294页。

划以及日方的考虑。日华实业协会对此也相当重视，专门就该问题于 7 月 21 日开会进行协商。然而，协会的主要领导人员涩泽荣一、白岩龙平、仓知铁吉、角田隆郎经过认真讨论之后还是决定放弃这个机会。在给外务省的答复中，涩泽荣一解释道，在协会业已无力实现设立商科大学的情况下，中国有力人士自发成立青岛大学之举，协会本应进行赞助，然而此时上海的中华学艺社酝酿成立学艺大学的计划却更具有吸引力。涩泽认为，这个学艺大学不仅创办主旨与协会的想法相一致，而且若对其出手援助，也是对日本留学出身的中方人员的一种帮助，所以一直在筹划援助事宜，而此时再援助青岛大学就非常困难了。① 到了 1924 年 8、9 月间，鉴于日华实业协会已无意成立青岛商科大学，在征得后者的同意后，日本乃将旭兵营返还给中国，作为交换，取得了续借第二小学校校舍的权利。② 这样，原定为青岛商科大学校舍的旭兵营作为日方的谈判筹码而还给中国，意味着协会彻底放弃了青岛商科大学的设立计划，其在青岛推行对华文化事业的努力也告一段落。

值得注意的是，究竟是什么原因让日华实业协会放弃了投资青岛大学的机会而转而专注于上海的学艺大学设立计划？要回答这个问题，还得从中华学艺社入手进行考察。

中华学艺社 1916 年成立于日本，由日本各所帝国大学、早稻田大学、高等工业学校、高等师范学校、千叶医学专门学校的中国留学生陈启修、王兆荣、吴永权、杨栋林、周昌寿、郑贞文等 47 人发起组织，初期定名为丙辰学社。学社以研究真理、昌明学艺、交换知识、促进文化为宗旨，创立以后，陆续发行了《学艺杂志》《学艺丛书》《学艺丛刊》等，还不定期地举办演讲会。1918 年时，为反对中日军事协定的签订，大批留学生联袂回国，丙辰学社的各项活动也因之而基本停顿。随着归国留学生的逐渐增多，学社乃谋划在国内重新组织成立。1920 年 8 月，分别在上海、北京、东京设立事务所，推举郑贞文、王兆荣为驻沪事务所干事，吴永权、杨栋林为驻北京干事，许崇清、白鹏飞为驻日干事，一切社务由三个事务所干事联系商议进行，但以上海事务所为主要单位。1923 年 6 月 11 日，经大多

---

① 《渋沢栄一伝記資料》第五十五卷，第 295 页。
② 《渋沢栄一伝記資料》第五十五卷，第 295、296 页。

数社员的提议，改名为中华学艺社，以上海为该社的总务所。学艺社之后不断扩大规模，逐渐在各省的大城市及英、法、美、德等国分设事务所。① 与此同时，其成员人数也达 1000 余人，形成了以留日学生出身者为主体，也包括欧美等国留学生在内的成员结构。② 规模的扩大也带来了影响力的日益增大，到 1924 年，它已经不单单在中国文教界举足轻重，而且也在政治、经济等方面有着直接或间接的话语权。③ 而从其与日本的关系来看，虽然它的活动重心因为留学生的抵日之举而由日本转至中国，但该组织似乎还是有着比较明显的"亲日"倾向。例如，1924 年，中国各地特别是长江流域连续爆发的抵日运动进入短暂的低谷时期，而据学艺社称，之所以会"渐次缓和平息"，除了其他种种原因之外，"以本社干部为中心大力倡导排日运动之不可"也是一个重要原因。④ 又如，1923 年，日本决定以庚子赔款的一部分在华兴办中国文化事业，而包括教育界在内的中国各界大多对此持反对态度，但学艺社则不然，它不仅非常欢迎日本的这个举动，还积极就具体实施方法向日本提出建议。最终，日本在 1924 年发表的《中国文化事业协定》中就基本采纳了学艺社的意见。⑤ 正是因为学艺社的这种对日态度，当它向日华实业协会等日本的经济团体寻求帮助之时，才会得到后者的积极响应。

学艺社求助于日华实业协会缘于设立学艺大学之事。1924 年，学艺社认为当时中国的公立及私立学校皆积弊重重，乃"本昌明学艺、促进文化之旨，拟在上海开设学艺大学一所"。在资金方面，学艺社计划除了在中国大力筹集外，还寄希望于日本及其他国家能够伸出援助之手。为此，该社在 3 月份组成募捐委员会，并成立了 42 支募捐队，从 4 月 1 日起在全国及欧美、日本、东南亚等地广为募集。⑥ 在对日方面，学艺大学的筹备委员会

① 黄宗甄：《罗宗洛》，河北教育出版社，2001，第 108 页。
② 《渋沢栄一伝記資料》第五十五卷，第 282 页。
③ 《渋沢栄一伝記資料》第五十五卷，第 303 页。
④ 《渋沢栄一伝記資料》第五十五卷，第 303 页。
⑤ 中华学艺社向日本提议应在中国的文化中心地点设立图书馆、博物馆及较完备的科学研究所等，主张在上海设立自然科学研究所，于北京设立图书馆及人文科学研究所。日本后来确实在上海设立了上海自然研究所，在北京设立东方图书馆和人文科学研究所。详见黄宗甄《罗宗洛》，第 110 页。
⑥ 欧阳亮：《中华学艺社研究》，华东师范大学硕士学位论文，2004，第 15 页。

在争取到上海日本商业会议所支持的基础上，一方面委托该所书记长安原美佐雄作为学社的代表，回到日本积极活动，另一方面则直接与日方进行沟通。同年 5 月，筹备委员会委员长王兆荣致信涩泽荣一称，该大学乃是基于"东洋和平之大局"，"痛感贵我两国之文化的结合"之必要而设立的，希望日方予以援助。① 而日华实业协会方面之所以对此事比较感兴趣，除了以上所说的缘由之外，还在于这所大学除了设置一般性的科目之外，还会为了对赴日留学者实施预备教育而准备附带一个教授日语的部门，② 非常符合日华实业协会和涩泽荣一的对华策略。协会在 5 月 13 日将有关学艺社及其设立大学计划的资料大体告知了涩泽。虽然目前没有材料能够直接说明涩泽对此事的态度，但从日华实业协会随后的行动来看，无论是涩泽还是协会对此大概都比较看好。协会就曾在 6、7 月召开了三次干事会议（分别是 6 月 17 日、6 月 30 日和 7 月 9 日）进行讨论，涩泽荣一也悉数参加。在 7 月 9 日的那次会上，协会的儿玉、伊东、奥村、森、角田等人还被推举为援助学艺大学的特别委员。③

在日华实业协会讨论援助事宜的同时，日本的全国商业会议所联合会和日华学会也收到了来自学艺社同样的请求。为了建立学艺大学，学艺社拟募集资金总额为 100 万元，其中希望由这三个团体捐助 25 万日元，达预计总额的四分之一。④ 和日华实业协会一样，商业会议所联合会和日华学会也对此事持赞成态度。经过一番商议之后，这三个团体于 10 月份联名公开发表了一份募捐书，认为考虑到两国间的关系及其他各个方面，此时赞助此计划极为合适，希望得到社会的广泛支持。⑤ 对于联合这两个团体共同资助设立学艺大学，日华实业协会和涩泽荣一表现得相当积极。11 月 12 日，涩泽、白岩、安川、角田等人在协会的干事会上讨论的主要问题之一就是"中华学艺社的学艺大学资金援助的主趣书之件"。24 日，协会前述所推举的特别委员还在东京商业会议所与另外两团体的代表一同，就学艺大学的

① 《涩沢栄一伝记资料》第五十五卷，第 278 页。
② 《涩沢栄一伝记资料》第五十五卷，第 282 页。
③ 《涩沢栄一伝记资料》第五十五卷，第 289 页。
④ 《涩沢栄一伝记资料》第五十五卷，第 304 页。
⑤ 《涩沢栄一伝记资料》第五十五卷，第 304 页。

资金援助的主趣书和募集方法做进一步的协商。① 然而，就在这些团体准备开始实施募捐之际，却突生变故而不得不往后推迟。在日本方面，由于东京及其他各地的商业会议所议员改选，一时不好操作募集事宜；而更重要的是，中国方面由于直奉战争的爆发及战争结束之后局势的持续动荡，学艺大学的筹备计划也不得不暂停。不过，对于此前日本方面斡旋和援助的行为，学艺社仍然表达了谢意。②

　　在短暂的中止之后，学艺社很快再次启动设立计划，于 1925 年 8 月份租借了位于上海静安寺路的一处房产充作校舍，先行设立文科和法科两部，并于 9 月 26 日正式开课。由于所租房产"建筑狭隘""设备不完全""不能收容多数学生"等原因，学艺社还打算再建一新校舍，然而业已募集到的10000 余元捐款并不敷用，不得不再次寻求日华实业协会等日本经济团体的帮助。1925 年 3 月 23 日，学艺社通过上海日本商业会议所向日华实业协会表达了寻求资助的意愿。鉴于商业会议所议员改选之事已告一段落，日华实业协会即于 3 月 31 日告知全国商业会议所联合会和日华学会等团体，希望重启募捐之议。③ 而在同年 10 月收到上海日本商业会议所会长田边雄辉的关于学艺大学资金求助的来信之后，涩泽荣一同协会的其他人员再次商议援助之事。④ 也许是"好事多磨"，此次捐助因"五卅运动"的爆发而再生变故。在"五卅运动"中，学艺社的一些学生也参与其间。日华实业协会在获悉之后对此相当不满，先后于 11 月 5 日及次年 1 月 28 日致函学艺社，要求其调查参与"五卅运动"之事。同时协会的资金援助计划也因"时机未成熟"而中止。⑤

　　1926 年 5 月，也就是学艺大学开办已达一年之际，因募集到的款项有限，学校财政状况已相当紧张，学艺社的郑贞文致信日华实业协会，称"目前到了扩张之期需要资金"，希望协会给予回日筹款的安原美佐雄以充分的支持。此外，为了消除日方的顾虑，学艺社还特别将参与五卅运动之事做了解释，称该社严禁社员参与任何政治运动，虽然在五卅之际有一部

---

① 《渋沢栄一伝記資料》第五十五卷，第 305、309 頁。
② 《渋沢栄一伝記資料》第五十五卷，第 386、387 頁。
③ 《渋沢栄一伝記資料》第五十五卷，第 386 頁。
④ 《渋沢栄一伝記資料》第五十五卷，第 388 頁。
⑤ 《渋沢栄一伝記資料》第五十五卷，第 438、388 頁。

分社员也不是完全没有参加任何形式的抵日运动，但该社也向日本人提供了诸多方便，所刊行的《公理日报》也将批判的矛头指向英国而非日本。①也许是看到这番解释之后，认为学艺社的表现尚属良好，日华实业协会才积极行动起来，动员相关各方解囊捐助，最终募得了来自正金银行、三井物产、三菱会社、日本邮船、日清汽船以及日华学会等企业和团体的捐赠共计25000日元，于8月份交给了中方。② 25000日元的捐款数额虽然同中方一开始的希望数字有不少差距，然而有资料显示，学艺社截止到1928年12月，共收到国内捐款15947元，日本捐款22023.18元，美国捐款69.60元，法国捐款49.98元。③ 从这来看，日方的捐赠款不仅远远多于其他国家，也大大超过了中国国内的捐款总额。

从"支那留学生同情会"到日华学会，再到日华实业协会，这些组织对于中国留学生乃至中国教育的人道主义援助无疑是值得肯定的。同情会在辛亥革命之际帮助了大部分在日中国留学生；日华学会不仅为中国的留学生和到访者提供住宿等方面的便利，还在留学生受困之际伸出援助之手，并且为推动中日文化交流起到了积极作用；日华实业协会本就秉承涩泽荣一的以"忠恕""敬爱"之道相交的对华外交精神而设立，无论是计划兴办青岛商科大学还是资助中华学艺社的学艺大学，至少在客观上都有助于中国教育事业的发展，而且单就其捐助学艺大学的款项就可以看出，其资助的力度相对来说还是比较大的。从这些方面来看，涩泽荣一以间接或直接的方式参加的上述活动都属于一种教育慈善性质的行为，这些也能够很好地反证他所主张的对华交往思想不是夸夸其谈，只说不做。然而，我们毕竟不能孤立地看待这些问题，必须将其和当时的时代环境，以及这些团体和涩泽本人的一些具体考量结合起来进行分析。

从上文所提及的一些背景性因素中可以发现，如果说"支那留学生同情会"的救助行为尚比较单纯的话，日华学会和日华实业协会的相关活动就已经变得复杂起来。由于日本方面对中国施加的种种侵略行为，中国几乎一直弥漫着抵制日本和排斥日货的空气，而不少留日学生在留学期间从

---

① 《渋沢栄一伝記資料》第五十五卷，第438页。
② 《渋沢栄一伝記資料》第五十五卷，第440页。
③ 郭晓波：《中华学艺社与中国科学的近代化》，河北大学硕士学位论文，2008，第37页。

生活上和精神上感受到种种不愉快之后，更转而变成中国抵日活动的坚定力量。不仅是日华学会和日华实业协会，就连日本政府和整个日本财界都不愿意看到这样的局面出现，为了尽可能地消除这种抵触情绪，才会出现以上所论及的种种帮助。从这个角度而言，这些教育慈善活动又夹杂着很多功利性的因素在内。而具体到日华学会和日华实业协会来看，为了追求这些慈善与功利兼具的对华教育活动取得最大化的效果，包括涩泽在内的团体成员在与日本政府之间保持着良好的合作关系的同时，也充分发挥自身的力量，一方面是广泛动员，积极募款，另一方面又严格运用这些款项，或制订详细的救助规则，或仔细甄别受助的组织和个人，以尽可能地求得援助作用的发挥和对己利益的实现。涩泽荣一本人自然也有出于如是功利性考虑的一面，但是如果将这些举措与他的对华交往思想相对照的话，或许还可以认为，他的最终目的尚不仅仅在于借助这些慈善活动抵消中国民众的抵日情绪，更是为了从正面推动两国之间的文化交流和友好往来，在中日关系每每出现紧张局面的背景下，再打开一扇相互沟通和扶助的窗户。

三　涩泽荣一与日本对华军事扩张

一般在谈到涩泽荣一对于军事或战争的态度时，都比较倾向于说他是一名和平主义者，[①] 涩泽本人也如是标榜，他本人甚至还获得过诺贝尔和平奖的提名。然而在近代日本的整个对华军事扩张的过程中，日本的实业界与军方之间存在着相当密切的联系。我们可以发问，如果说作为财界领袖的涩泽荣一一味地支持和平、反对战争的话，他又如何处理好实业界与军方之间的关系？日本经济近代化的过程得益于一步步的对外军事扩张，涩泽荣一不会不了解这一点。所以从这个角度看，他与军方的关系以及对对外战争的看法绝非那么简单。

---

① 一些研究涩泽荣一的学者多会论及涩泽荣一的"和平论"，却较少去直接考察他对战争尤其是日本的对外战争的态度和看法。类似的著作如见城悌治的《渋沢栄一：「道徳」と経済のあいだ》中的"渋沢栄一の「平和」論とアメリカ民間外交"一节、涩泽研究会编的《公益の追求者・渋沢栄一》中的"国際交流を推進する平和主義教育構想"一节、小野健知的《澁澤榮一と人倫思想》中的"平和観"一节等等。

（一）涩泽荣一的战争观

涩泽在其一生的大部分时间里致力于建立日本近代企业和从事众多的社会事业，在退官之后便没有直接参与日本的政治事务，更没有与军事事务发生什么直接的联系。尽管如此，这并不代表他与军事和战争完全绝缘，相反地，他对战争尤其是战争与经济的关系有一套自己的看法，这种看法还进一步影响着他在日本诸多对华军事扩张中的作为。

正如很多学者所描述的那样，涩泽荣一确实在倡导和平。然而涩泽本人也承认，尽管他是一名和平主义者，但并不是绝对地反对一切形式的战争和军事扩张行为。明治维新开始之后，日本在追求近代化的过程中喊得最响的一个口号就是"富国强兵"。涩泽荣一所从事的虽然都是与"富国"有关的事业，但在他的思想意识中并没有片面地强调"富国"而忽视或者排斥"强兵"。他认为，"富国"与"强兵"是两个同等重要的要素，缺一不可，"富国强兵并不一定意味着国富的话必定兵强，国富而兵弱者甚多；而兵强之时，也决不能说就是国富。……予从予之立场而言虽为主张和平者，但也坚信国家富力与武力并立之必要"。① 涩泽主张日本国家追求富国的同时亦须追求强兵，然而这两者之间究竟存在怎样的内在联系？他进一步地从论述经济与战争的关系入手对此进行了回答。尽管有反战人士认为战争对国家财力的增加有阻碍作用，它意味着一是杀人，再就是生产杀人的道具，诸如刀、枪、弓箭、铁炮、大炮、烈性炸弹等，但这些并不是生产性的东西，无法创造国民财富，反过来还要募集公债、增加税收以充当军费，从而成为经济增长的毒药，然而涩泽却认为这样的认识是只知其一不知其二。涩泽声称，在有些情况下，战争不仅不是经济的毒药，反而"国家的进步依靠战争而勃兴"。②

为了说明这一点，他从英国的对外战争、德法两国的普法战争、美国的独立战争一直说到中国历代的王朝战争以及日本进行的若干次国内外战争，逐一进行论证。这里且以他所说的甲午战争之例略做说明。对于这场"明治二十七年的战争"，涩泽将其视为"对于我日本之经济界给予了伟大

① 《渋沢栄一伝記資料》第四十八卷，第492页。
② 《渋沢栄一伝記資料》第二十八卷，第479页。

之力量"，"此次战争从清国所取得的赔偿金，无论是对于政治还是军事都有很大用处"。而其对于日本的经济影响则更为显著，他为此从以下几个方面进行了对比。日本的船舶吨数从 1894 年年底的仅仅 32 万吨增至 1904 年年底的 116.8 万吨；日本的铁道由 1894 年底的 2100 英里增至 1904 年底的 4400 英里；国际贸易额由 1894 年的 2.3 亿日元增至 1904 年的 6.9 亿日元；银行资本额由 1894 年的 1.29 亿日元增至 1903 年年底的 5.2 亿日元；银行以外的工商业资本额由 1894 年的 2.9 亿日元增至 1903 年年底的 7.14 亿日元；在证券交易方面，日本 6 家交易所的交易额由 1894 年末的 2.3414 亿日元变为 1904 年的 41.56812 亿日元；等等。涩泽认为，如果没有 1894 年的那场战争，如此显著的进步可能是无法取得的。① 姑且不讨论他如此论证的方法缜密与否，一个不争的事实是，日本确实借助于甲午战争的胜利大发了一笔战争财，经济实力有了显著的提高，而这正是涩泽所看重的。

问题在于，既然战争有可能对经济造成莫大的损害，又有可能带来经济的振兴和国家的发展，那么如何来判定一场战争究竟是会带来积极作用还是消极影响呢？涩泽荣一给出的标准是，如果这场战争是所谓的王者之战，是举国一致的正义之战，那么它必然会带来国运的发达；如果是穷兵黩武的不义之战，其结果是妨害国家的经济发展。② 而所谓不义之军与义军的判定标准则是，"其战争所需之经费虽然与前者等同，但普通国民的精力不同"，③ 也就是说，较之不义之师，义军或者说王者之战更能获得普通民众的支持。他由此回顾日本明治以来几乎每十年一次的战争，即 1874 年的朝鲜事件、1884 年的侵台之战、1894 年的甲午战争、1904 年的日俄战争、1914 年的对德宣战等等，都将其视为王者的正义之战。日本也几乎从这些战争中获取了莫大的利益，"每次战争对我国经济界的打击都不轻，然而大体上人心紧张的结果，反倒是国运的发展"。④ 即便是没有获得赔款的日俄之战，虽然有人批评它给日本带来的创伤难以抚平，但涩泽却认为这场战争在经济上也绝非没有促进作用，例如对华棉纱的输出情况较之战前就有

---

① 《渋沢栄一伝記資料》第二十八卷，第 479 页。
② 《渋沢栄一伝記資料》第二十八卷，第 482 页。
③ 《渋沢栄一伝記資料》第四十八卷，第 494 页。
④ 《渋沢栄一伝記資料》第四十八卷，第 492 页。

了明显进步。①

在涩泽眼中，王者之战的一个最典型的事例是 1914 年的对德宣战。他认为，日本向德国发出最后通牒以至对德宣战，是将胶州湾租借地全部归还中国的同时，也在发挥日英同盟的效果以及保持东洋的永久和平，因而，他本人也极为赞成日本这种"王者的态度"。② 涩泽认为这次宣战令他最为满意的是，"……这次日本政府的举措并非霸道而是王道"，而且对东洋绝对没有祸心，乃是尽同盟国之信义。③ 在这样一个基调之下，他便对此战显得相当乐观。对于这场"义战"的经济考虑，涩泽起初认为仅仅是动用一定程度的海军以及在万一情况下调用一些陆军参战，故而日本的军费不会立刻对日本国内金融产生不良影响。④ 而当日本的藏相表示将原本用于生产性事业的国库收入转用于军事，将来还有可能增税或发行国债，希望银行不要减少民间的流通资金时，涩泽荣一也仍然表示将尽可能地贷放资金以转祸为福。⑤ 他之所以如此积极地回应政府的要求，正是为了大力支持日本对德宣战的"王道"之举。在他看来，由于这场战争的性质，虽然它对日本的财政经济有一时的负面影响，但从国家的发展上来看是相当乐观的。⑥ "为了将胶州湾返还给支那而发出最后的通牒，虽然世间多少有不满足之感，但反过来将眼光放长远来看的话，认为将胶州湾返还给支那而日本没有任何收益的话就是错误的。"⑦

当然，涩泽自己也曾经从正面表述过，所谓的"义战"不等于侵占其他国家的领土。他之所以称自己为和平论者，其理由就是反对那种为扩张版图、伸张国力而进行的赤裸裸的军事侵略战争。他所主张的，是日本在发动对外战争的情况下，更应该借此机会积极从事经济扩张。换句话说，战争不仅有助于国内经济的发展，也可以加快日本对外经济扩张的步伐。在某种意义上，他并不希望日军长期地对外国尤其是中国的某一地方实行军事占领，而是将战争视作为经济"进出"开道的一种手段。有鉴于此，

---

① 《渋沢栄一伝記資料》第四十八卷，第 494 页。
② 《渋沢栄一伝記資料》第四十八卷，第 488 页。
③ 《渋沢栄一伝記資料》第四十八卷，第 488、490 页。
④ 《渋沢栄一伝記資料》第四十八卷，第 483 页。
⑤ 《渋沢栄一伝記資料》第四十八卷，第 491 页。
⑥ 《渋沢栄一伝記資料》第四十八卷，第 487 页。
⑦ 《渋沢栄一伝記資料》第四十八卷，第 489 页。

无论是日本在义和团运动时的出兵中国，还是对德宣战之际的出兵山东，他都是一方面高唱日军能够"发扬帝国之光辉"，"我帝国陆海军之威武通过各位之力而得以介绍于世界"，[①]　"发扬我之武力，彰显国光于中外"，[②]另一方面更为强调日本要不失时机地强化对华经济扩张的力度。例如，涩泽在欢迎镇压义和团运动的日军将校的宴会上就称，借助于这次"绝大之殊功"，能够促进"日清关系之成熟及彼我贸易之发达"，而在显示日军实力的同时，"如果没有作为和平之战争的商工业之实力相伴，则并不能全其名誉。我等从事实业之人须体察此意，期待将来致力于清国内地的开发"。[③]日本凭借日俄战争的胜利在中国尤其是东北地区攫取了大量权益，战争刚一结束，涩泽荣一就向日本经济界呼吁说："……战争的目的单在于经济力之发展，现在我国与俄国之战，恰如世人所知悉的那样，不外乎满韩之利权问题。……经济界将来所忙碌之事，必定是对内促进国内之经济，对外努力于清韩之开发，以渐图资本之充实。"[④]　而在日军 1914 年占领青岛之际，他更是声称，"一战"不仅将改变世界版图，也会改变商业版图，日本为发展贸易计，应取代他国而把握世界之商权，在维持东洋和平的同时，"要与支那合力致力于彼国文物（即资源，笔者注）之开发"。[⑤]　因此，在归还青岛问题上，他的看法是，如果不附带任何条件直接还给中国的话，中国有可能将其租借给第二个如同德国一样的国家，这样不利于东洋和平，也有违日本出师之名，而青岛是中国仅次于上海的良港，将来会成为自由港，山东的铁道也可以大做文章，所以日本要寻求适当的归还方法，以使"我实业家为了今后支那产业开发而充分利用青岛，谋求国运之发展"。[⑥]　这些言论都明白无误地显示出，涩泽荣一不仅不是一名日本对华军事扩张的反对者，甚至还在很多情况下持支持态度，而这种趋向一是对日本军力扩张的推崇，二是希望借此实现日本国内经济的发展和对华经济扩张的加强。

---

① 《渋沢栄一伝記資料》第二十八卷，第 460 頁。
② 《渋沢栄一伝記資料》第四十八卷，第 510 頁。
③ 《渋沢栄一伝記資料》第二十八卷，第 460 頁。
④ 《渋沢栄一伝記資料》別卷第六，談話二，第 325、326 頁。
⑤ 《渋沢栄一伝記資料》第四十八卷，第 493 頁。
⑥ 《渋沢栄一伝記資料》第四十八卷，第 684、685 頁。

（二） 涩泽荣一在日本对华军事扩张中的作为

涩泽荣一在主观意识上对日本的几次对华军事侵略行为持赞成态度，相应地，他在具体行动上也有着"不俗"的表现。

首先，支持日本扩充一定兵力，积极参与战前造势。在明治维新前期，日本痛感自身军事力量的不足，乃大力发展军事工业，扩充军备。从以上涩泽关于"富国"与"强兵"的论述中也可以看到，涩泽在致力于发展日本近代经济的同时，也希望日本的军事力量能够同时强大起来，为经济的进一步发展起到保护和推动作用。因此，他一度积极响应日本政府及其他有关团体的号召，参与到日本的扩充军备进程之中。1887 年 3 月，日本以天皇名义颁布了一个劝募防海费的敕诏，称防海之备一日不可迟缓，而国库收入难以承担，要求日本国民广为募捐。该敕诏出台的一个直接诱因是，日本在大阪炮兵工厂正在铸造海岸炮，虽然技术上没有问题，却因经费不足而不得不中止。敕诏发出之后很快得到了日本各界的广泛支持，从在京官员到"民间之有志者"，皆有捐赠。涩泽荣一也不例外，他慷慨捐出了20000 日元，为此还被授予一枚金质黄绶章。[1] 1901 年，涩泽参与创立了日本帝国海事协会，并被推为评议员。涩泽本人也曾在该协会的大会上发表过演讲，强调日本发展海事的重要性，同时亦主张日本应当实现军事、商事与海事的联结。[2] 而该协会号称"以谋求航海造船及海员的奖励、其他一般海事的发达以及海上生命财产的安全为目的"，自然也服务于日本海军的发展，其章程所规定的具体业务中也明确包含"致力于海军军力的扶植"一项。[3] 不唯如此，帝国海事协会还曾专门成立了一个以建造海军船舶及募集所需资金为宗旨的"义勇舰队创设委员会"，涩泽荣一也被列为该会的创立委员。[4] 除此之外，涩泽荣一还在日本发动对外战争前夕积极进行鼓动，争取日本国民对发动战争的支持。例如，在日俄战争爆发前夕，涩泽荣一虽然称自己是和平主义者，但已经抱定了支持日本打仗的决心，"为了惩治其（指俄国，笔者注）无礼，即使全国化为焦土，也要举国持戈而起，必

---

① 《渋沢栄一伝記資料》第二十八卷，第 435、436 頁。
② 《渋沢栄一伝記資料》第二十八卷，第 464 頁。
③ 《渋沢栄一伝記資料》第二十八卷，第 465、466 頁。
④ 《渋沢栄一伝記資料》第二十八卷，第 467、468 頁。

须一战"。恰好此时陆军参谋次长儿玉源太郎找到了他，并询问他关于此次战争的意见。在涩泽表明了自己的支持态度后，儿玉鼓动他向其他人尤其是日本的一些经济界人士积极进行游说，以获得更广泛的赞同，并称如果日本高唱主战之论的话或许能够打击俄国的嚣张气焰从而避免战争的爆发。涩泽遂答应了儿玉的请求，积极参与所谓的"国论强化运动"。另外，他还努力说服日本邮船会社的近藤廉平，望其为日本军队提供运输上的帮助。①在 1914 年对德宣战之际，涩泽也大力呼吁，"无论是废减税论者，还是其他的生丝业、纺织、海运、金融业者"，一切的工商业者都应该"举国一致"，协同支持政府的参战。②

其次，积极参与筹措军费。这一点在甲午中日战争之际表现得极为突出。中日两国开战之后，主张"脱亚入欧论"的福泽谕吉非常兴奋，为了煽起日本国民的热情，从经济上对前线的作战部队予以支持，他谋划成立一个募集战争捐款的组织。为此，福泽找到了涩泽。据涩泽回忆，福泽向其宣称，此次战争关系到国家的存亡、国运的消长，必须取得胜利，而要胜利就必须举全国之力进行援助，并表示自己愿意捐资 1000 日元，也希望涩泽捐出同样多的款项。涩泽也大为赞赏福泽关于此次战争的意见，二人连同三井八郎右卫门、岩崎久弥、东久世通禧等，作为募集的发起人于 1894 年 7 月 30 日向包括华族富豪在内的日本各界"有志者"发出了邀请，希望大家共同商讨募集办法并积极捐款。8 月 1 日，包括银行家、实业家在内的各界人士 100 余人聚集于东京银行集会所商议此事。在此次会上，在福泽就军费募集的主旨演讲之后，涩泽荣一详细说明了募集的方法，并得到与会者的一致赞同。会议还决定将所有事务一概委任给发起人办理。当开始着手募集之时，又将该组织正式命名为"报国会"，并由发起人指名任命了一批委员。为了壮大声势，呼吁人们广为募捐，福泽谕吉和涩泽荣一协同进行宣传。二人还做了分工，福泽在《时事新报》上奋笔疾书，"振兴国民之精神"；涩泽则主要在实业家之间积极游说，以求获得他们的帮助和支持。

然而在报国会进行募捐的同时，日本政府也在公开募集军事公债。尽

---

① 《涩沢荣一伝記資料》第二十八卷，第 472、473 頁。
② 《涩沢荣一伝記資料》第四十八卷，第 488 頁。

管福泽认为报国会与军事公债性质不同，两者不会构成冲突，但伊藤博文等政府官员则担心报国会将影响到人们对军事公债的认购热情，而报国会起初只是计划募集 100 万日元的捐款，但军事公债总额却高达 5000 万日元，如果后者受到报国会募捐的影响显然很不划算。根据伊藤的要求，涩泽和福泽遂中止了报国会慰问性质的捐款募集，转而大力推销政府的军事公债。从最后的结果来看，尽管报国会很快停止运作，但涩泽仍然劝说其同族捐出了 3000 日元。① 还有资料显示，涩泽在甲午战争中曾献纳 1000 日元作为军费，捐助 190 日元作为从军者家庭补助，为此还受赐一个银酒杯。② 而在军事公债募集方面，在 5000 万日元的总额中，东京方面承购了 3000 万日元，涩泽所在的第一银行承购 300 万日元。③ 当然，需要说明的是，涩泽募集军费的努力并不仅限于甲午战争时期。在日俄战争爆发之际，他也呼吁经济界不要对国库债券的募集有任何顾虑，声称如果积极应募的话定会愈加富裕。④

最后，为日军举办凯旋欢迎会。对于日本在那一时期所进行的历次对外战争，涩泽大都会发起或参与举办归国军人的欢迎会，甚至还曾数度致辞颂扬日军的威武。上文中他关于战争观的阐述就有一部分是在这种场合说出的。在这些欢迎会中，最多的是为庆祝日俄战争而办。据笔者不完全统计，1905 年 3 月至 1906 年 5 月，涩泽荣一出席及参与幕后策划的形形色色的所谓"凯旋军欢迎会"就达 9 次之多。为了表彰他的积极表现，日本政府于 1906 年 4 月向其授予了二等旭日重光勋章，⑤ 陆军大臣还在 1907 年 2 月向其发出了感谢书。⑥ 除了日俄战争外，我们还可以将其所参与的有关侵华战争的凯旋欢迎会列举数例如下：1901 年 7 月 26 日，为镇压义和团运动的日军将校山口素臣举办的欢迎会在东京帝国饭店召开，涩泽荣一出席并致欢迎词。⑦ 1914 年 12 月 18 日，涩泽荣一、阪谷芳郎、中野武营等人为从青岛回国的陆军中将神尾光臣、海军中将加藤定吉一行在东京车站广场

---

① 上述内容根据《渋沢栄一伝記資料》第二十八卷，第 440～446 页整理而成。
② 《渋沢栄一伝記資料》第二十八卷，第 458 页。
③ 《渋沢栄一伝記資料》第二十八卷，第 447 页。
④ 《渋沢栄一伝記資料》第二十八卷，第 482 页。
⑤ 《渋沢栄一伝記資料》第二十八卷，第 510 页。
⑥ 《渋沢栄一伝記資料》第二十八卷，第 503 页。
⑦ 《渋沢栄一伝記資料》第二十八卷，第 459 页。

举办欢迎会。当日晚间，在帝国饭店举办的"凯旋欢迎祝贺会"上，涩泽荣一出席并朗读欢迎文。① 1915 年 1 月 25 日，陆军大臣冈市之助主办的"凯旋将使欢迎会"在小石川后乐园召开，涩泽荣一作为陪宾出席。② 1915 年 1 月 28 日，东京市及市内实业界在帝国饭店为从青岛"凯旋"的陆海军将士举办欢迎会，涩泽荣一出席③。除了为这些活着的人员举办或出席各种欢迎会以外，涩泽也没有忘记在战场上丧生的日军官兵，如他就曾在 1896 年 11 月 21 日出席东京深川区举办的当地出身的甲午战争中战死者忠魂碑祭奠，还亲自朗读了追悼文。④

涩泽荣一上述这些林林总总的活动，或是为战争做准备，或是在战争期间提供财力和声势上的支持，或是在战后表示庆祝、慰问和悼念，无不是在对日本的对外（尤其是对华）军事扩张行为表达支持之意。然而，这还不是他的关于日本军力扩张和对外战争言行的全部。

（三）关于涩泽对日本对华军事扩张态度的几点讨论

涩泽荣一参与支持了日本的一系列对外军事扩张行径，无论他眼中的"义战"究竟为何物，一个不可否认的事实是，日本的好战意识和军国主义倾向越来越明显，这对于标榜和平主义的涩泽荣一而言，是否能够接受？他希望日本的武力政策可以为对华经济扩张创造条件，然而，日本的军事侵略反过来又会招致中国民众的强烈反对，继而使日本在华经济利益受到影响。在这个看似相互矛盾的问题面前，涩泽荣一又会如何处理？另外，众所周知，比起日本军部赤裸裸的武力侵略政策，日本财界的对华态度显得相对温和，而涩泽荣一更是主张要以"忠恕""敬爱"之道对待中国。既然如此，当日本对华以武力相逼之时，他又做何反应？对于这些问题，我们还需要做进一步的探讨。

第一，从反对扩军到反对军国主义。

从富国与强兵、战争与经济的关系出发，他得出了支持日本对外战争的道理，然而，同样是基于这一点，他又是一名日本盲目扩军和推行军国

---

① 《涩泽荣一伝记资料》第四十八卷，第 501 页。
② 《涩泽荣一伝记资料》第四十八卷，第 513 页。
③ 《涩泽荣一伝记资料》第四十八卷，第 514 页。
④ 《涩泽荣一伝记资料》第二十八卷，第 456 页。

主义的坚定反对者。在涩泽看来，战争能够对经济起到推动作用，但也会造成负面影响。国富受益于兵强，也能够强兵，但"富国"与"强兵"间必须协调一致，不能失去平衡，更不能从一个极端走向另一个极端。他明确提出，在"理当厌恶富国弱兵的同时，也不能不担心贫国强兵的危险"，①"富国强兵虽是吾人所希望，但与国力不相一致的军备的充实不过是徒有虚饰的外观而已，恐怕将失去军队质朴之美风"，如果无视国家财力的实际情况而一味地追求军备的扩充，"结果将使财界苦于负担之过重，国防费用的增加也几乎没有止境"。② 大体而言，他理想中的军备力量是要与国家的经济实力成正比的，"是与国民的生产能力或者说与国民的所得成比例的军备"，而不是"破坏和削弱国民生产能力的军备"，③ 换句话说，他之所以反对日本扩充军力，乃是预料到日本的财政基础和经济实力会因此而受到损害。

循此理念，涩泽曾经有过数次反对增加军费和扩充师团的行为。这样的举动最早可以追溯至他在大藏省为官的时代。当时，时任大藏卿的大久保利通计划批准陆军省的年度支出费用 800 万日元以及海军省的年度支出费用 250 万日元，为此特意向谷铁臣、安场保和以及时为大藏少辅的涩泽荣一三人询问意见。但当时作为实际负责人的涩泽荣一却表示不能贸然答应。涩泽回应称："年度支出费用审查的事不能轻率地下结论。我们大藏省正在统计全国财政收入额，然后尽力调查，造出各省厅支出费用额的比例来。陆军、海军两省的费用，我们近期算出一个正确的财政收入预测计划后再做决定。"他的这种谨慎的态度还让大久保大为恼火。④ 如果说这一次是因为顾及整个财政收支计划的平衡而没有轻易同意军费额度的话，那么涩泽后来则是为确保有限的财政收入能够合理使用而坚决反对大规模的扩军行为。1902 年，传闻日本海军要扩建八万吨或十万吨级的舰船，涩泽认为此举不仅需要一笔巨大的建造经费，而且将来还要花费相当多的维持费用，从而会增加经常性年度支出，然而当时的财政支出与关系到国家命脉的生产并不均衡，所以"在海军扩张之类非紧急事项上花费莫大的国家财产是

---

① 《渋沢栄一伝記資料》第四十八卷，第 683 页。
② 《渋沢栄一伝記資料》第四十八卷，第 681 页。
③ 《渋沢栄一伝記資料》别卷第六，談話二，第 534 页。
④ 幸田露伴著，余炳跃译《涩泽荣一传》，第 136 页。

不能同意的"。① 1911 年，日本陆军准备增设师团，涩泽鉴于当时的日本财政并不宽裕，依然认为没有必要以不顾国民利益的税收负担和牺牲产业开发为代价扩充军备。② 次年，军方又提出了在朝鲜增设两个师团的计划，涩泽再一次表明了自己的反对立场，认为当时由于政费庞大、财政困难、物价高企等，不仅不能扩军，还要紧缩政费、巩固财政基础、防止通货膨胀以及断行减税，以救民于水火之中。③ 1914 年，日本决定将多年悬而未决的增师计划列入来年的年度预算之中，此时的涩泽还是坚持己见，认为日本受"一战"爆发的影响，"在这财界萎缩、民力甚为疲惫之际欲实行增师实为不可"。他甚至还宣称："回顾我财界，维新以降每欲渐次伸张之际，却因屡遭战争而其力受到削减。"④ 当然，这种说法与其以往的观点似乎有些相左，但他之所以说出此言，还是在于对增师影响到日本的财政经济表达不满。

从以上这些可以看到，确保日本的财政收支和经济的正常运行几乎是他反对扩军的最重要甚至是唯一原因。反过来，如果财政状况和经济形势允许的话，他并不反对扩军，"真正的增师是在救济财界、修养民力、增进国富之后才能进行的"。⑤ 因此可以说，无论是支持对外战争还是反对扩充军力，其参照的标准都是经济的稳定和发展。当然，也正是着眼于此，他才对日本的军国主义倾向保持高度的警惕，并随时提醒日本不要走上穷兵黩武的道路。涩泽曾批评日本存在尚武的余弊，认为日本历来是一个崇尚武力的国度，总是难免将一国之力倾向于武备，然而昔日日本那种为了扫平四方、确立自己威力而视人民为征收财物的工具的做法是错误的，军人虽然功勋卓著，但孤掌难鸣，单翅难飞，只靠军人的力量并不能实现国家的强盛。⑥ 此外，他还对外界表示，"今日之世已非可以容许原来武力主义的图财害命之强盗的时势"，像德国那样醉心于极端偏武政策的军国主义理想，最终会给国家带来灾难性影响。⑦ 而在 1916 年时，对于刚上台的寺内

① 《涩沢栄一伝记资料》别卷第六，谈话二，第 534 页。
② 《涩沢栄一伝记资料》别卷第六，谈话二，第 520 页。
③ 《涩沢栄一伝记资料》别卷第六，谈话二，第 572 页。
④ 《涩沢栄一伝记资料》别卷第六，谈话二，第 626、627 页。
⑤ 《涩沢栄一伝记资料》别卷第六，谈话二，第 627 页。
⑥ 《涩沢栄一伝记资料》别卷第六，谈话二，第 679 页。
⑦ 《涩沢栄一伝记资料》第四十八卷，第 681、682 页。

正毅内阁，涩泽荣一也非常担心其会对美国、中国等国实行"军国主义的外交"。①

第二，对华军事扩张与在华经济利益的关系。

如同上文所考察的那样，在很多情况下，涩泽荣一认为日本的对华战争和出兵中国的行为对日本的对华经济扩张起到了推动作用。"义战"与不义之战、扩军与出兵与否的标准最终都指向对日本的经济利益是有利还是有害，武力成为日本谋取、维护和扩大在华经济利益的一个工具和手段。然而，日本对华的一举一动都会引起来自中国的反馈，这种反馈又影响着日本下一步所采取的对华措施。就出兵中国和对华经济扩张的关系来说，涩泽荣一起初只是单方面地认为经济的扩张可以带动军力的强大，强大之后的军力又为在华经济权益提供了保障和支持，但他没有考虑到中国方面的感受和反应。实际上，当日本的军事侵略为日本在华经济利益提供便利的同时，也往往会激起中国民众强烈的反日情绪和大规模的反抗运动，这反过来又威胁到日本的在华经济利益。而当日本工商界呼吁日本军队的介入时，又会导致更大规模反日运动的爆发。也就是说，当我们把中方的反应也纳入考察的范围之后就会发现，涩泽所称赞的战争与经济的互动关系反倒会陷入一个使局势愈加恶化的怪圈。这样一个看似悖论性的现象是摆在涩泽荣一以及其他日本财界人士面前的棘手问题。

事实上，涩泽荣一后来也看出了一味地对华采取强硬的手段并不一定会让日本在华经济利益受益，所以他才会积极参与日华学会、日华实业协会等组织的成立和运作，从"软"的一面探寻与中国实现良性交往的路子。但是问题远非那么简单。涩泽荣一即使有意去制止日本咄咄逼人的军事扩张倾向，但是总体上来说，中国所受到的来自日本的军事威胁仍然呈现出逐步加深的趋势，不唯如此，日本的经济界有时还会不自觉地起到某种推动的作用。被涩泽荣一称为"王道之战"的对德宣战和出兵山东，其结果是日本趁机夺取了德国在山东的一切权益，山东成了日本的势力范围，日本的军队也迟迟不肯完全撤军。众所周知，这构成了五四运动爆发的一个极其重要的原因，中国民众的反日运动也在五四运动期间达到高潮。在这样的局势之下，如前文曾经提到过的，日华实业协会在成立不久后的1921

---

① 《渋沢栄一伝記資料》别卷第七，談話三，第95頁。

年 6 月，就在涩泽荣一的主持之下通过一项决议，要求日本政府撤退山东铁路的守备队，将该铁路改为中日民间合办。① 其实，涩泽并不主张日军长期占领中国领土，在日本刚刚占领青岛之际，他就认为需要在一定的附加条件之下做好撤退的准备。然而总体来看，日本这次出兵山东的行动并没有像涩泽荣一等人所希望的那样进展下去。涩泽积极鼓吹此次出兵，但最终的结果，一方面是日军迟迟不肯撤出山东，另一方面则是来自中国的强烈抵制。除此之外，当中国的局势动荡以及反帝爱国运动的高涨造成日本在华经济利益受到威胁和冲击时，涩泽荣一和日华实业协会仍然会寻求军方的帮助，或以武力威胁中国，或者请求派兵保护在华日商。如前文曾经提到的，在国民革命运动高涨之际，日华实业协会等团体就联合声明称："吾人决信，对今日中国之无理行动，万一各国不能一致行动，我国也只好不得不单独出兵。"② 涩泽荣一也表示"切望我政府实行断然、明确之行动"。③ 然而当日本真正出兵之时，涩泽等人又担心日本军国主义的过度膨胀以及中日关系的全面紧张会对经济界的在华利益更为不利。例如日本在 1928 年出兵山东、制造济南惨案的行径，虽然只是打着保护侨民的幌子，但客观上也与日华实业协会的呼吁相一致。在济南惨案爆发之后，面对复杂的局势，包括涩泽在内的日华实业协会诸人就这一问题进行反复协商，在认定日军"对支那方面惨虐之行动有断然之态度，务求其反省"的同时，也希望能够防止事态的进一步扩大，以后不要再出现类似事件。④

第三，对华军事扩张与对华友好交往之间的关系。

涩泽荣一一方面支持日本的一系列对华军事行动，另一方面又标榜和平主义，主张对待中国不能够只有"恩威"，还要有"敬爱"，要以"己所不欲，勿施于人"的精神与中国交往，努力实现双方的和平相处、互利双赢。乍看起来，这也是一对相互矛盾的思想。其实，主张对华交往的态度在很大程度上仍然是着眼于维护日本在华经济利益，因为在中日两国矛盾不断深化、中国各地的反日运动此起彼伏的情况下，比起强硬的对华政策，从侧面去化解双方矛盾似乎更为可取。从这个角度而言，这一问题与上文

---

① 《渋沢栄一伝記資料》第五十五卷，第 178 页。
② 信夫清三郎编，天津社会科学院日本问题研究所译《日本外交史》下册，第 517 页。
③ 《渋沢栄一伝記資料》第五十五卷，第 461 页。
④ 《渋沢栄一伝記資料》第五十五卷，第 500 页。

所考察的日本对华军事扩张与在华经济利益的关系亦有共通之处。尽管支持对华军事扩张与主张对华友好交往在大部分情况下是并立和共存的，但从时间段上来看，在1915年之前，涩泽荣一似乎更倾向于借助对华战争来谋求扩大日本对华的经济影响，而在此之后，他的关于反思日本对华政策、主张对华友好交往的话语才开始多起来。这个转变的节点就是对华"二十一条"的提出。在对待"二十一条"和随后日本发出的最后通牒问题上，涩泽荣一既表现出赞成日本发出最后通牒和以武力相逼，以及谴责中国态度的一面，也表现出希望和平解决、反思对华政策、强调以忠恕相交的另一面。因此，笔者且以这一事件为个案，借此探讨这对看似矛盾的两种态度之间的关系。

日本在"一战"爆发后不久即向中国提出了臭名昭著的"二十一条"要求。对于这个几乎是要灭亡中国的无理要求，当时的北京政府也据理力争，同日本进行反复磋商，希望能够扭转局面。由于中国方面迟迟不肯答应"二十一条"，日本遂发出了最后通牒，以武力逼迫中国同意。最后通牒意味着，如果中国依然拒不接受日方要求，双方很可能将会兵戎相见。在决定发出最后通牒后，为了寻求日本经济界的支持，当时的内阁总理大隈重信特意于1915年5月7日在其官邸举办紧急招待会，向应邀到会的涩泽荣一等人通告了中日关系的紧张局势和战时情况下的财政状况，并希望这些经济界人士能够充分协助征集军用物资。对于日本政府的这一态度和要求，涩泽荣一等人众口一词地表示，为维护东洋和平、确立国家百年大计计，希望此时的政府果断以最为强硬之态度确保全部的要求条件得到贯彻。他们还约定，在一旦国交断绝的情况下，将会全力支持政府。[1] 对于涩泽荣一的这个表态，有学者认为："甲午战争以来，日本财界在对华政策上始终同日本政府保持一致，在'二十一条'问题上也是同样。作为财界领袖的涩泽荣一是没有其他选择的。"[2] 还有学者在论及涩泽荣一对"二十一条"的态度时，强调涩泽认为日本此举并非上策。[3] 的确，涩泽荣一在大隈内阁5月3日发出最后通牒时就表示了自己的遗憾之意，认为这是外交上最为笨

---

① 《渋沢栄一伝記資料》第四十八卷，第686页。
② 李廷江：《大正初期的涩泽荣一与中国》，载王建朗、栾景河主编《近代中国、东亚与世界》（上卷），社会科学文献出版社，2008，第152~162页。
③ 見城悌治：《渋沢栄一：「道徳」と経済のあいだ》，第170页。

拙的策略。然而需要补充的是，他之所以如是认为，一个重要原因是在于担心日本在华经济利益受损，"如果到了诉之干戈的地步的话，日支的实业关系必定将会全被破坏，中日实业公司之类也将在事实上不得不中断其活动"。① 也许是出于这样的担心，他才会表示，尽管通牒已经发出，但和平解决尚存最后一缕的希望。两国的争执最终以北京政府几乎全盘答应日本的条件而告一段落，这也让涩泽松了一口气。为了从这次危机中吸取教训，他随即转而反思日本的对华政策和态度，这才提出了摒弃"恩威"而以"忠恕"之道进行对华交往的外交思想。不过，涩泽在敦促日本反思的同时，也声明自己没有批判这次交涉经过的意思，仅仅是为了衷心维持和平而已。② 不仅没有怪罪日本，他还将责任归咎于中国。涩泽居然声称，"支那政府向我邦提出要无条件归还（日本）付出大量心血的青岛、赔偿青岛战争造成的损害以及参加日德媾和谈判等要求，实在是暴戾之极"，日本因此才不得不发出最后通牒。③ 在他看来，这次危机的解决也是因为日本当局者处置得当、中国方面"认识到我正义之精神"所致。④ 以此来看，涩泽荣一反思日本对华政策、主张对华和平交往的举动并不等于否认有关"二十一条"的最后通牒的提出。换句话说，他在日本对华实施强硬政策的条件下提出改善对华交往的希望，但当这种强硬政策造成两国关系的紧张时，他还是倾向于认定中国方面出现了过错。

综合而言，涩泽荣一关于富国与强兵关系的论述、他的"举国一致"支援日本对外战争的行为都典型地显示出其国家主义思想，而无论是支持战争还是反对扩军，也都表现出他所在意的是发展日本国内经济和推进对外尤其是对华经济扩张。尽管涩泽反对赤裸裸的领土侵占，但他关于"义战"标准的界定显然是一个谬论。在他的眼中，无论是侵台之役、甲午战争，还是日俄战争、对德宣战，都可以归于"义战"之列，都是"王道"的战争。这些从中国古代的王朝战争中借用的概念在被用于描述近代的侵略战争时，已经完全变味。涩泽之所以运用这些话语来推崇日本的对外军事扩张，乃是看重军事力量对经济扩张的重要作用。虽然他后来在主战与

---

① 《涩泽荣一伝记资料》第四十八卷，第 686 页。
② 《涩泽荣一伝记资料》第四十八卷，第 689 页。
③ 《涩泽荣一伝记资料》第四十八卷，第 688 页。
④ 《涩泽荣一伝记资料》第四十八卷，第 687 页。

反战、出兵与撤兵、武力威胁与和平交往之间游走，看似较之以前的"好战"有所进步，但经济中心主义的取向意味着武力和战争将一直是经济扩张的工具，一旦需要时，还是会祭出武力。当然，在不少情况之下，涩泽荣一及与其类似的其他日本财界人士并不能很好地处理战争与经济、战争与国交之间的关系。从根本上说，这是由日本在近代所采取的对外尤其是对华侵略扩张的基本政策取向所决定的。

与前述几章探讨涩泽荣一的对华经济思想与行动的内容不同，本章分别考察了涩泽荣一在对华灾害救济、慈善教育和军事扩张等三个方面的言行。这三个主题都有着很长的时间跨度，几乎贯穿于涩泽荣一与中国关系的整个过程。就字面意义而言，救济与教育更多地与慈善相联系，而有关日本的对华军事扩张却可以和武力画上等号。从表面上看，涩泽荣一在参与若干对华灾害救济和慈善教育活动的同时，也对日本的一系列对华军事行动持赞同和支持态度。这似乎各自归属于"王道"和"霸道"两个方面，存在着明显的对比。然而通过上文对这几个主题的详细探讨又可以发现，它们之间有着某种内在的一致之处。大体上，灾害救助和慈善教育在很大程度上是涩泽荣一以"忠恕""敬爱"相交的对华外交理念的体现，而他的战争观以及相应的举动又无时无刻不在显示出其以追求经济利益为中心和实现富国强兵的终极目标。这个目标反映在他对日本对华军事扩张方面就表现为视武力为追求对华经济扩张的工具。为了维护在华经济利益，他可以赞成对华出兵，也可以主张早日从中国撤军。而在推行对华灾害救济和慈善教育上，日本方面和涩泽本人似乎也有着实现某种经济利益和加强两国沟通、缓和中方反日情绪的考量。

结　语

一　王霸思想在中日两国的流变

在本书的绪论部分，"王道"和"霸道"两词的字面意思以及涩泽荣一对其的理解曾被简略地提及。既然用"王道"与"霸道"作为本文的主要论述框架，在结语部分也有必要对它们再进行一番梳理和甄别。

王霸思想在中国古已有之。在孟子思想中，"王霸之辩"是三大主题之一（另外两个分别是"义利之辩"和"人性之辩"）。孟子的王霸论散见于《孟子》各章，其中一个比较有代表性的是《公孙丑上》中的一段话："以力假人者霸，霸必有大国；以德行仁者王，王不待大，汤以七十里，文王以百里。以力服人者，非心服也，力不赡也；以德服人者，中心悦而诚服也，如七十子之服孔子也。《诗》云：自西自东，自南自北，无思不服。此之谓也。"① 所谓的"以力假仁"乃是假借仁义之名行武力称霸之实，而"以德行仁"则是从内心的道德本性出发，依靠仁义道德来获取民心。在论及国与国之间的关系时，他也持这种论调。如"齐宣王问曰：'交邻国有道乎？孟子对曰：'有。惟仁者为能以大事小，……惟智者为能以小事大，……以大事小者，乐天者也；以小事大者，畏天者也。乐天者保天下，畏天者保其国。'"② 意思是大国对小国要讲仁义，要帮助小国，而小国对大国则要讲礼制，要侍奉大国。在他看来，"以力假仁者"倚仗土地兵甲之力，对外强取豪夺，争城掠地，虽可暂时成就霸业，威武一时，却不能使被征服者心悦诚服，真心服膺；"以德行仁者"虽然暂时力量弱小，但邻国之人

---

① 《孟子·公孙丑上》。
② 《孟子·梁惠王下》。

心向往之，四海归心，终将统一天下。总而言之，孟子坚决反对霸道政治，而是提倡以德服人的王道政治。

然而，在《论语》中，孔子并非如孟子这般持尊王排霸的绝对观念，他反而称春秋五霸之一的齐桓公"正而不谲"，称管仲为"管仲相桓公，霸诸侯，一匡天下，民到于今受其赐"，[①] 在一定程度上还对霸道行为予以褒扬。而荀子则在《王霸》篇中如是界定："义立而王，信立而霸，权谋立而亡。"在《君子》篇云："尊圣者王，贵贤者霸，敬贤者存，慢贤者亡，古今一也。"在《王制》篇中云："王夺之人，霸夺之与，强夺之地。夺之人者臣诸侯，夺之与者友诸侯，夺之地者敌诸侯。臣诸侯者王，友诸侯者霸，敌诸侯者危。"也就是说，王者争取人心，霸者争取与他国友好，强者夺取别国的土地。王者能使诸侯臣服，霸者能与诸侯建立友好关系，强者却处境危险。荀子的王霸观，没有孟子的那种对立关系，而是一种价值的阶序关系。[②] 如果说孟子的王道思想过于理想化的话，那么荀子的思想就显得更为务实，宁愿在现实中寻求霸道，以作为改革政治的手段。此后的人们在论述王霸关系之时，大多都将其视为一种有机的联系体。董仲舒言"霸王之道，皆本于仁"，王充也说"王、霸同一业，优劣异名"。北宋的思想家李觏也认为所谓皇帝王霸都是对人的称号，并不是指他们实行的道的名目。他说："或问：自汉迄唐，孰王孰霸？曰：天子也，安得霸哉？皇帝王霸者，其人之号，非其道之目也。……所谓王道，则有之矣，安天下也。所谓霸道，则有之矣，尊京师也。非粹与驳之谓也。"[③] 他还在此基础上进一步提出了义利双行和王霸并用的强国论。王安石更是肯定了王霸之间的同质性因素："仁义礼信，天下之达道，而王霸之所同也。"[④] 所谓"王霸无二"当是就此而论。

到了南宋之际，程朱理学又将王道与霸道间的关系对立起来。朱熹等人认为，王道和霸道是对立的，因为王道遵循尧舜之道，从道德出发，得天下理之正，极人伦之至，从而达到王道盛世；而霸道则违背尧舜之道，

---

① 《论语·宪问第十四》
② 参见张崑将《日本德川时代古学派之王道政治论：以伊藤仁斋、荻生徂徕为中心》，华东师范大学出版社，2008，第192页。
③ 李觏：《李觏集》，中华书局，1981，第372页。
④ 乔万民、吴永哲主编《唐宋八大家·王安石》，天津人民出版社，2001，第244页。

从利己的私心出发，把道德仅仅作为装饰品，虽然在治国上有所成就，但离道德甚远。对于这种论点，陈亮给予了驳斥，由此还引发了他与朱熹之间一场著名的王霸论辩。关于霸道，陈亮认为，"其道固本于王也"，同时王道中也夹杂着霸道。例如三代时期也时常有征伐和谋位之事，这说明王道之治正是通过霸道而实现的，而管仲助齐争霸，正是仁者之事，是王道的需要。他关于王道与霸道的观点，就是霸本于王，王霸并用。

　　从孟子与荀子的不同见解到南宋时期的朱陈之争，众人对王霸的理解虽然不尽相同，但对王道基本上持肯定态度，基本上不外乎"以德行仁"之类，也崇尚三代的王道之治，而对霸道的意义及其与王道关系的理解却是见仁见智。其实，从纯粹道德层面言之，奉行王者之道自是无可厚非，然而当它作为一种统治之术时却显得过于单纯。因而虽有孟子、朱熹等尊王排霸者，但更有持王霸并用主义的现实主义者。经世致用是中国不少传统知识分子所抱持的思想倾向，所以在一些实际的社会问题面前，他们才没有一味地消极对待。从李觏到王安石，皆是如此。张居正更是直言批评标榜王道的保守主义者："后世学术不明，高谈无实，剽窃仁义，谓之王道；才涉富强，便云霸术。不知王、霸之辩，义、利之间，在心不在迹。奚必仁义之为王、富强之为霸也？"[①] 对于历来存在的王霸之辩，黄宗羲亦有自己的见解。针对孟子"霸者之民欢虞如也，王者之民皞皞如也"之语，他解释道："霸者只在事功上补凑，王者在心术上感动，民之应之，亦截然不同。'欢虞'者，民为法制所缚，无斗争作乱之事。'皞皞'则孝弟忠信，相感而化，所谓'必世而后仁'者是也。王者未必不行霸者之事，而霸者不能有王者之心。"[②] 近代以来，龚自珍、魏源等人也继承这一经世致用主张，提出"以实事程事功，以实功程实事"的功利主义思想，反对"空谈性命"的道德说教。如魏源就指出："自古有不王道之富强，无不富强之王道。王伯之分，在其心不在其迹也。心有公私，迹无胡越。"康有为也认为："霸王之道，皆本于仁。"如此一来，王道与霸道就是统一的。梁启超在《读〈孟子〉界说》一文中则指出，"孟子言王霸，即大同小康之辩，"[③]

---

①　张居正：《答附件巡抚耿楚侗谈王霸之辩》，载李陶庆、王一鹗等编《中国历代经济文选》，湖南财经学院内部教材，1985，第 474 页。

②　张永忠：《黄宗羲政治哲学思想研究》，人民出版社，2009，第 25 页。

③　赵璐：《中国近代义利观研究》，中国社会科学出版社，2007，第 222 页。

亦即这两者间并无质的不同。

可以看出，在以上的王霸之辩中，推崇王道、排斥霸道者自不必说，即使是主张王霸并用、"王霸不二"的董仲舒、王安石等人也是认为仁义乃王霸之道的基础。另外，对于王道和霸道的区别，中国的儒者多强调"心"的重要性，将发乎内心作为王道的重要标志。前述张居正即有王霸之辩"在心不在迹"之论。另外，王安石也认为王霸之间的不同在于"心异"。"王者之道，其心非有求于天下也，所以为仁义礼信者，以为吾所当为已矣。以仁义礼信修其身而移之政，则天下莫不化之也。……霸者之道则不然：其心未尝仁也，而患天下恶其不仁，于是示之以仁，其心未尝义也，而患天下恶其不义，于是示之以义。其于礼信，亦若是而已矣。"① 对与王霸之间的区别，黄宗羲亦认为是重在"心术"与仁义，王道以仁义为目的，霸道以仁义为手段。"王霸之分，不在事功而在心术，事功本之心术者，所谓'行仁义'者，霸也……譬之草木，王者是生意所发，霸者是剪彩作花耳。"② 在这里，黄宗羲已触及帝王政治中的名实关系、形质关系：王者之道，以仁义为本，贵在求实、求质，如花木自然生长开放，成果自然实在；霸者之道，假借仁义之名，如人工造花，有其名无其实，有其形无其质。

大体而言，在中国传统政治当中，王道象征着光明正大，霸道则意味着威权统治。在中国古代的大部分时间里，无论是对内还是对外，多是"王霸杂之"，或者是二者交替出现。当然，王霸之辩虽然有其历史的合理性和文化上的正当性，但它是与传统的君主专政制度相对应的，并不能进化为现在的民主政治。所以鲁迅才会借此讽刺中国的专制制度，说："在中国的王道，看去虽然好像是和霸道对立的东西，其实却是兄弟，这之前和之后，一定要有霸道跑出来的。人民之所以讴歌，就是为了希望霸道的减轻，或者不更加重的缘故。……孟子生于周季，所以以谈霸道为羞，倘使生于今日，则跟着人类的知识范围的展开，怕要羞谈王道的罢。"③ 在对外关系方面，古代中国在构建传统的华夷秩序时也崇尚以德服人的王道思想。当然这种王道思想并不能被归入现代国际关系理论之列。孙中山对此也看

---

① 乔万民、吴永哲主编《唐宋八大家·王安石》，第244页。
② 张永忠：《黄宗羲政治哲学思想研究》，第27页。
③ 鲁迅：《关于中国的王道与霸道》，载何宗思编《中国人格病态批判》，中国社会出版社，2003，第340页。

得很清楚。他曾提到，中国曾经"渐由民族主义而进于世界主义。所以历代总是用帝国主义去征服别种民族"。虽然这种征服"不是像现在的欧洲人，专用野蛮手段，而多用和平手段去感化人，所谓王道，常用王道去收服各弱小民族"，① 但毕竟还是"实行平天下的主义"，还是属于"帝国主义"行为。尽管如此，我们仍然可以将王霸之道从传统文化中提取出来，用以诠释国家间的关系。有学者就从国际关系的角度将孟子的思想视为完全排斥功利、唯有仁义道德的纯粹王道外交思想，荀子是不排除现实功利、讲究实力与道义并重的务实王道外交思想，而韩非子等人所代表的则是完全排除道德因素、只强调实力与谋略的霸道外交思想。② 孙中山在"大亚洲主义"的演讲中向日本发出"究竟是做西方霸道的鹰犬，或者做东方王道的干城"的警告，也是借用王道思想的一个成功典范。

中国的王霸思想中包含着明显的"仁义""心术"等理念，然而这一思想在传入日本之后却发生了改变。

中国儒家的王道思想在传入日本之后，也颇受日本统治层的青睐。日本天皇大都接受王道的教化思想，如崇神天皇曾下诏曰："导民之本，在于教化也。今既礼神祇，灾害皆耗。然远荒人等，犹不受正朔，是未习王化。"③ 然而，孟子的王道思想中亦有"民为重，君为轻"的民本思想，在某种程度上与中国的改朝换代相对应，这对于日本万世一系的天皇制度显然有些不合时宜，因而日本就将固有的神道思想作为文化的根基，而外来的儒学、佛学等只被视为枝叶，并进一步对其进行日本化改造。相应地，日本儒者就将中国的"王道"概念加以神道化，为"王道"披上日本思想的外衣。16世纪的朱子学者林罗山就提出了其神儒调和论的主张。他认为，"本朝神道是王道，王道是儒道，固无差等。所谓唯一宗源，理当心地，最当尽意"，"理当心地神道，此神道即王道也。心之外别无神别之理"，"王道一变至于神道，神道一变至于道，道吾所谓儒道也，非所谓外道也"。④ 通过这种阐述，林罗山将神道与儒道等同起来，并将其视为作为天皇统治之道的王道。另外，吉见幸和也提出"神道者，王道也"的观点。山鹿素行强调水土有别，日本之国

---

① 孙中山：《三民主义》，岳麓书社，2000，第31页。
② 陈向阳：《中国睦邻外交：思想·实践·前瞻》，时事出版社，2004，第54~55页。
③ 宋德宣：《日本文化结构演变论》，辽宁教育出版社，1993，第268~269页。
④ 李威周：《中日哲学思想论集》，齐鲁书社，1992，第116~117页。

体冠绝古今，试图结合皇国思想与王道政治思想。贝原益轩也在《神儒并行不悖论》《神祇训》《慎思录》等作品中详细论述神儒一体，认为神道是神人合一，儒道是天人合一，二者皆是通贯天地古今唯一的道。①

除了将王道和神道相等同外，王道思想的日本化还体现在"王"之指涉对象及"王道"内涵的变化上。这种变化在日本古学派的代表人物伊藤仁斋和荻生徂徕那里显得尤为突出。伊藤仁斋认为王道是指"君王之道"，它包括古代的先圣先王之道，也包括现实中的君王思想，即使是诸侯王亦都在指涉范围之中。伊藤仁斋的"王"是以孔孟经典中的圣王典范为主，他不以"位"取"王"，只要能行仁政的"王"，皆可谓之"王"。而荻生徂徕的王道则特指"先王之道"。这里的"先王"是以六经所述的"圣王"为主，他以"位"取"王"，认为"圣人岂可易为"。相对于伊藤仁斋而言，荻生徂徕以"先王之道"来解释孟子的"王道"，强调"王"先于"道"企图拆解孟子政治思想对现实政权的潜在危险性，这样就更为适应日本的德川封建体制。在王道思想的内涵方面，伊藤仁斋非常推崇"王者之德"，主张"以王道为本"，"王道即仁义"。他曾如是说道："以善服人者，霸者之事也；以善养人者，王者之德也。以善服人者，有意于服人，故人不服焉；以善养人者，欲人皆善，而无意于服之，故天下自不得不服焉。"②伊藤仁斋以"善服人"和"善养人"区分王道与霸道，看似与孟子的思想相近，然而他的"王者之德"却与孟子不同。他所谓的"王者之德"，并非道德价值判断意义的"德"，而是偏重善于养人者之"德"，亦非专指人君内心之"德"。换句话说，这种"德"并非出于内在的价值判断，而是指从外在展开的实际行动以使民能够安居乐业之德而言。伊藤仁斋虽然仍然以仁义之道作为区分王霸的标准，但并不着重是否"以力假仁"，而是重视有无实质的达遍天下的效果，已属于外在之德，无关乎心的作用，因为也就与上述中国方面对王道的理解有别。荻生徂徕对王道的阐释与中国差异更大，其王霸论与孟子的思想迥然不同。他认为："王霸之辩，古所无也。观于孔子称管仲如其仁，《书》载《秦誓》，则孔子未尝以霸为非焉。王与霸，

① 陈玮芬：《"道"、"王道"、"皇道"概念在近代日本的诠释》，载高明士编《东亚文化圈的形成与发展：儒家思想篇》，华东师范大学出版社，2008，第310页。

② 张崑将：《日本德川时代古学派之王道政治论：以伊藤仁斋、荻生徂徕为中心》，第104页。

其所以异者，时与位耳。"① 由此看来，"霸"在荻生徂徕那里并没有贬义的意思。他认为王霸的差异在于"时"与"位"，无关乎道德问题，王霸之间不存在"德性"与"事功"之别，是可以互通的。此外，荻生徂徕极为强调"先王之道"即是"安天下之道"，故而非常重视安民之术。他眼中的"王者"，"德"已经成为次要条件，安民之术（即礼乐刑政）才是必要前提。可以说，伊藤仁斋和荻生徂徕二人都舍弃了道德的内心转化。前者仅重视具有达遍天下成效的"实德"，而后者更是承认了"力"的施行合理性，不信任单言"德"即可成就安天下之道，所以才会倡导礼乐治术之道。相比于中国儒学的"内圣外王"之道，两人都比较重视"外王"的一面，而对内心的修养则兴趣不大。他们对于王霸之道的理解，已经为日本此后的王霸论述定下了基调。此后，日本的儒学者们在重事功、轻德行的道路上越走越远。例如，荻生徂徕的高足太宰春台就认为王与霸相通，并没有道德含义存在其间；伊藤东涯声称"天下之主谓之王，诸侯之长谓之霸"，这种以"位"论王霸的倾向与荻生徂徕是一致的；山县大贰则直接将王霸思想用于实际政治，积极讲述王道思想，批评幕府以武力称霸天下的做法；吉田松阴也引述王道思想，希望天皇成为王道政治的实践者，解决"保全守护国家"和"安定天下万民"的政治课题；等等。大体而言，自日本中世纪以来，不论是古学派、儒家神道，或者国学、水户学的学者，都试图透过各种论述使王道观表现出欲对现实政治环境予以改造的实用性格。

近代日本的王道论述，多集中出现于 20 世纪 30 年代到 40 年代前半期，尤其是伪"满洲国"成立以后。此时日本学者对于王道的理解虽然看法各异，但是基本上都在为日本的对外扩张背书。例如，高田真治就被认为是"从儒教主义立场出发的积极的王道思想鼓吹者"，他的一大"贡献"就是把儒学与军国主义结合起来，将军国主义的"霸道"美化为"王道"；井上哲次郎认为"王道"与"天道"密切相关，儒教的理想政道无法在中国实现，反而是日本所建立的伪"满洲国"才合乎王道国家的条件；宇野哲人强调王道不是"诸大国彼此争强显胜、扩张势力，而是诸大国统合为一，令万民皆能享裕太平之治"等。②在某种程度上，这样的论述其实也是近世

---

① 张崑将：《日本德川时代古学派之王道政治论：以伊藤仁斋、荻生徂徕为中心》，第 107 页。

② 刘岳兵主编《明治儒学与近代日本》，第 216 页。

日本具有皇道色彩并以实用为指向的王霸之论的延续。正如有学者对此所描绘的："……近代日本汉学者在论述王道时，虽理所当然地把'王道'等同于'天皇统治之道'，在分析王道内容时则有'孝悌''仁''德''心'等差别，却异口同声地把天皇置于其理想的政治社会秩序或宇宙秩序的枢纽位置上，强调天皇是天照大神之后裔，当属于'天'的层次，且由于日本天皇政体乃万世一系，最有资格代天行道，将王道政治反向推广至中国与世界各国。"[①]

总之，王霸思想在日本的演化主要沿着两条路线进行：一是与神道、皇道相结合，讲求王道的"位"，以拥护天皇（有时是幕府）为旨趣；二是将其从道德框架中解脱出来，舍弃内心追求，重在达成实效。在某种程度上可以说，如果按照中国一些儒学者的标准，日本的这种忽视德行的王道甚至已可归于霸道之列。具有日本特色的王霸论述最终沦落成为日本侵华做辩护的工具。当然，这个过程并非直线进行的，当具体到个人之时，还要做仔细分析。

二 涩泽荣一对华思想与实践中的王道与霸道

涩泽荣一虽自幼便学习中国儒家文化，但是这种文化已经是日本化了的儒家学问，其本人所拜从或者接触到的老师是日本的汉学者，所吸收的学问也多是经世致用之学。更何况，由于受水户学国体思想的影响，涩泽荣一在青年时代就已经形成了对统一的日本天皇制国家的认同与忠诚意识。皇国史观给他带来了深刻影响。如他就曾指出："本来，从建国以来的国体关系看，我国皇室与国民的关系是臣民崇敬天皇如慈父，天皇慈爱国民如赤子，君臣之情如父子。但是，因为武门与权臣介于其间……所以君臣之间才产生了间隔。"他还声称："如果孔子、孟子生于我国，那么他们也将会以万世一系的天皇为中心建立学说。"[②] 由于这些因素，涩泽荣一的王霸

① 陈玮芬：《"道"、"王道"、"皇道"概念在近代日本的诠释》，载高明士编《东亚文化圈的形成与发展：儒家思想篇》，第 321 页。
② 张建立：《涩泽荣一经济思想述评》，载南开大学日本研究所编《日本研究论集 2004》，第 342 页。

之论也难免与日本上述的王道论述存在一致之处。① 涩泽荣一提出以王道思想对待中国和开发中国富源，反对西方世界竞相以霸道相争的同时，又在很多情况下赞成日本的对华军事扩张。这样的论述既有活用王霸之论的一面，又可以看出它与日本近世以来的王道思想特征的一致之处。尊崇天皇的同时也意味着涩泽具有强烈的国家主义思想。在日本明治维新的进程之中，涩泽荣一在经济、教育等方面的诸多建树无不是为了响应日本富国强兵的国策。进一步说，由于国土狭小、资源匮乏、国内市场有限，日本在走向近代化的时候势必要对外扩张，而一水之隔的中国和朝鲜就是难得的消费市场和原料供给地。与中国产生紧密的经济联系是日本追求富国强兵的必然要求，问题在于这种联系的实现方式以及日本的具体对华态度和政策。涩泽荣一提出以"忠恕""敬爱"之道相交的对华外交理念，在具体的对华经济活动中提出两国合办论，呼吁日本秉承"己所不欲，勿施于人"的原则，注重中国方面的感受，实现双方的共同获利。同时，他也在对华灾害救济、慈善教育等方面做了大量工作。这些应该说都是对上述问题的积极回应，也似乎可以归于他所说的"王道"之列。然而应当看到的是，这样的态度在很多情况下是建立在中国方面爆发抵制日货和存在抵日情绪的背景之下的，它是对日本对华扩张政策的一种反思和进一步的灵活应对，而不是一开始就提出的原发性策略。

　　提到日本对外扩张过程中所提的王道论，就不能不提日本的亚细亚主义思想。在 19 世纪七八十年代，由于国力不振并存在着沦为半殖民地的巨大危机，日本曾经提出"兴亚论""日中提携论""亚细亚连带论"之类的主张，希望中日两国联合起来共同对付西方列强的侵略。这些思想还停留于强调亚洲各国尤其是中日两国的平等联合和相互提携的层面上，尚谈不上有什么侵略的意义。有趣的是，如果我们对照涩泽荣一早期的一些对华经济实践的尝试就会发现，在日本羽翼未丰、尚未大规模进行对外扩张的情况之下，他所从事的这些活动也基本上属于一般性的商业和贸易往来，谈不上有经济侵略、获取利权之意。然而自甲午战争之后，见到中国成为

---

① 涩泽荣一曾经将他对王道的理解广泛用于各个方面。如他在《〈论语〉与算盘》一书中，就以"王道与法律"为题，借用王道思想来阐述自己对解决社会问题特别是劳资关系问题的看法。本书所考察的他的王道论主要集中在他的对华态度及交往方面。

自己的手下败将并面临着被瓜分的危机时，日本便不再需要强调与中国的平等合作了，取而代之的已经是"日本东亚盟主论""脱亚入欧论""支那保全论"。涩泽荣一的对华经济思想中亦存在着明显的扩张意识，他自己也身体力行地投入到一系列对华经济扩张的具体活动中去。从对华经济调查到湖南汽船会社、日清汽船会社和东华纺绩会社等诸多企业的创建，他都起到相当重要的作用。而且从其思想层面来说，此时的涩泽荣一也已经成为一个典型的"东亚盟主论"者。"东亚盟主论"的最早提出者是福泽谕吉。他曾在《时事新报》上撰文称："亚细亚洲要同心协力抵抗西洋人的侵略，必推出一个首领来做盟主。……而这个东亚的首魁盟主非我日本莫属。我们就是盟主。"① 但此时的盟主论还含有联合亚洲国家共抗西方列强之意。"东亚盟主论"的内涵在甲午战后有了很大改变，基本上成了日本称霸亚洲并侵占其他国家权益的代名词和挡箭牌。涩泽荣一的"东亚盟主论"也基本上属于后者。在甲午战争乃至日俄战争之后，他曾声称，"故吾辈每一个人都须知晓：吾辈不仅为我国商业之中心，至少还应是东洋商业之中心。须发展工业，向东洋各国扩展商品销路，同时以吾国力量左右东洋商品之价格，尔后向邻邦敷设铁路、采掘矿山"；"吾人愿日本战后之经营，以在东洋大力扩展商工业为重，使吾国成为东洋之中心。而达至希望之关键，在对支那关系如何，此类事也无须吾人赘言"；② "……何况我国无论从地理上还是历来的关系上言之，都是东洋之盟主"。③ 以着眼于日本在华经济利益为基础，他还就"支那保全"问题提出自己的看法。在义和团运动爆发之际，涩泽曾提出："北清事件向何处去，以何种方式告终，乃外交、政治上之问题，自不容我辈赘言。但我辈从商业上之意念出发，唯望不拘使用何种方式，保全支那，以推进商工业之利益。不仅鄙人本身，想一般商工业者亦皆持此愿望也。"④ 不过这种"保全支那"的态度似乎并非那么坚决，同样是针对义和团运动，他又曾言："我从商业上之意念出发所希望的是，且不论是保全抑或是相互分割支那国之事，重要在于推进商工业之利益。"⑤

---

① 王屏：《近代日本的亚细亚主义》，商务印书馆，2004，第 137～138 页。
② 李廷江：《日本财界与辛亥革命》，第 94 页。
③ 《涩泽荣一伝记资料》别卷第六，谈话二，第 325 页。
④ 李廷江：《日本财界与辛亥革命》，第 93 页。
⑤ 《涩泽荣一伝记资料》别卷第六，谈话二，第 290 页。

不过从其后来对于中国政局的关注来看，他还是希望中国能够保持大体的完整以为日本提供一个良好的投资环境，从这个角度来看，他还是一个"支那保全论"者。而无论是"东亚盟主论"还是"支那保全论"，涩泽荣一所看重的都是日本在华经济利益的维持和扩大，乃至日本在整个东亚的经济支配地位。而这又回到了日本"富国强兵"的路子上来，也与前述的王道之论形成一种呼应。在这个意义上，涩泽荣一的王道论、"东亚盟主论"和"支那保全论"实际上是互为表里的。

与"东亚盟主论"相对应的是以福泽谕吉为代表的"脱亚入欧论"。福泽谕吉认为国际政治的本质在于强权政治，于是在所谓"王道"与"权道"（也就是霸道）之间选择了后者，主张告别中国这个"东洋之恶友"，加入欧美列强队伍当中并转而侵略中国。在日本近代史上，福泽谕吉的这个观点可以说是主流思想之一。涩泽荣一没有主张脱亚入欧，反过来还倡导王道，重视情感层面的沟通，其对华外交的思想似乎与以原敬、币原喜重郎为代表的日本协调主义外交比较相近，但是这种论调由于是为解决中日间的问题而有针对性地提出，可以说仍然是重在"事功"，再加上明显的皇国史观和国家主义思想，还是没有超越日本化的王霸思想特征。也正是因为这一点，涩泽荣一的王道论就容易滑向以福泽谕吉为代表的"主流"中去。

此外，我们还可以将涩泽荣一关于王道和霸道的思想与孙中山做一比较。绪论中曾谈到，孙中山在1924年于神户所做的题为"大亚洲主义"的演说中曾经提及王道和霸道之语。他在演讲中说道："东方的文化是王道，西方的文化是霸道；讲王道是主张仁义道德，讲霸道是主张功利强权。讲仁义道德，是由正义公理来感化人；讲功利强权，是用洋枪大炮来压迫人。"[1] 从字面意思来看，孙中山的这一解说与孟子所言的"以力假仁者霸""以德行仁者王"之语似乎并无二致。中国古代自视为"礼仪之邦""天朝大国"经常对周边国家进行道德感召，施以经济的实惠，以换取它们对中国中心地位的承认。中国在这中间所推行的王道也有一种自身地位要高人一等的暗喻，所谓的"华夷秩序"也因此而生。然而，孙中山这里所借用的王霸之论已经今非昔比，以中国为中心的华夷秩序早被打破，中国此时也在致力于建设现代意义上的民族国家。孙中山也提出，"我们要发达世界

---

[1]　广东省社会科学院历史研究所编《孙中山全集》第11卷，中华书局，1986，第407页。

主义，先要民族主义巩固才行。如果民族主义不能巩固，世界主义也就不能发达"，将民族主义视为一个不可逾越的历史阶段。① 孙中山的"大亚洲主义"和王霸思想的目的在于追求亚洲区域内各民族之间，以及亚洲地区与欧美其他地区之间发展平等自主的和谐关系，敦促日本放弃对外扩张路线，实现共同繁荣与兴盛。然而，涩泽荣一的王道论中却看不到这一点。在对华关系问题上，他对王道的理解似乎只是友爱亲善、提携合作，却没有顾及日本的经济扩张与中国国家利益的冲突。当中方向其提出废除不平等条约的要求之时，他仅仅是以不干涉政治事务为由搪塞过去；当两国在关税等问题上产生纠纷之时，涩泽基本上也是没有考虑到中国方面的切身利益。也就是说，他所提倡的友好合作是存在一个前提的，即日本的利益不能受到影响和损害，哪怕是在中方提出正当诉求的情况之下。

当然，涩泽荣一主张对华以"忠恕""敬爱"相交的主张还是要好于日本军方、政界和大陆浪人中的对华强硬派的态度。他反对日本军国主义、反对日本的过度扩军、反对国际社会中赤裸裸的强权主义和霸权思想，这些都应该给予一定程度的肯定。如果将涩泽荣一与其他一些日本人的对华态度进行比较可以发现，他没有像后藤新平、山本条太郎、森恪等财界人物那样完全致力于对华经济侵略，也没有如宫崎兄弟、山田良政、梅庄屋吉那样真诚地助力中国革命，亦没有像松本龟次郎、下田歌子、藤野严九郎一般无私地奉献于对华教育事业。概括地说，他算是一名对华态度相对比较温和的商人。说是商人，表现在他在与中国的诸多关系上自始至终都以经济事务为中心。从第一银行的对华借款交涉到对华经济调查，再到一系列对华实业和投资公司的设立，无不说明这一点。晚年之时，面对中日之间的紧张关系以及东亚兴业会社和中日实业公司惨淡经营的状况，涩泽仍然没有灰心。他相信，"即使是现在，支那也有如涩泽一样的人物，两者民间之士相提携来做的话必能成功"，"现状虽然是支那时有排日，日本人中也有强压于支那人者，但据闻日本在支那的纺织业等可以很好地经营，希望结局是支那之有力实业家及日本之有力实业家可以携手共进"。② 相对温和的对华态度则表现为，受中国文化的熏陶，尽管涩泽认识到现实中的中

---

① 章开沅：《王道与霸道——试论孙中山的大同理想》，《浙江社会科学》2000 年第 3 期。
② 《渋沢栄一伝記資料》別巻第八，談話四，余録，第 178 頁。

国形象与他幼年从书本所接触到的已经相差甚远，但他并没有像福泽谕吉那样转而蔑视中国，而是对中国抱有某种好感和同情，也乐于见到两国之间有一个良好的交往状态。在谈到日华学会设立的动机之时，涩泽称："支那陷于混乱状态，这是遗憾之处，然而为了民国文化的进步，我等务必一定努力。"① 晚年在谈到中日两国关系之际，他也曾表示，虽然日本也有一些自己固有的东西，但说日本古代所有文化的元祖即是中国也不为过，而且两国无论从地理位置上还是从人种上来看都应该有至为亲密之关系，日本从中国所获文化甚多，故而本应敞开胸襟与中国密切相交，两国的相争、不快等本不应出现。"然而尽管如此，民国屡屡发生有排日运动，而日本方面又嫌弃民国。这些诚为万分不情愿之事，相信有心之人必定着力改革之，努力于修正完全之国交。我等虽是短小之身且老衰至此，但对于此事无论如何也必须尽力而为。抱此信念，以到死方止之想，现在仍在以如此颓龄老衰之躯而日夜努力。"②

　　有学者认为，"近代日本人的国际观是在'东洋对西洋、文明对野蛮'的框架内形成的。在按道德画线时，日本把自己划归东洋。在按文明画线时，日本又把自己划归西洋"。③ 涩泽荣一大概就是这样一个典型。在大力引进西方近代企业制度的同时，他并不同意"脱亚入欧论"者的观点，认为日本只有脱离亚洲、遗弃东方文明方能实现近代化之说是"极大的误解"，他本人所倡导的"《论语》算盘说"就树立了日本型资本主义精神的典范。虽然他没有对王霸之道进行系统的论证和阐述，但通过他只言片语的提及，我们也能够在勾勒出其王霸思想框架的同时，不难发现其在中日两国儒学思想中的位置。然而，涩泽荣一虽然将自己的道德思想划在了东洋，却没有及时将王道论从华夷秩序中彻底解放出来，反而同日本的扩张主义结合在了一起，日本也在这条路上越走越远。如果非要在王道与霸道之间为涩泽荣一贴上标签的话，或许可以借用前文提到的一个标准进行分类划分，将他的对华外交思想、对华慈善活动等划为务实王道外交之列，而他的对华经济行为和对日本军事扩张的支持却在很大程度上加速了日本

① 《涩泽荣一伝记资料》第三十六卷，第 131 页。
② 《涩泽荣一伝记资料》别卷第八，谈话四，余录，第 87 页。
③ 王屏：《近代日本的亚细亚主义》，第 217 页。

的对华扩张进程，客观上扮演着一个配合日本实施"大陆政策"的作用，故而当被归于霸道外交之列。

内藤湖南曾言："对于'王道'之字面似乎无人异议，然对于'王道'之内容，却众说纷纭，人言人殊，谁也无法明白定义。其实，'王道'一语虽产自支那，观其历史，真正实现'王道'之时代几不曾见。换言之，'王道'不过是古来之理想、教训而已。对于此理想，史上从未有人反对，然而因应王者的作为，却屡屡发生与此理想相反的结果。"① 他此论本是对建立伪"满洲国"时所提出的"王道"理念进行质疑和反思。然而我们如果将其进行放大，置于日本整个的王道论述中去看，其实皆是如此，涩泽荣一也难以例外。

---

① 陈玮芬：《"道"、"王道"、"皇道"概念在近代日本的诠释》，载高明士编《东亚文化圈的形成与发展：儒家思想篇》，第 327 页。

参考文献

一　日文文献

（一）著作

1. 竜門社編《青淵先生六十年史：一名近世実業発達史》，竜門社，1900。

2. 渋沢栄一：《青淵百話》，同文館，1912。

3. 今井嘉幸：《支那に於ける列強の競争》，富山房，1914。

4. 渋沢栄一：《〈論語〉講義》，二松学舎出版部，1925。

5. 大滝鞍馬：《子爵渋沢栄一》，渋沢子爵伝記刊行会，1925。

6. 高橋重治、小貫修一郎：《青淵回顧録》，青淵回顧録刊行会，1927。

7. 子爵澁澤榮一翁頌徳会編纂《憶澁澤榮一翁》，実業之世界社，1929。

8. 土屋喬雄：《渋沢栄一伝》，改造社，1931。

9. 故阪谷芳郎子爵記念事業会発行、編纂《阪谷芳郎伝》，東京，1951。

10. 明石照男：《青淵渋沢栄一——思想と言行》，渋沢青淵記念財団竜門社，1952。

11. 第一銀行史編纂室編纂、発行《第一銀行史》，東京，1957。

12. 日本外務省編纂《日本外交文書》第四十巻第二冊，巌南堂書店，1961。

13. 田村俊夫：《渋沢栄一と択善会》，近代セールス社，1964。

14. 日本外務省編纂《日本外交文書》（大正三年）第二冊，1965。

15. 長幸男：《財界百年》，筑摩書房，1969。

16. 渋沢雅英：《太平洋にかける橋》，読売新聞社，1970。

17. 宮本右次、中川敬一郎：《日本の企業と国家》（日本経営史講座　第4巻），日本経済新聞社，1976。

18. 渋沢秀雄：《明治を耕した話》，青蛙房，1977。

19. 渋谷隆一：《明治期日本特殊金融立法史》，早稲田大学出版部，1977。

20. 山本四郎：《第二次大隈内閣関係史料》，同朋社，1979。

21. 東京商工会議所百年史編纂委員会：《東京商工会議所百年史》，東京商工会議所，1979。

22. 韮塚一三郎、金子吉衛：《埼玉の先人　渋沢栄一》，さきたま出版会，1983。

23. 林雄二郎、山岡義典：《日本の財団——その系譜と展望》，中央公論社，1984。

24. 山本七平：《近代の創造——渋沢栄一の思想と行動》，PHP研究所，1987。

25. 島崎久彌：《円の侵略史》，日本経済評論社，1989。

26. 土屋喬雄：《渋沢栄一》，吉川弘文館，1989。

27. 益田孝著，長井實編《自述益田孝翁伝》，中央公論社，1989。

28. 木村昌人：《日米民間経済外交（1905—1911）》，慶応通信株式会社，1989。

29. 中井英基：《儒教文化圏における企業者精神と近代化——張謇と渋沢栄一の比較研究》，平成元年度科学研究費補助金（重点領域研究　2）研究成果報告書，1990。

30. 入江昭：《日中関係　この百年》，岩波書店，1995。

31. 渋沢青淵記念財団竜門社：《渋沢栄一伝記資料》全六十八巻，渋沢栄一伝記資料刊行会，1955～1969。

32. 国家資本輸出研究会編《日本の資本輸出》，多賀出版，1986。

33. 桑原哲也：《企業国際化の史的分析》，森山書店，1990。

34. 木村昌人：《渋沢栄一：民間経済外交の創始者》，中央公論社，1991。

35. 浅野俊光：《日本の近代化と経営理念》，日本経済評論社，1991。

36. 由井常彦、橋本寿郎：《革新の経営史》，有斐閣，1995。

37. 小野健知：《渋沢栄一と人倫思想》，大明堂，1997。

38. 木村昌人：《財界ネットワックと日米外交》，山川出版社，1997。

39. 平井俊彦：《再構築する近代——その矛盾と運動》，全国日本学士会，1998。

40. 安岡昭男：《明治前期大陸政策史の研究》，法政大学出版局，1998。

41. 渋沢研究会：《公益の追求者・渋沢栄一》，山川出版社，1999。

42. 中村義：《白岩龍平日記——アジア主義実業家の生涯》，研文出版，1999。

43. 宮本又郎：《日本の近代11　企業家たちの挑戦》，中央公論新社，1999。

44. 翟清：《東亜同文会と中国——近代日本における対外理念とその実践》，慶応義塾大学出版会株式会社，2001。

45. 坂本慎一：《渋沢栄一の経世済民思想》，日本経済評論社，2002。

46. 芹川博通：《いまなぜ東洋の経済倫理か——仏教・儒教・石門心学に聞く》，北樹出版，2003。

47. 坂本雅子：《財閥と帝国主義——三井物産と中国》，ミネルヴァ書房，2003。

48. 李廷江：《日本財界と近代中国——辛亥革命を中心に》（第二版），お茶の水書房，2003。

49. 鹿島茂：《近代日本の建設とフランス——渋沢栄一》，載三浦信孝編《近代日本と仏蘭西：10人のフランス体験》，大修館書店，2004。

50. 佐藤尚子等編《中国近代教育文献資料集》第一巻，日本図書センター，2005。

51. 松浦章：《近代日本中国台湾航路の研究》，清文堂出版株式会社，2005。

52. 佐藤尚子等編集《中華留学生教育小史 中国人日本留学史稿》，日本図書センター，2005。

53. 山口昭男：《「帝国」の経済学》（岩波講座《「帝国」の学知》第2巻），岩波書店，2006。

54. 島田昌和：《渋沢栄一の企業者活動の研究——戦前期企業システムの創出と出資者経営者の役割》，日本経済評論社，2007。

55. 王敏編《日中文化の交差点》，三和書籍，2008。

56. 黄栄光：《近代日中貿易成立史論》，比較文化研究所，2008。

57. 慶応義塾大学法学部編纂《慶応の政治学 国際政治——慶応義塾創立一五〇年記念法学部論文集》，慶応義塾大学出版社，2008。

58. 陶徳民、藤田高夫主編《近代日中関係人物史研究の新しい地平》，雄松堂，2008。

59. 于臣：《渋沢栄一と＜義利＞思想——近代東アジアの実業と教育》，ぺりかん社，2008。

60. 徐水生：《近代日本の知識人と中国哲学》，東方書店，2008。

61. 見城悌治：《渋沢栄一：「道徳」と経済のあいだ》，日本経済評論社，2008。

62. 陶徳民、姜克實、見城悌治等編《近代東アジアの経済倫理とその実践──渋沢栄一と張謇を中心に》，日本経済評論社，2009。

63. 陶徳民、姜克實、見城悌治等編《東アジアにおける公益思想の変容──近世から近代へ》，日本経済評論社，2009。

（二）论文

1. 《日清銀行の由来》，《銀行通信簿》1897 年第 144 号。

2. 土屋喬雄：《渋沢栄一の経済思想について》，《社會經濟史學》1950 年第 2 号。

3. 野沢豊：《民国初期の政治過程と日本の対華投資》，東京教育大学《史学研究》1958 年 16 号。

4. 米田佐代子：《日本資本主義の成立期における「指導者」の役割──渋沢栄一の意識と行動について》，《人文学報》1964 年第 41 号。

5. 間宮国夫：《日本資本主義と経済団体──日清銀行設立計画をめぐって》，《社会科学討究》1970 年第 3 号。

6. 間宮国夫：《日支銀行・満州銀行設立計画についての覚書》，《社会科学討究》1973 年第 1 号。

7. 安岡昭男：《東邦協会についての基礎的研究》，《法政大学文学部紀要》1976 年第 22 号。

8. 柳沢遊：《中日実業会社の設立過程とその活動──1910 年代日本帝国主義時代中国進出の一考察》，《経友論集》1979 年第 17 号。

9. 多田顯：《福沢諭吉と渋沢栄一の思想について──特に儒教を巡って》，《千葉大学教養部研究報告》1979 年 12 月。

10. 高村直助：《中国における日本紡績業の形成》，《社會經濟史學》1980 年第 5 号。

11. 桑原哲也：《日清戦争直後の日本紡績業の直接投資計画──中上川彦次郎と上海紡績会社》，《経済論叢》1980 年第 1 号。

12. 野沢豊：《辛亥革命与産業問題──1910 年の南洋勧業会と日米両国実業団の中国訪問》，《人文学報》1982 年第 154 期。

13. 桑原哲也：《戦前における日本紡績業の海外市場戦略──東洋紡績会社の事例》，《経済論叢》1982 年第 3 号。

14. 石井正司：《商業教育の指導者　渋沢栄一研究》（上），《教育学雑誌》1985 年第 19 号。

15. 石井正司：《商業教育の指導者　渋沢栄一研究》（下），《教育学雑誌》1986 年第 20 号。

16. 中井英基：《張謇と渋沢栄一——日中近代企業者比較論》，《一橋論叢》1987 年第 6 号。

17. 須永徳武：《中国への資本輸出と借款投資会社の活動——中日実業会社を中心として》，《経済集志》1990 年第 2 号。

18. 片桐庸夫：《渋沢栄一と国民外交——米国に於ける日本人移民排斥問題への対応を中心として》，《渋沢研究》1990 年創刊号。

19. 木村昌人：《民間経済外交指導者としての渋沢栄一》（1），《渋沢研究》1990 年創刊号。

20. 木村昌人：《民間経済外交指導者としての渋沢栄一》，《渋沢研究》1990 年創刊号、《渋沢研究》1990 年第 2 号。

21. 影山礼子：《成瀬仁蔵と渋沢栄一——その交流と教育思想における接点》，《渋沢研究》1990 年第 2 号。

22. 李廷江：《日本財界と近代中国——阪谷芳郎と渋沢栄一を中心に》，《亜細亜大学国際関係紀要》1991 年第 1 号。

23. 打越孝明：《理化学研究所の設立と渋沢栄一》，《早稲田大学　学術研究（教育・社会教育・教育心理・体育学編）》1991 年第 40 号。

24. 小松章：《渋沢栄一の実業思想——「青淵百話」にみる》，《一橋論叢》1992 年第 5 期。

25. 島田法子：《奥村多喜衛と渋沢栄一：日米関係からみたハワイにおける排日予防啓発運動》，《日本女子大学紀要・文学部》1993 年第 43 期。

26. 是沢博昭：《渋沢栄一・国民外交の行方——日本における「世界児童親善会」への認識とその後の展開》，《渋沢研究》1993 年第 6 号。

27. 植松忠博：《渋沢栄一と近代的企業家の出現》，《國民經濟雑誌》1993 年第 6 号。

28. 佐々木聡：《渋沢栄一と静岡商法会所》，《渋沢研究》1994 年第 7 号。

29. 長沼友兄：《東京市養育院感化部の成立と渋沢たち》，《渋沢研究》1994 年第 7 号。

30. 梅津順一：《渋沢栄一における武士道と実業道——「実験論語」の人物評論を通して》，《青山學院女子短期大學紀要》1994 年第 48 巻。

31. 片山邦雄：《明治期日本海運と長江——農商工高等会議の議論を中心として》，《経済論叢》1995 年第 1 号。

32. 李廷江：《近代における財界と財界人——対外関係を中心にして》，《亜細亜大学国際関係紀要》1995 年第 2 号。

33. 加藤隆：《渋沢栄一の銀行企業活動——埼玉県における場合》，《政経論叢》1996 年第 3・4 号。

34. 李廷江：《民国期における日本財界と中国——中国興業公司設立の考察》，《亜細亜大学国際関係紀要》1996 年第 1 号。

35. 小山勝：《渋沢栄一の鉄道会社外資募集交渉——1902 年の欧米旅行》，《渋沢研究》1996 年第 9 号。

36. 李廷江：《辛亥革命期における日本財界と中国——中央銀行設立案の形成過程》，《亜細亜大学国際関係紀要》1997 年第 2 号。

37. 大谷まこと：《英国救貧防貧事業の、調査、紹介、導入、展開に対する渋沢栄一の貢献》，《渋沢研究》1999 年第 12 号。

38. 坂本慎一：《ヴェーバー理論から見た渋沢栄一の近代資本主義的精神》，《経済学雑誌》2000 年第 4 号。

39. 高田あづみ：《明治前期会社組織の充実と渋沢栄一》，《渋沢研究》2000 年第 13 号。

40. 原輝史：《渋沢栄一のフランス訪問——1902 年を中心に》，《渋沢研究》2000 年第 13 号。

41. VINH Sinh，"Shibusawa Ei'ichi's Role in the Modernization Movement in East Asia"，《渋沢研究》2000 年第 13 号。

42. 岡崎幸司：《株式会社の機関と相談役・顧問制度——渋沢栄一にみる相談役・顧問制度の役割》，《静岡大学経済研究》2000 年第 3 号。

43. 片桐庸夫：《渋沢栄一と中国——その対中姿勢を中心として——（一）》，《渋沢研究》2002 年第 15 号。

44. 于臣：《渋沢栄一の少、青年期についての一考察》，《東京大学大学院教育学研究科紀要》2003 年第 43 巻。

45. 影山礼子：《渋沢栄一と道徳教育——高等商業学校における講話・修

身講義からの考察》,《渋沢研究》2003 年第 16 号。

46. 趙軍：《辛亥革命期における日本の対中国民間外交》,《千葉商大論叢》2003 年第 3 号。

47. 片桐庸夫：《渋沢栄一と中国——その対中姿勢を中心として——（二）》,《渋沢研究》2004 年第 17 号。

48. 島田昌和：《渋沢栄一による会社発起と創立関与の一考察》,《渋沢研究》2004 年第 17 号。

49. 姜克実：《渋沢栄一の慈善思想の特徴——治国平天下の儒学倫理》,《岡山大学文学部紀要》2006 年第 46 巻。

50. 松田誠：《東京慈恵会と渋沢栄一》, 2007, http://ir. jikei. ac. jp/dspace/bitstream/10328/3457/3/TK_igaku_787. pdf。

51. 于臣：《「実業」とは何か——日中両国の実業家の観点を中心に》,《北東アジア研究》2007 年第 12 巻。

52. 于臣：《渋沢栄一の「義利」観と商業教育理念——張謇との比較を通じて》,《日中社会学研究》2007 年第 15 巻。

53. 中島哲也：《渋沢栄一の職分思想——日本資本主義創成期のエート》,《法政大学大学院紀要》2008 年第 60 号。

54. 金東：《渋沢栄一の一九一四年中国行》,《青淵》2009 年 7 月。

55. 金東：《渋沢栄一の対中実業思想と利権問題について——1914 年訪中を中心に》,《渋沢研究》2010 年第 22 号。

二 中文文献

（一） 报纸杂志

《捷报》《申报》《清议报》《外交报》《盛京时报》《万国公报》《民立报》《浙江潮》《新民丛报》《国民日日报》《东方杂志》《中华全国商会联合会会报》《中国实业杂志》《青年杂志》《新民半月刊》《力行月刊》

（二） 著作

1.《山海经》, 中华书局，2009。

2.《尚书》, 中华书局，2009。

3. 《论语》，中华书局，2006。

4. 《孟子》，中华书局，2006。

5. 《荀子》，中华书局，2008。

6. 《后汉书》，中华书局，2009。

7. 日本实业之日本社著，中华书局编辑所译《日本人之支那问题》，中华书局，1919。

8. 堀江归一著，陈震异译《银行论》，商务印书馆，1928。

9. 胜田主计著，龚德柏译《日本对华经济侵略之过去及将来》，吴越书店，1928。

10. 耿爱德著，蔡受百译《中国货币论》，商务印书馆，1929。

11. 洪钧培编《国民政府外交史》，华通书局，1930。

12. 朱偰：《日本侵略满蒙之研究》，商务印书馆，1930。

13. 《交通史·航政编》，交通部、铁道部交通史编纂委员会，1931。

14. 郑学稼：《日本财阀史论》，生活书店，1936。

15. 交通部交通史编纂委员会、铁道部交通史编纂委员会编《交通史电政编》第 2 集，1936。

16. 何炳贤：《中国的国际贸易》，商务印书馆，1937。

17. 国讯社编《视仁录》，国讯社，1937。

18. "中研院"近史所编行《海防档》甲，购买船炮，1957。

19. 陈真等编《中国近代工业史资料》第 2 辑，三联书店，1958。

20. 张雁深：《日本利用所谓"合办事业"侵华的历史》，三联书店，1958。

21. 东亚同文会编，胡锡年译《对华回忆录》，商务印书馆，1959。

22. 孙毓棠编《中国近代工业史资料（1840—1895）》第 1 辑，中华书局，1962。

23. 刘秉麟编著《近代中国外债史稿》，三联书店，1962。

24. 新疆民族研究所编《〈清实录〉新疆资料辑录》第 12 册，新疆民族研究所，1978。

25. 中国社会科学院近代史研究所、中国第二历史档案馆史料编辑部编《五四爱国运动档案资料》，中国社会科学出版社，1980。

26. 信夫清三郎编，天津社会科学院日本问题研究所译《日本外交史》，商务印书馆，1980。

27. 上海社会科学院历史研究所编《五卅运动史料》第 1 卷，上海人民出版社，1981。

28. 李觏：《李觏集》，中华书局，1981。

29. 马鸿谟编《民呼、民吁、民立报选辑（1909.5—1910.12）》，河南人民出版社，1982。

30. 中国人民政治协商会议江苏省委员会文史资料研究委员会编《江苏文史资料》第 10 辑，江苏人民出版社，1982。

31. 实藤惠秀著，谭汝谦、林启彦译《中国人留学日本史》，三联书店，1983。

32. 中华书局编辑部编《辛亥革命与近代中国——纪念辛亥革命 80 周年国际学术讨论会文集》，中华书局，1983。

33. 徐润：《徐愚斋自叙年谱》（影印本），文海出版社，1983。

34. 辽宁大学科研处编《辽宁大学学术论文选编：1979—1982》，辽宁大学出版社，1983。

35. 陈独秀著，三联书店编辑《陈独秀文章选编》，三联书店，1984。

36. 井上清著，宿久高等译《日本帝国主义的形成》，人民出版社，1984。

37. 孙中山：《孙中山全集》，中华书局，1985。

38. 李陶庆、王一鹗等编《中国历代经济文选》，湖南财经学院内部教材，1985。

39. 杜恂诚：《日本在旧中国的投资》，上海社会科学院出版社，1986。

40. 广东省社会科学院历史研究所编《孙中山全集》，中华书局，1986。

41. 魏建猷：《中国近代货币史》，黄山书社，1986。

42. 刘继增编《武汉国民政府史》，湖北人民出版社，1986。

43. 小岛直记、邦光史郎著，葛东莱译《官场商人化身钱庄大王 三井财阀——发迹史·经营术·人物志》，时报文化出版企业有限公司，1986。

44. "中央研究院"近代史研究所编《中日关系史料—— 一般交涉》，"中央研究院"近代史研究所，1986。

45. 督办鲁案善后事宜公署秘书处编《鲁案善后月报特刊》（影印版），文海出版社，1987。

46. 王亮编《清季外交史料》，书目文献出版社，1987。

47. 中国社会科学院经济研究所学术委员会编《中国社会科学院经济研究所集刊》第 10 集，中国社会科学出版社，1988。

48. 苑书义等主编《张之洞全集》第 7～12 册，电牍八十五，河北人民出版社，1998。

49. 中国人民政治协商会议湖南省委员会文字资料研究委员会编《湖南文史资料》第 29 辑，湖南人民出版社，1988。

50. 米庆余：《明治维新——日本资本主义的起步与形成》，求实出版社，1988。

51. 彭泽周：《近代中国之革命与日本》，台湾商务印书馆，1989。

52. 章伯锋、李宗一主编《北洋军阀（1912—1928）》，武汉出版社，1990。

53. "教育部"主编《中华民国建国史》第 4 篇，抗战建国 2，编译馆，1990。

54. 王家骅：《儒家思想与日本文化》，浙江人民出版社，1990。

55. 陈舜臣：《日本人和中国人》，文化艺术出版社，1990。

56. 陈旭麓、郝盛潮主编《孙中山集外集》，上海人民出版社，1990。

57. 苏崇民：《满铁史》，中华书局，1990。

58. 陈祖恩、王金海主编《海上十闻人》，上海人民出版社，1990。

59. 中国第二历史档案馆编《中华民国史档案资料汇编》第 3 辑，工矿业，江苏古籍出版社，1991。

60. 中国人民银行总行参事室编《中国清代外债史资料（1853—1911）》，中国金融出版社，1991。

61. 东北沦陷十四年史总编室：《东北沦陷十四年史研究》第 2 辑，辽宁人民出版社，1991。

62. 李威周：《中日哲学思想论集》，齐鲁书社，1992。

63. 幸田露伴著，余炳跃译《涩泽荣一传》，学林出版社，1992。

64. 营口市地方志编纂委员会办公室编《营口市志》第 1 卷，中国书籍出版社，1992。

65. 王晓秋：《近代中日文化交流史》，中华书局，1992。

66. 傅文龄主编《日本横滨正金银行在华活动史料》，中国金融出版社，1992。

67. 左宗棠：《左宗棠全集》，岳麓书社，1992。

68. 王桂等编《中日教育关系史》，山东教育出版社，1993。

69. 宋德宣：《日本文化结构演变论》，辽宁教育出版社，1993。

70. 李廷江：《日本财界与辛亥革命》，中国社会科学出版社，1994。

71. 张謇研究中心、南通市图书馆、江苏古籍出版社编《张謇全集》，江苏古籍出版社，1994。

72. 郝盛潮主编《孙中山集外集补编》，上海人民出版社，1994。

73. 王家骅：《儒家思想与日本的近代化》，浙江人民出版社，1995。

74. 陈湛颐：《日本人与香港——十九世纪见闻录》，香港教育图书公司，1995。

75. 盛邦和：《东亚：走向近代的精神历程——近三百年中日史学与儒学传统》，浙江人民出版社，1995。

76. 林开明等编《北洋军阀史料》（徐世昌卷），天津古籍出版社，1996。

77. 俞辛焞：《孙中山与日本关系研究》，人民出版社，1996。

78. 段云章：《孙文与日本史事编年》，广东人民出版社，1996。

79. 李吉奎：《孙中山与日本》，广东人民出版社，1996。

80. 左焕奎：《左宗棠略传》，华中师范大学出版社，1996。

81. 曹均伟、方小芬：《中国近代利用外资活动》，上海财经大学出版社，1997。

82. 金普森主编《虞洽卿研究》，宁波出版社，1997。

83. 许惟贤、王相宝主编《当代海外汉学研究》，江苏人民出版社，1997。

84. 程思远主编《中国国民党百年风云录》上册，延边大学出版社，1998。

85. 野村浩一著，张学锋译《近代日本的中国认识：走向亚洲的航踪》，中央编译出版社，1998。

86. 罗振玉：《雪堂自述》，江苏人民出版社，1999。

87. 马敏：《马敏自选集》，华中理工大学出版社，1999。

88. 马社香：《中国货币文化史》，湖北人民出版社，2000。

89. 杨海军主编《世界著名商人传》，河南人民出版社，2000。

90. 孙中山：《三民主义》，岳麓书社，2000。

91. 俞辛焞：《辛亥革命时期中日外交史》，天津人民出版社，2000。

92. 李新、陈铁建主编《中国新民主革命通史》，上海人民出版社，2001。

93. 茅家琦等：《孙中山评传》，南京大学出版社，2001。

94. 乔万民、吴永哲主编《唐宋八大家·王安石》，天津人民出版社，2001。

95. 张洪军：《"九·一八"全史》第2卷，辽海出版社，2001。

96. 马敏：《商人精神的嬗变——近代中国商人观念研究》，华中师范大学出版社，2001。

97. 冯天瑜：《"千岁丸"上海行：日本人1862年的中国观察》，商务印书馆，2001。

98. 金卫星：《从"门户开放"到世界贸易组织：20世纪美国全球扩张战略

的历史轨迹》，苏州大学出版社，2001。

99. 章开沅：《张謇传》，中华工商联合出版社，2001。

100. 黄宗甄：《罗宗洛》，河北教育出版社，2001。

101. 李长莉：《晚清上海社会的变迁——生活与伦理的近代化》，天津人民出版社，2002。

102. 陈旭麓等编《轮船招商局》，上海人民出版社，2002。

103. 聂宝璋、朱荫贵编《中国近代航运史资料》第 2 辑（1895—1927），中国社会科学出版社，2002。

104. 宋美云：《近代天津商会》，天津社会科学院出版社，2002。

105. 曹凯风：《轮船招商局：官办民营企业的发端》，西南财经大学出版社，2002。

106. 高蘭：《双面影人：日本对中国外交的思想与实践（1895—1918）》，学林出版社，2003。

107. 鲁海：《老楼故事》，青岛出版社，2003。

108. 何宗思编《中国人格病态批判》，中国社会出版社，2003。

109. 李广民：《准战争状态研究》，社会科学文献出版社，2003。

110. 郭太风：《迈向现代化的沉重步履——军政改革·商会变异·思潮激荡》，学林出版社，2004。

111. 郑备军：《中国近代厘金制度研究》，中国财政经济出版社，2004。

112. 王德春：《联合国善后救济总署与中国（1945—1947）》，人民出版社，2004。

113. 罗岗主编《思想文选 2004》，广西师范大学出版社，2004。

114. 张龙林：《富士山下的匆匆岁月》，百花文艺出版社，2004。

115. 单冠初：《中国收复关税自主权的历程——以 1927—1930 年中日关税交涉为中心》，学林出版社，2004。

116. 徐一平、竹内信夫主编《日本学研究》第 14 期，学苑出版社，2004。

117. 陈祖武主编《明清浙东学术文化研究》，中国社会科学出版社、宁波出版社，2004。

118. 周见：《近代中日两国企业家比较研究——张謇与涩泽荣一》，中国社会科学出版社，2004。

119. 南开大学日本研究院编《日本研究论集 2004》，天津人民出版社，2004。

120. 陈向阳：《中国睦邻外交：思想·实践·前瞻》，时事出版社，2004。

121. 王屏：《近代日本的亚细亚主义》，商务印书馆，2004。

122. 宁波市政协文史委编《吴锦堂研究》，中国文史出版社，2005。

123. 宋连威：《青岛城市老建筑》，青岛出版社，2005。

124. 王芸生：《六十年来中国与日本》，三联书店，2005。

125. 陈月娥：《近代日本对美协调之路》，中国社会科学出版社，2005。

126. 易惠莉、胡政主编《招商局与近代中国研究》，中国社会科学出版社，2005。

127. 刘岳兵主编《明治儒学与近代日本》，上海古籍出版社，2005。

128. 王敦琴：《传统与前瞻——张謇经济思想研究》，人民出版社，2005。

129. 张蓬舟主编《中日关系五十年大事记（1932—1982）》，文化艺术出版社，2006。

130. 戴鞍钢：《发展与落差——近代中国东西部经济发展进程比较研究（1840—1949）》，复旦大学出版社，2006。

131. 金光耀、王建朗主编《北洋时期的中国外交》，复旦大学出版社，2006。

132. 黄荣光：《日本近代初期对中国的贸易——以广业商会为中心》，中国新时代出版社，2006。

133. 羽离子：《东方乌托邦——近代南通》，人民出版社，2007。

134. 赵璐：《中国近代义利观研究》，中国社会科学出版社，2007。

135. 周利成、王勇则编《外国人在旧天津》，天津人民出版社，2007。

136. 张后铨主编《招商局史》（近代部分），中国社会科学出版社，2007。

137. 涩泽荣一编著，王中江译《〈论语〉与算盘——人生·道德·财富》，江西人民出版社，2007。

138. 王瑾、胡玫编《胡政之文集》，天津人民出版社，2007。

139. 张秀章编著《蒋介石日记揭秘》，团结出版社，2007。

140. 王建朗、栾景河主编《近代中国、东亚与世界》（上册），社会科学文献出版社，2008。

141. 张崑将：《日本德川时代古学派之王道政治论：以伊藤仁斋、荻生徂徕为中心》，华东师范大学出版社，2008。

142. 高明士编《东亚文化圈的形成与发展：儒家思想篇》，华东师范大学出版社，2008。

143. 贾中福：《中美商人团体与近代国民外交（1905—1927）》，中国社会科学出版社，2008。

144. 陈明姿、叶国良编《日本汉学研究续探·文学篇》，华东师范大学出版社，2008。

145. 庄子健、潘晨光主编《中国人才前沿 No.4》，社会科学文献出版社，2009。

146. 张永忠：《黄宗羲政治哲学思想研究》，人民出版社，2009。

（三）论文

1. 杜恂诚：《旧中国的中日合办企业》，《学术月刊》1982 年第 7 期。

2. 苏智良：《日本在近代上海的经济侵略活动初探》，《上海师范大学学报》（哲学社会科学版）1987 年第 1 期。

3. 周颂伦：《日本资本主义的主要特征》，《北方论丛》1987 年第 2 期。

4. 沈予：《五卅运动与日本对华政策》，《档案与历史》1988 年第 4 期。

5. 郭曦晓：《评蒋介石 1927 年秋访日》，《近代史研究》1989 年第 4 期。

6. 蔡耀德：《涩泽荣一之研究》，中国文化大学硕士学位论文，1990。

7. 苏崇民：《围绕满铁设立展开的中日交涉》，《现代日本经济》1990 年第 5 期。

8. 夏明方：《清季"丁戊奇荒"的赈济及善后问题初探》，《近代史研究》1993 年第 2 期。

9. 苏黎明、孔永松：《试述孙中山"利用外资"的思想》，《中国社会经济史研究》1993 年第 3 期。

10. 纸矢健治：《孙中山与涩泽荣一的经济理念：以产业政策与儒家思想为中心》，台湾中山大学硕士学位论文，1993。

11. 顾莹惠：《中国实业代表团的赴日外交》，《民国春秋》1994 年第 3 期。

12. 马敏：《中国和日本的近代"士商"——张謇与涩泽荣一之比较观》，《近代史研究》1996 年第 1 期。

13. 陈勇勤：《陈炽的茶业近代化改革方案》，《江西社会科学》1996 年第 8 期。

14. 夏明方：《论 1876 至 1879 年间西方新教传教士的对华赈济事业》，《清史研究》1997 年第 3 期。

15. 陈绛：《唐廷枢与轮船招商局》，《近代史研究》1999 年第 2 期。

16. 刘咏华：《中国关税自主与中日交涉》，《日本学论坛》2000 年第 2 期。

17. 刘咏华：《北京关税会议与日本》，《日本研究》2000 年第 3 期。

18. 章开沅：《王道与霸道——试论孙中山的大同理想》，《浙江社会科学》2000 年第 3 期。

19. 王蓉霞：《"五卅"运动中的英国与日本》，《山西大学学报》（哲学社会科学版）2000 年第 4 期。

20. 刘宏：《外国人对 1917 年天津水灾的救援》，《民国春秋》2001 年第 6 期。

21. 王建朗：《日本与国民政府的"革命外交"：对关税自主交涉的考察》，《历史研究》2002 年第 4 期。

22. 周见：《中日两国股份制企业形成过程的比较研究》，《现代日本经济》2003 年第 1 期。

23. 王蓉霞：《对日本在 1925 年关税特别会议前夕对华策略的考察》，《学术探索》2003 年第 S1 期。

24. 周见：《涩泽荣一的实业思想与日本资本主义精神》，《日本研究》2003 年第 4 期。

25. 陈锋：《清末民国年间日本对华调查报告中的财政与经济资料》，《近代史研究》2004 年第 3 期。

26. 廖建林：《1920 年北方五省大旱灾及赈灾述论》，《咸宁学院学报》2004 年第 4 期。

27. 欧阳亮：《中华学艺社研究》，华东师范大学硕士学位论文，2004。

28. 方竟、蔡传斌：《民国时期的世界红卍字会及其赈济活动》，《中国社会经济史研究》2005 年第 2 期。

29. 王秋华：《1917 年京直水灾与赈济情况略述》，《北京社会科学》2005 年第 3 期。

30. 王敦琴：《企业的利润追求与企业家的价值取向——张謇、涩泽荣一"企业与社会"思想比较研究》，《江南大学学报》（人文社会科学版）2006 年第 2 期。

31. 向常水：《教会对战地的慈善救济——以民国时期的湖南地区为例》，《湖南第一师范学报》2006 年第 2 期。

32. 祝曙光：《北京关税会议与远东国际关系》，《历史教学问题》2006 年第

4 期。

33. 陈凌：《1920 年华北五省旱灾与赈务研究》，山东师范大学硕士学位论文，2006。

34. 印少云：《抵制日货运动的历史与现实》，《徐州教育学院学报》2007 年第 1 期。

35. 杨天宏：《北洋外交与华府会议条约规定的突破——关税会议的事实梳理与问题分析》，《历史研究》2007 年第 5 期。

36. 周见：《从倒幕攘夷到师夷维新：涩泽荣一的成长经历》，《财经界（管理学家）》2008 年第 4 期。

37. 周见：《涩泽荣一与日本近代银行业》，《财经界（管理学家）》2008 年第 4 期。

38. 周见：《涩泽荣一与株式会社》，《财经界（管理学家）》2008 年第 4 期。

39. 周见：《涩泽荣一与日本近代经济团体》，《财经界（管理学家）》2008 年第 4 期。

40. 洪之渊：《近代日本阻挠中国恢复关税自主权的社会背景——日本棉纺织业者的反对运动及其对华经营思想分析》，《产业经济研究》2008 年第 5 期。

41. 彭南生：《民族主义与人道主义的交织：1923 年上海民间团体的抵制日货与赈济日灾》，《学术月刊》2008 年第 6 期。

42. 高鹏程：《李提摩太在“丁戊奇荒”时期的赈灾活动》，《社会科学》2008 年第 11 期。

43. 孙颖：《二十世纪上半叶日本的“对支文化事业”研究——基于“东方文化事业总委员会”与“日华学会”的考察》，东北师范大学博士学位论文，2008。

44. 王兰娟：《在华传教士灾荒观之探究》，福建师范大学硕士学位论文，2008。

45. 郭晓波：《中华学艺社与中国科学的近代化》，河北大学硕士学位论文，2008。

46. 易惠莉：《招商局并购美商旗昌轮船公司案与“商战论”》，《史林》2009 年第 4 期。

47. 徐志民：《大正中后期日本政府改善中国留日学生政策述论》，《徐州师范大学学报》（哲学社会科学版）2009 年第 6 期。

48. 章伯锋：《皖系军阀与日本帝国主义的关系》，2009 年 9 月 10 日，http://www. 360doc. com/content/10/0222/17/193333_16465486. shtml。

49. 吴志国：《近代中国抵制洋货运动研究（1905—1937）》，华中师范大学博士学位论文，2009。

50. 周石峰：《1923 年抵制日货运动的经济效果与政治制约》，《贵州师范大学学报》（社会科学版）2010 年第 1 期。

51. 徐志民：《1918—1926 年日本政府改善中国留日学生政策初探》，《史学月刊》2010 年第 3 期。

52. 《88 年前筹办未成的青岛商科大学》，2010 年 6 月 3 日，http://club. qingdaonews. com/showAnnounce_1038_3829012_1_1. htm。

53. 金东：《涩泽荣一的日美联合开发中国论及其尝试》，《历史教学》2010 年第 20 期。

54. 金东：《涩泽荣一对华实业思想中的"利权"论述——以 1914 年访华为中心》，《日本问题研究》2010 年第 4 期。

后 记

摆在面前的书稿是我的博士毕业论文。回想起来，论文的选题属于近代中日关系史范畴，本是一个我不熟悉的领域，又要面对从零开始学习日语的挑战，这对于愚钝的我而言，自然难度巨大。如果没有诸多师友的指导和帮助，我恐怕很难完成论文的写作，所以此时最想说的就是"感谢"二字。

感谢业师彭南生教授及师母艾咏芳老师。我自本科阶段即有幸忝列师门，聆听彭师教诲。彭师品德高尚，治学严谨，诲人不倦，对于我所提出的幼稚烦琐的问题，总是仔细分析，耐心解答，每每让我有恍然大悟、醍醐灌顶之感。在博士论文的构思、写作和修改过程中，老师给予了全程的指导和帮助，尤其是不顾公务繁忙，逐字逐句地批阅了论文初稿并提出宝贵意见，倾注了大量心血。完成答辩后，老师还积极鼓励提交参与优秀论文评选，拙文最终有幸被评为湖北省优秀博士论文。不唯如此，彭师及师母在思想和生活上对我也极为关照，实在令我感激不已。

感谢在关西大学就读期间的导师陶德民教授。老师学识渊博，对待学生既严格要求，又和蔼友善，无论是在学业还是生活方面都对我有无微不至的关怀。回想当年承蒙老师耳提面命的情形，仍然历历在目。特别要说的是，我的论文选题起初并非如此，后来是在老师的鼓励之下才确定的，而在我回国之后，老师仍督促学习日语。另外，承蒙日本涩泽荣一纪念财团的资助，我有幸在博士一年级时赴日本学习一年。其间受财团涩泽雅英先生、木村昌人教授、井上润先生等关照良多，在此深表感谢。

感谢我的启蒙老师李晓明老师和沈志安老师。李老师和我既是师生，也是同乡，我虽师从老师时间不长，但对老师教诲却铭记在心。沈老师虽身体抱恙，对待学生却非常热情，我也从中受益匪浅。

在母校华中师大求学期间，我曾有幸求教于其他许多老师，如朱英教授、罗福惠教授、严昌洪教授、刘伟教授、何卓恩教授、田彤教授、郑成林教授、魏文享教授等，通过他们的授业解惑而开拓视野、积累知识，尤其是朱英教授、罗福惠教授、田彤教授、郑成林教授等老师对我的博士论文提出了宝贵的修改意见，谨向他们致以由衷的谢意！

最后，还要感谢所在单位河南省社会科学院领导和同事们的大力支持。本书能得以顺利出版，得益于院中原学术文库出版计划的资助。社会科学文献出版社的责任编辑李淼先生对书稿的修改和出版付出了辛勤劳动，在此一并致谢。

尽管已经尽了最大努力，但因本人水平所限、力有不逮，书中难免有偏颇、疏漏和失误之处，还望专家和同仁不吝赐教。

金东
2019 年 11 月

图书在版编目（CIP）数据

王道与霸道：涩泽荣一对华态度与交往研究／金东
著 . -- 北京：社会科学文献出版社，2020.4
（中原学术文库. 青年丛书）
ISBN 978 - 7 - 5201 - 6377 - 4

Ⅰ . ①王… Ⅱ . ①金… Ⅲ . ①涩泽荣一（1840 - 1931）
-思想评论②中日关系 -研究 Ⅳ.①K833.135.38
②D822.331.3

中国版本图书馆 CIP 数据核字（2020）第 060312 号

中原学术文库·青年丛书

王道与霸道：涩泽荣一对华态度与交往研究

著 者／金 东

出 版 人／谢寿光
组稿编辑／任文武
责任编辑／李 淼
文稿编辑／徐 宇

出 版／社会科学文献出版社·城市和绿色发展分社（010）59367143
地址：北京市北三环中路甲 29 号院华龙大厦 邮编：100029
网址：www. ssap. com. cn
发 行／市场营销中心（010）59367081 59367083
印 装／三河市尚艺印装有限公司

规 格／开 本：787mm × 1092mm 1/16
印 张：24.5 字 数：403 千字
版 次／2020 年 4 月第 1 版 2020 年 4 月第 1 次印刷
书 号／ISBN 978 - 7 - 5201 - 6377 - 4
定 价／98.00 元

本书如有印装质量问题，请与读者服务中心（010 - 59367028）联系